Christoph Twickel, Jahrgang 1966, beschäftigt sich als Journalist, Reisender, DJ und Radiomoderator seit 1988 mit lateinamerikanischer Kultur und Politik. Seine Tätigkeit als freier Korrespondent hat ihn nach Mexiko, Panama, Kuba, Nicaragua und Venezuela geführt. Er arbeitet unter - anderem für die *Frankfurter Rundschau, die tageszeitung*, die *Frankfurter Sonntagszeitung, Brand Eins*, das *Greenpeace Magazin*, den NDR und das Thalia Theater.

Bei Edition Nautilus gab er das Buch *Läden, Schuppen, Kaschemmen. Eine Hamburger Popkulturgeschichte* heraus.

Christoph Twickel

HUGO CHÁVEZ

Eine Biografie

Edition Nautilus

Danksagung *Ohne die Hilfe all der Menschen, die mir ihre Zeit, ihre Einschätzungen und ihre Erinnerungen zur Verfügung gestellt haben, wäre dieses Buch nicht zustande gekommen. Ich danke insbesondere Dorothea Melcher, deren Wissen und differenziertes Urteil unverzichtbar waren und mich vor vielen Fehleinschätzungen bewahrt haben. Ich danke Xiomara Tortoza, deren Kontakte und deren politischer Kampf mir das bolivarische Venezuela erschlossen haben. Ich danke Tina Petersen, deren Kritik und geduldige Korrekturarbeit die Arbeit begleitet hat. Außerdem danke ich Rafael Angulo, Santiago Arconada, Marilú Becerra, Agustín Blanco-Muñoz, José Bracho, Douglas Bravo, Carlos Carles, Nora Castañeda, Rafael Rámon Castellamos, Orlando Chirino, Enrique Chópite, Roland Denis, Jutta Drewes, Heinz Dieterich, Nicole Drücker, Julio Fermin, Nestor Francia, Victor „Gamelote", Edgar García, Brigitte González, Ginette González, Norbert Hackbusch, Elio Hérnandez, Earle Herrera, Nina Höffken, Manuel Isidro Molina, William Izarra, Euridice Ledezma, Francisca León, Margarita López Maya, Roberto Malaver, William Mantilla, Jesus Martínez, Bernard Mommer, Jorge Moreno, Cristina Oddone, Griselda Olivero, Elida Polanco, Victor Poleo, Temir Porras Ponceleón, Esteban Ruiz Guevara, Clodosbaldo Russían, Elisabeth Sánchez, Fernando Soto Rojas, Marlene Tortoza, Orlando Vegas, Cesar und Nel Villamizar, Viachi, Teresa Viloria, Rubén Villazana, Marianella Yanes und Dozthor Zurlent.*

Edition Nautilus Verlag Lutz Schulenburg
Alte Holstenstraße 22 · D-21031 Hamburg
www.edition-nautilus.de
Alle Rechte vorbehalten · © Lutz Schulenburg 2006
Umschlaggestaltung: www.MajaBechert.de
mit einem Motiv von Jutta Drewes
Autorenfoto Seite 2: Nina Höffken
Caracas-Karte Seite 14: David Begley

Originalveröffentlichung
September 2006 · Printed in Germany

1. Auflage

ISBN 3-89401-493-8
ISBN 978-3-89401-493-3

Inhalt

Vorwort

Dieses Buch erzählt die Geschichte eines weltpolitischen Enfant terrible. Hugo Chávez, Galionsfigur des lateinamerikanischen Linksrucks, fällt aus dem Rahmen. Die internationalen Medien äußern sich fast ausnahmslos befremdet, besorgt, belustigt, abschätzig und bestenfalls unschlüssig über den Präsidenten Venezuelas. Chávez ist der „Illusionist aus Caracas"[1], das „Schreckgespenst an der Ölquelle"[2], „Che Guevara mit Öl"[3], der „Putschist der Armen"[4] und der „Sozialist mit vollen Taschen"[5]. Er ist die „Karikatur eines Erlösers"[6], der „Narziss von Caracas"[7], „ein Träumer im Labyrinth"[8] – und das sind nur die Überschriften von Chávez-Portraits in der deutschen Presse.

Kurz gesagt: Er gilt als zwielichtige Gestalt. Dass er ein Charismatiker ist, bleibt dabei unumstritten. Die meisten Beobachter suchen das Geheimnis seiner Aura in der Tradition des lateinamerikanischen Populismus. Man vergleicht ihn mit Argentiniens Juan Domingo Perón oder Kubas Fidel Castro und erklärt seinen Aufstieg mit der spezifischen Begeisterungsfähigkeit, die der lateinamerikanische Kulturkreis schon immer für paternalistische Führerfiguren gehegt habe. Er gilt als Populist, als Verführer, der das Volk mit einfachen Antworten auf komplexe Fragen einfängt. Zwar sind die Antworten, die Chávez anbietet, nicht einfacher oder illusionärer als etwa die Versprechen des Wirtschaftsliberalismus, der in den neunziger Jahren Allheilmittel für die Nationen Lateinamerikas sein sollte. Dennoch trifft die Bezeichnung Verführer zu. Die Frage ist: Zu was verführt er?

Auf der holprigen Busfahrt zu einem der entlegenen *barrios*, der Armenviertel von Caracas, lernte ich einen Alten kennen. Er erzählte mir seine Version von Chávez' Aufstieg zum Präsidenten. „Wir haben für einen gestimmt, den ihr für verrückt haltet", rief er gegen den Lärm des röhrenden Kleinbusses an. „Aber dieser Verrückte hat sein Versprechen gehalten. Er ist zurückgekommen in unser Viertel, was andere Präsidentschaftskandidaten nie gemacht haben. Deshalb unterstützen wir ihn. Wir aus dem Barrio vergessen das nicht, wenn uns einer einen Gefallen tut." Der Alte, weit über siebzig, war ein Absolvent des Alphabetisierungsprogramms, das die Regierung Chávez 2003 ins Leben gerufen hatte. Er zeigte mir eine Plastiktüte voller Taschenbücher, die er sich gerade aus dem Zentrum abgeholt hatte. Es war die erste Fuhre der „Basisbibliothek", die die Regierung an die Alphabetisierten verteilen ließ. „Früher haben sich die Leute von offiziellen Stellen sagen lassen, was mit ihnen geschieht", erklärte er mir. „Heute nicht mehr. Wir haben jetzt ein Bewusstsein entwickelt, wir übernehmen die Initiative. Das ist das, was wir partizipative Demokratie nennen. Jetzt ist es vorbei damit, dass wir Befehle ausführen."

Während der Recherche zu diesem Buch bin ich immer wieder auf diese Denkfigur gestoßen. Wenn Menschen beschreiben, wie sie zu Anhängern von Hugo Chávez geworden sind, versichern sie häufig, Chávez habe sie gelehrt, sich nichts gefallen zu lassen. In seiner Gefolgschaft seien sie erstmalig zu politischen Subjekten geworden.

Die sozialen Organisationsprozesse, die Chávez' politische Karriere begleitet haben, sind nicht zu übersehen. Ebenso unübersehbar ist, dass die Rhetorik des Hugo Chávez und die politische Realität seiner Revolution auseinanderfallen. Nicht wenige verweigern ihm daher den Ehrentitel Revolutionär. Kritiker von links entlarven ihn als bonapartistischen Herrscher, der die Bourgeoisie rettet, indem er die Marginalisierten an sich bindet. Er wolle nicht umsetzen, was er predige. Er könne gar nicht umsetzen, was er predigt, argumentieren bürgerliche Kritiker. Demnach ist er wahlweise ein Blender oder ein Träumer. In seiner Biografie sind keine Anhaltspunkte dafür zu finden, dass Hugo Chávez nicht an das glaubt, was er verkündet. Im Gegenteil: Wenn es eine Konstante in seinem Leben gibt, dann ist es sein unerschütterliches Vertrauen darin, die Ziele, die er sich gesetzt hat, auch erreichen zu können. Wahrscheinlich ist er also ein Träumer. Die Frage ist: Wovon träumt er?

„Wir wollen die Armut abschaffen? Lasst uns den Armen Macht geben"[9], schreibt Chávez dem Land, dem Kontinent und der Weltgemeinschaft ins Stammbuch. Derzeit gesteht sein bürokratischer Apparat den Armen politische Macht zwar eher in homöopathischen Dosen zu – und auch diese Seite zu beleuchten ist Aufgabe dieses Buches. Doch die Sache ist keineswegs ausgemacht. Es ist noch nicht entschieden, ob seine Reformen und Sozialprogramme in einer Umwälzung münden oder in einem Wohlfahrtsstaat, dessen Wohl und Wehe vom Ölpreis abhängt. Ob seine Vision eines geeinten, „bolivarischen" Lateinamerika und einer „multipolaren" Weltordnung Zukunft hat, oder ob sie sich in ganz normalen Handelsbeziehungen und strategischen Bündnissen verläuft, ist nicht abzusehen. Der Status der von ihm ausgerufenen bolivarischen Revolution ist vorläufig und uneindeutig. Grob gesagt hängt ihr Fortschritt von zwei Bedingungen ab: dass die Allianzen, die er knüpft, um sich an der Macht zu halten, ihm eine Radikalisierung erlauben. Und dass die sozialen Bewegungen, die ihn zur Radikalisierung antreiben, die Machtstrukturen, auf die er sich stützt, überwinden können.

Die „andere Welt", die Chávez verkündet, scheint in utopischer Ferne zu liegen. Chávez agiere von einem „Nicht-Ort" aus, sagt der venezolanische Aktivist und Philosoph Roland Denis: „Als Präsident ist er ein Heimatloser innerhalb des revolutionären Prozesses, den er anführt; er ist eine Stimme ohne Instrument, ein Projekt ohne Subjekt jenseits der Aufhebung der institutionellen Rechtsstaatlichkeit und der Machtstrukturen, die er selbst befehligt."[10]

Auf der Suche nach dem Ort, an dem seine Revolution ihren vorläufigen Platz hat, ist Hugo Chávez beim Fernsehen gelandet. Jeden Sonntag – mit Unterbrechungen, wenn er auf Reisen ist – strahlt das venezolanische Staatsfernsehen die Sendung *Aló Presidente* aus. Hier schlüpft das Staatsoberhaupt in die Rolle des Gastgebers einer politischen Infotainment-Show.

Schauen wir uns das Setting an: Da ist der Schreibtisch auf der Bühne, die immer an einem anderen Ort steht, denn *Aló Presidente* ist eine Wandershow, die überall im Land stattfinden kann. Da ist das Publikum, fast ausnahmslos in rot gewandet, der Farbe der Revolution. Es hat immer eine aktive Rolle: Es jubelt, johlt, feuert an und reagiert mit Zwischenrufen. Zwischen den Zuschauern sitzen Politiker, Funktionäre, Minister, die auf Zuruf des präsidialen Talkmasters ihren Beitrag leisten: Sie referieren über den Fortschritt ihrer Arbeit, kommentieren die politische Lage oder ergänzen die Ausführungen des Präsidenten mit weiteren Details. Auch die eigentlichen Gäste kommen aus dem Zuschauerraum auf die Bühne oder sie bleiben im Publikum, während sie mit Chávez sprechen. Es sind meist Staatsgäste, Delegierte sozialer Organisationen aus dem In- und Ausland oder Prominente der lateinamerikanischen Linken. Manchmal bringen Musiker ein Ständchen, Kinder sagen Gedichte auf oder das Programm ist verbunden mit der Einweihung einer Schule, eines Krankenhauses. Dann verlässt Chávez die Showbühne und besichtigt die Räumlichkeiten, begrüßt das Personal, herzt Schüler, Patienten, Mitarbeiter, treibt Scherze und macht Interviews. Immer aber kehrt er an seinen Schreibtisch zurück. Da sich die Sache über mehrere Stunden hinzieht, bleibt ihm viel Zeit für thematische Ausflüge. Er erläutert seine politischen Projekte, erklärt Gesetzesvorhaben, referiert über Baseball, liest aus Büchern, zeigt Videos, deklamiert Gedichte und manchmal singt er. *Aló Presidente* ist seine Solo-Show, was ihm in den Sinn kommt, kann sofort realisiert werden.

Es ist nicht ungewöhnlich, dass sich ein Staatsoberhaupt per Massenmedium an das Land wendet. George W. Bush spricht jeden Samstag im Radio zur Nation. Die deutsche Kanzlerin Angela Merkel nutzt gar das Medium *Podcast*, um ihre wöchentliche Videobotschaft an die Regierten zu senden. Auch gehört es längst zum Grundrepertoire politischen Lobbyismus, Politiker in den Bereich des massenmedialen Entertainments einzuschleusen. Ihre Teilnahme in Talkshows, Gameshows oder Kochshows, ihre Gastauftritte in Serien und auch die spannungsreich inszenierten Kandidaten-Duelle sind eingeübte Strategien. Doch bleiben Politiker bei ihren Ausflügen in die Welt der TV-Unterhaltung gemeinhin Politiker. Sie agieren als Funktionsträger, die das Medium nutzen. Das Rollenspiel besteht darin, auf der Position des *Gastes* eine gute Figur zu machen – das Publikum darf den eingeladenen Politiker auf

Glaubwürdigkeit, Charme, Schlagfertigkeit, Sachkenntnis, Humor oder Selbstironie taxieren.

Dass sich jedoch ein politischer Amtsträger zum *Gastgeber* einer Fernsehshow macht, ist ein Novum. Das Befremden über den Exzentriker auf Venezuelas Präsidentensessel macht sich daher immer wieder an *Aló Presidente* fest. Ein Staatsoberhaupt als Showmaster hat nach den Maßstäben bürgerlicher Regierungskunst etwas Unseriöses. Es findet eine unzulässige Vermischung statt: Das Allgemeinwohl, über das nach Sachlage und in konzentrierter Zurückgezogenheit geplant und entschieden werden soll, wird zum Spielball eines Medienspektakels, das sich zwischen einem allmächtigen Talkmaster und seinem aufgeheizten Publikum entwickelt. „Es ist die Revolution als Talkshow"[11], schreibt der *Economist* über *Aló Presidente*.

Der Theatermacher und Medientheoretiker Veit Sprenger spricht im Zusammenhang mit aktuellen Formen massenmedialen Entertainments von einer neuen Generation von „Bühnen-Despoten", die seit den Neunzigern die Bildschirme bevölkern. Laut Sprenger sind TV-Formate wie die *Late Night Shows* von David Letterman oder Harald Schmidt Inszenierungen, deren Unterhaltungswert sich daraus speist, dass ein Showmaster mit seiner Allmacht spielt und dabei bisweilen die Ordnung aufs Spiel setzt, die die Show zusammenhält. Auch *Aló Presidente* ist auf den ersten Blick eine solche „despotisch regierte Show"[12] – und sie scheint es um so mehr zu sein, als ihr Gastgeber nicht nur innerhalb der Bühnensituation, sondern auch außerhalb seine Macht beanspruchen darf. Die Sendung erzielt hohe Quoten, weil Anhänger wie Gegner nicht verpassen wollen, wenn der Präsident einen Skandal enthüllt, eine schwerwiegende Entscheidung verkündet, seine Gegner niederredet oder Mitstreiter in Ungnade fallen lässt. *Aló Presidente* ist der Ort, an dem Chávez die Amplitude zwischen der Präsidentenrolle und der Rolle des Revolutionsführers voll auskostet. Was dem rechtsstaatlich verpflichteten Staatsoberhaupt nicht geziemt, kann dem revolutionären Showmaster durchaus unterlaufen. Mit Spannung erwarten die Zuschauer die Momente, in denen er den Bogen überspannt.

Manchmal passiert es. Am 7. April 2002 etwa geht der Gaul mit ihm durch: Er entlässt vor laufenden Kameras führende Angestellte des staatlichen Erdölkonzerns. Er greift zu einer Trillerpfeife und verweist die unerwünschten Ölmanager einzeln des Feldes: mit einem schrillen Pfiff, Ausrufen wie „Raus!" oder „Nach Hause!" und unter Beifall des Live-Publikums. Ein paar Wochen später schon reut es ihn. Er hat sich einer unzulässigen Vermischung von Macht und Show schuldig gemacht, und er bedauert es. Es sei ein Missbrauch gewesen, beteuert er im Interview mit Marta Harnecker:

„‚Das ist einer der schwersten Fehler, die ich je begangen habe. Und dann noch mit einer Trillerpfeife!' (lacht)"[13]

Die Reue ist kokett, der Präsident amüsiert sich über den Faux pas. Schließlich gehört die Unberechenbarkeit, das Aus-der-Haut-Fahren zur Show. Dass es passieren kann, ist ein Spannungselement seiner Performance – auch außerhalb des Fernsehstudios. Der gemessene Ton des Landesvaters, das repräsentative Auftreten des Staatsmannes kann jederzeit umschlagen in die Hemdsärmeligkeit des Revolutionärs, in die Vermessenheit des Träumers, in die Jovialität des Ich-bin-wie-ihr. Der Regelbruch ist das Prinzip, mit dem er sich in Szene setzt. Er zeigt in seiner Show Videos einer nichtöffentlichen Sitzung eines Präsidententreffens. Er redet vor Unternehmern weitschweifig über Baseball oder Bolívar. Er singt auf der Rednertribüne mexikanische Volkslieder, um seine Verbundenheit mit dem mexikanischen Volk zu unterstreichen, dessen Präsidenten er zuvor als „Schoßhund des Imperiums" bezeichnet hat. Er besucht „Schurkenstaaten", er versetzt Staatschefs, um sich mit Globalisierungsgegnern zu treffen, und versucht, der spanischen Königin zur Begrüßung ein Küsschen zu geben. Er fordert die UNO-Generalversammlung dazu auf, gemeinsam mit ihm die Welt zu retten und maßt sich an, als Dritte-Welt-Staatschef den Paupers im reichen amerikanischen Norden vergünstigtes Heizöl zu liefern.

Chávez, der erste Mestize im Kreise der lateinamerikanischen Staatschefs, ähnelt ein wenig Muhammad Ali. Statt seinen Status als Angehöriger eines kolonisierten, versklavten und untertänigen Volkes durch Anpassung und Wohlanständigkeit vergessen zu machen, gebärdet er sich als Maulheld und beleidigt seine Gegner. Statt seinen Vorteil als Juniorpartner der großen Industrienationen zu suchen, meldet er geopolitischen Gestaltungsanspruch an und setzt dafür den Ölreichtum Venezuelas ein. Die Medien der Ersten Welt pflegen seine Auftritte spöttisch und ungnädig zu kommentieren. Er sei der Kasper der lateinamerikanischen Präsidentenrunde"[14] und „der gute, reiche Onkel aus Südamerika"[15], schreibt die *Frankfurter Allgemeine Zeitung*. Ähnlich lauten die Urteile in den meisten internationalen Medien.

Die Geschichte dieses Enfant terrible zu schreiben, ist ein Unterfangen, das nicht ohne Fallstricke zu haben ist. Die bolivarische Revolution hat Venezuela polarisiert. Die Regierung Chávez hat den einstigen Eliten des Landes die Hegemonie über die Staatsraison genommen, aber nicht unbedingt ihre wirtschaftliche, institutionelle und mediale Macht. Der Machtkampf zwischen den neuen politischen Klassen und dem alten Establishment ist gepflastert mit realen und erfundenen Verschwörungen, die auseinanderzuhalten nicht einfach ist. Seine Gegner tendieren dazu, über Diktatur und Despotismus zu klagen, wo immer die Revolution ihre Privilegien beschneidet. Chávez selbst und die Seinen tendieren dazu, die Tentakel des US-Imperialismus zu wittern, wo immer bürgerliche Kritiker auf den Plan treten. Wenn in Venezuela gewählt wird, glauben die Anhänger des Präsidenten sicher zu wissen, dass die Telekommunikationsgesellschaft, die die Daten aus den Wahllokalen übermittelt, Verbindungen zur CIA hat. Ebenso gewiss ist man sich in den Kreisen der Opposition, dass die Wahlautomaten, an denen abgestimmt wird, per Satellit von der Regierung manipuliert werden. Nur die Leidenschaft für Verschwörungsfantasien eint die feindlichen Lager. Und die Obsession für Hugo Chávez.

Hamburg, im August 2006

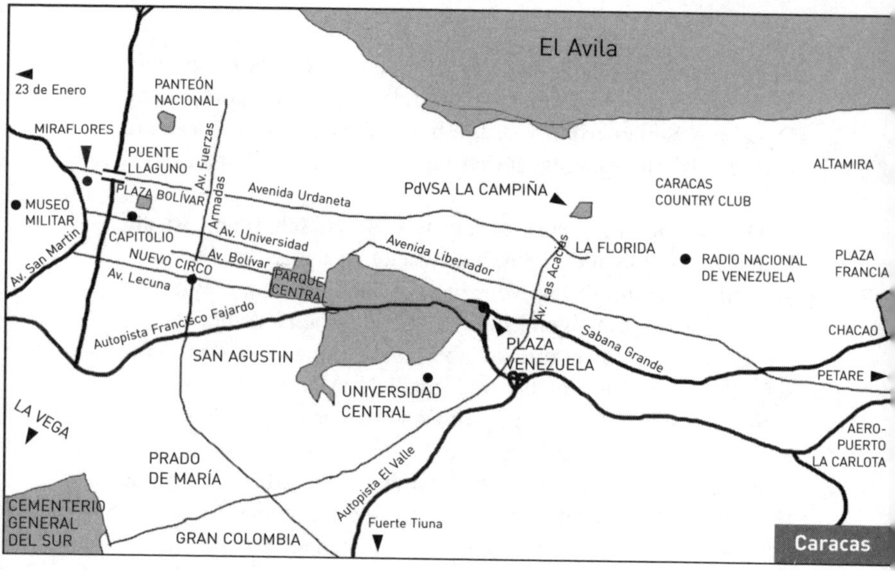
El Avila
23 de Enero
PANTEÓN NACIONAL
MIRAFLORES
PUENTE LLAGUNO
Av. Fuerzas Armadas
MUSEO MILITAR
PLAZA BOLÍVAR
Avenida Urdaneta
PdVSA LA CAMPIÑA
CARACAS COUNTRY CLUB
ALTAMIRA
CAPITOLIO
Av. Universidad
Avenida Libertador
Av. Las Acacias
LA FLORIDA
RADIO NACIONAL DE VENEZUELA
PLAZA FRANCIA
Av. San Martin
NUEVO CIRCO
Av. Bolívar
PARQUE CENTRAL
Av. Lecuna
Autopista Francisco Fajardo
CHACAO
SAN AGUSTIN
PLAZA VENEZUELA
Sabana Grande
PETARE
UNIVERSIDAD CENTRAL
LA VEGA
AERO-PUERTO LA CARLOTA
PRADO DE MARÍA
Autopista El Valle
CEMENTERIO GENERAL DEL SUR
GRAN COLOMBIA
Fuerte Tiuna
Caracas

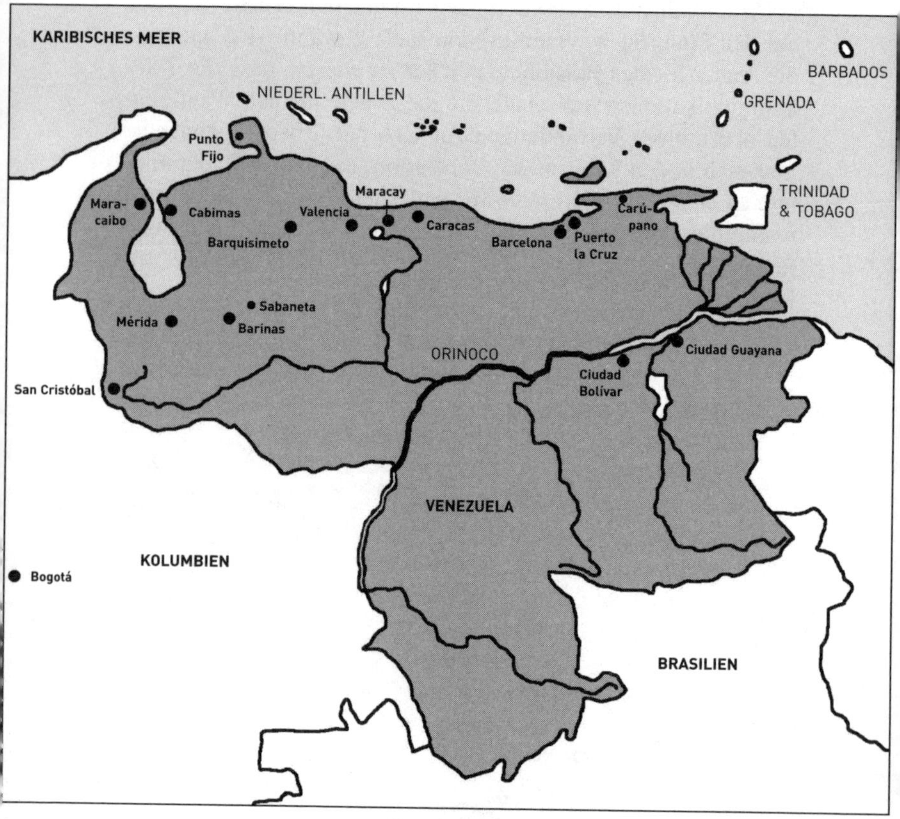
KARIBISCHES MEER
NIEDERL. ANTILLEN
BARBADOS
GRENADA
Punto Fijo
TRINIDAD & TOBAGO
Maracay
Mara-caibo
Cabimas
Valencia
Caracas
Carú-pano
Barquisimeto
Barcelona
Puerto la Cruz
Sabaneta
Mérida
Barinas
Ciudad Guayana
ORINOCO
Ciudad Bolívar
San Cristóbal
VENEZUELA
KOLUMBIEN
Bogotá
BRASILIEN

Kapitel 1

El Madrugazo:
Die Erhebung der Comandantes

Der übernächtigte Rebell im
Fernsehen: 4. Februar 1992

Um halb eins reißen Gewehrsalven die Anwohner des Regierungsviertels und der Präsidentenresidenz La Casona aus dem Schlaf. Um zehn vor eins unterbrechen die Radio- und Fernsehsender ihr Programm: Eine Gruppe aufständischer Soldaten hat den Regierungspalast *Miraflores* angegriffen. In Valencia, Maracaibo – nach der Hauptstadt die größten Städte des Landes – toben die Kämpfe schon seit Mitternacht, ebenso in der Garnisonsstadt Maracay, zwei Autostunden von Caracas entfernt. Um halb zwei tritt Präsident Carlos Andrés Pérez selbst vor die Kameras: Ein Fallschirmspringer-Bataillon habe sich gegen Nation und Demokratie erhoben. Im Morgengrauen vermelden Armeesprecher, die Situation sei unter Kontrolle. Doch die Stadtautobahnen bleiben gesperrt und vom Flughafen schallen weiterhin Schüsse herüber. Um sieben Uhr donnern F-16-Jäger im Tiefflug über Caracas und der Verteidigungsminister General Fernando Ochoa Antich gibt die ersten Details bekannt: Die Anführer des Aufstands sind Offiziere des Fallschirmspringer-Bataillons José Leonardo Chirinos, stationiert in Maracay. Besondere Erwähnung findet ein Offizier, den manche als Oberst, andere als Oberstleutnant bezeichnen: ein gewisser Hugo Chávez.

Als der Anführer des Militäraufstandes, der als *El Madrugazo*[1] in die Landesgeschichte eingehen wird, zur Mittagsstunde vor die Kameras geführt wird, verfolgt ganz Venezuela die Sondersendungen. Seit 30 Jahren hat es in Venezuela keinen

Putschversuch gegeben. Im Unterschied zu Argentinien und Chile, wo die rechten Militärdiktaturen erst vor kurzem einen Übergang zur parlamentarischen Demokratie zugestanden haben, führen in Venezuela seit 1958 gewählte Regierungen die Geschicke des Landes. In den USA und Europa gilt das Land als lateinamerikanische Musterdemokratie. Mit Neugier und Verwunderung betrachten die Zuschauer den *„comandante* Chávez, *rebelde rendido"*, wie es in der Bildunterzeile heißt. Der „bezwungene Rebell" trägt ein rotes Barrett und eine schwarz-weiß-graue Camouflage-Uniform. „Es handelt sich um einen Mann von athletischer Statur und dunkler Haut", schreibt die Zeitung *El Nacional*, „gebürtig aus den Voranden (Trujillo-Barinas), mit kleinen Schlitzaugen, gerötet wegen seines übernächtigten Zustands."[2] Der Generalinspekteur der Armee dankt den Medienvertretern für ihre Anwesenheit und erklärt Anlass und Ziel des eilig einberufenen Termins: Um größeren Schaden zu vermeiden, wolle man den Aufständischen eine Botschaft übermitteln, in der ihr Kommandant sie dazu auffordert, die Waffen niederzulegen. Dann ist der unbekannte Offizier namens Hugo Chávez an der Reihe. Er spricht ruhig und klar und blickt gefasst in die Kamera. Ein nervöser Tick lässt seinen Mund zwischen den Sätzen einige Male zucken:

„Als Erstes möchte ich dem gesamten Volk Venezuelas einen guten Tag wünschen. Diese bolivarische Botschaft ist gerichtet an die tapferen Soldaten des Fallschirmspringer-Regiments von Aragua und der Panzerbrigade von Valencia. *Compañeros*, vorläufig sind die Ziele, die wir uns gestellt haben, in der Hauptstadt nicht erreicht worden. Das heißt, wir hier in Caracas haben es nicht geschafft, die Macht zu übernehmen. Ihr habt es dort sehr gut gemacht, aber nun ist es Zeit, weiteres Blutvergießen zu verhindern, es ist Zeit, die Sache zu überdenken. Es werden sich neue Gelegenheiten ergeben und das Land muss sich definitiv auf den Weg zu einem besseren Schicksal machen. Will heißen: Hört auf meine Worte, hört auf den *comandante* Chávez, der euch diese Botschaft sendet, damit ihr bitte darüber nachdenkt und die Waffen niederlegt. Denn es ist in der Tat so, dass die Ziele, die wir uns auf nationaler Ebene gesetzt haben, unmöglich zu erreichen sind. *Compañeros*: Hört auf diese solidarische Botschaft. Ich danke euch für eure Loyalität, ich danke euch für euren Mut, eure Großzügigkeit. Ich übernehme vor dem Land und vor euch die Verantwortung für diese militärisch-bolivarische Bewegung. Vielen Dank."[3]

Der Fernsehauftritt des 37-jährigen Oberstleutnants dauert knapp über eine Minute. Kaum einer der 20 Millionen Einwohner des Landes hat ihn verpasst. Die Regierung selbst hat dafür gesorgt: Wie in Venezuela üblich, wenn die Regierung eine Botschaft von nationaler Wichtigkeit übertragen haben möchte, hat Präsident Carlos Andrés Pérez eine *cadena* angeordnet, eine Kettenschaltung aller nationalen Medien. Nur knapp dem Umsturz entronnen, möchte der Sozialdemokrat dem Land einen besiegten, entmutigten Putschisten-Führer präsentieren. Die Rechnung geht nicht auf. Der Auftritt von Hugo Chávez bestätigt nicht den Eindruck, den der Präsident mit seinen Worten von einem „faschistoiden Coup" erwecken will. Der übermüdete Rebell wirkt nicht wie ein *gorila*, wie einer der rechten Militärs mit verspiegelter Sonnenbrille, die Lateinamerika aus unzähligen Staatsstreichen kennt. Er ist ein junger Offizier mit niedrigem Dienstgrad. Er vergisst nicht, die Zuschauer höflich zu begrüßen, er spricht freundlich und anerkennend über seine Kameraden. Er ist Mestize und gehört damit offensichtlich nicht zur weißen Oligarchie des Landes, aus der sich die Militärführung rekrutiert. Man habe das Ziel nur „vorläufig" verfehlt, sagt Chávez und deutet damit an, dass die Aufständischen nicht allein sind, dass man innerhalb der Streitkräfte aufbegehrt gegen ein Establishment, das in weiten Teilen der Bevölkerung seit langem verhasst ist. Schon anderntags finden sich in den Telefonzellen die ersten *Viva Chávez!*-Graffitis. Im Karneval, nur ein paar Tage nach dem Umsturzversuch, werden Chávez' Camouflage-Uniform und sein rotes Barrett zum beliebtesten Kostüm für die Kinder. „Das ist jetzt Mode", sagen die Eltern. Während die bürgerlichen Medien den Aufstand der jungen Kommandeure als Putschversuch gegen die Demokratie verurteilen, beginnt in den Barrios, den armen Vierteln von Caracas, die *Chávez-Mania*. Eine Fernsehminute sollte dem bis dato unbekannten Fallschirmspringer genügen, um die gescheiterte militärische Erhebung in einen Mediensieg zu verwandeln.

Sechsunddreißig Stunden zuvor, in der Nacht vom 2. zum 3. Februar, erhält Hugo Chávez den Anruf, der ihm den Beginn der Operation signalisiert. Es ist kurz nach Mitternacht in seiner Wohnung in der schäbigen Urbanización San Joaquín in Maracay. Seine Frau Nancy und die drei Kinder Huguito, Rosa Virginia und María Gabriela schlafen bereits. Der Anruf kommt von einem Mitverschwörer, der Informationen aus dem Präsidialamt hat: Die Maschine des Präsidenten wird am 3. Februar gegen 22 Uhr auf dem internationalen Flughafen Maiquetía erwartet, gelegen an der Karibikküste, eine knappe Autostunde nördlich der Hauptstadt. Carlos Andrés Pérez, nach seinen Initialen CAP genannt, kommt vom Weltwirtschaftsforum in Davos. Als Chávez auflegt, weiß er, dass das größte Abenteuer seines Lebens begonnen hat. Die „Operación Ezequiel Zamora", die nun anläuft, hat er mit Dutzenden von anderen Offizieren seit Jahren vorbereitet. Es ist die letzte Gelegenheit: sein Fallschirmspringer-Bataillon wird in 14 Tagen an die kolumbianische Grenze verlegt. Er ist 37 Jahre alt. Über zwanzig Jahre ist es her, dass er in die Militärakademie eingetreten ist. Er weiß nicht, ob nun ein neuer Lebensabschnitt beginnt oder ob in 24 Stunden alles zu Ende ist. Er verbringt den Rest der Nacht damit, sich durch Unterlagen zu wühlen und seinen Gedanken nachzuhängen. Im Morgengrauen wirft er noch einen Blick auf die schlafenden Kinder, dann verlässt er das Haus.

Auf dem Weg zur Kaserne San Jacinto macht er zwei Mal an Maut-Stationen der Autobahn halt, um verbündete Offiziere in Maracay und den anderen Landesteilen anzurufen. „Das Spiel ist zwei zu eins ausgegangen", lautet der vereinbarte Code. Zwei plus eins macht drei: Am heutigen 3. Februar um Mitternacht wollen die Rebellen losschlagen. Um 9 Uhr morgens rückt eine Kolonne des Fallschirmspringer-Bataillons aus. Chávez weiß, dass sein Divisionskommandant ihn beobachtet. Die Nationalgarde ist angewiesen, der Kommandantur jeden Militärlastwagen zu melden, der die Maut-Station zur Autobahn Maracay–Caracas passiert. Doch die Rebellen haben eine plausible Erklärung für die Truppenbewegungen: Am morgigen Montag soll es am Stausee El Pao, südlich von Caracas, eine Militärparade geben, für die auch eine Fallschirmspringer-Show geplant ist. Das erlaubt ihnen, die für den Putsch benötigten Kräfte in Bewegung zu setzen, ohne Aufsehen zu erregen.

Unklar ist noch, ob die Luftwaffe mitzieht. Um 13 Uhr trifft Chávez den Luftwaffengeneral Francisco Visconti. Visconti warnt ihn: Die Mitverschwörer in der Luftwaffe haben nur eine Mirage, die F-16-Jäger sind nicht unter ihrer Kontrolle. Er schlägt vor, das Ganze noch ein paar Tage hinauszuzögern. Chávez bedauert, die Operation sei bereits angelaufen. Dann fährt er in die Kaserne San Jacinto, wo er drei seiner wichtigsten Mitstreiter trifft, die mit ihm gemeinsam 1975 die Militärakademie abgeschlossen haben und alle erst vor ein paar Monaten zu Truppenkommandeuren befördert worden sind. Jesús Urdaneta Hernández und Yoel Acosta Chirinos, wie Chávez beim Fallschirmspringer-Bataillon, sollen die Kaserne in ihre Gewalt bringen. Chávez selbst fährt mit Jesús Ortiz Contreras, Kommandeur eines Schützenbataillons, zu einer anderen Kaserne.

Die „Operación Ezequiel Zamora" läuft scheinbar problemlos an. Gegen 19 Uhr kontrollieren die Aufständischen die Kasernen in Maracay. Auch in Maracaibo, der Hauptstadt der Erdölprovinz Zulia, kann der Kommandeur des Artilleriebataillons Francisco Arias Cárdenas die Generäle festsetzen. Zwischen 20 und 21 Uhr verlassen dreißig Reisebusse mit etwa 460 Soldaten Maracay. Ihr Ziel ist Caracas, die venezolanische Hauptstadt, ein Moloch von vier Millionen Menschen. 60 Prozent der Bewohner drängeln sich an den Berghängen in den Barrios, den armen Vierteln aus unverputzten Ziegelhütten. In der Sole des engen Tals liegen die Machtzentren der Republik. Der Präsidentenpalast Miraflores, ein weißer Kolonialbau im westlichen Stadtzentrum, steht inmitten eines dichtbevölkerten Stadtgebietes, an dessen Hauptstraße Avenida Urdaneta auch die meisten Ministerien liegen. Nur das Verteidigungsministerium befindet sich im Südosten von Caracas, in *Fuerte Tiuna*, einer riesigen Kaserne, in der auch die Militärakademie untergebracht ist. Hier können die Rebellen auf 300 verbündete Soldaten zählen.

Als Chávez gegen halb eins beim Militärmuseum am Hang oberhalb des Präsidentenpalastes eintrifft, das als zentrale Kommandostelle fungieren soll, ist von der Funkeinheit, die die Kommunikation mit den anderen Landesteilen sicherstellen soll, weit und breit nichts zu sehen. Die Soldaten warten im Bus, Chávez nähert sich mit vier Begleitern dem Museum. Sie können gerade noch einer Gewehrsalve ausweichen: Der Posten ist in der Gewalt regierungstreuer Kräfte. Chávez ruft, er sei mit seinem Bataillon zur Verstärkung aus Maracay herbeordert worden. Man befürchte für die Nacht eine soziale Explosion. Die Finte geht auf – der diensthabende Offizier lässt sich überzeugen. Doch Chávez ist kaltgestellt – ohne Funkverbindung und inmitten einer feindlichen Hundertschaft von Soldaten. Er kann nur hoffen, dass es seinen Verbündeten gelungen ist, den Präsidentenpalast einzunehmen und die Medien zu kontrollieren. Und dass das Herzstück des Plans aufgegangen ist: Den Präsidenten bei seiner Ankunft am Flughafen festzunehmen. Chávez weiß nicht, dass die Operation bereits verraten worden ist. Ein junger Hauptmann, verheiratet mit der Tochter eines Generals, hatte am Nachmittag Informationen über die Aufstandsbewegung an den Generalstab weitergeleitet. Die Regierung weiß nicht alles, aber genug, um die Pläne der Rebellen zu durchkreuzen.

Kurz nach 22 Uhr landet das Flugzeug des Präsidenten. Verwundert nimmt Carlos Andrés Pérez auf der Gangway zur Kenntnis, dass ihn der Verteidigungsminister empfängt. Fernando Ochoa Antich erklärt ihm, es gebe Gerüchte über einen Überfall durch aufständische Truppenteile. Pérez weist ihn an, für den nächsten Morgen die Militärführung zusammenzurufen, er will eine Untersuchung in Gang setzen. Er ahnt nicht, dass der Aufstand schon in vollem Gange ist und dass in dem Tunnel La Planicie am Stadteingang ein Kommando wartet, das die Präsidenten-Kolonne mit Hilfe eines brennenden Autos festsetzen soll. Angesichts der starken Begleitkräfte ziehen sich die Rebellen jedoch zurück, und der Präsident erreicht unbeschadet seine Residenz La Casona.

Pérez, immer noch ahnungslos, schläft bereits seinen Jetlag aus, als ihn zehn vor zwölf ein Anruf des Verteidigungsministers aus dem Bett reißt: Aufständische Militärs haben in Maracaibo den Regierungssitz angegriffen. Kurz darauf sitzt er im Wagen auf dem Weg zum Präsidentenpalast Miraflores. Die Rebellen verfehlen ihn nur um wenige Minuten. Kurz nach Mitternacht wird La Casona gestürmt, ein blutiges Feuergefecht zwischen den aufständischen Truppen und der Geheimpolizei DISIP[4] entbrennt.

Chávez, isoliert im Militärmuseum und inmitten feindlicher Soldaten, raucht eine Zigarette nach der anderen. Die einzige

Verbindung zur Außenwelt ist ein kleiner Fernseher. Er kommt sich vor wie ein Tiger im Käfig. Er hört die Schüsse vom Präsidentenpalast, kaum 500 Meter entfernt, doch er weiß nicht, was vor sich geht. Um ein Uhr erträgt Chávez die Isolation nicht mehr. In einem unbeachteten Moment wählt er die Notfall-Nummer. In einer Wohnung im Hochhausviertel El Paraíso klingelt das Telefon. Die Lehrerin Herma Marksman, deren Geliebter Chávez seit acht Jahren ist, soll die Kommunikation zwischen den *comandantes* gewährleisten, falls etwas schief geht. „Herma, ich bin in der Nähe", sagt Chávez, dann muss er wieder auflegen. Ihr bleibt keine Gelegenheit, ihm von dem Anruf zu berichten, der sie zehn Minuten zuvor erreicht hat: Der Offizier Ronald Blanco La Cruz, mit dem Angriff auf den Präsidentenpalast betraut, hatte von Miraflores aus angerufen: „Weißt du was von Hugo? Er sollte längst hier sein! Ortíz ist am Bein verletzt. Ich habe ein paar Splitter abbekommen und bin in Ohnmacht gefallen."

Die Operation gegen Miraflores ist gründlich misslungen. Die Rebellen sind von regierungstreuen Einheiten empfangen worden. Die Panzer, mit denen sie dem weißen Palast entgegenrollen, haben weder Munition noch Funkverbindung. Ein Panzer kriecht die Freitreppe zum Palasteingang hoch und versucht, das Tor einzudrücken – eine hilflose Aktion. Die aufständischen Truppen warten vergeblich auf die zivilen Milizen, die ihnen Pablo Medina, Anführer der linken Partei *Causa R* (*La Causa Radical*, Das radikale Anliegen), zugesagt hatte. Der Präsident ist den Rebellen abermals entwischt – der Panzer, der den Hinterausgang von Miraflores bewachen sollte, ist mit Motorschaden liegen geblieben. Carlos Andrés Pérez entkommt unbehelligt und braust in einem grauen Ford davon. Er lässt sich direkt zu den Studios des privaten Senders *Venevision* bringen, um zur Nation zu sprechen. „Wir haben ihn vor unseren Augen weggehen sehen", erinnert sich Blanco de la Cruz später. „Wir konnten auf ihn schießen, aber der Befehl, den Chávez uns gegeben hat, war sehr deutlich: ihn gefangen zu nehmen, um ihn zu verurteilen."[5]

Auch der Plan, den staatlichen Fernsehsender zu besetzen, um eine Videobotschaft an die Nation zu senden, scheitert kläglich. Zwar überwältigen die Rebellen das Wachpersonal und bringen das Sendestudio unter ihre Kontrolle. Doch die Techniker erklären ihnen, mit ihrem VHS-Videoband könne man hier nichts anfangen. Die Regierungstruppen, die kurz darauf den Sender stürmen, bekommen das Material allerdings nicht mehr in ihre Hände – der kommandierende Offizier verbrennt es, bevor er festgenommen wird. Was Oberstleutnant Hugo Chávez in diesem Video gesagt hat, um die Bevölkerung zur Rebellion aufzurufen, man wird es nie erfahren.

Chávez, der immer noch im Militärmuseum festsitzt, ahnt nichts von den gescheiterten Operationen – bis um halb zwei plötzlich das Gesicht des Präsidenten auf dem Bildschirm erscheint. Als Pérez erklärt, dass der Staatsstreich von den Fallschirmspringern aus Maracay ausgeht, ist seine Deckung aufgeflogen. Chávez reagiert blitzschnell. „Ja, das ist ein Staatsstreich und ihr seid umzingelt", herrscht er die regierungstreuen Offiziere an. Vor dem Museum sind inzwischen zwei Autobusse Verstärkung eingetroffen. „Das sind meine Leute!", ruft Chávez. Der Coup gelingt: Die Soldaten im Militärmuseum legen die Waffen nieder und stellen sich unter sein Kommando. Chávez telefoniert mit Jesús Urdaneta, der die Aufständischen in Valencia kommandiert. Hier haben die Rebellen den Überraschungseffekt auf ihrer Seite. Ihre Panzereinheiten kontrollieren die Stadt und sie geben Waffen an Studenten aus, die ihrem Aufruf zum Aufstand gefolgt sind.

General Ramón Guillermo Santéliz Ruiz, Assistent des Verteidigungsministers, versucht zwei Mal, Chávez telefonisch zur Aufgabe zu bewegen. Chávez lehnt ab. Abermals ruft er Urdaneta in Valencia an: „*Compadre*, schick mir Luftunterstützung!" „Die Flugzeuge sind unterwegs, aber sie werden auf euch schießen", erklärt Urdaneta. „Wir haben die Kontrolle über die Luftwaffenbasis verloren."[6] Die Verbündeten in der Luftwaffe können nicht verhindern, dass die F-16-Jäger zum Einsatz kommen. Im Morgengrauen ziehen die Maschinen im Tiefflug über Caracas. Diese Drohgebärde macht Chávez klar, dass die Schlacht verloren ist. Um acht Uhr morgens trifft General Santéliz Ruiz persönlich beim Militärmuseum ein. Chávez ist bereit, über die Kapitulation zu verhandeln. Er stellt Bedingungen: „Das Leben der Offiziere und dass man mir erlaubt, meine Truppen einzusammeln."[7] Er lässt seine Soldaten zusammenrufen und teilt ihnen seinen Entschluss mit. Zusammen mit Santéliz Ruiz und dessen Assistenten besteigt er einen Wagen. Er lässt sich in die Stadtteile Catia und El Paraíso bringen, wo Truppenteile noch immer kämpfen, und befiehlt ihnen, die Waffen niederzulegen. Erst im Verteidigungsministerium übergibt er selbst Gewehr und Pistole.

In Valencia, so erfährt er, hat sich die Situation zugespitzt: Die F-16-Jäger kreisen über der Stadt und warten auf den Befehl, die feindlichen Stellungen zu bombardieren. Der Rebellenkommandant Urdaneta hat sich verschanzt und lehnt jedes Gesprächsangebot ab. Chávez bietet seinen Bezwingern an, die Kameraden öffentlich aufzufordern, ihre Waffen niederzulegen. Santéliz Ruiz lässt die Medien zusammenrufen. Im Büro des Verteidigungsministers beginnt eine Diskussion: Er solle aufschreiben, was er zu sagen gedenke. Doch Chávez will frei sprechen. Er gibt sein Ehrenwort, dass er zur Kapitulation aufrufen werde. Als im Vorraum schon die Journalisten auf ihn warten, fällt ihm auf, dass er bei der Gefangennahme seine Uniform hatte ablegen müssen. Das Bild des gefangenen panamesischen Militärdiktators Manuel Noriega schießt ihm durch den Kopf: Drei Jahre zuvor war Noriega nach der US-Invasion gebeugt und im T-Shirt der Presse vorgeführt worden. Chávez hat verloren, doch er will sich nicht demütigen lassen. Er verlangt seinen Camouflage-Anzug und sein Barrett. In Uniform tritt er vor die Kameras.

Es ist diese eine Minute, die die Grundlage für Chávez' politische Karriere legt. Eine Minute, die aus dem geschlagenen, übernächtigten Putschisten einen Star macht, eine Ikone, einen Volkshelden. Der 37-Jährige steht zum ersten Mal in seinem Leben in der Medienöffentlichkeit. Zum ersten Mal zeigt sich sein Instinkt für den Augenblick, festgehalten für ein Millionenpublikum. Die Kameras lieben Chávez, doch es wird noch ein paar Jahre dauern, bis Chávez die Liebe erwidert. Erst angesichts der Welle der Sympathie, die ihm im Gefängnis entgegenschlägt, kann er ermessen, welche Wirkung sein Auftritt hatte. Als man ihn nach der kurzen Ansprache zurück in das Büro des Verteidigungsministers führt, schämt er sich. „Ich war völlig zerschlagen, ich fühlte mich zerstört. Ich glaubte, ich hätte mich zur Lachnummer des Jahrhunderts gemacht."[8] Er ahnt nicht, dass seine lapidar dahingesprochene Formulierung, man habe die Ziele nur „vorläufig" – spanisch *por ahora* – verfehlt, die militärische Niederlage in einen politischen Triumph verwandeln wird. Dass sein *por ahora* zum Slogan werden wird, der die Hoffnung auf einen gesellschaftlichen Umschwung bündelt und der das militärische Chaos der Nacht vom 3. auf den 4. Februar 1992 verblassen lassen wird.

Die Opposition, die sich im Laufe von Chávez' politischer Karriere formiert, wird Jahre später das Verhalten des Rebellenkommandanten in jener Nacht in Zweifel ziehen. Chávez habe seine Soldaten unwissend in ein Blutbad geführt, behaupten etwa die Chávez-Biografen Cristina Marcano und Alberto Barrera Tyszka: Sie hätten „nicht die leiseste Ahnung" gehabt, „dass sie zu einer Erhebung gebracht werden, dass ihre Vorgesetzten vorhaben, ihr Leben aufs Spiel zu setzen, für ein politisches Projekt, von dem sie nichts wissen".[9] Chávez bestreitet das: Er habe zunächst die Offiziere zusammengerufen und später auch die Truppe über die Operation aufgeklärt. „Ich konnte sie nicht unter Lebensgefahr nach Caracas schaffen, ohne ihnen zu sagen, was wir vorhatten."[10] Andere Quellen bestätigen, dass die aufständischen *comandantes* die Soldaten vor der Operation einweihten. „Ich erklärte ihnen die Situation im Lande", erinnert sich der Hauptmann Freddy Rodríguez, „dass dies hier die einzige Alternative, der einzige Weg sei, die einzige Weise, wie diese mittelmäßige Regierung begreifen könne, welche Not die Bevölkerung zu erdulden habe. Ich sprach von Verfassungsverletzungen und von der Korruption. Ich gab den Soldaten, die mit dieser Entscheidung nicht einverstanden waren, die Gelegenheit, ihre Waffe abzugeben und in den Armee-Einrichtungen zu verbleiben. Doch alle nahmen die Herausforderung an."[11]

Tatsächlich ist die Erhebung relativ unblutig abgelaufen – Chávez zählt 14 Opfer, „weniger Tote als an jedem beliebigen Wochenende in Caracas, weniger Tote als die Kinder, die monatlich in Venezuela verhungern".[12] Die Journalistin Angela Zago kommt auf 20 Opfer. In ihrem Buch *La Rebelión de los Ángeles*, erschienen im Oktober 1992, gibt Zago der Regierung die Schuld für die Gewalteskalation. Sie hebt den Fall des Leutnants José Alberto Carregal Cruz hervor: Der 24-jährige Leutnant ist von der politischen Polizei DISIP aus nächster Nähe mit neun Kopfschüssen exekutiert worden, nachdem sich die Rebellen in der Präsidentenresidenz La Casona ergeben hatten.[13]

In der Version von Hugo Chávez war der „4-F", so das Kürzel für den Militäraufstand, kein Putsch, sondern eine legitime Erhebung, an der immerhin zehn Prozent der Streitkräfte teilgenommen hätten. Die Untersuchung des Generalinspekteurs der Streitkräfte, die zu diesem Zeitpunkt etwa 73.000 Mitglieder haben, spricht von 2668 Beteiligten. Doch die Dunkelziffer ist hoch, denn viele Truppenteile sind – alarmiert von den Gerüchten, die Operation sei verraten worden – gar nicht erst ausgerückt. Viele der Verschwörer bleiben daher unentdeckt, wie sich am 27. November 1992 zeigen wird, als eine zweite Rebellion aus den Reihen der Luftwaffe scheitert.

Sicher ist, dass die jungen Kommandeure im Falle der erfolgreichen Machtübernahme mit den demokratischen Institutionen des Landes nicht zimperlich umgegangen wären. Was international als Musterdemokratie wahrgenommen wird, halten sie für eine korrupte und durch Wahlbetrug zustandegekommene Regierung. Laut einem Dekret mit dem Titel „Regierung des nationalen Notstands"[14] hätten sie Kongress und Nationalversammlung für aufgelöst und die Richter des Obersten Gerichtshofes für abgesetzt erklärt. Eine Junta aus neun Zivilisten wäre als höchstes Gremium einer provisorischen Regierung eingesetzt worden. Diese hätte sofort ein Programm erarbeitet, „das der Gesellschaft das Vertrauen wiedergibt und die Grundlagen für eine neue nationale Gesetzlichkeit herstellt, auf deren Basis sich das demokratische Leben des Landes entwickeln wird". Die Militärs, so lautete die Absprache unter den Kommandeuren, sollten keine Führungsrolle übernehmen. Auch in dieser Hinsicht ist es also erst die militärische Niederlage, die den politischen Aufstieg des Hugo Chávez ermöglicht. Ehemalige Weggefährten werden gar behaupten, Chávez habe das Scheitern des Aufstands bewusst herbeigeführt, um sich an die Spitze der Bewegung zu setzen.

Es gibt einige nebulöse Momente in jener Nacht vom 3. auf den 4. Februar 1992. Wo war die Verstärkung aus den Reihen der zivilen Verbündeten? Linke Gruppen wie etwa Causa R waren eingeweiht und sollten an dem Aufstand der Militärs teilnehmen. Causa-R-Anführer Pablo Medina, heute vehementer Chávez-Gegner, behauptet, seine Leute hätten vergeblich an der Autobahn gewartet, um den Lastwagen mit den Waffen in Empfang zu nehmen, den Chávez' Konvoi auf dem Weg nach Caracas hätte übergeben sollen. Chávez seinerseits hat wiederholt erklärt, die Zivilisten seien nicht zu den vereinbarten Treffpunkten gekommen. Doch warum hat er dann den Weg über die alte Landstraße genommen und nicht über die Mautstation in Tazón, wo die Genossen der Causa R warteten? Hatte er in Wahrheit gar keine Waffen dabei, weil er, wie Herma Marksman behauptet, „sehr misstrausch gegenüber den Zivilisten war"[15]? Und warum hat Chávez nicht versucht, zum Präsidentenpalast vorzustoßen, um wie abgesprochen seinen Kameraden zu helfen? Was haben seine Soldaten gemacht, während er im Militärmuseum ausharrte? War er wirklich zur Untätigkeit verurteilt, weil jeder Ausbruchsversuch einem Selbstmord gleichgekommen wäre? War die Kapitulation unumgänglich? Waren die Aufständischen in Valencia tatsächlich die einzigen, die noch nicht die Waffen gestreckt hatten? Oder war der Chávez-Aufruf vor den Kameras ein mutwilliger Alleingang?

Die Aussagen widersprechen einander. Die Interviews, die die Kommandeure des 4. Februar im Laufe der Jahre geben, enthüllen, dass die Bewegung von tiefem Misstrauen geprägt war. „Niemand spielte ein sauberes Spiel"[16], bemerkt Herma Marksman. Die internen Zerwürfnisse im Vorfeld des „4-F" gehen so weit, dass einige Mitverschwörer zeitweilig gar planen, Chávez und Francisco Arias Cárdenas zu ermorden. Nachdem die beiden Anführer der Bewegung beschlossen hatten, den eigentlich für Dezember 1991 anvisierten Aufstand zu verschieben, waren Gerüchte aufgekommen, Chávez habe die Bewegung verraten und sei einen Pakt mit den Generälen und dem Verteidigungsminister Ochoa Antich eingegangen.

Die Hypothese über den geheimen Pakt zwischen Chávez und der Militärführung wird sich als hartnäckig erweisen. Sie erhält Nahrung durch die Erzählungen von Chávez selbst, der offen über die Sympathie berichtet, die ihm einige Generäle im Moment seiner Niederlage entgegengebracht hatten. Als er nach seinem Fernsehauftritt niedergeschlagen im Büro des Verteidigungsministers sitzt, kommt General Santéliz Ruiz auf ihn zu:

„Santéliz Ruiz setzte sich zu meiner Rechten und klopfte mir auf die Schulter: ‚Das war gut, du Halunke, was du gesagt hast.‘ Ich antworte ihm noch: ‚Was soll das heißen, gut, schließlich habe ich die Leute zur Kapitulation aufgerufen.‘ ‚Du hast gesagt: vorläufig – *por ahora.*‘ Ich hatte das nicht bewusst gesagt, das war mir rausgerutscht. Ich erinnere mich, dass ich ihm sagte: ‚Wahrscheinlich schneiden sie das raus.‘ ‚Nein, das ist schon draußen, das war live.‘“[17]

In letzter Sekunde hat sich die amtierende Regierung vor einem Putschversuch retten können – und ihr Repräsentant beglückwünscht den Putschisten für einen gelungenen Fernsehauftritt? Woher kommt diese Sympathie? Hatten die Generäle wirklich erst kurz vor der Erhebung Wind davon bekommen? Gabriel Puerta Aponte, Führer der Guerilla *Bandera Roja* (Rote Fahne), wird später erklären: „Das war eine Bewegung, die offen zutage lag. Alle wussten davon.“[18] Verteidigungsminister Ochoa Antich waren schon Wochen vor dem 4. Februar Gerüchte über einen bevorstehenden Aufstand des Fallschirmspringer-Bataillons zu Ohren gekommen. Hatte es eine Absprache zwischen Ochoa Antich und Chávez gegeben? „War Teil dieser Absprache der Aufruf zur Kapitulation über die nationale Kettenschaltung im Fernsehen und im Radio?“[19], fragt der Historiker Agustín Blanco Muñoz. Der Rebellen-Kommandant habe am 4. Februar gar nicht Stellung bezogen, um zu kämpfen, so die Hypothese von Blanco Muñoz, sondern um über seine Führungsrolle in einer Putschregierung zu verhandeln.

Doch es gibt auch eine einfache Erklärung dafür, warum die Generäle zulassen, dass man vor ihrer Nase einen Putsch vorbereitet: Sie haben die Pläne der jungen Offiziere nicht ernst genommen. Das Schmieden von Pakten gegen die korrupte Führung, die Unzufriedenheit in den niederen Rängen hat eine lange Tradition im venezolanischen Militär. Als Chávez Anfang der Achtziger zum Verschwörer wird, trifft er bereits auf ein Netz von Offizieren, das sich mit Putschplänen befasst. Doch alle diese revolutionären Anwandlungen der Kadetten, Soldaten und Offiziere pflegen sich aufzulösen, sobald sie die Karriereleiter aufsteigen. Nur Chávez hält durch.

Revolutionäre Schaubilder:
Guerilla und Aufstandsbekämpfung

Der 25-jährige Leutnant macht einen steifen Eindruck auf William Izarra. Er spricht ihn mit „mein Major" an, nimmt Haltung an und salutiert. Izarra ist der Ranghöhere, doch das überkorrekte Verhalten seines Gegenübers fällt ihm auf. Schließlich trifft man sich an jenem Sommertag des Jahres 1981 in der denkbar informellsten Situation, die für Militärangehörige vorstellbar ist: Izarra, Major der Luftwaffe, hat zwei junge Offiziere in die Privatwohnung eines befreundeten Ehepaars in La Boyera, im Süden von Caracas, eingeladen, um ihnen sein revolutionäres Projekt zu unterbreiten. Der eine, der Steife, heißt Hugo Rafael Chávez Frías. Izarra sieht ihn zum ersten Mal. Es ist der beste Freund des anderen, Luis Reyes Reyes, den er schon länger kennt. Beide kommen sie aus Sabaneta, einem kleinen Dorf in der Nähe der Stadt Barinas, am Rand der *Llanos*, einer bäuerlichen Gegend am Fuße der Anden. Zwei Hinterwäldler, die nicht unbedingt die idealen Voraussetzungen für eine Karriere im Militär mitbringen: Chávez hat indianische Vorfahren, Reyes Reyes ist *afrodescendente*, Nachfahre der westafrikanischen Sklaven, die von den Kolonialisten in die Karibik verschleppt wurden. Izarra dagegen ist Angehöriger der europäisch-stämmigen Bevölkerungsschicht. Ein gutaussehender Schnurrbartträger, ein schneidiger Modell-Offizier, der einige Semester in Harvard studiert hat und dem alle Türen offen standen. Hätte der 33-Jährige mitgespielt, hätte er in wenigen Jahren in den Genuss all der Vergünstigungen kommen können, die sich die Führungsschicht im venezolanischen Militär zuschanzt. Seit 1958 regieren in Venezuela zwei Parteien in trauter Absprache: Im „Pakt von Punto Fijo" hatten sich die sozialdemokratische *Acción Democrática* (AD) und die Christdemokraten der Partei *Comité de Organización Política Electoral Independiente* (COPEI) darauf verständigt, die Kommunisten von der Regierung auszuschließen, die Wahlsiege der jeweils anderen Partei zu akzeptieren und soziale Unzufriedenheiten im Wechselspiel zwischen Regierung und Opposition zu kanalisieren. Voraussetzung für den Aufstieg im Militär ist die Mitgliedschaft in einer der beiden Parteien. Organisiert in Partei-Logen müssen sich die ranghohen Offiziere keine Sorgen

machen, dass ihnen ihre Vorlieben für teure Autos, ausschwei-
fende Feierlichkeiten, Villen und andere Insignien von Macht
und Luxus als Verschwendungssucht ausgelegt werden. Sie
können darauf bauen, dass bei Waffenhandel, Materialeinkauf
oder Bauvorhaben großzügige Geldsummen bei ihnen hängen
bleiben.

Doch William Izarra will nicht mitspielen. Er erklärt den beiden jungen Offizieren, wie er sich die Zukunft des Militärs vorstellt. Erstens: es geht darum, die verkommene repräsentative
Demokratie durch einen revolutionären Staat zu ersetzen. Zweitens: die Revolution muss aus den Streitkräften kommen. Pro-
gressive Kräfte im Militär müssen den Kontakt zu zivilen Gruppen suchen, um den Wechsel möglich zu machen. Drittens:
dieser Wechsel muss ein gewaltsamer Umsturz sein, ein Volksaufstand, der von den Militärs gestützt wird. Wahlen dienen nur
dem Erhalt des Status quo. Viertens: eine Junta erklärt den nationalen Notstand und beruft eine nationale Volksversammlung
ein, die die Erarbeitung einer neuen Verfassung beschließt. Der
Staat übernimmt die Kontrolle der Wirtschaft, um die Vergesellschaftung der Produktion nach Prinzipien der Selbstverwaltung durchzusetzen. Volkstribunale, zusammengesetzt aus Mitgliedern der Streitkräfte und zivilen Basisgruppen, werden die
korrupten Politiker und Generäle zur Verantwortung ziehen. Es
ist eine Revolution, wie sie sich Militärs ausdenken.

Chávez hängt an Izarras Lippen. Bei aller förmlichen Ehrerbietung kann der junge Leutnant nicht verbergen, dass er sich
mit dem politischen Plan identifiziert, den der Major der Luftwaffe vor ihnen ausbreitet. Izarra rollt auf dem Tisch große Pappen aus, auf denen er in Schaubildern die Politik der revolutionären Junta dargestellt hat. Die Revolution, erklärt Izarra,
müsse die Erdöleinkünfte des Landes umverteilen, um die Produktion zu diversifizieren, und die Beziehungen zu den lateinamerikanischen Staaten auf eine neue Grundlage stellen, um die
Abhängigkeit von den USA zu verringern.

Vor zwei Jahren hatte Izarra die ersten dieser Pappen ge-
kauft, um sie mit seinen revolutionären Schaubildern zu ver-
sehen – 90 mal 66 Zentimeter, in verschiedenen Farben. Im
Laufe der Zeit greift er immer wieder zu Zirkel, Lineal und
Schablone. Grafiken, die das philosophische Fundament darstellen, das Menschenbild, den revolutionären Prozess, opera-

tive Pläne. Die Diagramme sind ein gutes Hilfsmittel, seinen Gesprächspartnern schnell klar zu machen, worum es bei ARMA geht, der *Alianza Revolucionaria de Militares Activos* (Revolutionäre Allianz aktiver Militärs), die er ins Leben gerufen hat. Und schnell muss es gehen. Wenn Izarra seine Schaubilder zusammenrollt und loszieht, ist die Zeit knapp bemessen. Um Mitverschwörer für die Bewegung zu agitieren, muss er einen unverdächtigen Anlass finden. Schon vielen seiner Kameraden, darunter hochrangige Offiziere, hat er die Umsturzpläne erläutert. Mehr als einmal hat er ein solches Treffen in dem sicheren Gefühl verlassen, sein Gegenüber werde ihn verraten. Viele, die als junge Militärs noch mit ihm gemeinsam den gesellschaftlichen Wandel herbeigesehnt hatten, ziehen sich zurück, wenn Izarra die Pläne konkretisieren will. Izarra erinnert sich an den Oberst, der gerade aus Italien zurückgekommen war, wo er einen Generalstabskurs besucht hatte, um seine Karriere voranzubringen: „Ich breite meine Diagramme aus, und er sagt: ‚Nein, da mache ich nicht mehr mit. Ich bin gerade aus Italien zurückgekommen. Schau dir mein Haus an, meine Möbel, meine Familie!‘ Erschreckt verlässt er den Raum, und ich weiß nicht, ob er mich verraten wird.“[20] Der ängstliche Oberst wird Stillschweigen bewahren. Sein Name: Italo del Valle Aliegro. Ein paar Jahre später wird er Verteidigungsminister Venezuelas sein.

Seine Pilotenausbildung hatte William Izarra im Jahre 1967 noch als überzeugter Antikommunist abgeschlossen. In der an der US-Militärdoktrin orientierten venezolanischen Armee pflegte man sozialistisches Ideengut nur unter dem Aspekt der Abschreckung zu studieren. Seit Mitte der Sechziger tobt eine Großoffensive gegen die venezolanische Guerilla, die zu diesem Zeitpunkt die stärkste in ganz Lateinamerika ist. Kommunismus und Subversion sind der Feind, den es zu besiegen gilt. In der berüchtigten US-Militärakademie *School Of The Americas*, 1946 in der panamesischen Kanalzone gegründet, erhalten venezolanische Offiziere eine Ausbildung in Aufstandsbekämpfung. In Venezuela selbst trainierten US-Ranger und Green Berets die Soldaten. Der Bedarf für den Anti-Guerilla-Krieg ist so groß, dass die Offiziere ihre Ausbildung schon nach zwei Jahren abschließen konnten, also in der Hälfte der vorgesehenen Zeit. Damals taucht in Venezuela zum ersten Mal jener Begriff auf, der bis heute wie kein anderer die Diktaturen Lateinamerikas der Siebziger und Achtziger charakterisiert: Der *desaparecido*, der „Verschwundene". Doch es ist keine Junta, die diese gespenstische Praxis erfindet, sondern die sozialdemokratische Regierung von Raúl Leoni, Gründer von AD. Laut Angaben des 1998 gegründeten *Comité de Familiares de Desaparecidos*[21] verschwinden zwischen 1965 und 1967 etwa tausend Personen. Das Menschenrechtskomitee spricht von etwa zehntausend Gefolterten und fünfzigtausend Verhaftungen aus politischen Gründen.

Izarra, der noch vier Jahre auf der Militärschule ausgebildet wurde, kommt zu einer Hubschrauber-Einheit, die in sogenannten *teatros antiguerrilleros* operiert: Militärcamps, die zum einen Ausgangsbasis für die Bekämpfung der Guerilla sind und zum anderen Foltergefängnisse, in die mutmaßliche Aufständische gebracht werden. Der 19-Jährige tritt seinen Dienst an „in der felsenfesten Überzeugung, für etwas Gerechtes zu kämpfen". Er ist sich sicher: „Die Vernunft war auf meiner Seite. Jene Guerilla war der Feind, den es zu besiegen galt. Ihre Protagonisten waren gefühllose Wesen, besessen von einer Ideologie, die die Demokratie zerstören und sie durch eine tyrannische Diktatur im Dienste ausländischer Interessen ersetzen wollen, die unserem Land ein Ende bereiten würden."[22]

Am 7. Mai 1967, einige Tage nach Dienstantritt, wird seine Einheit in den Küstenort Machurucuto gerufen: In der Nacht zuvor ist hier ein kubanischer Fischtrawler aufgebracht worden. Präsident Raúl Leoni hat mit dem 575 Tonnen schweren Schiff den Beweis für etwas, das er schon lange vermutet: Dass Fidel Castro die Landung von Guerilla-Elementen an der venezolanischen Küste unterstützt und einen dramatischen Zwischenfall vor den Wahlen provozieren will.[23] Machurucuto ist in heller Aufruhr: Überall Marine-Infanterie, Hubschrauber, Journalisten, Militärposten an der Landstraße. Izarra erhält den Befehl, einen der kubanischen Gefangenen zu vernehmen. Er soll aus ihm Informationen über die Guerilla und die Unterstützung durch die kubanische Luftwaffe herausholen. Doch Briones Montoto, so der Name des Kubaners, schafft es, „die strenge Ausbildung, die ich in der Luftwaffenakademie erhalten habe, zu erschüttern".[24] Das Verhör bringt das Weltbild des jungen Hauptmanns durcheinander. Er verlässt das Gespräch und stellt alles in Frage, was man ihm beigebracht hatte. Montoto spricht von internationaler Solidarität. Er sei freiwillig gekommen, erklärt er dem 19-jährigen Izarra, weil er an den Freiheitskampf der Venezolaner glaube. Weil er seinen Teil habe beitragen wollen im Kampf gegen den US-Imperialismus, der Lateinamerika unterworfen habe. Als Izarra den 28-jährigen Kubaner am nächsten Tag wiedersieht, ist er tot. Ein Schuss in das linke Ohr hat ihm das Gesicht zerfetzt, er erkennt ihn kaum wieder. Man erklärt ihm, der Gefangene sei bei einem Fluchtversuch erschossen worden. Einige Tage später muss Izarra im Camp ein zweites Verhör führen, diesmal ist es ein weibliches Besatzungsmitglied des Fischtrawlers. Auch die *guerrillera*, eine kubanische Ärztin, spricht von internationaler Solidarität. Der junge Izarra ist beeindruckt und irritiert.

Die Landung des kubanischen Fischtrawlers, dessen Besatzung in William Izarra eine revolutionäre Flamme entzündet, markiert einen Wendepunkt in der Geschichte der venezolanischen Aufstandsbewegungen. Bis in die erste Hälfte der Sechziger hatte die sowjetische KP den Guerillakampf einer Sektion der *Partido Comunista de Venezuela* (PCV) unterstützt. Nach der Kuba-Krise Ende 1962 stellt die Sowjetunion diese Unterstützung der Guerilleros auf dem Kontinent weitgehend ein. Stattdessen schwört der Kreml die lateinamerikanischen KPs auf eine neue Linie ein: Statt des bewaffneten Kampfes solle man die Zusammenarbeit mit bürgerlichen Kräften suchen, wo diese aus nationalen Interessen in Konflikt mit dem US-Imperialismus stehen. Für die venezolanischen Kommunisten eine bittere Pille. Schließlich hatten sie 1958 in Allianz mit den Sozialdemokraten und fortschrittlichen Militärs den Diktator Pérez Jiménez gestürzt – um sich kurz darauf durch den „Pakt von Punto Fijo" zwischen sozialdemokratischer AD und christdemokratischer COPEI ins politische Abseits gedrängt zu sehen. Wenn auch die PCV auf Druck Moskaus dem bewaffneten Kampf entsagt, so halten doch viele ihrer Mitglieder am alten Konzept fest, darunter Douglas Bravo, der als Arbeiter in der Zementfabrik im Stadtteil La Vega in Caracas Streiks organisierte und Anfang der Sechziger die kommunistische Guerilla gegründet hatte. 1965 schließt die Parteiführung Bravo aus, er gründet ein Jahr später die *Frente de Liberación Nacional* (FLN, Nationale Befreiungsfront).

„Fidel begann, uns zu helfen", erinnert sich Douglas Bravo, ein kleiner, drahtiger Mann mit wachen Augen. „Fidel, Che und Celia Sanchez hatten damals Differenzen mit der UdSSR und den Parteien, die den bewaffneten Kampf nicht unterstützten."[25] Drei bewaffnete Gruppen kämpfen am Übergang der Sechziger zu den Siebzigern in Venezuela: Die Guerilleros von Bandera Roja und der *Organización de Revolucionarios* (Organisation der Revolutionäre) operieren im Westen des Landes, Douglas Bravos FLN hat ihre Fronten im Osten. Bei allen ideologischen Differenzen verfolgen sie eine ähnliche militärische Strategie: Den sogenannten *foquismo*, eine Strategie, die davon ausgeht, dass der revolutionäre Volkskrieg sich von lokalen, ländlichen Aufstandsherden auf das ganze Land ausdehnen wird. Man hofft auf den Sierra-Maestra-Effekt: Dass, wie in Kuba Ende der Fünfziger geschehen, aus ein paar hundert Guerilleros eine bewaffnete Bauernbewegung wird, die in militärischen Schlägen gegen eine demoralisierte Armee an Popularität gewinnt und so schließlich auch die urbanen Zentren der Macht erreicht. In Wahrheit bleibt das Modell der kubanischen Revolution ein Solitär: Nie wieder wird es einer lateinamerikanischen Guerilla gelingen, auf diesem Weg die Macht zu ergreifen.

In den Sechzigern allerdings sind die kubanischen Revolutionäre noch überzeugt davon, dass der Sierra-Maestra-Effekt ein Exportschlager für Revolutionen auf der ganzen Welt sein könnte. „Sie ist dazu berufen, die Sierra Maestra Amerikas zu werden", sagt Che Guevara 1962 über die Andenkordillere.[26] Operationszentren für die von Kuba geförderten Guerillas sollten zunächst Argentinien und Peru sein. Der Journalist Alberto Garrido kolportiert, Che habe sich 1963 gar einer venezolanischen Befreiungsfront anschließen wollen. Doch „der orthodoxe Sektor des Zentralkomitees der PCV widersetzte sich Guevaras Eingliederung"[27]. Eine kubanische Waffenlieferung an die venezolanischen Rebellen führt 1964 dazu, dass Kuba aus der *Organisation Amerikanischer Staaten* (OAS) ausgeschlossen wird. Mitte der Sechziger trainiert Guevara im Kongo die Rebellengruppen von Patrice Lumumba, 1966 taucht er in Bolivien unter, um mit der dortigen Guerilla bis zum Volkssieg zu kämpfen. Im Juli 1966 scheitert ein Aufstand in der Dominikanischen Republik, der von kubanischen Einheiten massiv unterstützt wird – auch Venezolaner sind dabei. In seiner Rede am 13. März 1967 bekennt Fidel Castro: „Unsere Revolution hat eine eigene Linie. Niemals wird sie Satellit sein, von niemandem!"[28] Und am 18. Mai erklärt das Zentralkomitee der KP Kubas seine Solidarität mit der Besatzung des kubanischen Fischtrawlers, den die venezolanische Armee aufgebracht hat: „Man klagt uns an, den revolutionären Bewegungen geholfen zu haben. Und tatsächlich, wir haben geholfen und wir werden allen Bewegungen helfen, in jedem Teil der Welt, die gegen den Imperialismus kämpfen."[29]

Am 9. Oktober 1967 geht die Nachricht um die Welt: Ernesto „Che" Guevara ist tot. Mit seiner Guerilla-Einheit aufgerieben in dem kleinen bolivianischen Ort Higueras und auf Befehl des Präsidenten René Barrientos Ortuño exekutiert, wird seine Leiche triumphierend der Weltpresse vorgeführt. Nur wenige Monate später schwenkt Fidel Castro auf die sowjetische Linie ein und lässt die Unterstützung der lateinamerikanischen Guerilla-Bewegungen auslaufen. „In den Jahren 1968 und 1969", erinnert sich Douglas Bravo, „ziehen sich die Kubaner aus Venezuela zurück. Die UdSSR und Kuba begannen ihre Wirtschaftsbeziehungen, daraufhin beendete Kuba seine Unterstützung für den bewaffneten Aufstand."[30] Castro habe die „Prinzipien des Internationalismus"[31] verraten, wird Bravo 1970 erklären. Die Entsendung des kubanischen Schiffes, das vor Maruchucuto aufgebracht wird, war die letzte Unterstützungsaktion des sozialistischen Kuba für die venezolanischen Aufstandsbewegungen.

Der Guerillatruppe Bravos droht durch den Rückzug der Kubaner der langsame Tod. Zwar hatte man Beziehungen zu sozialistischen Regierungen von China über Albanien und Algerien bis hin zur KP Italiens aufgebaut, doch mit Castro ist der wichtigste strategische Partner seiner „nationalen Befreiungsfront" FLN verloren. Außerdem hatte sich die Hoffnung auf den revolutionären Flächenbrand, der von den ländlichen Guerilla-Fronten ausgehen soll, als zunehmend trügerisch erwiesen. Im

Unterschied zu Kuba lebt der Großteil der Bevölkerung Venezuelas schon nicht mehr auf dem Land. Die wachsende Bedeutung der Erdölwirtschaft führt dazu, dass sich immer mehr Menschen in den Ziegel-Barrios an den Hängen um Caracas und an den Rändern der anderen großen Städte ansiedeln. Wer bleibt, hofft auf die sozialdemokratische Landreform, die Ende der Sechziger beginnt. Statt die unzufriedenen Bauern aufzuwiegeln, muss die FLN ihre Kämpfer in den Städten rekrutieren. Der belgische Jesuitenpfarrer Francisco Wuytack, ein früher Vorkämpfer der Befreiungstheologie, der im Barrio La Vega Basisarbeit macht, führt der FLN Dutzende von jungen Männern zu.

Douglas Bravo ruft die „Taktische Wende" aus, die FLN benennt sich um in *Partido de la Revolución Venezolana* (PRV, Partei der Venezolanischen Revolution). „Padre Wuytack hat uns gelehrt", so Bravo, „dass die Kämpfe an der Seite der Bevölkerung gekämpft werden müssen. Dass man in der Bevölkerung die Taktik und Strategie für ein Volksheer entwickeln muss. Und eben nicht in den Bergen, wo man dann die Leute aus dem Volk hinbringt. Im Laufe der Zeit haben wir uns diese These angeeignet."[32] Bravos Mitkämpfer Nelson Sánchez erinnert sich: „Alles deutete darauf hin, dass wir unsere Arbeit in den urbanen und suburbanen Gebieten zentrieren mussten. Die Bauern verließen das Land und wanderten in die urbanen Gebiete, wo sich die marginalen Stadtgürtel bildeten."[33] Doch nicht nur die Landflucht ist es, welche die Guerilleros in die Stadt treibt und ihre Taktik ändern lässt. De facto ist die Guerilla Ende der Sechziger militärisch aufgerieben. „Etwa 80 Prozent der politischen und militärischen Führung der PRV war in Gefangenschaft geraten oder erschossen worden"[34], schätzt Alberto Garrido. Der neue, christdemokratische Präsident Rafal Caldera (COPEI) beendet 1969 die Aufstandsbekämpfung seines Vorgängers mit einem Befriedungsangebot. Viele Guerilleros gehen darauf ein.

Drei Jahre nach seiner Begegnung mit dem kubanischen Guerillero in Machurucuto berichtet William Izarra seinem jüngeren Bruder Richard von der grassierenden Korruption in den

Reihen der Streitkräfte. Richard verarbeitet die Informationen des Bruders zu einem Artikel in der linksradikalen Zeitschrift *Reventón*. Die Reaktion der Obrigkeit auf den Artikel folgt stehenden Fußes: Gegen Richard wird ein Haftbefehl erlassen, er kommt zur Untersuchungshaft in das Gefängnis San Carlos. Bei einem Besuch in der Strafanstalt trifft Izarra die legendären Guerilleros, von denen er so viel gehört hat: Francisco Prada, William Fajardo, Tirso Meléndez und andere. Die ehemaligen FLN- und jetzigen PRV-Kämpfer stellen einen Kontakt zwischen dem jungen Luftwaffen-Offizier und dem Guerilla-Veteran her. Es dauert noch ein paar Jahre, bis sich die Verbindung zwischen Izarra und Bravo als produktiv erweist. Doch der Anfang ist gemacht für den „zivil-militärischen Pakt", der Ende der Siebziger auch Hugo Chávez in seinen Bann ziehen wird.

Izarra belegt an der Universität in Caracas Abendkurse in Geschichte und erhält 1977 ein Stipendium für ein Graduiertenstudium in Harvard. Ausgerechnet in der Widener Library, der Bibliothek der US-Eliteuniversität, entwickelt der Pilot seine „Methode für den Volksaufstand mit Unterstützung der Streitkräfte"[35]. Auch in Douglas Bravos PRV beginnt eine Phase intensiven Studierens. Es ist die Zeit des *Venezuela saudita*, des „saudischen Venezuela": Die Ölkrise 1973/74 und die darauffolgende Explosion der Rohölpreise spült Milliarden in die Staatskasse. Zum ersten Mal beginnen auch die Linken, sich intensiver mit der politischen Ökonomie des Erdöls zu befassen.

Offiziell hat Douglas Bravo die Strategie des *foquismo* für obsolet erklärt. Mit *Ruptura* (Bruch) gründet die PRV 1973 einen legalen Arm. Bei den Streiks in den Milchfabriken im Süden des Maracaibo-Sees erzielt die PRV erste Organisationserfolge. Doch ist das wirklich der Weg zur Revolution? „Ich glaube, die Parteiführung hatte die Fokus-Ideologie sehr verinnerlicht", so der Publizist Néstor Francia, der seinerzeit mit der Organisierung der Studenten für Ruptura betraut ist. „Als man sich gerade dem Aufbau einer Massenbewegung gewidmet hatte, gab es wieder eine Hinwendung zur Kaderorganisation. Man begann sogar damit, die natürlichen lokalen Anführer durch Parteifunktionäre zu ersetzen."[36] Gegen die Strategie der mühseligen politischen Organisationsarbeit in den Barrios, so wie sie Padre Wuytack vorgelebt hatte, setzt sich die alte Hoffnung der linken Avantgarde durch: Dass es nur des richtigen strategischen Momentes bedürfe und einiger geschulter Kader, damit sich die Massen gegen ihre Unterdrücker erheben. Den „schöpferischen Bruch" nennt Bravo diesen historischen Moment. Ende 1978, anlässlich der Präsidentschaftwahlen, soll die Zeit mal wieder reif dafür sein. „Douglas hat uns von der ‚tiefen Markierung' erzählt", erinnert die deutsche Historikerin Dorothea Melcher, die seit Anfang der Siebziger mit der PRV zusammenarbeitet. „Er hat die ehemaligen Guerilleros zusammengerufen und sie bis an die Zähne bewaffnet. Er behauptete, dass, wenn bei den Wahlen COPEI gewinnt, AD das nicht akzeptieren und einen Staatsstreich versuchen würde. Man sollte dann in der Gegend um den Maracaibo-See einen Aufstand organisieren, ein befreites Gebiet erobern und dieses eine Zeitlang halten, um damit eine ‚tiefe Markierung' zu hinterlassen. Und dann haben die tatsächlich da unten gesessen und darauf gewartet. Und was ist passiert? Die COPEI hat gewonnen, Straßenfeste gefeiert und aus Bierbüchsen Grabmäler für AD gebaut. Und die AD-Anhänger sind zu Hause geblieben."[37] Die Unzufriedenheit ist nicht mehr zu deckeln. Die Partei der venezolanischen Revolution geht durch eine Phase der internen Querelen und Spaltungen.

Zwischen Baseball und Bolívar:
Chávez' Weg in die Armee

Der 17-jährige Junge aus dem Dorf Sabaneta, der sich am 8. August 1971 zusammen mit 375 anderen Jugendlichen in der Militärakademie einschreibt, träumt von einer Karriere als Sportler. „Ich war noch ein Kind", so Chávez. „Ich hatte keinerlei politische Motivation. In diesem Moment war einer meiner Beweggründe, Baseballspieler zu werden."[38] Höchstens ein Jahr will er an der Militärakademie bleiben, um dann in Caracas sein Geld mit Baseball zu verdienen.

Die Millionenstadt ist ihm fremd, er kommt aus dörflichen Verhältnissen und war erst ein Mal hier – zur Aufnahmeprüfung in der Militärakademie. Sein Geburtsort Sabaneta ist ein Nest mit drei Lehmstraßen mitten in den Llanos, der drückend heißen Ebene im Südwesten des Landes. Die Familienverhältnisse der Chávez' sind ärmlich. Der Vater Hugo de los Reyes Chávez und die Mutter Elena Frías de Chávez kommen aus Landarbeiterfamilien und arbeiten sich zu Grundschullehrern hoch. Als Elena mit 18 Jahren ihr erstes Kind erwartet, gibt es in ihrem Elternhaus weder Wasser noch Strom, geschweige denn eine Hebamme. Chávez' älterer Bruder Adán kommt 1952 im Haus ihrer Schwiegermutter Rosa Inés in Sabaneta zur Welt. In der Palmwedelhütte wird am 28. Juli 1954 auch Hugo geboren und hier wächst er auf. Als Elena zum dritten Mal schwanger ist, nimmt die Großmutter die beiden Kleinkinder zu sich. Nach der Geburt der Brüder Adelis, Argenis, Aníbal und Narciso wird aus dem Provisorium eine Dauereinrichtung – die beiden Ältesten bleiben bei Rosa Inés. „Ich habe nie nach dem Grund gefragt, warum wir im Haus der Großmutter blieben, Adán und ich"[39], so Chávez. Er akzeptiert die Situation wie sie ist. Bald heißt die Großmutter für die beiden älteren Jungen nur noch Mama Rosa. Zeitlebens wird Chávez in höchsten Tönen über die geduldige, humorvolle Frau mit afrikanischen und indianischen Vorfahren sprechen.

Das Leben in der Hütte mit gestampftem Boden und Wänden aus Lehm und Bambusgeflecht ist alles andere als üppig. Mama Rosa verkauft Süßigkeiten, die sie aus Papaya und Kokos macht und die Jungen müssen helfen. Adán hat keine Lust auf die Arbeit, doch Huguito ist ein Entdecker. Ihm gefällt es, mit den „Papaya-Spinnen" und den „Kokos-Bonbons" durch das Dorf zu rennen, Kegelbahn und Kino zu besuchen oder mit den Süßigkeiten über den Dorfplatz zu flanieren. Die Großmutter bringt ihm Lesen und Schreiben bei. Er verbringt Stunden mit einer bebilderten Enzyklopädie, die ihm sein Vater von einer Fortbildung aus Caracas mitgebracht hat. Sogar ein Deutschkurs ist Teil der vierbändigen *Enciclopedia Autodidacta Quillet*. Hugo und sein Cousin Adrián zwingen sich dazu, etwas von der fremden Sprache zu lernen.

Weil Sabaneta zu dieser Zeit keine Oberschule hat, zieht die ganze Familie Anfang der sechziger Jahre nach Barinas um, eine knappe Busstunde entfernt. Auch in der beschaulichen Provinzhauptstadt leben Adán und Hugo im Haus der Großmutter. In Barinas entdeckt Hugo seine Leidenschaft für Baseball. Für das Amateurteam *Transporte* spielt er auf der Position des Pitchers. Vor einem kleinen Radio im Haus der Großmutter verfolgt er die Spiele seines Lieblingsteams *Magallanes*. Als er im Oktober 1967 wieder einmal davor sitzt, hört er in den Nachrichten die Meldung: Der kubanische Guerillero Ernesto Che Guevara sei in Bolivien von den Militärs gefangen genommen und erschossen worden. Der 13-Jährige fragt sich, warum Fidel Castro keinen Hubschrauber geschickt und den Che gerettet habe. „Das war natürlich kindisch", wird Chávez Jahrzehnte später erklären, „aber es zeigte eine völlige Identifikation mit ihnen, eine Perspektive, die von der Sympathie geprägt war, die ich für beide Anführer in Barinas empfand."[40]

Zwei seiner besten Freunde sind die Söhne eines bekannten Mitglieds der KP in Barinas. Schon ihre Namen verraten den kommunistischen Vater: Vládimir und Federico, benannt nach Lenin und Engels. Ihr Vater Esteban Ruiz Guevara, der während der Diktatur von General Pérez Jiménez in den Fünfzigern politischer Gefangener war, gibt den Jungen lange politische Unterweisungen in seiner beeindruckend vollgestopften Bibliothek. Hugo Chávez ist ein etwas maulfauler Geselle, erinnert sich Ruiz Guevara. Doch der schlaksige, linkische Freund seiner Söhne hört aufmerksam zu, wenn der alte Kommunist über Rousseau und Machiavelli spricht, über Marx, Engels und Lenin. Und im Unterschied zu Vládimir und Federico, die es für Zeitverschwendung halten, sich mit den Helden der Befreiungskriege zu beschäftigen, interessiert sich Chávez für die Geschichten von Simón Bolívar und dem Bürgerkriegsgeneral Ezequiel Zamora. Er liest alles, was er in die Finger bekommt: Romane ebenso wie historische Literatur, sogar durch *Die elementaren Konzepte des historischen Materialismus* quält er sich – ein Klassiker der lateinamerikanischen Linken, geschrieben von der Althusser-Schülerin Marta Harnecker, die dreieinhalb Jahrzehnte später eine seiner wichtigsten Berater werden wird.

Echte Seelenverwandtschaft aber empfindet er vorläufig nur mit Isaías „Látigo" Chávez, dem jungen Pitcher der *Magallanes*, den man wegen seiner harten Würfe „die Peitsche" – *látigo* – nennt. Er wird den Namensvetter nie spielen sehen, denn in Barinas gibt es keinen Fernseher. Aber er hat ein Bild aus der Zeitschrift *Sport Gráfico*, das er abmalt. Am Sonntag, dem 16. März 1969, schaltet er morgens das Radio ein, um Musik zu hören. Nach ein paar Minuten unterbricht eine Eilmeldung das Programm: Ein Flugzeug ist auf dem Weg von Maracaibo nach Caracas abgestürzt, es gibt keine Überlebenden. Isaías „Latigo" Chávez war unter den Passagieren. Hugo trauert, zwei Tage lang lässt er die Schule ausfallen. Er erfindet ein Gebet, in dem er schwört, alles daran zu geben, um so zu werden, wie sein tödlich verunglücktes Idol.

Seine Eltern setzen alles daran, dass die Jungen eine Ausbildung bekommen, die ihnen ein besseres Leben verspricht. Chávez macht sein Abitur auf dem Liceo O'Leary, die einzige höhere Schule in Barinas. Sein Vater will, dass er in Mérida studiert, wie sein Bruder Adán. Doch Hugo weigert sich, denn in der Universitätsstadt, vier Busstunden südwestlich von Barinas, gibt es kein professionelles Baseballteam. Die Lösung des Problems kommt in Form eines Leutnants der nahe gelegenen Garnison. Der hält den Abiturienten einen Vortrag über die Militärakademie in Caracas. Über einen Freund, der bereits auf der Akademie studiert, lässt er sich die Bewerbungsunterlagen mitbringen. Allein fährt er mit dem Bus zur Aufnahmeprüfung in die Hauptstadt. Weil er beim Abitur in Chemie durchgefallen ist, wird er um Haaresbreite abgelehnt – nur sein Baseballtalent rettet ihn.

Die ersten Monate auf der Akademie sind eine harte Prüfung. Oft werden die Kadetten mitten in der Nacht geweckt und müssen eine Stunde laufen. Nach zwei Monaten hat sich schon über die Hälfte seines Jahrgangs wieder verabschiedet. Chávez ist Linkshänder. Seine Vorgesetzten zwingen ihn, mit der Rechten zu essen. Mehr als ein Mal bekleckert er sich, die anderen lachen ihn aus. Auch im Baseballtraining macht er keine überragende Figur. Er stellt fest, dass er schon in jungen Jahren seinen rechten Arm überbelastet hat und zu Höchstleistungen nicht mehr fähig ist. Auf langen Trainingsmärschen sieht er die Armut der Bevölkerung in den Vorstädten. Nachts schreibt er Tagebuch und wünscht sich, er könne der Frau in der armseligen Baracke mit vier halbverhungerten Kindern mehr bieten als die Sardinenbüchse und ein Bonbon aus der Marschverpflegung.

Doch mit der Zeit macht die Welt des Militärs auf ihn Eindruck. Er genießt das studentische Leben, den Kontakt zu den Sportstudenten der Universidad Central, die Kulturveranstaltungen in der Metropole. Der Guerillakrieg ist vorbei und damit auch die Zeit, in der Offiziere wie am Fließband produziert werden. Der Jahrgang *Simón Bolívar*, dem er angehört, ist der erste nach dem *Plan Andrés Bello*, demzufolge die Kadetten, anders als die Jahrgänge vor ihnen, Seminare an der Universität haben. Hier nimmt Chávez den Faden auf, den der alte Kommunist Estéban Ruiz Guevara gelegt hat und studiert intensiv die Geschichte der Befreiungskriege. Oft geht er nachts noch in die Bibliothek, um sich in die historischen Bücher zu vertiefen. Nach dem ersten Jahr an der Akademie hat sich der Traum vom Leben als Baseballstar verflüchtigt. In seiner blauen Ausgehuniform besucht er den Zentralfriedhof und zündet am Grab von Isaías „Látigo" Chávez eine Kerze an. Er muss sich bei seinem einstigen Idol entschuldigen: Den Schwur, in seine Fußstapfen zu treten, wird er nicht einhalten.

Im Dezember 1974 darf er mit einer Delegation von Studenten der Militärakademie nach Peru reisen. Anlass sind die Feierlichkeiten zum 150. Jahrestags der Schlacht von Ayacucho, bei der die republikanischen Truppen des Generals Sucre im Kampf gegen die spanische Kolonialmacht einen entscheidenden Sieg erkämpften. In Peru treffen die zehn jungen Militärstudenten aus Caracas die beiden Generäle, die seit 1968 als sozialrevolutionäre *caudillos* – Führer – von sich reden machen: Der starke Mann Perus, General Juan Velasco Alvarado, hat die im Land operierenden internationalen Ölfirmen verstaatlicht und eine Agrarreform umgesetzt. General Omar Torrijos aus Panama hat am Isthmus Sozialreformen vorgenommen, rund zehntausend Besitztitel an Landlose vergeben und verhandelt mit den USA über die Rückgabe der Kanalzone, in der sich auch die berüchtigte School Of The Americas befindet. Die peruanischen Kadetten schwärmen vor Chávez von ihrer Revolution und auch die panamesischen Kameraden stecken ihn mit ihrer Begeisterung an. „Diese Jungs von ihrem General Torrijos sprechen zu hören", erinnert er sich, „und von der panamesischen Revolution, von der Wiedergewinnung des Kanals und all das mit dem zu vergleichen, was Bolívar gesagt hat – dass Panama für Amerika sein sollte, was Korinth für die Griechen war –, diese ganze wunderbare Sache, die wie eine Utopie klang, das hinterließ einen enormen Eindruck auf mich."[41] Doch unter den Gästen sind auch chilenische Militärs, die im

Vorjahr den blutigen Putsch gegen den sozialistischen Präsidenten Salvador Allende initiierten – „eine Aktion, die von den Panamesen, Peruanern, Venezolanern und Kolumbianern abgelehnt wurde", so Chávez.[42]

Die Militärakademie beschliesst Chávez im Jahre 1975. Präsident Carlos Andrés Pérez nimmt dem Jahrgang *Simón Bolívar* den Fahnenschwur ab. Der 21-jährige Absolvent erhält seinen Säbel ausgerechnet aus der Hand des Mannes, den er 17 Jahre später gewaltsam aus dem Amt zu treiben versucht. Chávez wird Kommunikationsoffizier im Jägerbataillon Manuel Cedeño, eine der Einheiten, die in den sechziger Jahren zur Aufstandsbekämpfung geschaffen wurden. Doch es gibt kaum noch Guerilleros. Einige unbeugsame Kämpfer von Bandera Roja verlieren sich noch in den Bergen im Nordosten – weit weg von dem alten Antiguerilla-Camp La Marqueseña in der Nähe von Barinas, wo Chávez' Einheit stationiert ist. Es gibt wenig zu tun für die zwanzig Soldaten hier am Fuße der „großen Steppe". Morgens wird trainiert, nachmittags Sport getrieben. Chávez vertreibt sich die Zeit mit Lektüre. Im Kofferraum eines alten, von Schüssen perforierten Mercedes Benz, der aus einem Zusammenstoß mit der Guerilla übrig geblieben ist, finden die Soldaten Bücher – vor allem marxistische Schriften. Chávez lässt sie neu binden und stellt eine kleine Bibliothek zusammen. Vor allem das Buch des Historikers Federico Brito über den Bürgerkriegsgeneral Zamora beeindruckt ihn. Er beschäftigt sich mit den alten Plänen im Camp und läuft die verwilderten Trampelpfade ab. An der Grenze zu Kolumbien, Operationsgebiet der kolumbianischen Guerilla ELN (*Ejército de Liberacion Nacional*, Nationale Befreiungsarmee), muss er im Dezember 1976 mit einigen Kameraden mutmaßliche Aufständische verfolgen, die ein Kind getötet und ein paar Lebensmittel geraubt haben sollen. Die Tage vor Neujahr verbringt er in einem armseligen Dorf im Grenzgebiet und fragt die kolumbianischen Holzfäller, die hier ihren kargen Lebensunterhalt erschuften, über die Guerilla aus. Die Armut der Landbewohner beschämt ihn und gibt ihm zu denken.

1977 wird das Bataillon Manuel Cedeño in den Nordosten des Landes verlegt, nach Cumaná. 324 Soldaten sind auf der

Suche nach den Kämpfern von Bandera Roja. Chávez empfindet die Operation als sinnlos. „Hier bin ich und erfülle eine Rolle ohne Bedeutung", vertraut er seinem Tagebuch an, „wo sie doch so viel größer und produktiver sein könnte."[43] Die Guerilleros kennen das Gebiet und können auf die Unterstützung der Bauern zählen. Die Soldaten dagegen sind orientierungslos. „Es fehlen Informationen. Es fehlt Erfahrung. Es fehlt Mystik", schreibt der 23-Jährige und erinnert sich, wie er sich an der Akademie mit „jenem besonderen Typus Krieg, angeführt von Mao Tse-Tung und Ernesto Che Guevara", beschäftigt hatte. Er neidet dem Gegner das ideologische Fundament, die rebellische Identität, die man brauche, „um Opfer, Einschränkungen und Einsamkeiten ertragen zu können".[44] Er fühlt sich verloren, selbst die Begeisterung für Baseball kommt ihm schal vor:

„Dieser Baseball ist nicht unserer. Er gehört ebenfalls den Nordamerikanern. Ich höre einen *joropo*. Das ist unsere Musik. Auch sie ist von der ausländischen Musik verdrängt worden. Der Venezolaner hat sich nie selbst finden können, sein Land, sein Volk. Seine Musik. Uns fehlt die Identität. Alles importieren wir. Wir haben Geld. Wir sind *petroleros*. Uns interessiert nur eines: Geld ranschaffen. Das neueste Automodell zu haben. Tourist sein. Einen Status haben. Das ist das Bewusstsein dieses Volkes, zerfressen von den Petrodollars. Gold korrumpiert alles. Wieder Simón José Antonio.[45] Ich komme nicht um ihn herum. Das ist das einzig wirklich Wertvolle und Schöne, was uns bleibt, die wir dieses Land lieben: Uns an jene heroische Vergangenheit zu klammern und an seine Männer, Erbauer seiner Geschichte."[46]

Das Bataillon rückt ein paar Kilometer in den Süden vor, nach San Mateo. An einem freien Abend vertreibt sich Chávez die Zeit mit ein paar Kameraden und einem *cuatro*, ein venezolanisches Saiteninstrument. An einer Straßenecke geben sie ein Ständchen. Hugo Rafael ist ein guter Sänger, er stimmt ein Lied des bekannten Protestsängers Alí Primera an:

„Nein, nein, nein, es genügt nicht zu beten
Um den Frieden zu erreichen fehlen viele Dinge
Nichts erreicht man
wenn es keine Revolution gibt

Es betet der Reiche, es betet der Herr
und dich misshandeln sie, Knecht."[47]

Zum Erstaunen aller stimmen die Dorfbewohner begeistert ein
und bieten den Soldaten Zigaretten an. Chávez muss das Lied
mehrere Male singen. In seinem Tagebuch notiert er:

„Die Soldaten fühlen weder, noch verstehen sie den Grund
für ihren Kampf. Ganz einfach. Weil ihre Interessen als SO-
ZIALE Klasse nicht mit den Zielen dieses Kampfes zusammen-
gehen. (...) Der Himmel ist klar. Meine *negra* ist weit weg.
Wenn ich doch mit ihr zusammen sein könnte, ihre Wärme
spüren, mit ihr glücklich sein. Ich liebe sie wirklich. Es ist
schwierig für mich, ohne sie zu leben."[48]

Seine *negra* – ein gebräuchliches Wort für eine Dunkelhäu-
tige – heißt Nancy Colmenares, eine junge Frau aus Barinas.
Als die beiden 1977 heiraten, kurz bevor er nach Cumaná verlegt wird, ist sie schwanger mit der ersten Tochter Virginia.
„Süße, alles wird gut. Warte auf mich", schreibt der junge Ehemann. „Kann sein, dass ich Dich eines Tages mitnehme. Und
dass Du mit mir lernst. Und mit mir triumphierst. Oder mit mir
stirbst."

Chávez bekommt einen Einblick in die korrupten Strukturen
der Militärführung. „Es gab einen Ehrenkodex, den sie einem
in der Akademie eingebläut haben", erinnert er sich. „Man
musste ihn auswendig können, wie ein Gebet: Ich bin ein venezolanischer Militärkadett und widme mein Leben der Ehre,
der Gerechtigkeit und der Wahrheit. Und dann siehst du die
Chefs, wie sie mit dem Geld umgehen, wie sie sagen, es habe
nicht für den Käse für die Soldaten gereicht."[49] Chávez beginnt,
bei den höheren Dienstgraden nachzuforschen. Der übereifrige
Kommunikationsoffizier wird seinen Vorgesetzten lästig. Er
legt sich mit seinem Kommandeur an, weil dieser aus Be-
quemlichkeit das Camp an einem Ort einrichten lässt, wo es
keinen Funkempfang gibt. Er isst mit den einfachen Soldaten
an einem Tisch. Er gerät in Streit mit einem Oberst der Militärpolizei DIM, der Bauern misshandelt, die angeblich mit der
Guerilla sympathisieren. Er erhält einen Abmahnung: Noch so
ein Fall und man werde ihn wegen militärischer Rebellion anklagen. Der Kommandant entzieht ihm die Telekommunika-
tionseinheit und schickt ihn wochenlang auf Patrouille.

Bei einem Heimatbesuch konfrontiert Hugo seinen Bruder Adán mit einem Entschluss: Er will seine Militärlaufbahn beenden und an der Universität Mérida studieren, wie der ältere Bruder. Dieser versucht ihn davon abzubringen. Er könne nicht aus der Armee austreten, er habe dort eine wichtige Aufgabe zu erfüllen. Adán eröffnet Hugo, dass er schon seit 1973 Mitglied der Partei der Venezolanischen Revolution ist. Die Universität am Fuße der Anden ist zu jener Zeit erfolgreiches Rekrutierungsfeld der PRV – bzw. ihres legalen Arms Ruptura.

Der Bruder erzählt Hugo von einem konspirativen Projekt, welches zu diesem Zeitpunkt innerhalb der Partei weder das Politbüro noch das Zentralkomitee kennen. Der PRV-Anführer Douglas Bravo arbeitet mit einigen handverlesenen Genossen an einem Geheimplan. Die neue Strategie ist eine alte: Bravo will wieder an die Tradition des „zivil-militärischen" Paktes anknüpfen, der 1958 zum Sturz von Pérez Jiménez und Anfang der Sechziger zu Militäraufständen geführt hatte. 1961 und 1962 hatten mehrere lokale Erhebungen das Land erschüttert, in denen die Kommunistische Partei Venezuelas und junge Offiziere zusammengearbeitet hatten. „Eine der Eigenschaften der venezolanischen Gesellschaft ist, dass weder ökonomisch, noch politisch oder ideologisch geschlossene Klassen existieren", hatte Bravo 1964 geschrieben. „Diese Eigenschaft hat ihren Ursprung in dem egalitären und populären Charakter des Bürgerkrieges, dass unser Heer einen Unabhängigkeitskrieg führte und für die Befreiung stand. (...) Es ist eine zentrale Aufgabe der nationalen Befreiungsbewegung, diese Eigenschaften in Rechnung zu stellen, um im Schoße des Heeres eine permanente Aktivität zu entwickeln."[50]

Die Aussicht auf den Zusammenschluss progressiver Militärs und ehemaliger Guerilleros bringt Chávez dazu, seine Karriere in der Armee fortzusetzen. Er behauptet, Douglas Bravo bereits 1978 getroffen zu haben, Douglas Bravo dagegen nennt als Datum das Jahr 1981. Auch den zweiten wichtigen Protagonisten der revolutionären Linken jener Zeit lernt der junge Offizier kennen. Vladimir und Federico Ruíz-Guevara, seine Jugendfreunde aus Barinas, arrangieren 1978 ein Essen mit Alfredo Maneiro, dem Anführer der neuen Partei Causa R. Maneiro ist ein Dissident der venezolanischen KP, er vertraut

nicht mehr dem Modell der Partei und ihren Organisations-
strukturen. Stattdessen will er Organisationsprozesse bei den
verschiedenen sozialen Klassen selbst anstoßen: Die Causa R
agitiert an der Universität von Caracas und in den Barrios der
Gemeinde Catia im Westen von Caracas. Erfolge verzeichnet
die Organisation vor allem in der Mobilisierung der Stahl-
arbeiter in den Eisenhütten von Guayana, im Süden des Landes. Neben Intellektuellen, Bauern und Arbeitern hat Maneiro
auch das Militär als revolutionäre Kraft entdeckt. Der schlanke
Offizier aus Barinas soll der Causa R den Weg zu den Streitkräften bahnen.

„Nur um eines möchte ich Sie bitten", erklärte Maneiro bei
dem konspirativen Essen. „Was auch immer wir machen, es
geht nicht von heute auf morgen, darin müssen wir uns einig
sein. Es wird dauern, bestimmt Jahrzehnte."[51]

Chávez sagt nicht viel, er isst seinen Teller Spaghetti und
verlässt das Treffen ohne Auftrag – aber mit dem Rat Maneiros,
vorläufig das „Gewehr durch einen Kugelschreiber"[52] zu ersetzen.

Chávez wird Alfredo Maneiro nie wieder sehen. Der Causa-
R-Gründer stirbt 1982 mit nur 42 Jahren an einem Herzinfarkt.
Doch er folgt seinem Rat und widmet sich in den folgenden
Jahren einer Recherche, die seinem revolutionären Projekt ein
ganz persönliches Fundament geben wird. Der unruhige Jung-
offizier sucht nach seinen Wurzeln. 1974 veröffentlicht der
Mediziner und Heimatdichter José León Tapia in Barinas ein li-
terarisch-historisches Büchlein über General Pedro Pérez
Delgado, einen Urgroßvater von Hugo Chávez. Es trägt den Titel *Maisanta, el último hombre a caballo* (Maisanta, der letzte
Mann hoch zu Ross). Pérez Delgado pflegte angesichts feindlicher Truppen *„Ma' Santa, que son bastante!"* („Heil'ge Mutter, wie viele es sind!") auszurufen, daher sein Beiname „Maisanta". León Tapias Buch feiert den sagenumwobenen Ahnen
aus der Familie der Mutter als Freiheitshelden. In der offiziellen Geschichtsschreibung gilt er als lokaler Warlord, der Dörfer überfiel, um zu plündern und zu brandschatzen. „Ich erinnere mich, dass meine Großmutter in meiner Kindheit, dort in
der Savanne von Barinas, zu sagen pflegte: In diesem Jungen
steckt ein Mörder", so Chávez. „Und in mir setzte sich die Vorstellung fest, dass ich einen Mörder als Urgroßvater hatte."[53]

Chávez beschließt, sich auf die Spuren des geheimnisvollen Maisanta zu machen. Er sucht in Militärbibliotheken und in den Archiven im Präsidentenpalast. Er treibt seine Großtante, Maisantas Tochter auf, zu der die Familie den Kontakt verloren hatte. Er besucht die Orte, an denen der Urgroßvater gelebt hat. Auf der Suche nach einem Schlachtfeld im Grenzgebiet zu Kolumbien, auf dem Maisanta 1921 gegen Regierungstruppen gekämpft hat, wird Chávez auf kolumbianischer Seite von Grenzschützern aufgegriffen und muss ein paar Tage in Gewahrsam verbringen. Die Kamera, die Landkarte und das Aufnahmegerät, die er bei sich führt, lassen die Kolumbianer vermuten, sie hätten es mit einem Spion zu tun. Es kostet Chávez einige Mühe, sie davon zu überzeugen, dass er die alten Dorfbewohner nur ausgefragt habe, weil er etwas über seinen Urgroßvater erfahren wollte.

Die Recherche, die der junge Offizier jenem Pedro Pérez Delgado alias Maisanta widmet, ist für ihn eine politische Grundsteinlegung. Der Urgroßvater liefert die biografische Verbindung zu jener sozialrevolutionären Tradition des egalitären Befreiungsheers, auf die sich auch der Exguerillero Douglas Bravo mit seinem „zivil-militärischen Pakt" bezieht. „Das waren Führer einer Revolution, die sie vielleicht selbst nicht wirklich verstanden haben", sagt Chávez über Pérez Delgado und seine Kameraden. „Vor allem eine Revolution von unten, vom Land, bäuerlich, der armen Leute. (...) In Elorza[54] erzählten mir alte Leute, dass Maisanta, als er das Dorf einnahm, befahl, die großen Geschäfte zu öffnen, nicht die kleinen Lädchen, und dass er den Leuten erlaubte, diese zu plündern."[55]

Chávez sucht sich die Tradition, in die er sich stellen will. In dem rebellischen Warlord findet er einen Vorfahren, als dessen Wiedergänger er sich begreifen kann. Maisanta wird eine zentrale Figur in dem Pantheon der Nationalhelden, das er mit den Jahren aufbaut – Ahnen einer originär venezolanischen und lateinamerikanischen Befreiungsgeschichte. Mit der Recherche nach dem verfemten Urgroßvater erprobt er zum ersten Mal ein Verfahren, das sich als konstitutiv für die bolivarische Revolution erweisen wird. Anstatt sich in einen Richtungsstreit zwischen marxistisch-leninistischen, maoistischen, trotzkistischen, guevaristischen Revolutionsmodellen zu begeben, der die unzähligen Spaltprodukte der lateinamerikanischen KPs trennt, verlässt er das Feld der politischen Theorie und sucht nach den Wurzeln einer anderen Geschichte.

„In dieser Geschichte, die nicht verschriftlicht ist, die aber in der Erinnerung existiert, liegen Elemente einer Doktrin, die zeigen, dass diese Männer keine Bestien oder Zentauren sind, sondern Männer, die Ideen hatten, wenn auch weder entwickelt noch aufgeschrieben"[56], wird er 1995 dem Historiker Agustín Blanco Muñoz erklären. Blanco Muñoz wirft ihm vor, wie später viele Intellektuelle des Landes, dass seine Bewegung sich auf eine Tradition beziehe, „deren ideologische und politische Konnotation überhaupt nicht klar ist"[57]. Das Jonglieren mit assoziativ aufeinander bezogenen historischen Anekdoten im Verweis auf eine noch zu formulierende revolutionäre Doktrin wird ein Markenzeichen des zukünftigen Präsidenten werden.

Baum der drei Wurzeln: Die bolivarische Doktrin

PRV-Führungsmitglied Néstor Sánchez, der als einer der wenigen in Douglas Bravos Projekt des „zivil-militärischen Paktes" eingeweiht ist, versichert, dass Chávez bereits 1980 „formaler Teil des Projektes"[58] ist. Sánchez, Lehrer in Mérida, ist Kontaktmann des jungen Offiziers und diesem unter dem Decknamen „Harold" bekannt. Ab 1982 trifft sich Chávez – Deckname „José Antonio"– in einem Privathaus im Süden von Caracas mit Mitgliedern der PRV. Das Gebäude in der Urbanización Gran Colombia eignet sich bestens für konspirative Versammlungen: Es hat eine Tiefgarage mit internem Aufgang, so dass unentdeckt bleibt, wer ein- und ausgeht. Das Haus gehört Elizabeth Sánchez, einer Cousine von Néstor. Chávez freundet sich mit der Hausherrin an und verkehrt auch privat bei der Rechtsanwältin.

„Chávez war ein sehr steifer Militär", erinnert sie sich. „Er trug seine Uniform mit viel Stolz, immer makellos, ein sehr aufrechter Mann, der Wert auf militärische Haltung legte. Er liebte es, Gedichte zu rezitieren, also gab es diese typischen Abende der *llaneros* [Bewohner der Llanos], bei denen Harfe gespielt, gesungen und deklamiert wurde."[59] Der schneidige Offizier hat nicht nur einen Hang zur Folklore, er ist auch ein

Schwärmer: „Man verbrachte lange Stunden mit Konversation", berichtet eine Nachbarin, die oft zu Gast im Hause Sánchez ist. „Er sprach über soziale Gleichheit, über die Straßenkinder, über Gerechtigkeit – er war ein sehr idealistischer Mann."[60]

Chávez ist zwei Jahre zuvor als Leiter der Sportabteilung zurück an die Militärakademie in Caracas gekehrt und nun Kapitän der Baseballmannschaft. „Jedes Mal, wenn sie gewannen, kam er zu mir mit einem Autobus von der Akademie und es wurde gefeiert"[61], so Elisabeth Sánchez.

An einem dieser Abende, im April 1984, lernt er eine Freundin der Hausherrin kennen. Die 32-jährige Lehrerin Herma Marksman hat zwei Kinder, gerade eine Scheidung hinter sich und ist im Begriff, nach Caracas zu ziehen. Die beiden unterhalten sich über Erziehungsfragen und die Notwendigkeit von Reformen. Chávez beklagt die Korruption im Militär. Wer in den Streitkräften Karriere machen wolle, müsse seine ethischen Prinzipien vergessen. Marksman hat im Schuldienst ähnliche Erfahrungen gemacht. „Wenn du nicht Mitglied bei AD oder COPEI bist, kannst du alle Abschlüsse und Zeugnisse der Welt haben. Du kommst nicht weiter."[62] Chávez ist hingerissen von der zwei Jahre älteren Frau mit den traurigen Augen und den feinen Gesichtszügen. Er drängt Elisabeth Sánchez, ihm ihre Telefonnummer zu geben.

Ende Juni zieht Herma Marksman in ein großzügiges Zimmer im zweiten Stock des Hauses. Sie nimmt an, dass der charmante, beredte Offizier nur aus freundschaftlichen Gründen die Familie Sánchez besucht. Doch sie bemerkt Dinge, die sie irritieren. Immer wenn ein gewisser Martín kommt, finden im dritten Stock Versammlungen statt. Besonders Chávez scheint sich für den mysteriösen Gast zu interessieren. „Manchmal kam er vorbei und fragte: Hat Martín angerufen? Ist Martín schon da?"[63]

Als Elisabeth für ein paar Tage aus dem Haus ist, nimmt Herma die Gelegenheit wahr und räumt im dritten Stock auf. Sie findet eine ganze Bibliothek linksradikaler Literatur, Zeitschriften, Papiere. Als die Freundin zurückkehrt, stellt sie sie zur Rede. Sie will wissen, was los ist – schließlich wohnt sie mit ihren beiden Kindern in dem Haus und will vorbereitet sein. All das gehöre ihrem Cousin Néstor, antwortet Elisabeth, der Mitglied bei der revolutionären PRV sei. „Und ich werde dir sagen, wer Martín ist, ich glaube, es ist Zeit, mit der Wahrheit herauszurücken. Martín ist niemand anderes als Douglas Bravo. Mein Cousin Nelson ist die rechte Hand von Douglas, sie sind dabei, eine zivil-militärische Gruppe zu bilden."[64]

Herma und Hugo verlieben sich ineinander. Ende des Jahres 1984 zeigen sie ihrem engeren Umfeld offen, dass sie ein Paar sind. Er eröffnet ihr, was sie bereits weiß: dass er ein Doppelleben führt. Tagsüber erfülle er seine Pflichten als Angehöriger des Militärs, nachts aber arbeite er „an einem Projekt für dieses Land und ich treffe mich mit Leuten, um ihnen das zu erklären und sie dafür zu gewinnen".[65] Auch dass er verheiratet ist, verschweigt er ihr nicht. Seine Ehe sei lange schon gescheitert. Man lebe nebeneinander her und habe sich nicht viel zu sagen. Nancy, eine einfache, bescheidene Frau, bringt für die politischen Umtriebe ihres Ehemanns kein besonderes Interesse auf. Die *negra*, die er sich einst im Anti-Guerilla-Kampf an seiner Seite wünschte, die er mitnehmen, mit der er lernen und triumphieren wollte, steht seinem Projekt gleichgültig gegenüber. In Herma Marksman findet er das, was er in Nancy gesucht und nicht gefunden hat: Eine Partnerin, die ihn auch in der politischen Arbeit begleitet.

Die Treffen mit Douglas Bravo bestärken ihn darin, dass er das Militär nicht verlassen sollte. Chávez entspricht dem Typus, den Bravo für seinen zivil-militärischen Pakt sucht: Er kommt aus kleinen Verhältnissen, identifiziert sich mit der befreiungskämpferischen Tradition des Militärs und verachtet die Dekadenz der Führungsoffiziere. Vor allem ist er bereit, über seinen ideologischen Schatten zu springen und sich mit Ex-Guerilleros einzulassen, die die venezolanische Armee noch ein paar Jahre zuvor bekämpft hatte.

Doch die Beziehung zwischen dem Guerilla-Veteran und dem Offizier ist konfliktreich. Bravo will die Militärs nicht in die politische Führungsebene integrieren. Chávez wiederum ist nicht einverstanden damit, dass man ihn und seine Kameraden nur als bewaffnetes Instrument sieht. Er will die politische Diskussion: „Ich wollte nicht an Versammlungen teilnehmen, wo man bloß darüber spricht, wieviel Offiziere wir haben und wie der militärische Plan aussah, mich interessierte der politische Plan."[66] Um seine Position in den Besprechungen mit Bravo zu verbessern, versucht er, seine engsten Kameraden für Bravos zivil-militärischen Pakt zu gewinnen. Doch mit einem kommunistischen Ex-Guerillero will niemand von den Offizieren zu tun haben.

In den Achtzigern wird aus dem ehemaligen KP-Funktionär Douglas Bravo ein Ideologe auf der Suche nach einer Ideologie. Die politischen Texte der PRV bilden kein geschlossenes Weltbild mehr. Sie tasten sich an neue, ungewohnte Begriffe heran. Von alternativen Energien ist die Rede, von der Frauenfrage, von direkter Demokratie. Der Widerspruch zwischen Arbeit und Kapital ist nur noch ein Punkt unter vielen. Die Erfahrungen in den Ländern des realen Sozialismus hätten gezeigt, „dass man der Linie der Entwicklung der Produktivkräfte gefolgt ist und dass es keine Vergesellschaftung, sondern Verstaatlichung gegeben hat"[67], so ein Papier von 1982, eher eine Stichwortsammlung als ein programmatischer Text. Als Alternative zur „bürokratisch-autoritären Position" Kubas und der Sowjetunion wie auch zu der „bürokratisch-liberalen" Position der „Eurokommunisten" spricht das Dokument von einer „selbstbestimmenden, libertären"[68] Haltung. Vor allem in einem Punkt plädiert der *douglismo*, das Denken Douglas Bravos, für ein Umdenken. Statt von den „Massen" solle man von der „Menge" sprechen, im Spanischen *muchedumbre* – eine Bezeichnung, die die Vielheit betont und nicht die Einheit behauptet. Ein neues revolutionäres Subjekt – „machtvoll, plebejisch, aber voller direkter Demokratie". Zwanzig Jahre bevor die Globalisierungstheoretiker Toni Negri und Michael Hardt den Begriff *Multitude* in die Welt setzen, hat der venezolanische Guerilla-Veteran schon eine Ahnung: dass Begriffe wie Volk und Masse Definitionen aus der Perspektive der Macht sind, Ideale der Lenkbarkeit, die ein revolutionäres Projekt überwinden müsse. Die „Rebellion der Mengen", die er prognostiziert, stützt sich auf „all jenes, was als alternativer Versuch zur Bestreitung von Macht auftauchen mag"[69]. Die klassenlose Gesellschaft entstehe aus lokalen Kämpfen heraus: „Die Macht des neuen Typus trägt einen Keim von Anti-Macht, von Selbstzerstörung in sich. (...) Die Geburt einer neuen Macht geschieht auf kleiner Stufe, auf lokaler Ebene, und darin ist sie bereits Anti-Macht."

Doch die PRV ist keine Partei, die lokale Kämpfe organisiert. Ihr Weg führt nicht in die Barrios zu der beschworenen *muchedumbre*. Stattdessen sucht sie nach einer ideologischen Klammer, die die Vielheit der Kämpfe zusammenhält. 1983 erklärt der PRV-Ideologe Kleber-Ramírez die alten sozialistisch-kommunistischen Orthodoxien und das kapitalistische Modell für verschiedene Erscheinungsformen desselben Fortschrittsdenkens: Solange man einem Entwicklungsmodell anhänge, welches das ökonomische Wachstum, Technik und Wissenschaft in den Mittelpunkt stellt, „befördern wir nur die Stärkung einer monströsen, entfremdenden Zivilisation, die sogar mit ihren eigenen Apologeten unbarmherzig ist. Doch werden wir niemals eine harmonische Beziehung zwischen den Menschen sowie zwischen dem Menschen und der Natur und dem Universum herstellen".[70]

Von dem Gegensatz zwischen technokratischem Fortschrittsglauben und „neuem Denken", das die PRV ausruft, ist der Schritt nicht weit zum Gegensatz zwischen alter und neuer Zivilisation, zwischen Europa und Lateinamerika: „Wir sollten nicht imitieren", so Kleber. „Gerade Lateinamerika, dessen fünfhundertjährige Geschichte die Geschichte des Kolonialismus, des Semi-Kolonialismus, des Neokolonialismus und derzeit der Abhängigkeit ist, sollte mit aller Gewalt und so bald wie möglich mit dieser Zivilisation brechen, um seine wahre Souveränität zu erreichen." Bereits 1840, also acht Jahre bevor Karl Marx das *Kommunistische Manifest* schrieb, habe der venezolanische Philosoph und Freiheitskämpfer Simón Rodríguez vor der „Weisheit Europas" gewarnt: „Wird der schillernde Vorhang, der sie bedeckt, weggezogen, wird das schreckliche Bildnis des Elends und der Laster erscheinen (...). Amerika sollte nicht servil imitieren, sondern originell sein."[71]

Simón Rodríguez (1769-1854) hatte als Lehrer in Caracas den jungen Simón Bolívar unterrichtet. Seiner Zeit weit voraus forderte er, die Schulen müssten nicht nur die Kinder der weißen Oberschicht, sondern auch die Schwarzen, Mestizos und Indios unterrichten. Aus dem Schuldienst ausgeschlossen, muss er 1797 das Land verlassen, da er an einer sezessionistischen Verschwörung gegen die spanische Krone beteiligt war. Nach Aufenthalten in Jamaica und den USA beginnt eine über zwanzigjährige Odyssee durch Europa. Rodríguez arbeitet als Lehrer, Chemiker in Italien, Preußen, Russland und Holland. In Frankreich trifft er 1804 den 21-jährigen Bolívar wieder. 1805, ein Jahr bevor Simón Bolívar nach Lateinamerika zurückkehren wird, um den Unabhängigkeitskrieg zu beginnen, reisen die beiden nach Rom. Auf dem Monte Sacro hoch über den Ruinen des Imperiums, das einst die Weltherrschaft Europas begründet hat, nimmt Rodríguez seinem Schüler Bolívar einen Schwur ab:

„Ich schwöre vor Euch, ich schwöre bei dem Gott meiner Eltern, bei ihnen selbst, bei meiner Ehre, bei meinem Vaterland, dass mein Arm nicht ruhen soll, noch meine Seele Frieden finden, bis die Ketten gesprengt sind, die uns nach dem Willen der spanischen Macht gefangen halten."[72]

Der Schwur von Monte Sacro steht Pate, als sich Hugo Chávez und drei seiner Kameraden in der Mittagshitze unter einem alten Baum in der Nähe der Kaserne San Jacinto in Maracay versammeln. Der Baum trägt den Namen *Samán de Güere* (Samán-Baum von Güere), man sagt, Simón Bolívar habe oft seinen Schatten gesucht. Die drei Kameraden heißen Felipe Acosta Cárles, Jesús Urdaneta und Raúl Baduel, sie sind wie Chávez Mitglieder des Fallschirmspringer-Regiments. In welchem Jahr sich die vier unter dem Wipfel des historischen Baumes versammeln, ist strittig: Einige der Beteiligten nennen das Jahr 1983, in der offiziellen Geschichtsschreibung hat man sich auf 1982 geeinigt. Sicher sind Tag und Monat: Es ist der 17. Dezember, der Todestag von Simón Bolívar, der in der venezolanischen Armee mit einer Gedenkstunde geehrt wird.

Chávez' rhetorisches Talent hat sich bis zu seinen Vorgesetzten herumgesprochen, deshalb soll er an jenem Tag die Rede halten. Es hätte keinen Besseren treffen können, der Oberstleutnant ist besessen von den Ideen des Befreiers. „Ich hatte Bolívar Tag und Nacht im Kopf. Ich veranstaltete Diskussionen, ich reproduzierte seine Gedanken, ich kaufte Bücher, um sie den Soldaten und Offizieren zu schenken."[73]

Der Offizier, der die Zeremonie leitet, will das Manuskript des Vortrags vorher lesen. Chávez erklärt, er schreibe seine Reden nicht auf. Er entwickelt sein halbstündiges Plädoyer für die Aktualität Simón Bolívars aus dem Stegreif: Was der Befreier damals nicht habe vollenden können, sei bis heute unvollendet geblieben. „Es ist nicht so, dass Bolívar nichts mehr zu tun hätte in Amerika, bei all der Armut, bei all dem Elend", sagt er vor versammelter Mannschaft.[74] Die Worte ärgern den Major, nach der Gedenkfeier herrscht er den Redner an: „Chávez, Sie wollen wohl Politiker werden!" Es kommt zu einem Wortgefecht zwischen der Gruppe um Chávez und ihrem Vorgesetzten. „Wir bolivarischen Offiziere denken so", sagt Felipe Acosta Cárles, „und wenn einer von uns es ausspricht, dann machen Sie sich in die Hose."

Die vier jungen Offiziere sind nach dem Streit in der richtigen Stimmung, um zum *Samán de Güere* zu ziehen und sich auf das gemeinsame revolutionäre Projekt einzuschwören. Sie sprechen Chávez nach, der den berühmten Schwur auswendig kennt: „Ich schwöre vor Euch, ich schwöre bei dem Gott meiner Eltern ..."

Die „spanische Macht", der Bolívar zwei Jahrhunderte zuvor den Kampf ansagte, ersetzen sie durch die Worte „die Mächtigen". Mit dem „Schwur von Samán de Güere" gründen Chávez, Urdaneta, Baduel und Acosta Carlez die Urzelle der bolivarischen Bewegung: Das *Ejército Bolivariano Revolucionario*, das bolivarisch-revolutionäre Heer, kurz EBR-200. Die Ziffer 200 fügen sie in Erinnerung an den 200-jährigen Geburtstag des Nationalhelden Simón Bolívar hinzu.

„Wir hatten uns nicht wirklich darum gekümmert, Bolívar zu studieren, so wie es die Militärjugend machte", so das einstige PRV-Mitglied Néstor Francia. „Chávez hat Bolívar jahrelang studiert, er kann fast alles auswendig, was Bolívar gesagt hat."[75] Doch Douglas Bravo, Chefideologe der PRV, weiß um die Begeisterung der jungen Offiziere für die Nationalhelden des Unabhängigkeitskriegs (1812-23) und des Krieges zwischen Liberalen und Konservativen (1859-63). Auch über die Gründung des EBR-200 ist er unterrichtet. „Chávez hat mich darüber informiert, dass sie diesen Schwur machen würden"[76], erinnert er sich.

Es ist kein Zufall, dass sich die PRV Anfang der Achtziger einem dritten Weg zuwendet. Die patriotische Wendung, die

Neuinterpretation der Nationalgeschichte im Hinblick auf eine originär lateinamerikanische revolutionäre Tradition ist auf den ideologischen Horizont der Militärs gemünzt, die die PRV für ihren zivil-militärischen Pakt gewinnen möchte. Seit 1976 ergründet Bravo mit einigen Getreuen „die Psychologie und Klassenzusammensetzung der Mitglieder der FAN (*Fuerza Armada Nacional*, Nationale Streitkräfte), ihren Geschmack, ihre Gewohnheiten, ihre Sorgen"[77]. Es gelingt ihm, die Gruppe um Chávez mit ihrer revolutionären Interpretation der Befreiungskriege zu infizieren. „Die grundlegenden Ideen haben wir als unsere angesehen", so Francisco Arias Cárdenas, der Mitte der Achtziger als Infanterie-Hauptmann zum EBR-200 stößt, „aber die erste Ausarbeitung kam von Douglas und seinem Analyse-Team."[78]

Das Konzept, das Douglas und seine Ideologie-Kommission entwickeln, wird als *El Árbol de los Tres Raíces* (Baum der drei Wurzeln) bekannt. Es ordnet die zentralen Politikfelder der Bewegung drei historischen Persönlichkeiten zu, die in der „Bolivarischen Republik Venezuela" des späteren Präsidenten Chávez zu den wichtigsten nationalen Heldenfiguren werden: Simón Bolívar, Simón Rodríguez und Ezequiel Zamora.

Für die lateinamerikanische Integration steht Bolívar, der sein Leben lang für die Vereinigung des Kontinents kämpfte. Nach einem zehnjährigen, blutigen Unabhängigkeitskrieg rief er 1819 die Republik Gran Colombia aus, die das Gebiet des heutigen Kolumbien, Venezuela, Panama und Ecuador umfasste. 1824 erobern Bolívars Truppen Peru, 1825 vertreiben sie die Reste der spanischen Armee aus dem Gebiet südlich der Anden und nennen die neue Republik zu Ehren des Befreiers Bolivien. In Argentinien und Chile hatten sezessionistische Armeekräfte bereits unter General José de San Martín (1778-1850) die Macht der spanischen Krone gebrochen. Der Traum Bolívars vom geeinten Lateinamerika währt nicht lange. Regionale Spannungen führen zu Auseinandersetzungen zwischen venezolanischen und kolumbianischen Kräften, 1829 überfallen peruanische Truppen Ecuador. Bolívars Versuch, auf dem „Kongress von Panama" 1826 die Einheit zu schmieden, ist gescheitert. Der Befreier stirbt 1830 auf dem Weg ins europäische Exil in der kolumbianischen Küstenstadt Santa Marta an Tuberkulose.

Die zweite Referenzfigur ist Bolívars Lehrer Simón Rodríguez: Er soll dem Projekt der lateinamerikanischen Emanzipation eine ideologische Grundlage geben. „Wo sollen wir Vor-
bilder suchen?", zitiert ein Dokument der Bewegung den
Pädagogen und Erziehungsphilosophen. „Das spanische Amerika ist originell. Originell müssen seine Institutionen und seine Regierung sein. Und originell die Mittel, die einen wie die
andere zu gründen. Entweder wir erfinden oder wir gehen
fehl."[79] Zentrales Moment in Rodríguez' Denken ist die Vorstellung einer Re-Kolonisierung des Kontinents durch seine eigene Bevölkerung. Die Vormachtstellung der europäischen Im-
migranten sieht er als Resultat ihrer besseren Ausbildung, die
Emanzipation Lateinamerikas ist daher für ihn in erster Linie
eine Erziehungsaufgabe.

In seinem erziehungsphilosophischen Werk *Sociedades Americanas* schreibt er: „Nichts ist so wichtig wie ein Volk zu haben. Es zu erziehen sollte die einzige Beschäftigung derer sein,
die für die soziale Sache einstehen."[80] In Bolívars befreitem
Lateinamerika kann Rodríguez seine pädagogischen Konzepte jedoch kaum verwirklichen. Im bolivianischen Chuquisaca
gründet er eine Schule, die auch Kinder aus der indigenen Bevölkerung aufnimmt. Auf Druck der weißen Oberschicht lässt
General Antonio José de Sucre (1795-1830), der Eroberer von
Peru und Bolivien, das Institut wieder schließen. Rodríguez
zieht sich aus der Politik zurück und verbringt den Rest seines Lebens als Lehrer und Publizist in Ecuador, Peru und
Chile.

„Als Douglas und seine Gruppe die Fahne von Simón
Bolívar hissen, müssen sie notwendigerweise Ezequiel Zamora hinzufügen", so William Izarra, „denn Zamora symbolisiert
die Revolution des Volkes."[81] Ezequiel Zamora (1817-1860)
ist den Venezolanern vor allem durch seine griffigen Parolen
bekannt: „Land und freie Menschen", „Allgemeine Wahlen" und
„Terror der Oligarchie!"[82] forderte der General, der im Bürgerkrieg von 1859-63 auf der Seite der Liberalen kämpfte. Als
Zamora Barinas, die Hauptstadt der vieh- und ackerbaureichen
Llanos, einnimmt, lässt er das Stadtarchiv niederbrennen, in
dem die Landtitel der Großgrundbesitzer aufbewahrt sind. Er
fordert Gemeindeland und Abschaffung der Pacht für die Bauern, Landbesitzer sollen der Bevölkerung Milchkühe zur Ver-

sorgung der Armen und der Kinder zur Verfügung stellen. Er lässt sich mit zweifacher Kopfbedeckung portraitieren: Über einem aus Zuckerrohr geflochtenen Hut trägt er einen *kepis*, eine Militärmütze.

„Das ist in keiner theoretischen Arbeit entwickelt worden, aber es ist bereits Element einer Doktrin"[83], so Chávez. Er vergleicht Zamoras Vorstellung der Einheit von Volk und Heer mit den Ideen Mao Tse-Tungs: „Der Strohhut und die Militärkappe, Volk und Heer wie in Maos Botschaft: Das Volk ist für das Heer wie das Wasser für den Fisch. Doch anstatt von Mao Tse-Tung zu sprechen, sprechen wir von Zamora, weil er uns viel näher ist."[84]

Der „Baum der drei Wurzeln" ist kein Modell, das einer ideologiekritischen Überprüfung standhalten will. Es will vor allem eines: An Nationalhelden anknüpfen, die in der venezolanischen Bevölkerung populär sind – und dieser Popularität eine neue politische Gewichtung geben. Im Falle Simón Bolívars ein ehrgeiziges Unterfangen: Der Nationalheld Nummer Eins ist in Venezuela omnipräsent. Wer das Zentrum einer Stadt sucht, muss nur nach der Plaza Bolívar fragen. Der wichtigste Platz wird in jeder Gemeinde immer nach dem Gründervater benannt sein. Noch für jeden venezolanischen Präsidenten oder Diktator ist er Berufungsinstanz, und es gibt keine Festrede, die nicht mit einem Bolívar-Zitat ausgeschmückt wäre.

„Der Bolívar-Kult", so Agustín Blanco Muñoz, „füllt einen großen Teil unserer Gedankenwelt. (...) Der Bolivarismus ist für alles gut."[85] Der Befreier ist zur allgegenwärtigen Ikone verkommen, der man Ehrerbietung zollt, doch keine emanzipatorische Bedeutung beimisst. Die Bolivar-Büsten und -Reiterstatuen sind Insignien der Obrigkeit geworden. „Du konntest nicht auf der Plaza Bolívar im T-Shirt herumlaufen", erinnert sich der Salsa-Pianist Ray Pérez an das Caracas der fünfziger Jahre, „weil es respektlos gegenüber dem Befreier gewesen wäre. Du musstest einen Anzug tragen."[86] In seinem *Bolivarischen Lied* lässt der bekannte Protestsänger Alí Primera 1980 einen kleinen Jungen einen Dialog mit Simón Bolívar führen:

„Bolívar, in Birongo, dort in der Nähe von Barlovento,
Gibt es einen Platz, der deinen Namen trägt,

Und sie verbieten, ihn ohne Hemd zu betreten.
Da siehst du, dass unsere Gesetze
Von denen in Frack und Zylinder diktiert werden,
Gegen die ohne Hemd.

Und sie vergessen, dass ich
Ein geliehenes Hemd trug,
Als ich in Santa Marta war."

„Das ist kein totes Denken", singt Alí Primera im Refrain. „Und noch viel weniger ein Heiliger / Dem man eine Kerze anzündet."[87]

Douglas Bravo, die PRV und die Offiziers-Geheimloge um Chávez sind nicht die einzigen, die die Figur Bolívars von seinem Sockel holen, um ihr politische Aktualität zu verleihen. „Man sprach bereits von Bolivarismus", so Nora Castañeda, in den Achtzigern in der *Liga Socialista* organisiert und heute Präsidentin der Bank für Frauen „Banmujer"[88]. „Die Liga Socialista hat damals bereits mit anderen Organisationen bolivarische Treffen organisiert."[89]

Auch Simón Rodríguez erlebt in den achtziger Jahren eine Renaissance. Im Aufkommen der Befreiungspädagogik Paulo Freires beziehen sich Reformpädagogen in ganz Lateinamerika auf Rodríguez als Vordenker einer emanzipatorischen Erziehung. „Es waren die Lehrer der Oberschulen, die das vertraten", erinnert sich die damalige Universitätsprofessorin Nora Castañeda. „Es gab sogar eine Lehrerbewegung, die sich *Simón Rodríguez Progresista* nannte und die dieses Denken wiederbelebte."

Auf Widersprüche in dem Denkmodell angesprochen – etwa, dass Bolívar in der ersten Verfassung von 1811 nur den „Besitzenden" das Wahlrecht zugesteht – wird Chávez immer wieder zwei Argumente anführen: Zum einen sei das Modell keine Doktrin, kein Katechismus, den man wie ein Handbuch zur Revolution verteilen könne. Zum anderen verweist er auf die Metapher von Baum und Wurzel: „Wir könnten das erweitern und nicht drei, sondern fünfhundert Quellen haben. Wir müssen uns vom Marxismus nähren, von liberalen Vorstellungen, vom Strukturalismus, aus vielen Quellen. Vom Christentum müssen wir uns bedienen und von den antiken Denkern."[90] *O inventamos – o erramos*: Wir erfinden, oder wir gehen fehl. Nicht ohne

Grund zitiert Chávez diesen Ausruf von Simón Rodríguez bis zum heutigen Tag bei jeder passenden Gelegenheit. Der „Baum der drei Wurzeln" ist ein idealisiertes historisches Bezugssystem, eine Klaviatur historischer Anekdoten, auf der Hugo Chávez zeitlebens spielen wird.

„Chávez ist postmodern: Bolivarismus, Christentum, Sozialismus des 21. Jahrhunderts – alles in einer Pille"[91], sagt die Historikerin und Sozialwissenschaftlerin Margarita López Maya. Die Bezugnahme auf das 19. Jahrhundert und seine Nationalhelden will Identität schaffen. Ein fest verwurzeltes Wir soll entstehen, das alle möglichen weltanschaulichen Versatzstücke kreativ verarbeitet. Der Bolivarismus ist weniger Ideologie als Selbstvergewisserung, die einem erfinderischen, panlateinamerikanischen Nationalismus Raum geben und Mut machen will.

Unterschätzte Verschwörer: Die achtziger Jahre

Ein Jahr nachdem William Izarra dem 25-jährigen Chávez seine revolutionären Schaubilder unterbreitet hat, wird er von einem Offizier denunziert, den er anzuwerben versucht hat. Im Oktober 1982 leitet die Armeeführung gegen Izarra ein Verfahren wegen Verdachts auf „marxistisch-leninistische Verschwörung im Schoße der Streitkräfte" ein. Im Juli 1983 legt ein Militärtribunal den Fall wegen mangelnder Beweise nieder. Izarra wird auf einem Büroposten kaltgestellt, seine Mitverschwörer von ARMA werden in andere Landesteile versetzt.

Izarra gibt nicht auf und knüpft internationale Kontakte. 1984 reist er über London, Frankfurt, Prag und Toronto heimlich nach Havanna. Die Kubaner haben ihm Diplomatendokumente ausgestellt, damit in seinem Pass keine verdächtigen Stempel auftauchen. 1983 und 1984 reist er nach Libyen, wo er Staatschef Muammar El Gaddafi trifft, der ihn in seinem Vorhaben bestärkt und ihm Unterstützung zusagt. Gaddafi ist 1969 selbst durch einen Militär-Staatsstreich an die Macht gelangt. In seinem *Grünen Buch* von 1976 plädiert er für eine Form von „direkter Demokratie", die dem Revolutionsmodell Izarras nicht unähnlich ist. Der venezolanische Luftwaffenmajor ist vor allem von den Frauen in der Armee beeindruckt: „Frauen, die ihre Tunikas und Schleier abgeworfen haben, um Uniform, Befehlsmacht und Gewehr zu ergreifen."[92]

Die Hoffnung auf Unterstützung aus Libyen wird 1986 jäh zerstört: Am 15. April bombardieren die USA Tripolis. Der Kontakt bricht ab. Drei Monate vor seinem Aufstieg zum Oberstleutnant quittiert Izarra den Militärdienst. Er ist politisch neutralisiert, seine Auslandsbeziehungen sind eingefroren und die Linke, mit der er Kontakt hält, ist zerstritten. „Die Regierung erlebte eine Epoche des nationalen Friedens, es gab keinerlei Anzeichen für eine Destabilisierung", so Izarra.[93] „Die Offiziere, die mitmachten, gaben ihre Prinzipien und Überzeugungen auf und widmeten sich dem guten Leben, denn das war der einzige Weg aufzusteigen."[94] Die ARMA ist ein Auslaufmodell. Auch aus dem Offizier Ramón Guillermo Santéliz Ruiz, der im Auftrag Izarras den Kontakt zu den jungen *comandantes* um Chávez halten soll, wird ein Karrierist. Es ist jener General Santéliz, der Chávez am 4. Februar 1992 zur Kapitulation überredet und nach seiner Fernsehrede beglückwünscht.

Die konspirativen Treffen in Caracas gehen weiter – zunächst noch im Haus von Elisabeth Sánchez, dann in einem Apartment in den Wohnblocks von El Paraíso, das Herma Marksman angemietet hat. Hier erscheinen nicht nur Chávez und die Kader der PRV, auch führende Politiker der bürgerlichen Linken nehmen an den Unterredungen teil: Etwa der Journalist José Vicente Rangel, der als unabhängiger Kandidat bei den Präsidentschaftswahlen 1978 für die linksdemokratische Partei MAS (*Movimiento al Socialismo*, Bewegung zum Sozialismus) angetreten war, oder auch der MAS-Präsident Teodoro Petkoff, der 1983 kandidierte.

„Ich habe José Vicente Rangel mit meinem Auto abgeholt. Er wusste Bescheid. Ich habe ihn in meinem Wagen zu mir nach Hause gefahren, genauso wie Teodoro Petkoff", erinnert sich Elisabeth Sánchez. „Sie kamen ab und zu, sie standen ein wenig abseits und waren nicht direkt beteiligt. Aber sie wussten, wer die Anführer dieser Bewegung sind."[95] Beide Politiker behaupten, Chávez bei seinem Fernsehauftritt am 4. Februar 1992 zum ersten Mal gesehen zu haben. Dass

Petkoff – heute Chefredakteur einer Tageszeitung und Chávez-Gegner – die Verbindung zu den Putschisten von 1992 von sich weist, ist nachvollziehbar. Warum Rangel – unter Präsident Chávez zunächst Verteidigungsminister und dann Vizepräsident – nichts von der Bewegung gewusst haben will, ist nicht einleuchtend.

Adán Chávez schlägt Douglas Bravo vor, sein Bruder Hugo solle Izarras Führungsrolle übernehmen. Bravo, angetan von Chávez' Talent, willigt ein. Viele der Kadetten, die er an der Militärakademie betreut, haben sich auf die Seite ihres charismatischen Ausbilders geschlagen. *Los Centauros* nennt er seinen Jahrgang. Zu ihrer Graduierung am 5. Juli 1985 widmet er den Kadetten ein Gedicht: „Die Zentauren gehen / meine Seele zieht sich zusammen / in tiefem Schmerz / Doch das ist nicht wichtig / Die Samen werden Früchte tragen / und keimen über ganz Venezuela."[96] Dass der Ausbilder Chávez seine Schüler nicht nur in Baseball unterrichtet, dringt schließlich auch bis ins Direktorium der Militärakademie vor. Kurz nach der Verabschiedung des Jahrgangs wird Chávez von Caracas in den kleinen Ort Elorza an der kolumbianischen Grenze verlegt, wo er die Kommandantur eines Motorradgeschwaders übernehmen muss. Er arbeitet Tag und Nacht, verbringt jede freie Minute auf der Straße, um sich in Caracas oder der Garnisonsstadt Maracay mit Gesinnungsgenossen zu treffen. „Ein unermüdlicher Mensch, immer in Bewegung zwischen Táchira, Guayana, Falcón und Zulia, um Offiziere zu organisieren"[97], erinnert sich Douglas Bravo.

Für Chávez sind die drei Jahre in Elorza die Erfahrung, „die mir fehlte, um ein vollständiges Bild meines Landes zu bekommen".[98] Hier, im Grenzgebiet zwischen Venezuela und Kolumbien, beschäftigt er sich zum ersten Mal mit der indigenen Bevölkerung des Landes. Mit Hilfe der Ethnologin Arelis Sumávila sucht er den Kontakt zu den Cuiva- und Yaruro-Indianern und kann sich ein Bild von dem tiefsitzenden Rassismus der Landbevölkerung machen. „Wenn sie dich mit ein paar Indios sehen, sagen sie: Da laufen zehn Indios und einer, der denken kann", erinnert er sich. „Und so reden sogar einfache, arme Leute, Bauern. Dort ist mir dieses Drama bewusst geworden, mir ist klar geworden, wie roh und ausschließend die soziale Struktur der ländlichen venezolanischen Gesellschaft ist."[99]

Chávez' Gegner werden später mutmaßen, während der Zeit in Elorza habe der Kommandant Kontakte zur kolumbianischen Guerilla geknüpft.

Was als Loge einer Handvoll von jungen Militärs begonnen hatte, ist längst zur Bewegung einer ganzen Offiziersgeneration angeschwollen. Von der Existenz des EBR-200 wissen nicht mehr nur die Eingeweihten. Man spricht von den *comacates* – eine Abkürzung für die in der Bewegung versammelten Dienstgrade: *comandantes*, *mayores*, *capitanes* und *tenientes*. Im Winter 1985/86 beschließt das EBR-200 einen Anwerbestopp. Zunächst sollen geheime Treffen die Bewegung konsolidieren und ihre Führungskräfte auf eine gemeinsame Strategie einschwören.

Am 11. und 12. März 1986 treffen sich die Kader des EBR-200 in San Cristóbal. In dem Apartment im fünften Stock versammeln sich sieben Offiziere, Chávez' Onkel Narciso und Herma Marksman. Hier, einige Kilometer von der kolumbianischen Grenze entfernt, stellt Chávez zum ersten Mal das Leitbild des „Baumes der drei Wurzeln" vor. Venezuela habe seine eigenen Denker, erklärt er seinen Mitverschwörern, es sei nicht notwendig, die Ideen von Marx oder Mao Tse-Tung zu kopieren. Das Konzept trifft auf allgemeine Zustimmung.

Allerdings bekommen sich die Offiziere bei strategischen Fragen in die Haare. Chávez vertritt die Auffassung, man müsse innerhalb der Streitkräfte wie eine Guerilla agieren: Man müsse Sabotageakte vornehmen, Strommasten und Brücken sprengen und gleichzeitig auf ziviler Seite die politische Agitation verstärken, um eine instabile, revolutionäre Situation zu provozieren. Francisco Arias Cárdenas, ein Artillerie-Offizier, der über den ARMA-Verbindungsmann Ramón Guillermo Santéliz Ruiz zur Gruppe gestoßen ist und der auf dem Kongress auf die Bewegung eingeschworen werden soll, widerspricht Chávez energisch. Er ist der Auffassung, militante Aktionen schadeten dem Ruf der Bewegung innerhalb der Armee: „Wenn wir die Macht ergreifen wollen, um wirksame Veränderungen durchzusetzen, müssen wir einsehen, dass wir nicht aus der Rolle der Streitkräfte herausfallen dürfen."[100] Arias Cárdenas fordert, die Erhebung des EBR-200 müsse sich klar absetzen von den Kasernen-Aufständen, die die Kommunistische Partei Anfang der sechziger Jahre angeführt hatte.

Die Diskussion dauert bis in den Morgen. Arias Cárdenas' Position behält die Oberhand. Man einigt sich darauf, mit der Erhebung zu warten, bis die Offiziere so weit aufgestiegen sind, dass sie die dafür notwendigen Kommandopositionen haben. Auf dem Weg nach San Crístobal hat Chávez ausprobiert, wie weit ihn seine Befehlsmacht schon trägt. Statt allein zu dem geheimen Treffen zu reisen, befehligt er der Panzerkolonne seiner Garnison in Elorza, dreihundert Kilometer in den Süden vorzurücken. Er tarnt die Operation als Manöver, in Wahrheit ist es eine erste Machtprobe.

Dem 31-Jährigen gefällt es, mit dem Feuer zu spielen. Er provoziert seine Vorgesetzten dadurch, dass er seine Soldaten beim Morgenappell die verfemte Hymne der Liberalen unter Zamora anstimmen lässt: „Fürchtet Euch, Oligarchen! Es lebe die Freiheit". Die Begeisterung für die Helden der Befreiungskriege scheint ihm die perfekte Tarnung zu bieten. Welcher Vorgesetzte könnte ihm vorwerfen, zu seinen Truppen über Bolívar oder Zamora zu sprechen?

Anlässlich des 165. Jubiläums der Schlacht von Carabobo, in der die republikanischen Truppen dem Heer des spanischen Machthabers eine empfindliche Niederlage beigebracht haben, wagt Chávez einen Coup: Er befiehlt seinen Soldaten, sich im historischen Stil des Heeres unter General José Antonio Páez zu uniformieren. Verkleidet als Partisanen des 19. Jahrhunderts und mit den Fahnen der republikanischen Truppen – ein weißer Totenschädel auf schwarzem Grund – ziehen die Soldaten übers Land zum historischen Schlachtfeld von Carabobo. Der Marsch dauert eine Woche. Chávez legt in jedem Dorf einen Kranz für Simón Bolívar nieder und hält eine flammende Rede. Der größten Zeitung des Landes ist die revolutionäre Camouflage sogar ein Foto wert: Am 25. Juni 1986 erscheint in *El Nacional* ein Bild, das den Einzug der verkleideten Truppe in der historischen Gedenkstätte zeigt. Es ist Chávez' erster Auftritt in der nationalen Presse.

Seiner revolutionären Attitüde zum Trotz wird er im Juli 1986 zum Major befördert. Doch allen ist klar, dass der wachsende Zulauf zum EBR-200 ein Risiko bedeutet. Mehr als einmal sagt ihm seine Geliebte Herma: „Du musst auf deine Worte achten, schließlich bist du in einer geheimen Organisation. Wenn sie effektiv arbeiten, werden dich die Geheimdienste aufspüren."[101]

Im September 1986 ist es so weit. Jemand hat Chávez bei der Militärführung angeschwärzt. Nur Stunden vor der ersten Razzia erfährt er von der Denunziation. Einem Verbindungsmann, Assistent des Verteidigungsministers Valle Aliegro, war es gelungen, auf der Fahrt vom Heereskommando zum Präsidentenpalast einen Blick auf das Dokument zu werfen, auf dem die angeblichen Verschwörer aufgelistet sind. An oberster Stelle steht der Name Hugo Chávez. Um zwei Uhr morgens fahren Herma und Hugo, der wegen einer Augenoperation in Caracas weilt, mit einer Kiste ans Meer und verbrennen sämtliche Dokumente, die Aufschluss über die Bewegung geben könnten. Noch in derselben Nacht fährt Chávez nach Barinas, um einen verbündeten Offizier zu warnen. Am Nachmittag erreicht er seinen Stützpunkt in Elorza und vernichtet alle seine Unterlagen. Zwei Tage lang stellen Beamte der Militärpolizei sein Büro auf den Kopf, doch sie finden nichts Verdächtiges. Die Bewegung entgeht der Katastrophe nur knapp.

Die Denunziation ist eine erste Warnung. Chávez hatte den Anwerbestopp missachtet und einem Soldaten erlaubt, einen Kameraden zu kontaktieren, der schließlich seinen Vorgesetzten über die Bewegung informiert hat. Die *comacates* erhöhen die Sicherheitsmaßnahmen. Sie wechseln ihre Treffpunkte ständig, die Treffen dauern nicht länger als eine Stunde und Informationen werden nur noch persönlich übergeben. Man vermeidet geschlossene Räume und trifft sich stattdessen wie zufällig an öffentlichen Orten – etwa an einem der Karibikstrände oberhalb von Caracas.

„Das waren die Gelegenheiten, bei denen man die wichtigsten Punkte besprach", erinnert sich Elisabeth Sánchez. „Man tat so, als ob nichts wäre: ‚Na, wie geht's'."[102]

Der Kontakt zu Douglas Bravo stellt ein hohes Risiko dar. Obwohl er nach der zweiten Pazifizierungswelle 1979 nicht mehr polizeilich gesucht wird, ist ihm die politische Polizei DISIP ständig auf den Fersen. Um seine Verfolger abzuschütteln, pflegt Bravo sein Apartment über das Fenster zu verlassen.

Doch nicht nur vor den Geheimdiensten muss verborgen bleiben, dass sich Chávez mit Douglas Bravo trifft. „Er passte sehr auf, dass seine Mitstreiter in der Armee auch nicht die geringste Ahnung davon bekamen, dass er diese Kontakte hielt"[103], erzählt Herma Marksman. Nur seinen Busenfreund Luis Reyes Reyes nimmt Chávez zu den Treffen mit. Chávez und Bravo wissen beide, dass die Verbindung zur PRV für die Agitation in der Armee schädlich ist. „Der Marxismus biss sich mit unserer preußischen Ausbildung", so Chávez.[104]

Hier liegt ein wichtiger strategischer Aspekt jenes vaterländischen Konzeptes vom „Baum der drei Wurzeln": Nicht zuletzt dient es der Camouflage eines Projektes, das von Linksradikalen erfunden wurde, aber nicht linksradikal wirken darf. „Die politische Tendenz der Erhebung vom 4. Februar 1992 ist ein Nationalismus, der nicht mit einem linken und noch weniger mit einem marxistischen Dogma zu identifizieren ist", kommentiert William Izarra. „Das kann erklären, warum viele der damals beteiligten Kommandeure heute draußen sind."[105]

Noch Jahre nach dem gescheiterten Umsturz von 1992 wird der Anführer des EBR-200 Stillschweigen über seine Verbindung zur PRV und Douglas Bravo bewahren. Viele der Militärs, die sich später von ihm abwenden, werden argumentieren, Chávez habe die Bewegung hintergangen, weil er sich mit Kommunisten eingelassen habe.

Der ersten Denunziation im September 1986 folgen zwei weitere – beide laufen für das EBR-200 glimpflich ab. Die Verdächtigen werden strafversetzt und die Militärführung verzögert ihre Beförderungen. Doch niemand wird verhaftet, keine der Untersuchungen führt zur Anklage. Um die zweifelhaften Offiziere kaltzustellen, schickt man sie an entlegene Orte. Chávez etwa muss das „zivil-militärische Zentrum für die Entwicklung des Grenzgebietes Arauca-Meta" leiten, ein blumiger Name für ein paar armselige Baracken im Grenzgebiet zu Kolumbien, für deren „Entwicklung" er zudem keinerlei Mittel erhält. 1988 gelingt ihm die Rückkehr nach Caracas: Er wird persönlicher Referent des Sekretärs des Nationalrats für Sicherheit und Verteidigung in Miraflores.

Es gibt viele Spekulationen darüber, warum Venezuelas Militärführung Chávez und seine *comacates* so frei hat agieren lassen, warum es den verdächtigen Offizieren immer wieder gelungen ist, den Kopf aus der Schlinge zu ziehen. Hatten die Generäle tatsächlich keine Vorstellung von dem Ausmaß der

Bewegung, die sich in den Reihen der venezolanischen Streitkräfte formierte? Wollte sie davon nichts wissen? Oder hielt sich die Militärführung an die Strategie des Alt-Präsidenten Rómulo Betancourt, der Anfang der Sechziger die Verschwörung der kommunistischen Offiziere gedeihen ließ, um sie nach der Erhebung effektiver zerschlagen zu können?

Chávez selbst verweist auf Streitigkeiten unter den Generälen: Der ihm feindlich gesonnene Julio Carlos Peñaloza sei durch Fernando Ochoa Antich in Schach gehalten worden. „Bleib ruhig, ich werde Minister", habe Ochoa Antich ihm einmal gesagt, als wieder einmal der Verdacht der Rebellion auf Chávez fällt. „Wenn ich Minister bin, wirst du das Kommando bekommen und die alle zum Schweigen bringen."106

Man darf annehmen, dass Ochoa Antich, der einige Jahre später tatsächlich Verteidigungsminister werden wird, sich selbst mit Putschgedanken getragen hat. Sicher ist, dass der General die Bewegung um seinen unbestrittenermaßen hochtalentierten Schützling Hugo Chávez grob unterschätzt hat. Herma Marksman kolportiert ein Gespräch, das sie Jahre nach der Erhebung von 1992 am Rande einer Fernsehdiskussion mit Ochoa Antich geführt hat: Der General habe zugegeben, vom EBR-200 gewusst zu haben. „Ich habe dem keine größere Bedeutung zugemessen, weil wir Hauptleute und Majore alle konspirierten", so Ochoa Antich. „Wir haben uns da oben im Bowlingclub El Laguito getroffen, geredet und über die Regierung geschimpft. Aber wenn man dann Oberstleutnant oder General wurde, hat man eingesehen, dass das nicht der Sinn des Lebens ist. Außerdem habe ich Hugo Chávez gerade deshalb zum Kommandanten befördert, damit er eine höhere Verantwortung übernimmt."107

Längst interagiert der umtriebige, nimmermüde Anführer des EBR-200 nicht mehr nur mit dem Zirkel um Douglas Bravo. „Er hatte sozusagen mehrere Terminpläne", so Herma Marksman. „Er traf sich mit ganz unterschiedlichen Leuten und die hielt er isoliert und möglichst geheim voreinander."108 Doch je mehr sich die Verschwörung innerhalb der Streitkräfte konsolidiert, desto schwieriger werden die Beziehungen zu den zivilen Gruppen. Das EBR-200 ist anspruchsvoll: Es verlangt von seinen Gesprächspartnern, Demonstrationen zu organisieren, um die Mobilisierungsfähigkeit unter Beweis zu stellen. Francisco

Arias Cárdenas ist zunehmend unzufrieden mit der Haltung der Linksradikalen: „Wir waren der Meinung, dass wir den Löwenanteil übernommen hatten, während diese Leute Luftschlösser bauten und sich mit Ökologie beschäftigten."[109]

Chávez missfällt der avantgardistische Habitus der Gruppe um Douglas Bravo, er vermisst die Verbindung zur Bevölkerung: „Ich hatte damals eine klare Vorstellung von der Arbeit mit den Massen, und das gab es in Douglas' Gruppe nicht."[110] Vielversprechender erscheint ihm die Verbindung zur Partei Causa R, die in den Aluminiumhütten im Guayana eine Gewerkschaftsfront aufgebaut hatte und auch in Caracas eine starke Position besaß. „In Causa R roch ich die Massen"[111], so Chávez.

Doch er ist auch irritiert von den internen Querelen unter den politischen Gruppen: „Damals fing ich an, mich an den furchtbaren Spaltungen zwischen den Linken aufzureiben, an den internen Konflikten zwischen ihnen. Das hat mich einige Male zur Besinnung gebracht. Ich sagte mir: Wenn die sich untereinander streiten, lebe ich gefährlich, denn dann streiten sie sich plötzlich auch mit mir, denunzieren und verraten mich."[112]

Die ideologischen Grabenkämpfe, die Konkurrenz unter den politischen Führern – im Spanischen mit dem Begriff *personalismo* charmant zusammengefasst –, all das ist dem vom Armeeleben geprägten Major fremd. Die Anwerbung politischer Gesinnungsgenossen im EBR-200 folgt einer straffen Choreographie: Wenn der Anzuwerbende ausreichend über die Ziele der Bewegung instruiert ist und sich zu ihnen bekennt, folgt der formale Akt der Vereidigung. Danach orientiert sich der Umgang am militärischen Prinzip von Befehl und Gehorsam. Es nimmt also kaum Wunder, dass Chávez' Konzept von Massenmobilisierung eher militaristischer Natur ist. Bei einer Reise nach Panama beeindrucken ihn die *Batallones de La Dignidad*. Die „Bataillone der Würde" sind zivile Milizen, die der Militärdiktator Manuel Noriega im Panama der achtziger Jahre hatte bilden lassen und die ihn während der US-Invasion 1989 verteidigten.

Die Vorstellungen des Causa-R-Führers Pablo Medina vom Umsturz sind andere: Statt einer militärischen Erhebung zuzuarbeiten, will er das System mit einem Generalstreik in die Knie zwingen, so dass die verbündeten Militärs nur noch vollenden, was die Arbeiterbewegung erkämpft hat. Doch die Führung des EBR-200 ist nicht bereit, den Zivilisten eine politische Führungsrolle in dem geplanten Umsturz zuzugestehen. Weder gegenüber der Causa R, noch gegenüber Bandera Roja, noch in der Zusammenarbeit mit der PRV. „Sie empfanden unsere These als nicht richtig", so Bravo, „dass man ein zivilmilitärisches Kommando schaffen müsse, welches von den Militärs sowie von den politischen Bewegungen getragen werden soll."[113]

Schließlich gestehen die zivilen Gruppen zu, dass der Umsturz von den Militärs ausgehen müsse. Man hofft darauf, dass die Bevölkerung sich den aufständischen Militärs anschließen werde, wenn die Erhebung zum strategisch richtigen Zeitpunkt stattfindet. Noch ist es nicht so weit, glauben die Verschwörer zu wissen. Die Hoffnungen der Bevölkerung hängen an dem neuen Präsidenten: Carlos Andrés Pérez, der das Land von 1969 bis '74 regiert hatte, steht für die Erinnerung an die goldenen Zeiten des „saudischen Venezuela" zu Zeiten des Ölbooms. Er gewinnt die Wahlen 1988 mit 54 Prozent der Stimmen.

Den richtigen Zeitpunkt für die Erhebung bestimmen Chávez und die seinen mit Hilfe der in der Linken beliebten *teoría del chinchorro* (Hängematten-Theorie): Dieser zufolge sinkt die Popularität einer Regierung zur Mitte ihrer Amtszeit auf den Tiefpunkt. Im Winter 1991/92, so die Hoffnung, werde die Bevölkerung von dem neuen Präsidenten enttäuscht genug sein, um sich der Erhebung der Offiziere anzuschließen – die ohnehin frühestens zu diesem Zeitpunkt die Befehlsgewalt für ein solches Unternehmen haben würden. Sowohl Pablo Medina als auch Douglas Bravo verabschieden sich von der Doktrin, die in der Armee bloß ein Destabilisierungsinstrument sieht, das dem zivilen Aufstand in die Hände spielen soll. Man ist sich einig, dass die erhoffte soziale Bewegung – der „Bruch", von dem Bravo spricht – nicht in Sichtweite ist.

Die Offiziere und die Ex-Guerilleros verschätzen sich. Kaum drei Wochen nach der Amtseinführung des neuen Präsidenten bricht in Venezuela der größte spontane Volksaufstand aus, den der lateinamerikanische Kontinent im 20. Jahrhundert erlebt hat. 48 Stunden lang sind Caracas und andere Städte des Landes in den Händen einer unkontrollierbaren, wütenden und ausgezehrten Menge. „Die Hügel kamen herunter", werden die

Leute später sagen. Die Armen, die an den Hängen wohnen, bemächtigen sich der Hauptstadt. Weder die rebellischen Offiziere noch die Kader der revolutionären Parteien hatten die soziale Explosion vorausgesehen.

Kapitel 2

El Caracazo:
Der Aufstand der Menge

Die Hügel kommen herunter: 27. Februar 1989

Als Francisca Gerónima León Machado am Montag, dem 27. Februar 1989 von der Arbeit nach Hause fahren will, muss sie feststellen, dass der Verkehr in der Stadt zusammengebrochen ist. Es ist acht Uhr abends, die U-Bahn ist geschlossen, die Busse fahren nicht. Das Krankenhaus Maternidad Concepción Palacio, in dem sie arbeitet, liegt im westlichen Stadtzentrum, in San Martín. Bis zu ihrem Barrio La Vega sind es gut zwei Stunden zu Fuß, stadtauswärts. Sie läuft an eingeschlagenen Fensterscheiben vorbei, und sie hört Schüsse aus der Innenstadt. Was genau vor sich geht, weiß sie nicht. Aber sie weiß, dass die Stimmung in der Hauptstadt angespannt ist. Es war ein deprimierender Jahresbeginn. Schon seit Wochen gibt es in den Läden kaum mehr etwas zu kaufen. Kaffee, Zucker, Salz, Maismehl, Reis, Eier – in den Regalen ist nichts mehr zu finden. Am Vortag gab es im Viertel Caño Amarillo 700 Pakete Milchpulver. Schon um vier Uhr morgens hatte sich vor der Ausgabestelle eine lange Schlange gebildet.

Francisca León ist im selben Jahr wie Hugo Chávez geboren – 1954. Sie ist eine einfache Frau, 34 Jahre alt. Ihren einzigen Sohn José hat sie kürzlich aus der Schule genommen. Ihr fehlte das Geld für die Schuluniform, und außerdem fällt der Unterricht ohnehin meistens aus, weil die Lehrer streiken. Am frühen Morgen hat sie ihn zum Schlangestehen ins Viertel San José geschickt, weil ihre Schwägerin erzählt hat, dass man dort Öl und andere Waren verkaufe. Sie passiert die Brücke über die Stadtautobahn, in der Ferne sieht sie Rauchwolken.

Eigentlich sollte alles besser werden. Vor drei Wochen ist Carlos Andrés Pérez zum neuen Präsidenten vereidigt worden, in einer luxuriösen Zeremonie im Theater Teresa Carreño, bei der neben Fidel Castro und US-Vize Dan Quayle auch Willy Brandt zu Gast war, begleitet von den majestätischen Klängen des nationalen Symphonieorchesters. Mit der Amtsübernahme durch den Sozialdemokraten verbinden die Venezolaner die Hoffnung, dass das Land die Krise überwindet und zurückkehrt zum Wohlstand der siebziger Jahre, als der Ölpreis hoch und die Preise niedrig waren.

Am 16. Februar ruft Pérez die „große Wende" aus. Die wichtigste Maßnahme seines Anpassungspakets ist die Freigabe des Wechselkurses: Ab dem 1. März soll der freie Markt das Verhältnis von Bolívar und Dollar bestimmen. Vor 1983 war die nationale Währung fest an den Dollar gebunden. In der Finanzkrise zur Jahreswende 1982-83 hatte die Regierung erstmals eine Devisenbewirtschaftung eingeführt, die drei verschiedene Kurse für den Dollar festlegt. Der Günstigste gilt für Lebensmittel- und Agrarimporte, der mittlere für Industriegüter, alles andere muss über den sogenannten freien Dollar abgewickelt werden.

Durch das gelenkte Verhältnis von Dollar und Bolívar hält die Regierung bestimmte Importe auf Kosten der Staatskasse erschwinglich. „Mitten im Jahre 1988 Weizen im Verhältnis von 1$ zu 7,50 Bolívar importieren zu können, bedeutete eine enorme Subventionierung des Konsums der Venezolaner", schreibt der Ökonom Miguel Ignacio Purroy. „Nachdem die vergangene Regierung unter Lusinchi die letzten Dollarreserven aufgebraucht hat, ist die Maske des subventionierten Wohlstands gefallen."[1]

Am 23. Januar ließ Pérez den Schuldendienst suspendieren – das Land war zahlungsunfähig. Zwischen 1986 und 1988 hatte sich ein Haushaltsdefizit von über sieben Milliarden Dollar angesammelt, die Reserven waren erschöpft. Der Internationale Währungsfonds (IWF) ist bereit, dem Land Kredite in Höhe von 4,5 Milliarden Dollar einzuräumen, verlangt aber dafür eine strikte Sparpolitik. Die neue Regierung erklärt sich bereit, die Bedingungen des IWF umzusetzen. Am 26. Februar fliegt der

Präsident der Nationalbank nach New York, um die IWF-Absichtserklärung zu unterzeichnen.

Alle Venezolaner spüren, was die Freigabe der Wechselkurse bedeutet: Das Land steht vor einer Kostenexplosion. Man erwartet mindestens eine Verdopplung der Preise. Die Verarmung ist kein Kollateralschaden, sondern ein erwünschter Effekt. Die sinkende Binnennachfrage, so das neoliberale Modell des IWF, soll die staatsalimentierte, importfixierte Wirtschaft dazu zwingen, sich auf Exportwirtschaft umzustellen. Obwohl die Regierung Lohnerhöhungen von durchschnittlich 30 Prozent ankündigt, werden die Reallöhne um etwa 30 Prozent sinken.

Francisca León bekommt für ihren Job noch nicht mal den Mindestlohn. Sie arbeitet als Aushilfe im Kreißsaal, dafür erhält sie Essensgutscheine. Einen Lohn gibt es erst bei einer festen Anstellung, die man ihr seit Jahren verspricht. Um die Angelegenheit zu beschleunigen, müsste sie die Funktionäre der Gewerkschaft schmieren. Wenn sie ihnen sechs Monatslöhne verspricht, würden sie ihren Einfluss bei der Krankenhausleitung geltend machen.

Um sechs Uhr am 27. Februar hatten die Studenten des polytechnischen Instituts Luis Caballero Mejías den Busbahnhof Nuevo Circo besetzt, Durchgangsstation für alle Pendler, die von den umliegenden Gemeinden La Guaira, Catia La Mar und Guarenas kommen. Die Demonstranten fordern von den Busfahrern, sich an die Preise zu halten, so wie sie das Transportministerium in den Zeitungen veröffentlicht hat: 30 Prozent Aufschlag sind erlaubt. Doch die Fahrer verlangen den doppelten Tarif. Sie sagen, sie folgten nur den Anweisungen ihrer Gewerkschaft. Außerdem sind die Benzinpreise schon am Wochenende erhöht worden und die Ersatzteil- und Reifenhändler halten ihre Ware in Erwartung der Teuerungen zurück. Straßenverkäufer und Passagiere solidarisieren sich mit den protestierenden Studenten. Die Policía Metropolitana hat Order, nicht einzugreifen, solange die Proteste nicht gewalttätig werden. Die Ordnungshüter zeigen sogar Sympathie für die Demonstranten. „Uns betreffen die Maßnahmen ja auch"[2], sagen die Polizisten.

In der Schlafstadt Guarenas außerhalb von Caracas brennen zu diesem Zeitpunkt schon die Busse. Auch hier haben die Passagiere sich gegen die Erhöhung der Fahrpreise empört. Im Einkaufszentrum Miranda geht die erste Schaufensterscheibe zu Bruch. Im Warenlager entdecken die Protestanten die Lebensmittel, die sie seit Wochen vermissen. Die Nachricht verbreitet sich wie ein Lauffeuer in den Barrios: Die Händler haben die Waren bewusst zurückgehalten, um auf die Preissteigerung zu warten. Das Einkaufszentrum ist nach anderthalb Stunden leergeräumt, auch in den angrenzenden Vierteln beginnen Plünderungen.

In Caracas sind die Protestanten vom Nuevo Circo zu einer Menschenmenge angewachsen, die nun über die Avenida Bolívar zu den Hochhäusern des Centro Simón Bolívar läuft. In der Nähe der Bolívar-Büste bauen sie Barrikaden auf der Fahrbahn. „Die Lohnerhöhungen sind eine Farce, sie haben 30 Prozent versprochen, aber in Wahrheit erhöhen sie nur um 10 Prozent"[3], ruft die Studentenführerin Yulimar Reyes in die Kamera der Dokumentarfilmerin Lillian Blazer, die die Proteste begleitet. Auf dem Campus der Universidad Central de Venezuela mobilisieren Protestanten eine weitere Demonstration, die sich am frühen Nachmittag daran macht, den Kreisverkehr an der Plaza Venezuela zu blockieren, ein zentraler Knotenpunkt der Hauptstadt.

Gegen zwei Uhr beginnt die Blockade der Stadtautobahn Francisco Fajardo. LKW-Fahrer, die Lebensmittel transportieren, müssen aussteigen, während ihre Ware von den Blockierern entladen wird. Kurz vor vier greift die Polizei ein und zerstreut die Blockade, doch die Fahrbahn bleibt nicht lange frei. Schon am Morgen haben sich Tausende von Motorrad-Taxis und Kurieren den Protesten angeschlossen. Die *Motos* sind eine eingeschworene Gemeinschaft. Sie kennen sich aus vielen Stunden, die sie bei schweren Regenfällen gemeinsam unter den Brücken verbringen und verstehen sich blind. Sie überbringen Nachrichten, warnen vor anrückenden Polizeikräften, blockieren Fahrbahnen und wenn sie zerstreut werden, reorganisieren sie sich binnen Minuten. Sie sind die berittenen Krieger im urbanen Moloch.

Der Platz vor dem Parque-Central-Gebäude füllt sich mit Demonstranten. Die Geschäfte und Büros schließen eilig, aus den oberen Stockwerken fliegen Gegenstände auf die Protestanten, die sich vor dem riesigen Hochhauskomplex im Zentrum versammelt haben. Es kommt zu Auseinandersetzungen, die

Polizei attackiert die Demonstranten. Eine Schrotkugel trifft Yulimar Reyes aus nächster Nähe ins Gesicht. Die zierliche Studentin ist eines der ersten Opfer, die der *caracazo* fordert, wie die Unruhen bald genannt werden.

Die Demonstrationen, Barrikaden und Plünderungen breiten sich bei Einbruch der Dunkelheit auch in den umliegenden Städten aus. In Barquisimeto, Hauptstadt des Bundesstaates Lara, schickt der Ministerpräsident sofort die Nationalgarde auf die Straßen. Weil der Präsident zu Gesprächen mit lokalen Geschäftsleuten in der Stadt weilt, möchte man die Unruhen im Keim ersticken. Als Carlos Andrés Pérez am Abend nach Caracas zurückkehrt, schenkt er der Situation keine weitere Beachtung.

Die Möglichkeit, sich in rauen Mengen anzueignen, für was man wochen- und monatelang Schlange gestanden hat, versetzt die Bevölkerung in einen Rausch. „Es war wie eine Rache", erinnert sich Victor Gamelote, Stadtteilaktivist in San Agustín, ein armes Viertel wenige hundert Meter vom Parque Central entfernt. „Die Leute kamen wie die Ameisen die Berge herunter."[4] Männer, Frauen, Kinder, Junge, Alte, alles, was Beine hat, beteiligt sich an den Plünderungen. Während die einen die Läden ausräumen, schwenken andere Nationalfahnen und singen die Nationalhymne. „Wir haben Ketten gebildet, um die Sachen zu den Häusern zu schaffen", erklärt ein Beteiligter einem Reporter. „Das war ja nicht nur für uns, sondern für alle."[5]

Die Plünderungswelle verleiht den Leuten ungeahnte Kräfte: Man sieht ausgemergelte Gestalten, die Rinderhälften und Kühlschränke davontragen. Was sie zu fassen bekommen, wird weggeschafft: Reis und Kaffeesäcke, Nudeln, Öl, Salz, Zucker, Thunfisch, Sardinen und andere Lebensmittel. „Und Kisten", so Padre Matías Camuñas, Vikar einer Gemeinde in Petare, „unendlich viele Kisten mit Bier, Rum und Getränken, schließlich muss man dieses Fest feiern."[6] In der Nacht vom 27. auf den 28. Februar drehen sich in den Barrios die Rinderhälften auf den Spießen, es fließt Champagner und Whiskey, aus geraubten Stereoanlagen plärrt Salsa und Merengue. Ein reger Tauschhandel hebt an: Wer zu viel Fleisch hat, tauscht gegen Milchpulver oder Reis. Auf den Treppen zwischen den Hütten probieren die Frauen Schuhe an und die Hauseingänge verwandeln sich in Umkleidekabinen.

Francisca León ist nicht nach Feiern zumute, als sie um zehn Uhr nachts La Vega erreicht. Ihr Sohn ist nicht nach Hause gekommen. Sie vermutet ihn bei ihrer Schwägerin. Doch sie hat eine ungute Ahnung.

Anderntags werden die Plünderungen weitergehen. Allein in Caracas und Umgebung fallen ihnen 900 Krämerläden, 131 Lebensmittelhändler, 60 Supermärkte, 95 Eisenwarengeschäfte, 72 Schreibwarenhändler und 850 weitere Geschäfte zum Opfer. Weil es vor allem Geschäfte in den Barrios sind, die ausgeräumt werden, vermuten die Zeitungen rassistische Motive. Denn der lokale Kleinhandel liegt überwiegend in der Hand von Venezolanern migrantischer Herkunft: Chinesen, Libanesen, Portugiesen oder Italiener. Dass sich die Wut auf die gebunkerten Lebensmittel mit Ressentiments gegen die *chinos* oder die *arabes* gemischt hat, ist vorstellbar. Doch Venezuela ist ein Einwanderungsland – zwischen 1950 und 1989 hat sich die Bevölkerung verdreifacht. In den armen Gegenden hat der Rassismus keine Tradition. Dass es die Händler in den Barrios trifft, liegt vor allem daran, dass die großen Supermarkt-Ketten von Polizei und Sicherheitskräften abgeschirmt werden – wer sich ihnen nähert, wird beschossen.

Ende der Fiesta: Die Geschichte der venezolanischen Krise

Woher kommt der plötzliche kollektive Ausbruch? Was ist es, das die Einwohner der Barrios dazu bringt, nach vierzig Jahren relativer Ruhe den sozialen Frieden aufzukündigen? Obwohl in ihrer Dimension einmalig, sind die Ereignisse in Venezuela kein Einzelfall. Auch in Brasilien, der Dominikanischen Republik, Argentinien und anderen Ländern finden in den Achtzigern und Neunzigern sogenannte IWF-Aufstände statt. Die Soziologin Margarita López Maya sieht in ihnen Symptome des Übergangs von der „paternalistischen Modernisierung" zur „liberalen Modernisierung". Die lateinamerikanischen Regierungen, bis dato durch ein populistisches Industrialisierungsmodell geprägt, orientieren sich in den Achtzigern zunehmend an der neoliberalen Doktrin der internationalen Finanzagenturen. Den Schritt vom Populismus zum Neoliberalismus empfinden die Marginalisierten als „Verrat an der moralischen Ökonomie"[7], so López Maya. Gewöhnt an den populistischen Diskurs der Landesväter beanspruchten sie, „durch die Autoritäten vor den Übeln des Marktes beschützt und in die Lage versetzt zu werden, wenigstens das Lebensnotwendigste zu erlangen."[8]

Während der Ära des *puntofijismo*, der Zweiparteienherrschaft von Sozial- und Christdemokraten, führte der Staat ehrgeizige Industrialisierungsprojekte durch. Die Zeit war geprägt vom Entwicklungsideal der „importsubstituierenden Industrialisierung". Mit den Petrodollars errichtete man am Caroní-Fluss im Bundesstaat Bolívar ein riesiges Wasserkraftwerk, das nicht nur die neuen Stahl- und Aluminiumwerke in Puerto Ordaz und San Felix, sondern auch die Barrios mit Strom versorgte. Man baute Schulen und Universitäten und auch das Gesundheitswesen galt bis Anfang der Achtziger im lateinamerikanischen Vergleich als hervorragend. Die Politiker entdeckten ihr soziales Gewissen vornehmlich kurz vor den Wahlen. Armenspeisungen, Zementlieferungen oder Wohnungsbauprojekte waren beliebte Wahlkampfmaßnahmen.

Doch die steigenden Erdöleinnahmen in den Siebzigern bedeuten keineswegs, dass die Armut abgeschafft worden wäre. 1977, zur Hochphase des „saudischen Venezuela", untersucht der kanadische Ökonom Michel Chossudovsky die Lebensverhältnisse im Land. Er stellt fest: Mehr als 70 Prozent der städtischen und fast die gesamte ländliche Bevölkerung ist unterernährt. Ein Drittel der Venezolaner ist arbeitslos oder unterbeschäftigt, zwei Drittel haben ein Einkommen unterhalb des Mindestlohns, auf dem Land sind es nahezu hundert Prozent. Nur ein Drittel der Kinder bringt es weiter als bis zur Grundschule, außerhalb der Städte geht über die Hälfte gar nicht zur Schule. Ein Viertel der Bevölkerung hat keinen Strom, die Hälfte kein fließend Wasser und lebt in selbstgebauten Hütten, den sogenannten *ranchos*. Aus der Perspektive der öffentlichen Hand gelten die urbanen Barrios in den Siebzigern als „unerwünschte und unästhetische Konstruktionen und vorübergehende Strukturen, die mit der Zeit eliminiert werden müssen".[9] Die Wohnungsbauprogramme der öffentlichen Hand kommen vor allem einer wachsenden urbanen Mittelschicht zugute. Die positiven Wirtschaftsindikatoren, so hält Chossudovsky fest, „verdecken und verdunkeln die grausame Realität: Das interne

Drama der ländlichen und urbanen Armut, die Kinder-Unter-
ernährung und die Mutlosigkeit großer Teile der Bevölkerung".[10] Mit steigenden Erdölpreisen, so das Fazit, ist in den
Siebzigern auch die Kluft zwischen Arm und Reich gewachsen.

Für die *nuevos ricos*, die Neureichen, sind die Siebziger die
Epoche des *damedos*, des „Gib-mir-zwei", wie es im Volksmund heißt. „Ist doch billig – gib mir zwei!", lautet der Satz,
der die reichen Venezolaner verrät, wenn sie nach Cancún oder
Miami reisen, um dort ihre Petrodollars durchzubringen. Auch
die Regierung lebt ihren Konsumrausch in vollen Zügen aus.
Nirgendwo auf dem Kontinent ist das Straßennetz so ausgebaut
wie in Venezuela. Kein anderer lateinamerikanischer Staat hat
es im 20. Jahrhundert geschafft, aus eigener Kraft in der Hauptstadt eine Metro zu bauen oder gigantomanische Wohn- und
Bürokomplexe wie die Türme des Parque Central – seinerzeit
die höchsten Gebäude Südamerikas. Die öffentliche Hand gibt
das Geld mit beiden Händen aus. Und nicht selten dienen die
Infrastrukturmaßnahmen der gemeinschaftlichen Bereicherung
von Auftraggebern und Auftragnehmern. Wer Zugang zu öffentlichen Geldern hat, nutzt den Ölboom, um zu Wohlstand zu
kommen. Die Liste der Politiker, die in den Siebzigern zu Mag-
naten geworden sind, ist lang. Sie lassen Autobahnen ins Nie-
mandsland bauen oder Wohnungen an rutschende Berghänge.

Anfang der Achtziger ist es vorbei mit dem „saudischen Venezuela". Mit dem Ende des Iran-Irak-Krieges brechen die Rohölpreise ein. Kostete ein Barrel 1981 noch 30 Dollar, ist es
zwei Jahre später noch 25 wert. Der Preisverfall verstärkt die
Folgen der Schuldenkrise, die in den Achtzigern ganz Lateinamerika betrifft, in Venezuela aber einen besonders verheeren-
den Lauf nimmt. Nicht ohne Grund hatte der Erdöl-Ökonom
Juan Pérez Alfonso das schwarze Gold „Exkrement des Teufels" genannt.

In den Boom-Jahren hatte der von den Öleinkünften be-
rauschte venezolanische Geldadel die großzügigen Kreditange-
bote der Banken reichlich in Anspruch genommen. „Die Banken in den Industrieländern hatten viel Geld, das sie nicht zu
investieren wussten", so Dorothea Melcher, Wirtschaftshistori-
kerin an der Universität von Mérida. „Und dann sind die hier
herumgelaufen und haben diesen euphorischen Ölboom-Ge-

winnlern gesagt: Die Zinsen sind sehr niedrig und ihr werdet immer weiter Einkommen haben, also könnt ihr die auch abzahlen. Die haben denen die Kredite wirklich angedient." Der Anteil der von privaten Instituten gewährten Kredite liegt im Lateinamerika der Achtziger bei 70 Prozent – in Venezuela sind es 96 Prozent. Institutionelle Hemmnisse für die Schuldenaufnahme sind praktisch inexistent, so dass auch die Bundesstaaten, Ministerien und Gemeinden sich nach Kräften verschulden, um Haushaltslöcher zu stopfen.

Die desaströse Wirkung der fallenden Ölpreise wird ergänzt durch die Hochzinspolitik der US-Regierung unter Reagan – die sogenannten *Reagonomics*. Venezolanische Anleger fliehen aus der heimischen Währung, um ihr Geld auf US-Banken anzulegen. „Die haben ja zum Teil hier in Bolívar Kredite aufgenommen, sie dann in Dollar umgewandelt und in den USA angelegt, um mit den dort höheren Zinsen die hiesigen Zinsen abzuzahlen", so Dorothea Melcher. „Wenn man so will, hat es hier eine organisierte Devisenflucht gegeben."

In den drei Monaten vor dem 18. Februar 1983 verlassen 20 Milliarden Dollar das Land. An diesem Tag entschließt sich die venezolanische Nationalbank, die freie Konvertibilität zum Dollar aufzugeben, um die Kapitalflucht zu stoppen. Der „Schwarze Freitag", wie er seitdem heißt, markiert sozialpolitisch die Wende. Die Inflation steigt auf bis zu 100 Prozent, die medizinischen Einrichtungen, Kindergärten und Schulen verwahrlosen, die öffentlichen Busse werden abgeschafft. Bei seinerzeit 15 Millionen Einwohnern hat das Land mit 34 Milliarden Dollar Außenständen die höchste Pro-Kopf-Verschuldung des Kontinents. Der öffentliche Teil der Schulden liegt Mitte 1983 bei 26,2 Milliarden Dollar – eine Summe, die von vielen Venezolanern angezweifelt wurde. „Ich glaube immer noch, dass die Auslandsschuld nicht so hoch war, wie sie dann festgelegt wurde", sagt Melcher. „Alle, die im Ausland Schulden hatten, haben die in das Staatsschulden-Paket eingerechnet, obwohl vieles private Kredite waren."

Mehrfache Abwertungen im Laufe der Achtziger lassen die Reallöhne kräftig sinken. 1986 fällt der Erdölpreis bis auf acht Dollar. Doch weder Politiker noch die neue Geldaristokratie ist bereit, den Gürtel enger zu schnallen. Das Institut für die Devisenbewirtschaftung Recadi wird zum Zentrum der Korruption in Venezuela. Recadi ist ein von der Nationalbank in Folge der Dollarkrise geschaffenes Instrument. Es regelt ab 1983 den limitierten Umtausch von Bolívar in Dollar zu subventionierten Kursen. Statt jedoch, wie im Gesetzestext vorgesehen, den Import von lebenswichtigen Gütern zu ermöglichen, wird es in den folgenden Jahren zum Selbstbedienungsladen. Ein weitverzweigtes Netzwerk von Politikern, Bankern und Geschäftsleuten versorgt sich über Recadi mit billigen Devisen. Man nimmt Luftbuchungen vor, importiert Scheinwaren für Briefkastenfirmen oder verkauft zu höheren Kursen weiter, was man dank der „Vorzugs-Dollars" günstig bekommen hatte.

Beispielhaft ist der tragische Ausflug, den 150.000 Holstein-Rinder in die venezolanischen Tropen machen. US-Präsident Ronald Reagan verabschiedet im Januar 1985 ein Programm zur Beendigung der Milch-Überproduktion. Es sieht unter anderem vor, US-Farmern eine Million Stück Nutzvieh abzukaufen, um die Tiere notzuschlachten. Ein paar venezolanische Geschäftsleute wittern das Geschäft ihres Lebens. Von Recadi großzügig mit günstigen Devisen ausgestattet, importieren sie bis Ende April 1985 für 265 Millionen Dollar Holstein-Rinder. Mit kräftigem Aufschlag an die lokalen Viehzüchter weiterverkauft, erweisen sich die nordischen Vierbeiner als völlig ungeeignet für das tropische Klima. Statt die Abhängigkeit vom Ausland zu verringern und die Milchproduktion zu erhöhen, landen die kranken Kühe im Kochtopf. Venezuela wird zum „weltweit größten Friedhof für Holstein-Rinder"[11], wie ein Untersuchungsbericht Jahre später feststellt. Es ist nur ein Fall unter Dutzenden.

Der Fall Recadi fliegt kurz vor dem *caracazo* auf – also zu einem Zeitpunkt, an dem die Situation für die einfachen Leute bereits unerträglich geworden ist. Die Inflation war im Vorjahr auf über 40 Prozent gestiegen, die kritische Armut liegt bei 70 Prozent, als extrem arm gelten 40 Prozent der Bevölkerung. „Wenn vor drei Jahren der Ehrgeiz eines Arbeiters darin lag, zum Beispiel einen Ghettobluster zu besitzen", schreibt *El Nacional*, „haben heute einfache Konsumartikel wegen der Teuerung beziehungsweise des Mangels den Charakter von Fetischen."[12]

Angesichts von Wirtschaftsmaßnahmen, die diese Not noch vergrößern, erfahren die Venezolaner, dass ihr neuer Präsident die „Untersuchung überhöhter Importrechnungen" angeordnet hat, so die Überschrift in *El Nacional* am 24. Februar 1989. Bei der Bilanzierung der Staatsverbindlichkeiten, die der Freigabe des Wechselkurses vorausging, waren die Unregelmäßigkeiten bei Recadi nicht mehr zu decken gewesen. Zweieinhalb bis drei Milliarden Dollar sollen unterschlagen worden sein, heißt es in der Zeitung. Die Wirkung der Meldung – drei Tage vor Ausbruch der Unruhen – ist nicht zu unterschätzen. Die armen Bevölkerungsschichten, seit Jahren der Entwertung ihrer Einkommen ausgesetzt, lesen schwarz auf weiß, was sie ohnehin schon vermutet hatten: Dass es nicht das Gemeinwesen ist, welches über seine Verhältnisse gelebt hat. Stattdessen haben sich die politische Klasse und die Geschäftswelt an den knapper werdenden Dollar-Einkünften schadlos gehalten – rücksichtslos sowohl gegen die Staatskasse als auch gegen die Lage in den Barrios. Die schamlose Korruption in der Devisenvergabestelle Recadi zerstört endgültig die Glaubwürdigkeit der ökonomischen Maßnahmen. Niemand nimmt Carlos Andrés Pérez ab, dass das IWF-Anpassungspaket im Namen der wirtschaftlichen Vernunft geschieht. Die verschwenderische Zeremonie zum Amtsantritt, mit der er sich drei Wochen zuvor hatte feiern lassen, heißt im Volksmund „die Krönung". Nicht zuletzt waren es auch Pérez' Parteigenossen, die sich die Taschen vollgestopft hatten.

Das Massaker: Repression und Vertuschung

Der vermummte Jugendliche kann Francisca León gerade noch zu Boden reißen, bevor die Plastikschrot-Salve aus dem Militärkonvoi über die Straße peitscht. „Señora, was machen Sie hier?", schreit der Junge. „Ich gehe arbeiten", antwortet sie. Sie versteht nicht, was vor sich geht. Sie hat mit Plünderern nichts zu schaffen, sie ist eine anständige Frau. Es ist Dienstag, der 28. Februar 1989. Schon am frühen Morgen hat sie sich auf den Weg gemacht, um rechtzeitig im Krankenhaus zu sein. Dass an diesem Tag „Caracas Beirut ist", wie *El Nacional* anderntags schreiben wird, hat sie nicht geahnt. Mittlerweile haben sich die Unruhen auf fast alle größeren Städte ausgedehnt: Barinas, Barcelona, Puerto La Cruz, Maracaibo, Porlamar – überall blockieren die Menschen den Verkehr mit brennenden Barrikaden, plündern Geschäfte und protestieren gegen die Preiserhöhungen. In Caracas beginnt das organisierte Verbrechen, das Machtvakuum für sich auszunutzen. Bewaffnete Gangs fahren mit Lastwagen vor und räumen gezielt die Geschäfte aus.

In Antímano, am südwestlichen Ende der Stadt, liefert sich die Policía Metropolitana mit Anwohnern ein Feuergefecht, in dessen Verlauf ein Polizist schwer verletzt wird. Man handelt einen Modus aus: Die Männer bleiben in den Ziegelhütten am Berg, die Frauen dürfen herunterkommen und sich über den Automercado Central hermachen – beaufsichtigt von den Ordnungshütern. „Das tut doch nicht Not, Señoras, das ist doch Egoismus. Nicht zehn Sardinendosen auf einmal, nehmen Sie zwei und lassen Sie etwas für die anderen übrig"[13], maßregelt ein Polizist die Plündernden. Andernorts greift die Polizei selbst zu: Am frühen Nachmittag beobachtet ein Reporter von *El Nacional*, wie Polizisten unter der Brücke 9 de Diciembre in San Martín Bettlaken und Decken aus einer nahe gelegenen Textilfabrik unter sich verteilen.

Im Laufe des Morgens übernimmt die Nationalgarde die Kontrolle in der Stadt. Neun Bataillone sollen die Ordnung wiederherstellen. Auf den Militärlastwagen, die durch die Straßen rollen, sitzen überwiegend junge Soldaten, viele von ihnen sind zum ersten Mal in der Hauptstadt. „Diese Rekruten, von denen die meisten aus dem Landesinneren kommen, sind furchterregend", schreibt ein Reporter, „nicht nur wegen ihrer Waffen, sondern wegen ihrer Ahnungslosigkeit, wegen der Furcht, die ihnen – so plötzlich mitten in eine Stadt versetzt, die sie nicht kennen – in den jugendlichen, provinziellen Gesichtern steht."[14]

Um die Mittagszeit will Innenminister Italo del Valle Aliegro in einer Fernsehansprache die Bevölkerung zur Ruhe aufrufen. Doch nach wenigen Sekunden verschwindet er mit den Worten: „Ich kann nicht..." vom Bildschirm. Den Minister hat ein Kreislaufzusammenbruch ereilt – erst zwei Stunden später kann er die Erklärung verlesen. Um kurz vor sechs erscheint auf allen Kanälen des venezolanischen Fernsehens der Präsident. Carlos Andrés Pérez, begleitet von seinem Kabinett, spricht zur Nation. Das wirtschaftliche Anpassungspaket, so der

Präsident, sei die einzige Möglichkeit, Entwicklung und Wohlstand zu retten. „Angesichts dessen, dass die Wahrung des Rechtsstaats oberstes Prinzip und absolute Pflicht der nationalen Regierung ist", lässt er für das gesamte nationale Territorium die Verfassungsgarantien aufheben und verhängt für die folgenden Tage eine Ausgangssperre von sechs Uhr nachmittags bis sechs Uhr morgens.

Die Barrio-Bewohner sind derweil vollauf damit beschäftigt, sich ihren Wohlstand selbst anzueignen. „Während das Heer eintrifft und die Ausganssperre verhängt wird", so der Vikar Camuñas, „eröffnet sich vor den Augen des Volkes die Gelegenheit, etwas zu haben, zu besitzen: Möbel, Betten, Heizungen, Reifen, Keilriemen, Waschmaschinen, Bügeleisen, Küchen ... Es gibt ein kollektives Besäufnis in diesen gefährlichen Momenten, in denen Furcht und Vorsicht abwesend zu sein scheinen."[15] Kein menschliches Bedürfnis ist den Plündernden fremd: In den Aufnahmen der Dokumentarfilmerin Lilian Blazer sieht man einen Mann, der eine Heimorgel die Straßen zu seinem Barrio hochrollt. Wie unbedarft die Bewohner der Stadt der Gefahr gegenüberstehen, beweisen die Zitate, die die Zeitungen Tage später sammeln: „Ich glaubte, während der Ausgangssperre müsse man schnell und nicht langsam gehen", sagt einer. „Mir sagte man, ich könne hinausgehen, solange ich die Hände erhebe, wenn ich einen Militär sehe."[16] Seit vielen Jahren hatte es in Venezuela keine Ausgangssperre gegeben.

Nach Einbruch der Dunkelheit bricht in der Millionenstadt ein Inferno los. Die mit Tränengas und Plastikschrot ausgestatteten Nationalgardisten sind durch bewaffnete Armeebataillone ergänzt worden. Im Zentrum, in Catia, in Petare, überall beginnen die Soldaten zu schießen. Auch die Polizei lässt ihre ursprünglich gleichgültige und in einigen Fällen solidarische Haltung fallen und unterstützt die Armee. „Das Gefühl von Chaos ist überwältigend, man hört, fühlt und sieht nur noch Schüsse "[17], so Camuñas. Die Soldaten stehen auf den Hochhäusern des Stadtteils Palo Verde und schießen ihre Magazine leer. In den Barrios antworten die Gangs mit ihren Waffenarsenalen. Doch die Armee schießt auch auf unbewaffnete Zivilisten. So tötet die Armee über 20 Menschen, die über die Mesuca-Treppen in Petare zu ihrem Barrio flüchten wollen, nachdem sie ein Restaurant geplündert hatten.

Besonders hart trifft es das Viertel 23 de Enero. Maschinengewehrsalven der Armee durchlöchern die Fassaden der riesigen Wohnburgen, Dutzende von Menschen sterben in ihren Wohnungen. Heckenschützen, so wird sich die Armeeführung später rechtfertigen, hätten aus den oberen Stockwerken auf die Soldaten geschossen. Es habe sich um bewaffnete, linksradikale Guerilleros mit Verbindung zur Drogenmafia gehandelt. Eine Behauptung, die die Armee weder durch Fotos noch durch Festnahmen belegen wird. Anwohner bestätigen, es habe vereinzelt Schüsse von den Dächern der Wohnblöcke gegeben, doch die Soldaten hätten die Übeltäter leicht fassen können.

„Das war keine große logistische Herausforderung", so ein Anwohner, „das hat die Policía Metropolitana bei vielen Gelegenheiten mit weniger Aufwand geschafft."[18]

Die Soldaten schießen selbst auf Bewohner, die mit erhobenen Händen oder weißen Fahnen aus ihren Häusern treten. Den Erschossenen nehmen sie die Papiere ab, um den Angehörigen die Beweisführung gegenüber den Behörden zu erschweren.

Das Viertel 23 de Enero, so scheint es, wird für seine revolutionäre Tradition bestraft, der es unter anderem seinen Namen verdankt. Der Diktator Pérez Jiménez hatte hier zwischen 1954 und 1957 nach dem Vorbild von Le Corbusiers Wohneinheiten 80 riesige Hochhausblocks errichten lassen. Sie sollten die unschönen Slums ersetzen, die die Hügel oberhalb des Präsidentenpalastes verunzierten. Beim Sturz des Militärdiktators hatten die Bewohner die Sozialbauten besetzt und das Viertel nach dem Datum des Aufstands benannt: Es war der 23. Januar 1958. In den Sechzigern fanden viele Guerilleros hier Unterschlupf, an der Wende der Siebziger zu den Achtzigern entsteht mit dem MRT, dem *Movimiento Revolucionario Tupamaros*, später *Tupamaros*, eine neue Stadtguerilla. Armee und Geheimdienste, so scheint es, nehmen die Unruhen vom 27. Februar 1989 als eine willkommene Gelegenheit, mit dem renitenten Stadtteil abzurechnen. „Sie hielten uns für eine subversive Bedrohung", erklärt ein Bewohner des Viertels. „Man glaubte, den 23 de Enero terrorisieren zu müssen. Sie agierten wie ein Henker, der Spaß daran hat, mit seinem Opfer zu spielen."[19]

Francisca León bekommt es mit der Angst zu tun. Ihr Sohn ist auch in der Nacht zum 1. März nicht nach Hause gekommen. Sie hat ihre Schwägerin erreicht, doch dort ist er ebenfalls nicht aufgetaucht. Sie sucht ihn im nahe liegenden Krankenhaus Perez Carreño. Die Notaufnahme ist überfüllt, ständig kommen neue Notfälle, 50 Prozent der Eintreffenden haben schwere Verletzungen. Nachbarn bringen eine Frau mit ihrem neugeborenen Kind. Sie hat in der Wohnung gesessen und gestillt, erzählen sie, als ein Schuss durch das Fenster das Baby am Bein streifte und die Mutter tödlich in die Brust traf. Franciscas Sohn José ist nicht unter den Verletzten.

In den Tagen nach dem 2. März beginnen Polizei, Armee und Geheimdienste mit Razzien. „Sie durchkämmten jedes Zimmer, Haus für Haus", erinnert sich Victor Gamelote aus San Agustín. „Wenn sie neue Möbel oder Geräte fanden, nahmen sie sie mit."[20] Die Soldaten posieren mit dem sichergestellten Diebesgut. Man will zeigen, dass die Aufhebung der Eigentumsverhältnisse nur ein Strohfeuer war. Die Zeiten haben sich geändert: Nicht mehr die Leiche des Guerillaführers ist die Trophäe, die man der internationalen Öffentlichkeit nach erfolgreicher Aufstandsbekämpfung vorführt, sondern Kühlschränke und Waschmaschinen. Der Feind sind nicht mehr Guerillaeinheiten, sondern die aufgebrachte Bevölkerung, die es mit allen Mitteln niederzuhalten gilt.

Die Geheimdienste suchen in den Tagen nach den Unruhen auch diejenigen heim, die sie für die Verursacher der Revolte halten. Überall in der Hauptstadt kommt es zu nächtlichen Erschießungen und Festnahmen gegen angebliche Subversive. Im 23 de Enero werden Aktivisten verschleppt, in La Vega überfallen Aufstandsbekämpfungseinheiten die Redaktion der Stadtteilzeitschrift *La Vega Dice*. In der Nacht zum 5. März durchwühlt die Nationalgarde das Gemeindehaus der Jesuiten, verhaftet fünf Geistliche und verhört sie bis zum nächsten Abend. Am schlimmsten trifft es 16 Studentenführer, die vom militärischen Geheimdienst als angebliche Anstifter der Unruhe verhaftet und misshandelt werden. „Ich wurde von Mitternacht bis zum Morgengrauen gefoltert", so der Studentenführer Roland Denis Boulton, der als mutmaßlicher Autor aufrührerischer Flugblätter verhaftet wird. „Es ging mit elektrischen Stößen los. Dann würgten und schlugen sie mich. Das wiederholten sie immer wieder. Bis zu einem Moment, an dem ich nicht mehr wusste, wer ich bin, was ich eigentlich gefragt wurde, was ich gesagt hatte. Wir wussten einfach nicht, worauf das alles abzielte. Wo endet das? Werden sie uns umbringen? Werden sie uns verschwinden lassen?"[21]

„Der Begriff Repression hat nichts mit den Prinzipien der venezolanischen Armee zu tun", erklärt der Verteidigungsminister im Fernsehen auf die Vorwürfe, die Armee greife zu hart durch. Auch Verschwundene gäbe es in Venezuela nicht. Der Sohn von Francisca León aber bleibt unauffindbar. Francisca irrt durch die Stadt, kreuz und quer geht sie das riesige Gebiet der Armenviertel von Catia ab. Sie verliert das Gefühl für die Zeit. Sie sieht die Leichen auf den Straßen, sie erlebt, wie die *Guardia Nacional* auf Zivilisten schießt, die sie in den geplünderten Läden überrascht. Sie fragt herum. Sie erkundigt sich an den Gefängnistoren von Los Flores des Catia, doch man gibt ihr keine Auskunft, also wartet sie. Sie erlebt, wie sich die Tore öffnen, die Gefangenen hinauslaufen und wie die Wärter auf die Fliehenden schießen. Sie sucht unter den Opfern nach ihrem Sohn, doch er ist nicht dabei. Sie geht zu einem Altenheim, wo man angeblich auch Verletzte versorgt. Als sie ankommt, sieht sie, wie Männer Särge aus dem Gebäude tragen. Sie fragt ein Zimmermädchen aus dem Altenheim, was los ist. „Sie haben 25 alte Leute vergiftet", erhält sie als Antwort. Die vergifteten Bewohner des Altenheims sind kein Einzelfall: Im allgemeinen Chaos werden überall Privatfehden und alte Rechnungen beglichen. In den Barrios kursiert das Gerücht, die Polizei habe die Toten aus den Folterkammern der Polizeipräfektur einfach in den Stadtfluss Guaire geworfen. „Wir waren wie betrunken und wussten nicht, was wir mit all den Toten machen sollten", will Vikar Camuñas von einem Polizisten gehört haben.[22]

Francisca isst nicht, sie schläft nicht, ihre Verwandten schließen sie in ihrem Zimmer ein, damit sie aufhört zu suchen. Sie gibt einer Journalistin ein Interview, in der Hoffnung, so an Informationen zu kommen. Tags darauf wird ihr Bruder vor seinem Haus erschossen. Bei dem Toten findet man einen Zettel, auf dem steht: „Halt's Maul!" Die Polizei erklärt, der Bruder sei von einem Gang-Mitglied ermordet worden.

Wenige Tage nach den Ereignissen legt die Regierung die offizielle Zahl der Opfer auf 277 fest. Die Zahl ist stark untertrieben. Untersuchungen in der Gerichtsmedizin von Bello Monte ergeben, dass allein hier 322 Leichen registriert sind. Die Toten seien den Unruhen geschuldet, lautet die offizielle Sprachregelung. Doch rund 80 Prozent der Opfer fallen auf den Zeitraum, in dem die Plünderungen und Proteste bereits abgeebbt sind. Auch die Art der Verletzungen deutet eher auf gezielte Erschießungen denn auf Gefechte hin. „Alle, alle haben sie eines gemeinsam: Eine Kugel im Kopf oder eine in der Brust"[23], erklärt eine Krankenschwester, die am 28. Februar im Hospital Pérez de León Dienst hatte. Eine Studie des Friedensforschungsinstituts der Zentraluniversität Venezuela wird ihre Beobachtungen stützen: 85,8 Prozent der Tode wurden durch Schussverletzungen verursacht, 36 Prozent der Kugeln trafen den Thorax, 29 Prozent den Kopf. 79 Prozent der Opfer wurden durch nur einen Schuss getötet. „Wir waren bereit, wen auch immer zu töten, das ist der Befehl, den sie gegeben haben"[24], erklärt ein Soldat der Zeitung *El Nacional*.

„Dieser halluzinierte Bürgerkrieg, der den fiebrigen und furchtsamen Köpfen der regierenden Minderheiten entsprungen ist, hat nie stattgefunden. Es war ganz einfach ein Massaker"[25], schreibt der Menschenrechtler Enrique Ochoa Antich, Bruder des späteren Verteidigungsministers Fernando Ochoa Antich und seinerzeit Abgeordneter der Linkspartei Movimiento Al Socialismo. Der Schießbefehl kam von ganz oben. In einem Gespräch mit dem Innenminister Italo del Valle Aliegro erfährt Ochoa Antich, das Carlos Andrés Pérez persönlich den Waffengebrauch angeordnet hat.[26] Kein übereifriger General, kein rechter Militärdiktator hat das Massaker befohlen, sondern der gewählte Präsident des Landes, der außerdem Vizepräsident der Sozialistischen Internationale ist.

Hugo Chávez hat Glück. Während des Sündenfalls der venezolanischen Armee muss er das Krankenbett hüten. Am 26. Februar hatte er mit Fieber den Amtsarzt im Präsidentenpalast aufgesucht, wo er seit über einem halben Jahr als Referent des Nationalen Sicherheitsrates arbeitet. Der Arzt stellt Windpocken fest: „Hau bloß ab, du steckst ja alle an", erklärt er dem 34-jährigen Major. Am Nachmittag vor Beginn der Unruhen fährt Chávez in seine Offizierswohnung in Maracay.

Andere Offiziere des EBR-200 jedoch müssen zur Auf-standsbekämpfung ausrücken. Felipe Acosta Cárles, mit dem er sechs Jahre zuvor den Schwur von *Saman de Güere* geleistet hat, wird bei einem Einsatz im Barrio La Antena in der Nähe der Panamericana erschossen. Die Nachricht vom Tod seines Kameraden und Freundes trifft Chávez tief. Er schreibt zu sei-nen Ehren ein *joropo* – ein Lied in der Tradition der Llanos: „Nichts blieb stehen / von Petare bis el Valle. / Und Caracas hatte Durst / Es war Durst nach Blut / Ach, die jähe Kugel / Du hast mir meinen Kameraden genommen."[27]

Mitglieder des EBR-200 werden später behaupten, der Tod des Mitverschwörers sei von der Militärführung eingefädelt ge-wesen. Man habe Acosta Cárles außerplanmäßig von seinem Posten in der Militärakademie abgezogen und zu dem Einsatz beordert. Raúl Isáias Baduel, Mitverschwörer unter dem *Saman de Güere* und während der Regierungszeit von Chávez Ober-befehlshaber des Heeres, will von Bewohnern aus La Antena erfahren haben, dass die, „die Felipe angegriffen und beschos-sen haben, in dem Viertel fremd waren".[28]

Im November 2005 hat in Caracas der Spielfilm *El Caracazo* des Regisseurs Román Chalbaud Premiere. Das vom Kultur-ministerium in Auftrag gegebene Werk ist mit drei Millionen Dollar die teuerste venezolanische Produktion aller Zeiten. Er setzt die offizielle, die chavistische Perspektive auf die Ereig-nisse in Szene: Dem gerechten Zorn des Volkes steht ein ver-kommenes System gegenüber, repräsentiert durch gehässige Politiker, die sich mit ihren blondierten Mätressen vergnügen, während draußen die Menschen erschossen werden. Der Film setzt auch Chávez' erschossenem Kameraden Felipe Acosta Cárles ein Denkmal: Ein Offizier namens „Cárles" setzt alles daran, seine unerfahrenen, überforderten Rekruten zurückzu-halten und stellt sich auf die Seite des leidenden Volkes. In der Figur des Anteil nehmenden Militärs versöhnt *El Caracazo* symbolisch die Opfer des Massakers mit der Institution, aus der die Täter kamen.

Manuel Isidro Molina, in den Neunzigern Chávez-Unter-stützer und heute Kritiker des Präsidenten, erzählt eine andere Version vom Einsatz des Felipe Acosta Cárles. Der damalige MAS-Abgeordnete erhält in den Tagen nach dem 27. Februar den Anruf einer besorgten Mutter. Soldaten hätten ihren 19-jährigen Sohn aus dem Hospital Periférico de Coche verschleppt, wo er wegen einer Schussverletzung am Knöchel behandelt wurde. Molina geht der Sache nach und stellt fest: Der militärische Geheimdienst hatte Order, alle männlichen Verletzten in dem Krankenhaus, das in der Nähe von La Antena liegt, wegen des Mordes an Acosta Cárles ins Gefängnis Fuerte Tiuna zu verbringen. Wegen mangelnder Beweise wird Molinas Schützling schließlich freigesprochen. Im Verlauf seiner Recherchen erzählen Anwohner von La Antena, Acosta Cárles sei mit seiner Einheit nach allen Richtungen ballernd in das Barrio eingedrungen, habe die Türen der armseligen Hütten eingetreten und Schrecken verbreitet. In einer der *ranchos* habe sich ein lokales Gang-Mitglied versteckt gehalten, das mit seiner Pistole mehrere Schüsse auf den Offizier abgegeben und ihn tödlich verletzt habe.

Ganz gleich ob Acosta Cárles als schießwütiger Rambo gestorben ist oder als besonnener Offizier – das Selbstbild der venezolanischen Armee ist nach dem Massaker ins Wanken geraten. Allen ist bewusst, dass es schwere Menschenrechtsverletzungen gegeben hat, doch die Militärführung streitet jedes Fehlverhalten ab. Statt die Verantwortung zu übernehmen, leugnen die Generäle. Der Kommandeur der Truppen von Caracas überrascht die Menschenrechtsgruppe um Enrique Ochoa Antich gar mit Erkenntnissen, denen zufolge terroristische Banden in gestohlenen Armeeuniformen für das Massaker verantwortlich seien. „Unseren Berichten nach", so der General, „können nur sieben Tote der Verantwortlichkeit der Streitkräfte zugerechnet werden."[29]

Die Soldaten niederen Ranges, die den Schießbefehl ausgeführt haben, können sich nicht durch Leugnen retten. Sie müssen einen anderen Weg finden, wieder in den Spiegel sehen zu können. In den Wochen nach dem Massaker bekommen die Verschwörer des EBR-200 kräftig Zulauf. Den Major Chávez, von dem das Gerücht geht, er organisiere eine oppositionelle Front in der Armee, sprechen sogar Angehörige der Palastwache an. „Ist das wahr mit der bolivarischen Bewegung?", fragt ihn eine Gruppe von Offizieren am Tor von Miraflores. „Wir wollen das wissen, denn wir sind nicht bereit, weiterhin die Leute umzubringen."[30] Für die Soldaten und Offiziere wird die revolutionäre Bewegung innerhalb der Armee zur Möglichkeit, die Schuld abzubauen, die sie auf sich geladen haben. „Die, die das Desaster begangen haben, waren die Hauptleute und Leutnants", so Chávez, „für die Mehrheit von ihnen war das wie ein Bumerang, sie schämten sich für das, was sie getan hatten."[31]

Fünfzehn Tage nachdem sie ihren Sohn zum letzten Mal gesehen hat, bringt man Francisca León schließlich zur Gerichtspolizei. Die Polizisten zeigen ihr Fotos, die sie bei der Beerdigung von Opfern in einem Massengrab aufgenommen haben. Auf einem der Fotos erkennt sie José – mehr oder weniger, denn der Körper ist bereits stark verwest. „Aber weil man ja kennt, was man geboren hat, habe ich ihn so halb identifiziert."[32] Dennoch hört sie nicht auf, nach ihm zu suchen.

„Warum schließt ihr mich ein?", schreit sie ihre Verwandten an. „Ich suche mein Kind!" Sie klettert aus dem Fenster und irrt durch Caracas. Ihre Familie lässt sie in eine psychiatrische Anstalt einweisen. Nach zwei Wochen entlässt sie der Arzt. Seither, so betont sie, schläft sie zuhause und geht jeden Tag arbeiten. Am meisten stört sie, dass man ihr erklärt, ihr Sohn sei erschossen worden, weil er an Plünderungen beteiligt gewesen sei. Ab und zu sucht sie immer noch nach ihm. Man kann nie wissen, vielleicht ist er ja noch da draußen.

Die Barrios organisieren sich: Früchte des Caracazo

Trotz Windpocken trifft sich Chávez in den Tagen des *caracazo* mit Douglas Bravo, Herma Marksman und anderen Mitstreitern. Sie wollen die Unruhen für einen Umsturz nutzen. Doch das Vorhaben ist aussichtslos: Zum einen sind die im EBR-200 organisierten Offiziere in verschiedenen Einsätzen zerstreut. Und zum anderen müssen die Ex-Guerilleros um Bravo feststellen, dass sie keinerlei Einfluss auf den Aufstand haben. Bravo erinnert sich:

„Da gab es keine Chefs. Die Führerschaft entstand an Ort und Stelle. Man pflegte zu sagen: Wenn es da doch eine Partei gegeben hätte! Darauf entgegneten wir: Das hat eben genau stattgefunden, weil die nicht beteiligt waren. Die Parteien bremsen das Volk, weil es nicht nur den Reichen, Mächtigen bedroht, sondern auch den Parteibürokraten. Das ist die große Tugend der Mengen. Man muss zwischen Menge und Masse unterscheiden. Die großen Ereignisse werden von großen Mengen kommen, das ist unvermeidlich. Das hat uns der 27. Februar gelehrt."[33]

Weder haben die diversen Spaltprodukte der Kommunistischen Partei die Plünderungen und Proteste angeheizt, noch üben sie irgendeine Kontrolle über ihre Anführer aus. Auch Gewerkschaftler bleiben bei den Protesten außen vor, gilt der offizielle Gewerkschaftsverband CTV (*Confederación de Trabajadores de Venezuela*, Konföderation der Arbeiter Venezuelas) doch als Bündnispartner des neoliberal gewendeten Präsidenten. „Die CTV wird in das Guinness-Buch der Rekorde kommen", spottet ein Gewerkschafter, „weil sie die einzige Gewerkschaftsbewegung der Dritten Welt ist, die einen Anpassungsplan des IWF unterstützt."[34] Einzig die Studentenbewegung darf für sich beanspruchen, die Unruhen mitinitiiert zu haben. Doch auch der Studentenführer Roland Denis gibt zu, dass der *caracazo* eine spontane Erhebung war. Während die bisherigen Volksaufstände durch *caudillos*, Populisten oder der linken Avantgarde angeführt worden seien, habe hier zum ersten Mal in der Landesgeschichte eine Vergesellschaftung der Politik stattgefunden: „Die Demokratie, in ihren universellen Bedeutungen von Gleichheit, Gerechtigkeit, Identität und Freiheit, hörte mit jenen Tagen im Februar auf, in den Händen der politischen Partei-Repräsentationen zu liegen oder irgendeines anderen Hofes des intellektuellen und politischen Adels. Die Demokratie ergoss sich auf die Straße."[35]

Am 3. März bildet sich vor den Türen der Gerichtsmedizin im Leichenschauhaus von Bello Monte eine Gruppe von Angehörigen, Anwälten, Menschenrechts- und Barrio-Aktivisten. Unter dem Namen „Angehörigenkomitee der Opfer des *caracazo*"[36] (COFAVIC) nehmen sie den Kampf mit den Behörden auf, die die Geschehnisse zu vertuschen suchen. Sie sammeln Gedächtnisprotokolle, schreiben Anzeigen, machen Eingaben, versuchen, die Verschwundenen ausfindig zu machen, organisieren Foren und protestieren. COFAVIC ist ein breites Bündniss aller möglichen politischen Richtungen. Hier arbeiten linksbürgerliche Politiker wie Enrique Ochoa Antich zusammen mit radikalen Aktivisten wie Roland Denis. Ochoa Antich pflegt Denis, den späteren Mitbegründer der linksautonomen *Desobedientes* (Ungehorsame), freundschaftlich den „letzten Bolschewiken" zu nennen.

Schon in den ersten Wochen nach dem Massaker erhält CO-FAVIC Informationen über außergewöhnliche Vorgänge in einem entlegenen Teil des Hauptfriedhofs Süd. Beißender Verwesungsgeruch durchzieht das Barrio in der Nähe des Ortes mit dem unheiligen Namen La Peste[37], an dem hundert Jahre zuvor die Opfer einer unbekannten Seuche beerdigt wurden. Friedhofswärter berichten, wie Kipplaster der Armee in den Tagen der Unruhen hier Leichen abgeladen haben und wie die Soldaten die Toten in hastig ausgehobenen Gruben notdürftig verscharrten.

„Das war grotesk", erinnert sich COFAVIC-Mibegründer Edgar García, der am Ort des Grauens Wache gehalten hat. „Sie haben die Toten kaum mit Erde bedeckt." Monatelang bewachen die Mitglieder des Komitees das Massengrab – bei Tag und bei Nacht. Sie haben Sorge, das Militär könne die Überreste seiner Untaten beseitigen, bevor es zur Untersuchung kommt. 21 Monate lang schafft es die venezolanische Justiz, die Eingaben der Menschenrechtler abzuwehren. Schließlich entscheidet ein mutiger Richter die Exhumierung. Am 20. November 1990 – drei Wochen nachdem die deutsche Rockband Scorpions ihren Perestroika-Welthit *Wind of Change* veröffentlicht – weht den bei der Graböffnung Anwesenden ein übler Hauch entgegen. „In La Peste graben wir die Wahrheit aus"[38], hatte ein Graffiti an den Häuserwänden von Caracas versprochen. Und die Wahrheit ist schrecklich: Mehrere der 68 Leichen, die exhumiert werden, weisen Einschusswunden am Nacken auf. Die Soldaten hatten ihre Opfer zum Teil per Gnadenschuss exekutiert, stellen die Forensiker fest – einer von ihnen der berühmte kanadische Anthropologe Clyde Snow, der unter anderem den ermordeten John F. Kennedy untersucht hatte.

„Wenn sich eines in diesen Tagen voller Terror gezeigt hat, dann ist es die Solidarität unter den Nachbarn", so ein Bewohner des Viertels 23 de Enero. „Angefangen bei den Leuten, die ihre Haut riskiert haben, um den Verletzten zu helfen oder sie ins Krankenhaus zu bringen, bis zu denen, die anderen Familien ihre Wohnung angeboten haben, damit diese sich besser schützen konnten."[39] COFAVIC bleibt nicht der einzige Zusammenschluss in Folge der Ereignisse nach dem 27. Februar 1989. Zunächst sind es nur die üblichen Verdächtigen, die bekannten Politaktivisten, die zu Versammlungen und Protesten aufrufen. Bei der Mehrheit überwiegt die Angst. „Die Regierung hat den Leuten über die Armee eine Botschaft gesendet", so Santiago Arconada, damals Tischler und Causa-R-Aktivist in Antímano. „Sie hat klargestellt, dass die Regierung jeder Spur von Protest gegen den Wirtschaftsplan auf diese Weise begegnen würde."[40]

Das Massaker markiert einen Übergang: Konzentrierte sich die Aufstandsbekämpfung bis dato auf mutmaßlich subversive Zellen, richtet sich die Staatsgewalt nun unterschiedslos gegen die marginalisierte städtische Bevölkerung. Eben diese Erfahrung führt zu einer langsamen, aber steten Mobilisierung. „Früher hieß es: Sie lassen dich verschwinden, weil du Ärger suchst", so Edgar García. „Aber als es plötzlich Tote gab, die nicht provoziert haben, haben sie begonnen zu sehen, dass es heute den Nachbarn treffen kann und morgen irgendwen anders."[41] Zehntausende von Barrio-Bewohnern fangen an, sich in Nachbarschaftskomitees zu organisieren, an Foren teilzunehmen. Es ist keine Massenbewegung, doch die Politisierung ist spürbar. Trafen sich zuvor 30 versprengte Aktivisten, so sind es jetzt 300. „Der Nachbar, der zuvor die Aktivitäten verraten hat, nahm jetzt daran teil"[42], so García. Man organisiert Demonstrationen, Straßensperren, Besetzungen, Plünderungen und Streiks. Die Menschenrechtsorganisation Provea verzeichnet von Oktober 1989 bis September 1994 exakt 4237 Protestaktionen in Venezuela.

Die Venezolaner protestieren nicht nur gegen die Wirtschaftsmaßnahmen und gegen die Repression – auch die allgegenwärtige Korruption im Land ist Gegenstand der Empörung. Im Oktober 1989 versammeln sich 25.000 Menschen in Caracas zum *Marcha de los Pendejos* (Marsch der Trottel). Der bekannte Schriftsteller Arturo Uslar Pietri hatte im Fernsehen erklärt, wer in Venezuela ehrlich abrechne, sei ein Trottel. Jede zweite der zahlreichen Demonstrationen endet in Auseinandersetzungen mit der Polizei, vor allem unter Studenten gibt es

Anfang der Neunziger Dutzende von Todesopfern. Zu Streiks kommt es vor allem im Transportwesen, in der öffentlichen Verwaltung und im Gesundheitswesen. Die Barrio-Bewohner bevorzugen andere Protestformen. Im Widerstand gegen die zunehmende Vernachlässigung der öffentlichen Dienstleistungen sperren sie Straßen oder besetzen Behörden.

„Reichtümer und Straßenschlachten" lautet im Januar 1992, zwei Wochen vor dem Putschversuch der Militärs um Chávez, die Überschrift eines Artikels in der *New York Times* über „Venezuelas doppelgesichtigen Boom"[43]. Die Wirtschaftsreformen hätten die Haushaltsfinanzen konsolidiert und dem Land 1991 ein Wachstum von 9,1 Prozent beschert, konstatiert das Blatt. Den Preis dafür zahlt die Bevölkerung. Die Stromkosten sind um das Zehnfache gestiegen, Telefongebühren um das Fünffache. Doch die Proteste fordern nicht einfach den paternalistischen Staat zurück. In den Barrios entstehen neue Organisationformen und Allianzen. Auf einer UNESCO-Konferenz über die Lebens- und Wohnverhältnisse in den Armenvierteln beschließen Abgesandte verschiedener Viertel, eine eigene, autonome Organisation aufzubauen. Die *Asamblea de Barrios* will das Schickal der Barrios in die eigene Hand nehmen. „Wir wollen nicht Regierung sein. Wir wollen regieren"[44], lautet der Slogan der Barrio-Versammlung, welcher zeitweilig rund 800 Delegierte angehören. Hier entsteht unter anderem die Idee zu den „Komitees für Wasserfragen", die bis heute die Wasserver- und -entsorgung in vielen Gebieten von Caracas mitorganisieren.

Am dritten Jahrestag des *caracazo*, drei Wochen nach dem Putschversuch der *comandantes* um Hugo Chávez, ruft die Asamblea de Barrios zu einem *cacerolazo* auf: Die Bewohner von Caracas sollen am 10. März mit Töpfen, Pfannen und Geschirr einen möglichst infernalischen Lärm verursachen, um den Rücktritt des Präsidenten zu fordern. Angesichts von Demonstrationsverboten und offener Repression scheint es die passende Protestform zu sein: Man bleibt zu Hause und macht Lärm. Der *cacerolazo* soll um 22 Uhr beginnen: „Am zehnten um zehn: Nieder mit Carlos Andrés!" heißt die Parole. Doch die Leute sind zu ungeduldig und so fangen die Barrios schon eine halbe Stunde vorher an zu klappern. „Wir hatten weder Radio noch Fernsehen, nichts dergleichen, nur Zettel, die heimlich verteilt wurden. Doch der *cacerolazo* war beeindruckend."[45] In das Getöse mischen sich „Viva Chávez!"-Rufe. Gegen elf Uhr ebbt das Geklapper ab. Obwohl die Proteste dezentral und vor allem in den eigenen vier Wänden stattfinden, erschießt die Polizei in jener Nacht acht und inhaftiert 43 Menschen.

1992 veröffentlicht COFAVIC eine Liste mit 396 Opfern, die während des *caracazo* ums Leben gekommen sind. Francisca Leóns Sohn hat die Nummer 300. Die Aufstellung basiert im Wesentlichen auf Informationen von Angehörigen und erhebt keinen Anspruch auf Vollständigkeit. Um wie viel höher die tatsächliche Anzahl der Toten liegt – darüber gibt es die unterschiedlichsten Mutmaßungen. Vorsichtige Schätzungen, etwa von Margarita López Maya, die die Ereignisse eingehend erforscht hat, halten bis zu tausend Opfer für möglich. Douglas Bravo wiederum versichert, er habe eine geheime Untersuchung des Militärs gesehen, in der von zehntausend Toten die Rede ist.

In der internationalen Öffentlichkeit finden das Massaker und seine Aufarbeitung so gut wie keinen Widerhall. Zwischen Februar und März 1989 erscheinen ein paar Meldungen in den Zeitungen. Für die Hintergründe interessiert sich vornehmlich die Wirtschaftspresse. „So bricht ein Entwicklungsmodell zusammen", heißt etwa die Überschrift im deutschen *Handelsblatt* über die „Tumulte, Straßenschlachten und Warenhausplünderungen"[46]. Dass es Tote gegeben hat, wird nicht mit einem Wort erwähnt. Das Desinteresse an den venezolanischen Zuständen ist erklärungsbedürftig. Denn nur drei Monate später hält ein in den Dimensionen vergleichbares Massaker die Weltöffentlichkeit wochenlang in Atem: Am 3. und 4. Juni 1989 hatte die chinesische Regierung die Besetzung des Tian'anmen-Platzes in Peking durch Studenten gewaltsam auflösen lassen. Wie in Venezuela hatten auch in China Soldaten auf die Demonstranten geschossen. Wie in Venezuela reichen die Schätzungen der Opferzahlen von ein paar Hundert bis in die Tausende. Doch während auf die Toten von Caracas keine spürbaren Reaktionen folgen, schadet das Massaker am Platz des Himmlischen Friedens der Reputation der Volksrepublik nachhaltig. Die USA und die EU etwa verhängen ein Waffenembargo gegen China. Im „Wind of Change" Ende der 80er ist die internationale Aufmerksamkeit ungleich verteilt. Das Tian'anmen-Massaker wiegt schwerer, schließlich ist es ein willkommener Beweis dafür, dass das sozialistische System am Ende ist. Im Falle Venezuela, so scheint es, ist die Weltöffentlichkeit bereit, das Massaker als Betriebsunfall abzubuchen, als ungeschicktes Agieren einer überforderten Führung, die die erforderliche „Strukturanpassung" zu spät und zu ruckartig vollzogen hat, aber im Prinzip auf dem richtigen Weg ist.

Bei den Untersuchungen in La Peste identifizieren die Forensiker auch Franciscas Sohn. José del Carmen Pirela León, 16 Jahre alt, wurde laut einem Bericht von Amnesty International „am 28. Februar 1989 von einem Schuss getroffen, als er mit einem Freund einkaufen ging. Die forensischen Sachverständigen stellten fest, dass er durch eine Schussverletzung in der Stirn gestorben ist, was einer außergerichtlichen Exekution entspricht."[47] Am zweiten Jahrestag des Massakers werden seine Überreste beigesetzt. Über 500 Menschen kommen zur Beerdigung.

Doch Francisca kommt auch nach der Beisetzung nicht zur Ruhe. „Nach zwei Jahren zeigen sie dir ein paar Knochen", erklärt sie. „Das kann es nicht sein. Wie kann man jemanden für tot erklären, ohne eine DNA-Probe gemacht zu haben?"[48]

Erst am 29. August 2002 verurteilt der Interamerikanische Gerichtshof für Menschenrechte in Costa Rica den venezolanischen Staat zu Reparationszahlungen an 44 Angehörige der Opfer. Dem Urteil ist Venezuela inzwischen nachgekommen. Doch auch das beruhigt die Mutter des erschossenen José nicht. Sie verlangt, dass die Schuldigen bestraft werden. Bereits im Dezember 1989 waren die Ermittlungsakten zum Fall von der Militärgerichtsbarkeit an ein Strafgericht überstellt worden. Doch „trotz der existierenden Beweise befindet sich der Fall in der Phase der Vorermittlungen und die Verantwortlichen sind noch nicht vor Gericht gestellt worden"[49], wie es in dem Amnesty-International-Bericht heißt.

„Kein Gefangener, kein Verurteilter, gegen niemanden wird ermittelt"[50], so der Menschenrechtler Manuel Isidro Molina über die Lage anderhalb Jahrzehnte nach den Geschehnissen. „In Venezuela bleibt der Genozid, den die Regierung von Carlos

Andrés Pérez sowie die Streit- und Polizeikräfte begangen haben, auch nach sieben Jahren der Regierung Chávez ungestraft." Die Anwältin und heutige COFAVIC-Leiterin Liliana Ortega resümiert: „Der entscheidende Grund für die Straflosigkeit in diesem Fall ist die Staatsanwaltschaft."[51] Warum das so ist, daran scheiden sich in Venezuela die Geister. Während Chávez-Gegner argumentieren, der Präsident halte seine schützende Hand über die Armee, verweisen seine Anhänger darauf, dass die Staatsanwaltschaft von Beamten des alten Regimes dominiert wird. Erschwerend kommt hinzu, dass die Geheimpolizei DISIP sämtliche Akten über die Ereignisse vor dem Machtantritt von Hugo Chávez Ende der Neunziger vernichtet hat.

Für die Krankenschwester Francisca León ist Hugo Chávez kein heimlicher Komplize des Massakers. Ganz im Gegenteil: Als der schmucke Offizier mit dem roten Barrett nach dem gescheiterten Putsch am 4. Februar über die Bildschirme des Landes flimmert, erkennt sie in ihm den Rächer des Unrechts, das ihr widerfahren ist. Nicht ohne Grund hatte Chávez' Mitverschwörer Francisco Arias Cárdenas während der Erhebung erklärt: „Wir hoffen auf die Freudensbekundungen eines Volkes, das dauerhaft misshandelt worden ist und das wir uns weigern, erneut zu massakrieren wie am 27. Februar."[52]

Francisca ist durch den Tod ihres Sohnes zur politischen Aktivistin geworden. Es gibt kaum eine Versammlung in La Vega, bei der sie nicht zugegen ist. Bei Wahlkämpfen schmückt ihren Kopf eine rote Kappe und ihren zierlichen Körper eines der riesigen roten T-Shirts, die die Wahlkampfzentrale der Chávez-Partei *Movimiento Quinta República* (MVR, Bewegung 5. Republik) zu Hunderttausenden in die Barrios liefert. Wenn sie auf der Straße sieht, wie Polizisten junge Leute malträtieren, läuft sie hin und schreit sie an. „So verteidige ich meinen Sohn." So konsequent sie den Ordnungshütern auch in der neuen Zeit misstraut, so unerschütterlich ist ihr Vertrauen in die Regierung Chávez. „Diese Regierung hat ein Gefühl für das Volk", erklärt sie. „Mag sein, dass der ein oder andere Abgeordnete nichts taugt, aber dieser Herr namens Hugo Chávez wird nicht noch einmal geboren."[53]

„Chávez ist ein Opfer der Macht – das ist die einzige Weise, wie die Leute sich retten", sagt Roland Denis Boulton. „Nicht nur, um Chávez zu retten, sondern um sich selbst zu retten. Denn wenn wir der Linie von jemandem folgen, der ebenfalls Schuld trägt an der ganzen Katastrophe, die wir erleben, dann hat nichts von dem Sinn, was wir machen."[54] Denis, ehemaliger Studentenführer, Spross und schwarzes Schaf einer der reichsten Familien des Landes, wird es im Laufe seiner politischen Karriere bis zum Vizeminister unter Chávez bringen, um nach seiner Absetzung zum politischen Theoretiker des linken Flügels der Chávez-Unterstützer zu werden.

Der linksradikale Oligarchensohn und die Krankenschwester mit der verletzten Seele mögen als zwei Beispiele für die Angehörigen jener schwer fassbaren und heterogenen Bewegung gelten, die sich in Folge des *caracazo* bildet. Die Asamblea de Barrios fällt bald auseinander. Die Vollversammlung ist eine zu aufwändige Institution für eine Bewegung, deren Mitglieder sich gerade erst zu politischen Subjekten ausbilden und nach Orientierung suchen. In gewisser Weise ist es die strahlende Figur des aufständischen Fallschirmspringers, die an ihre Stelle tritt.

Im Bezug auf Chávez, den Albtraum des politischen Establishments, finden die Marginalisierten Venezuelas eine gemeinsame Linie. Der rebellierende Offizier verschwindet nach seinem gescheiterten Putschversuch 1992 für zwei Jahre im Gefängnis. Doch sein einminütiger Fernsehauftritt genügt den Barrios, um ihn zur Inkarnation des guten Anführers zu machen. „Die Leute verehren ihn, weil er der Einzige hier in Venezuela gewesen ist, der für eine Situation die Verantwortung übernommen hat", erklärt eine junge Frau in Lilian Blazers Dokumentarfilm *El Descubrimiento* (Die Entdeckung). „Und das ist das, was die Leute hier wollen – einen, der sich verantwortlich zeigt. Die Auslandsschulden – keiner will's gewesen sein. Die Korruptionsfälle – alle nicht aufgeklärt. Er hat es geschafft, dass die Leute ihn bewundern, weil er Verantwortung übernommen hat."[55] Nicht der Politiker steht am Anfang der politischen Karriere, sondern der imaginierte *caudillo*. Die gemeinschaftlich produzierte Wunschvorstellung der Marginalisierten wird im Laufe der kommenden Jahre in dem Politiker Chávez aufgehen, in seiner Bewegung und schließlich seiner Regierung. „Chávez ist eine kollektive Schöpfung und ihr erster Expropriateur" – so Roland Denis.[56]

Kapitel 3

Der Weg zur Macht:
Die Revolution lässt sich wählen

Der Kandidat des Volkes ist gefangen: Chávez in Yare

Nach der gescheiterten Militärerhebung am 4. Februar 1992 landen die aufständischen Offiziere zunächst in den Verliesen des militärischen Geheimdienstes DIM. Der Kaplan des Militärgefängnisses ist der erste Besucher, den Chávez in seiner Zelle empfängt. Er steckt dem Häftling eine Taschenbibel zu, umarmt ihn und flüstert ihm ins Ohr: „Kopf hoch, auf den Straßen bist du ein Nationalheld."

Es dauert nicht lange, bis Chávez seine jähe Popularität mit Händen greifen kann. Nach ein paar Tagen verlegt man die *comandantes* in das Stadtgefängnis San Carlos. Die Strafanstalt im Zentrum von Caracas wird zur Pilgerstätte der Chávez-Verehrer, symbolträchtig gelegen zwischen dem Obersten Gerichtshof und dem Panteón Nacional, in welchem die sterblichen Überreste von Simón Bolívar ruhen. Die Anwälte streiten sich darum, die Aufständischen vertreten zu dürfen. Journalisten bringen heimlich Mobiltelefone und Aufnahmegeräte in die Zellen und schon bald erscheinen die ersten Interviews in den Zeitungen. Ende Februar schmuggelt sich ein junger Leutnant mit einem falschen Ausweis in das Gefängnis. Er berichtet von neuen Putschplänen: Schon im März will man losschlagen und die Gefangenen mit Hubschraubern aus der Strafanstalt holen. Chávez kann ihn davon überzeugen, die Pläne auf Eis zu legen und zu warten, bis die Kameraden in der Luftwaffe sich organisiert haben. Monate später bringt Chávez' Sohn einen Zettel mit in die Zelle. Es ist eine Nachricht von seinem Jugendfreund

Luis Reyes Reyes, Major der Luftwaffe: „Ruhig bleiben, wir arbeiten dran, der Papageienkäfig wächst"[1] steht darauf. „Papageienkäfig" ist das Codewort für die Luftwaffe.

Als die Besucherschlangen vor dem Gefängnis San Carlos bis auf die Straße reichen, beschließt die Regierung, die populären Häftlinge an einen entlegeneren Ort zu bringen. Die Nachricht von der bevorstehenden Verlegung sickert durch. Einige der inhaftierten Militärs halten die Verlegung für eine Gelegenheit, einen Gefängnisaufstand anzuzetteln. Besuchern gelingt es, Handgranaten und Pistolen an den nachlässigen Kontrollen vorbeizuschmuggeln. In letzter Sekunde können Chávez und Francisco Arias Cárdenas ihre Kameraden davon überzeugen, das selbstmörderische Vorhaben abzublasen.

Die Verlegung in das Gefängnis von Yare im Bundesstaat Miranda, gut zwei Stunden außerhalb von Caracas, tut der Neugier auf die *comandantes* keinen Abbruch. An den Besuchertagen warten die Menschen bis zu fünf Stunden lang darauf, zu jenen Männern vorgelassen zu werden, von denen ganz Venezuela spricht. Nach Yare pilgern Vertreter „des gesamten ideologischen Farbenspektrums", wie Roland Denis schreibt. „Anwälte, Wirtschaftsexperten, Volkskämpfer, Lehrer, Gewerkschafter, Liebhaberinnen, Politiker, Journalisten, Geistliche, womöglich der ein oder andere Unternehmer, Familienangehörige, Briefe, Dokumente und Bücher, infiltrierte Agenten, Kontakte zur Armee und vor allem eins: eine wachsende Liste von Verbindungsleuten, die eine Schlüsselrolle in der Kommunikation mit dem entstehenden politischen Prozess spielen."[2]

Keine Partei, kein Politiker des Landes kommt um die Aufständischen herum, die sich nach dem *caracazo* von „bolivarisch-revolutionäres Heer" – EBR-200 – in „bolivarisch-revolutionäre Bewegung" – MBR-200 – umbenannt hatten. Vor allem außerparlamentarische Gruppen beginnen, sich dem MBR-200 zu widmen. Im März 1992 findet vor dem vollbesetzten Auditorium Maximum der Zentraluniversität die erste Solidaritätskundgebung für die gefangenen Militärs statt. Organisiert wird sie von den linksradikalen Gruppen Liga Socialista und Bandera Roja, doch auch prominente Jesuiten und der bekannte Systemkritiker Domingo Alberto Rangel nehmen teil.

„Luftschlacht über Caracas" während Putschversuch[3] lautet die Überschrift der Extraausgabe von *El Nacional* am 27. November 1992. Ein Dreivierteljahr nach dem gescheiterten Aufstand des MBR-200 versuchen erneut Teile der venezolanischen Streitkräfte, die Regierung von Carlos Andrés Pérez aus dem Amt zu schießen. Diesmal ist die Luftwaffe an vorderster Linie, und bewaffnete Zivilisten unterstützen den Aufstand – darunter Bandera Roja und *Tercer Camino* (Dritter Weg) – die jüngste Schöpfung von Guerillaveteran Douglas Bravo. Der Putschversuch beginnt am frühen Morgen in der Hauptstadt. Eine Gruppe von Bewaffneten stürmt gegen 4 Uhr 30 das Sendezentrum des staatlichen Fernsehkanals *VTV* sowie zweier Privatsender. Eine halbe Stunde später flimmert ein Video über die Bildschirme, das Monate zuvor heimlich im Gefängnis von Yare aufgezeichnet worden ist: Hugo Chávez ruft die Bevölkerung zum Aufstand auf. Von 5 Uhr bis 6 Uhr 26 sehen die Venezolaner den gefangenen *comandante*, wie er „den Sturz des Tyrannen und das Ende der Schmach"[4] fordert. Dann bricht das Video ab und auf der Mattscheibe regiert das Chaos. Ein Militär mit aufgekrempelten Ärmeln fordert die „Kameraden von der Nationalgarde" auf, ihre Attacken einzustellen. Anschließend hält ein „Dickerchen", wie *El Nacional* schreibt, „eine inkohärente Rede über die Reichen und die Armen."

Wie bei der ersten Militärerhebung neun Monate zuvor beeilt sich Präsident Carlos Andrés Pérez zu erklären, man habe alles unter Kontrolle. Die Rede von Chávez sei nur ein Video gewesen und der populäre Putsch-Kommandant befinde sich weiterhin in Gewahrsam des Staates, versichert er um kurz nach 7 Uhr im Fernsehen. Doch von Kontrolle kann keine Rede sein: Während der Präsident spricht, donnern F-16-, Mirage- und Bronco-Jäger über die Stadt und bombardieren militärische Einrichtungen wie die Luftwaffenbasis La Carlota und den Sitz der politischen Polizei DISIP. An diversen Orten kommt es zu Demonstrationen und Plünderungen. Etwa 300 Vermummte stürmen in Propatria die Polizeiwache, nachdem sie vergeblich auf einen Lastwagen mit Waffen gewartet haben, den ihnen die Militärs zugesagt hatten. An der Avenida Sucre unterhalb des Viertels 23 de Enero kommt es zu blutigen Gefechten mit der Nationalgarde. Angeführt von dem Aktivisten und Journalisten Sergio Rodríguez, genannt *El Flaco*, übernehmen zivile Milizen für mehrere Stunden die Kontrolle über das Barrio oberhalb des Regierungsviertels. Gegen zehn Uhr morgens haben sich einige hundert Personen in der Nähe des Präsidentenpalastes versammelt. Sie begleiten die Bombardierung von Miraflores im Stile von Stierkampf-Aficionados: Bei jedem Einschlag brechen sie in *Olé*-Rufe aus.

In Yare warten Chávez und seine Kameraden darauf, von den Aufständischen befreit zu werden. „Wir hatten Funkgeräte", so Chávez, „um uns mit der Luftwaffe in Verbindung zu setzen. Der Plan war, uns mit Hubschraubern aus Yare herauszuholen und nach Caracas zu bringen."[5] Am frühen Morgen fliegt ein Hubschrauber über das Gefängnis und wirft zwei Granaten ab, während von außen aufständische Soldaten die Einrichtung beschießen. Doch die Angreifer schaffen es nicht, die Wachmannschaften des Gefängnisses zu überwältigen. Nach etwa einer Stunde geben sie auf.

Auch die Besetzer des staatlichen Fernsehkanals *VTV* strecken die Waffen. Soldaten der Nationalgarde führen sie mit erhobenen Armen aus dem Gebäude. Um drei Uhr nachmittags ergeben sich schließlich die Rebellen in der Luftwaffenbasis La Carlota, kurz darauf entschließen sich ihre Kameraden in Maracay ebenfalls zur Aufgabe. Carlos Andrés Pérez erklärt im Fernsehen den Putschversuch für beendet und spricht von den Putschisten spöttisch als „Nachzügler des 4. Februar"[6], die in den Streitkräften keine Basis hätten. Vorsichtshalber aber verhängt er dennoch eine Ausgangssperre ab 18 Uhr. Die Bilanz der zweiten Erhebung ist deutlich blutiger als die der ersten. Nach offiziellen Zahlen fordert der 27. November 1992 171 Tote und 95 Verletzte. 1.300 Soldaten sowie 40 Zivilisten kommen hinter Gittern. Als Führer der Rebellion identifiziert die Regierung unter anderen den Konteradmiral Hernán Gruber Odreman und den Luftwaffengeneral Francisco Visconti. Visconti schafft es rechtzeitig, sich mit 93 seiner Soldaten in einer Hercules-C-130-Maschine der Luftwaffe davonzumachen. Er und seine Gefolgsleute landen im peruanischen Iquitos und tauchen unter.

Mit der Niederschlagung der zweiten Erhebung schwinden auch die Hoffnungen des MBR-200 auf eine militärische Befreiung aus der Haft. Vertreter der Liga Socialista schlagen Chávez vor, ihn auf friedlichem Wege herauszuholen – mit einem strategischen Schachzug, den die sozialistische Kleinpartei bereits 1978 angewandt hatte. Seinerzeit hatte sie ihren Genossen David Nieves, im Gefängnis wegen mutmaßlicher Beteiligung an der Entführung eines US-Geschäftsmanns, zum Kandidaten für die Nationalversammlung nominiert. Nieves wurde gewählt und konnte das Gefängnis verlassen, um als Abgeordneter ins Parlament einzuziehen. „Genau das unterbreiteten wir Chávez"[7], erinnert sich Nora Castañeda, Sozialwissenschaftlerin, Feministin und Mitglied der Liga Socialista. Ein Wahlkampf mit dem berühmten *comandante* an der Spitze, so argumentieren die Genossen, sei das beste Mittel, das Konzept der bolivarischen Revolution bekannt zu machen. Doch Chávez lehnt das Angebot ab. Er scheint zu ahnen, dass die Haft eine unerlässliche Stufe auf seiner politischen Karriereleiter ist und dass sie ihm derzeit mehr nützt als die Freiheit. Chávez, der die letzten zwanzig Jahre nach dem militärischen Prinzip von Befehl und Gehorsam gelebt hat, nutzt die Zeit, um sich auf das zivile politische Leben vorzubereiten. Aus dem soldatischen *comandante* muss der Anführer einer zivilen politischen Organisation werden.

Die Haftbedingungen sind der regen Aktivität der *comandantes* durchaus zuträglich. Die Regierung weiß um die explosive Stimmung in den Streitkräften und macht den jungen Offizieren ihren Aufenthalt möglichst angenehm. Yare ist kein Luxusgefängnis, vor allem die unerträgliche Hitze belastet die Gefangenen des MBR-200. Doch sie sind in einem eigenen Trakt der Strafanstalt untergebracht, dürfen Bücher sowie Schreibutensilien nutzen und Besucher empfangen. Chávez liest, schreibt, studiert, arbeitet an seinem Universitätsabschluss in politischen Wissenschaften und knüpft Netzwerke. An den Besuchstagen wird seine Zelle zur Parteizentrale. „Er bekam Besuch aus allen politisch progressiven Bereichen, sie wollten sich in der persönlichen Begegnung ein Bild machen", erinnert sich Nora Castañeda. „Es kamen Männer wie Frauen – ich denke, mehr Frauen."[8]

Aus dem schmucken Oberstleutnant, der im Fernsehen mit seinem roten Barrett und seinen wohlgesetzten Worten eine so gute Figur gemacht hat, ist ein umschwärmter Mann geworden.

Chávez, der früh geheiratet hat und als Jugendlicher alles andere als ein Frauenheld war, genießt es, begehrt zu sein. Doch die Beziehung zu Herma Marksman hält dieser Art von Popularität nicht lange stand. Ihr kommen Gerüchte über Frauengeschichten im Gefängnis zu Ohren. Ohnehin hasst sie den aufkeimenden Personenkult um den *comandante*. Sie würzt ihre Briefe mit Andeutungen. Im Frühjahr 1993 schreibt sie von „Kommentaren bezüglich der Persönlichkeitsveränderung, die du durchmachst".[9] „Erklär mir das bitte", schreibt Chávez aufgebracht zurück. „Sag einfach dem- oder denjenigen, die diese Kommentare machen, sie mögen nicht vergessen, falls sie überhaupt meine Zelle betreten haben, einen Mann besucht zu haben, der voller Fehler und Zwänge ist. Abgesehen davon: 15 Monate in Gefangenschaft, so wie ich bin, ungestüm und an die Freiheit gewöhnt..."[10] Im selben Brief schreibt er: „Ich werde alles tun, was ich kann, was menschenmöglich ist, um Dich nicht zu enttäuschen, damit Du nie das Gefühl hast, dass Dein Opfer umsonst gewesen wäre, oder dass wir ‚auf Grund gelaufen' seien."[11]

Herma kann nicht überlesen, dass es nicht mehr der Geliebte ist, der ihr schreibt, sondern ein Mann, der umständlich mit Abschiedsworten ringt. Das Fass zum Überlaufen bringt eines der zahlreichen Interviews, die Hugo im Gefängnis gibt. Herma traut ihren Ohren nicht, als sie zufällig seine Stimme im Radio hört. Er schildert den Reportern ein idyllisches Familienbild: Ohne die Unterstützung seiner Frau Nancy sei der Aufbau seiner politischen Organisation niemals möglich gewesen. Herma, die ein Jahrzehnt lang Kopf und Kragen für die Bewegung riskiert hatte, stellt Hugo beim nächsten Besuch zur Rede. Er erwidert, dass ihm seine politischen Berater geraten hatten, sich in der Öffentlichkeit als liebender Ehemann und treusorgender Familienvater zu präsentieren. „Ich müsse verstehen, dass die Sache mit der Familie eine politische Notwendigkeit sei, dass er verpflichtet sei, gut über seine Ehe zu sprechen, auch wenn es eine Lüge sei. Denn das sei das, was das Volk hören wolle", so Marksman. „Ich sagte ihm: Das eben ist die Sorte von Heuchelei, mit der wir Schluss machen wollten."[12]

Verletzt und enttäuscht beendet Herma Marksman im Sommer 1993 die Beziehung. Hugo Chávez, der das Publikum gerne mit privaten Anekdoten zu erfreuen pflegt, wird über die

Partnerin, mit der er zehn Jahre lang sein Leben geteilt hat, niemals ein öffentliches Wort verlieren. Ganz im Gegensatz zu Herma. Nach dem Amtsantritt von Chávez Ende 1998 lässt die resolute Lehrerin keine Gelegenheit aus, den Verflossenen öffentlich zu brandmarken. In den oppositionellen Medien präsentiert sie sich als Zeitzeugin, die aus erster Hand über die Wandlung des Präsidenten vom Revolutionär zum rücksichtslosen Autokraten berichten kann. *Der andere Chávez*[13] und *Chávez hat mich benutzt*[14] heißen die Veröffentlichungen, in denen sie ihrer Enttäuschung über den ehemaligen Geliebten Luft macht. Aus den Interview-Büchern spricht eine zerrissene Frau. Tiraden über den Feigling und Verräter, der seine ehemaligen Kameraden fallen lässt, sich mit Kommunisten verbündet und das Land entzweit, mischen sich mit Schilderungen über den galanten, romantischen Chávez, der seiner Liebsten Gedichte schreibt. Seine Jugendtagebücher hütet sie bis heute wie einen Schatz. Die Ex-Geliebte und -Genossin wird die erste in einer langen Reihe von Kampfgefährten sein, für die der politische Karrierist Hugo Chávez zur Obsession wird. Der Virus des *caudillismo*, der Fetischisierung des Führers, ist ansteckend. Er ergreift nicht nur die Chávez-Anhänger, sondern auch und vor allem seine Gegner.

Aus der militärischen Niederlage der *comandantes* ist in der Haft ein propagandistischer Triumph geworden. Ihm jedoch eine konsistente Position folgen zu lassen, erweist sich als schwierige Aufgabe. Das MBR-200 steht bei seinen Sympathisanten für eine unverbrauchte Kraft, die mit starkem, militärischem Arm eine korrupte politische Klasse wegfegen wollte – ein politisches Programm aber muss erst entwickelt werden. „Er hatte eine klare Position bezüglich des Aufbaus einer gerechten und friedvollen Gesellschaft"[15], erinnert sich Nora Castañeda an die Gespräche mit Chávez während seiner Haftzeit. Doch wie diese Alternative aussehen soll, bleibt selbst denen schleierhaft, die eines der raren, unter dem Ladentisch verkauften Exemplare von Chávez' erster Veröffentlichung ergattern. Das Büchlein *Eine dreifarbige Armbinde* ist keine politische Kampfschrift, sondern eine Sammlung von Aufsätzen, die Chávez in den Jahren 1974 bis 1989 verfasst hat. In blumigem Ton und mit patriotischer Inbrunst beschreibt der Autor etwa die „Entwicklung der venezolanischen Nationalflagge"[16], räsonniert über die „mangelhafte professionelle Einstellung" in der Armee und widmet seinem Urgroßvater General Pedro Pérez Delgado alias Maisanta ein literarisches Schlachtengemälde. Der Buchtitel verdankt sich dem Erkennungszeichen, das die rebellischen Militärs für die Operation am 4. Februar 1992 vereinbart hatten: Die Mitglieder des MBR-200 trugen während des Aufstands Armbinden mit der venezolanischen Flagge. „Die drei mirandinischen Farben erleuchteten die Dunkelheit mit einem Strahl des Regenbogens", dichtet Chávez im Vorwort, „um im Morgengrauen die herauszufordern, die die Hoffnungen eines heroischen, freiheitlichen Volkes verraten haben."[17]

„Ziemlich dürftig" nennt Roland Denis, der ebenfalls den Kontakt zum inhaftierten Chávez sucht, die in Yare verfassten Dokumente des MBR-200. „Was sie zusammenhält, sind nicht Ideen, sondern die Haltung, die Moral, die Kultur, aus denen die kollektive Handlung entsteht. Die Moral der Treue ersetzt die Ideologie als Bindemittel."[18] Doch aus der Not wird gewissermaßen eine Tugend. Unter dem Einfluss des Sozialwissenschaftlers Jorge Giordani, der der MAS nahesteht und der als Professor Chávez' Abschlussarbeit betreut, diskutieren die *comandantes* in Yare erstmals die Forderung nach einer *asamblea constituyente*, einer „verfassungsgebenden Versammlung". Die Idee ist: Politische Reformen sollen von der Bevölkerung ausgehen – durch einen organisierten Diskussionsprozess, der in einer Verfassungsreform mündet. Die Forderung nach dem „verfassungsgebenden Prozess" ist Chávez' erster und wichtigster Schachzug auf dem Feld des politischen Diskurses. Sie umschifft elegant die Frage der ideologischen Basis und ersetzt sie durch einen organisatorischen Prozess, der das neue Gesellschaftsmodell erst hervorbringen soll. Auf die Forderung nach der *constituyente*, wie sie bald nur noch heißt, können sich die fragmentierten linken Grüppchen ebenso einigen wie die ideologisch wenig fassbaren progressiven Militärs oder bürgerlich-reformerische Kräfte. Sie wird Chávez bis zu seinem Wahlsieg 1998 begleiten. Ihre Umsetzung wird eine der ersten Maßnahmen seiner Regierung sein.

Nach außen präsentieren sich die in Yare einsitzenden Offiziere des MBR-200 als Einheit. „Für Chávez war der gemeinsame Kampf das Wichtigste", erinnert sich ein Anwalt, der die *comandantes* in Yare häufig besucht hat. „Er ließ sich niemals auf Provokationen ein. Nie erörterte er vor anderen interne Differenzen."[19] Wenn jedoch die Besucher weg sind, brechen die Streitigkeiten los. Um Hugo Chávez auf der einen und Francisco Arias Cárdenas auf der anderen Seite beginnt eine Lagerbildung. Arias Cárdenas konkurriert mit Chávez um die Führungsposition. Nach außen hin hat er längst den Kürzeren gezogen. Denn das öffentliche Bild, das Chávez erzeugt hat, hat sich verselbstständigt. Während die Offiziere im Gefängnis sitzen, bieten Straßenverkäufer bereits Chávez-Souvenirs feil, die Bücher und Zeitschriften, die sich der Bewegung widmen, tragen sein Konterfei.

Hinter den Gefängnismauern sieht es zeitweilig anders aus. „Ich hatte die Mehrheit und Chávez das öffentliche Bild"[20], so Arias Cárdenas. Die Auseinandersetzung zwischen den *comandantes* kreist im Wesentlichen darum, welche politische Botschaft die Aufständischen nach außen vertreten. Während Chávez darauf besteht, dass das MBR-200 bei den Wahlen Ende 1993 zum Boykott aufrufen soll, plädiert Arias Cárdenas für eine Zusammenarbeit mit den Parteien, die dem Zweiparteienbündnis von Sozial- und Christdemokraten die Stirn bieten. Schließlich setzt sich Chávez' Position durch: Das MBR-200 und die mit ihm verbundenen Organisationen erklären die bevorstehenden Wahlen für eine Farce und rufen die Bürger dazu auf, ihnen fernzubleiben. „Der Kandidat des Volkes ist im Gefängnis"[21], lautet die Titelzeile der Parteizeitschrift der Liga Socialista.

Neue Leitungen für die Barrios:
Die politische Landschaft verändert sich

Die Putschversuche im Jahr 1992 haben die politischen Fronten in Venezuela nachhaltig verschoben. Nach der Militärerhebung der Offiziere um Chávez spaltet sich die Parteienlandschaft in Sympathisanten und Gegner der *comandantes*. Während die Regierungsparteien AD und COPEI die Putschisten mit Vehemenz verurteilen, zeigt der ehemalige Präsident Rafael Caldera während der Sondersitzung des Parlaments am

4. Februar 1992 in einer berühmt gewordenen Rede Verständnis für die jungen Offiziere: „Es fällt schwer, von einem Volk zu fordern, es solle sich für die Freiheit und die Demokratie opfern", so der charismatische Altpräsident, „wenn es glaubt, dass die Freiheit und die Demokratie sie weder ernähren, noch eine exorbitante Erhöhung der Lebenshaltungskosten verhindern kann und es nicht schafft, der furchtbaren Plage der Korruption Einhalt zu gebieten, die vor aller Augen die venezolanischen Institutionen befallen hat."[22] Der ungeliebte Carlos Andrés Pérez wird schließlich Ende Mai 1993 von seiner eigenen Partei geopfert, nachdem der Generalstaatsanwalt Anklage gegen ihn wegen Veruntreuung von öffentlichen Geldern erhebt. Carlos Andrés Pérez, so der Verdacht, habe zur Unterstützung der neuen, rechtsgerichteten Regierung Nicaraguas illegalerweise 17 Millionen Dollar aus der Kasse des Präsidialamtes entnommen. Um eine Gerichtsverhandlung möglich zu machen, beschließt der Nationalkongress am 20. Mai, Pérez zu entlassen. Doch die Absetzung des von der Wählerschaft überwiegend verhassten Sozialdemokraten nützt weder der Regierungspartei AD, noch der anderen Volkspartei COPEI. Die beiden Traditionsparteien, die bei den Präsidentschaftswahlen 1989 zusammen noch auf rund 93 Prozent der Stimmen gekommen waren, liegen in den Umfragen bei jeweils knapp über zwanzig Prozent. Venezuelas Wähler sind ihres politischen Establishments überdrüssig. Rafael Caldera, der von 1969 bis 1974 das Land regiert hatte, hat die Zeichen der Zeit richtig erkannt. Rechtzeitig vor den Präsidentschaftswahlen 1993 hatte er die christdemokratische COPEI verlassen, um eine Partei namens *Convergencia* zu gründen. Mit rhetorischen Volten gegen das Parteienestablishment und gegen die Korruption präsentiert er sich für die Präsidentschaftswahlen als Erneuerer und untermauert diese Position dadurch, dass er eine Koalition mit mehreren linken Parteien ankündigt. Sein Wahlbündnis, in dem sich neben der MAS und ihrem prominenten Kopf Teodoro Petkoff und der PCV noch 14 weitere Parteien tummeln, wird im Volk *chiripero* genannt, ein venezolanischer Ausdruck für „Kakerlaken-Nest".

Am 5. Dezember 1993 gewinnt Caldera die Wahlen um das Präsidentenamt. Der *chiripero* hat laut offiziellem Ergebnis 30 Pro-

zent der Stimmen auf sich ziehen können. Doch das Wahler-
gebnis riecht nach Manipulation. Bei der Bekanntgabe des vorläufigen Resultats liegt Andrés Velásquez, der populäre Präsidentschaftskandidat von Causa R, mit knapp 27 Prozent noch
an zweiter Stelle, „nicht einmal zwei Prozent hinter dem Sieger Caldera"[23], wie die *Süddeutsche Zeitung* vermeldet. Nach
der Auszählung aller Stimmen aber muss Velásquez mit 22 Prozent und dem vierten Platz vorlieb nehmen – hinter den So-
zial- und Christdemokraten. Die Linke spricht von einer Absprache zwischen AD, COPEI und dem Wahlsieger. Causa R
präsentiert der Öffentlichkeit Wahlzettel, die man auf der Müll-
kippe La Bonanza im Bundesstaat Miranda gefunden hat. Über
eine Million Stimmen seien so unterschlagen worden, erklärt
die Partei. Doch der Causa-R-Anführer Velásquez insistiert
nicht darauf, dass der vermeintliche Wahlbetrug untersucht und
dokumentiert wird. Nicht zuletzt über diesen Punkt entzweit
sich die Partei in einen linken und einen rechten Flügel. Die
Linken spalten sich 1997 ab und gründen die Partei *Patria Para
Todos* (PPT, Vaterland Für Alle). Während die PPT zu einer der
wichtigsten Stützen der zukünftigen Regierung Chávez wird,
versinkt Causa R im Laufe der Jahre in der Bedeutungslosigkeit.

Im Jahre 1993 jedoch ist die Causa R die stärkste Partei der parlamentarischen Linken. Im Dezember 1992 hatten die Wähler
Guayanas den Gewerkschaftsführer Andrés Velásquez im Amt
des Ministerpräsidenten bestätigt, das er 1989 in dem Stahl-
und Aluminium-Bundesstaat angetreten hatte. Auch bei der
Wahl zum Bürgermeister der Gemeinde Libertador von Caracas, die den Großteil der Hauptstadt umfasst, hat ein Causa-R-
Kandidat die Nase vorn: Aristóbulo Istúriz, Gewerkschaftsführer und Lehrer, der als einziger Abgeordneter außer Caldera in
einer Rede Sympathie für Chávez bekundet hatte. Die Bürger
der Hauptstadt wählen den quirligen schmächtigen schwarzen
Gewerkschafter, der keine Werbemaschinerie hinter sich weiß,
sondern nur eine ehrliche Gewerkschaftskarriere gemacht hat,
zu ihrem Bürgermeister. Doch die Auszählung der Wahl vom
6. Dezember 1992 zieht sich tagelang hin. Als das Wahlamt die
Bekanntgabe des Sieges von Istúriz verschiebt, kommt es zu
spontanen Protesten, die mehrere Wochen anhalten. „Wir

wollen keinen Wahlbetrug", skandieren Zehntausende von Demonstranten, schwenken Nationalflaggen und tragen Transparente mit dem Slogan „Nein zum Wahlverbrechen" durch
die Straßen. Die Aufregung zeigt Wirkung: Das politische
Establishment um AD und COPEI, das drei Jahrzehnte lang die
Stimmauszählungen nach Gutdünken manipuliert hatte, gibt
klein bei. Anfang 1993 wird Aristóbulo Istúriz zum Wahlsieger
erklärt. „Ich weiß, dass ich nur ein Vorwand war", erklärt der
Afro-Venezolaner bei seiner ersten Rede. Ein Jahr nach der
Militärerhebung haben die Bewohner der Hauptstadt einen
Sympathisanten der inhaftierten *comandantes* zu ihrem Bür-
germeister gemacht.

Die neue Stadtregierung ist mit den Auswirkungen der neoliberalen Wende konfrontiert. 92 Prozent der Haushalte müssen
als arm, 73 Prozent als extrem arm gelten, so stellt eine Untersuchung des CENDES-Institut der Zentraluniversität Venezuela fest.[24] 1992 gibt der Staat für Gesundheit und Erziehung nur
noch etwa 60 Prozent der Summe von 1989 aus. 67 Prozent der
Venezolaner arbeiten unter prekären Arbeitsbedingungen, 85
Prozent davon im informellen Sektor, also ohne Arbeitsvertrag
und Sozialleistungen – ein Phänomen, das Roland Denis die
„Straßenverkäuferisierung des Sozialen"[25] nennt. „Von einer
Gesellschaft des Pseudo-Markts sind wir zu einer im informellen Handel festgefahrenen Gesellschaft geworden", so Denis.
„Arbeitslosigkeit war für uns eine ziemlich bedeutungslose Angelegenheit, denn sie hatte gar keine Arbeitgeber-Seite, die bei
denjenigen nachfragen könnte, die irgendwann einmal vom
Verkauf ihrer Arbeitskraft gelebt hatten oder leben mussten."[26]
Die Landflucht der letzten Jahrzehnte hat dazu geführt, dass
86,4 Prozent der Einwohner Venezuelas in städtischen Gebieten leben. Gut 60 Prozent der Hauptstadtbewohner bewohnen
„irreguläre Ansiedlungen"[27], wie die Barrios in der Behörden-
sprache weiterhin heißen. Bis in die Kartographie schlägt sich
nieder, dass die Politik noch immer vor der urbanen Realität auf
der Flucht ist: Berghänge, die zu den am dichtesten besiedelten
Wohngebieten von Caracas gehören, sind auf den Stadtplänen
jener Jahre als Grünfläche verzeichnet. Und die städtische Ver-
dichtung steigt: 90 Prozent der Barrios im Hauptstadtgebiet

sind bereits Wohnfläche. Weil die Neuankömmlinge auf dem Boden keinen Platz mehr finden, baut man in die Höhe. 27 Prozent der Barrio-Häuser haben mehr als vier Stockwerke. Der Rückzug der öffentlichen Hand macht sich auch in der Infrastruktur bemerkbar. Im Rahmen der mit dem IWF abgesprochenen wirtschaftlichen Anpassungsmaßnahmen hat die Regierung Carlos Andrés Pérez 1989 damit begonnen, die öffentlichen Aufgaben zu dezentralisieren. Die Müllentsorgung, das Strom- und Telekommunikationsnetz und auch die Wasserver- und -entsorgung sollen auf Gemeindeebene geregelt werden. Die Dezentralisierung bereitet einer Privatisierung und Teil-Privatisierung den Boden, wie im Falle der Telekommunikation: 1991 gehen 40 Prozent der nationalen Telefongesellschaft CANTV für knapp 1,9 Milliarden Dollar an ein internationales Konsortium, in dem sich unter anderem die spanische Gesellschaft Telefónica und die US-Firmen GTE und AT&T befinden. Auch die Müllwirtschaft wird privatisiert. Für die Wasserversorgung des urbanen Molochs Caracas jedoch findet sich niemand – zu abschreckend ist das aufwendige Versorgungssystem für potenzielle Investoren. Ein aufwendiges Pumpensystem bringt das Wasser aus drei Stauseen in die Hauptstadt. Der Stausee von Camatagua, aus dem die Stadt über die Hälfte ihres Wassers bezieht, liegt 150 Kilometer südlich, außerdem muss das Wasser noch 900 Höhenmeter überwinden. 30 Prozent der Bevölkerung sind nicht ans Wassernetz angeschlossen, also etwa die Hälfte der Barrio-Bewohner. Sie behelfen sich, indem sie die Leitungen im Eigenbau anzapfen oder mit noch unkonventionelleren Mitteln: Vereinzelt werden Ingenieure der städtischen Wassergesellschaft Hidrocapital entführt. Mit den gekidnappten Technikern will man Hidrocapital, die sich seit 1991 im Auftrag des Umweltministeriums um die Versorgung kümmern soll, dazu zwingen, ihrer Aufgabe nachzukommen. Fast ein Drittel des nach Caracas gepumpten Wassers verschwindet – also etwa 73 Millionen Liter täglich: zum einen wegen der illegalen Entnahmen, zum anderen auf Grund des maroden Rohrnetzes.

Noch desaströser sind die Verhältnisse bei der Abwasserentsorgung. Wie in allen tropischen Ländern hatte man auch in Caracas die Kanalisation so konzipiert, dass Regen- und Schmutzwasser getrennt fließen sollten. Die bei starken Niederschlägen entstehenden Bergbäche – *quebradas* – sollten Regenwasser in den Rio Guaire abfließen lassen, das Schmutzwasser sollte in Nebenkanäle eingeleitet werden. Doch diese Anlage des Kanalsystems wurde nicht einmal für die formellen Gebiete der Stadt umgesetzt, geschweige denn für die informellen. In Ermangelung anderer Möglichkeiten nutzen die Barrio-Bewohner die *quebradas* als Abwasserkanäle. Aus dem Fluss ist im Laufe der Jahre eine Kloake geworden.

Unter Bürgermeister Aristóbulo Istúriz beginnt die Idee der „Komitees für Wasserfragen"[28] Gestalt anzunehmen, die erstmalig von der Asamblea de Barrios formuliert worden war. Roland Denis resümiert, die Stadtregierung der Causa R habe „alles unternommen", um die selbstorganisierte Barrio-Versammlung „durch die Übernahme ihrer sozialen Räume und ihrer Mitglieder zu zerschlagen und zu bevormunden".[29] Immerhin nehmen die Wasser-Komitees in El Valle und Antímano ihre Arbeit auf. „Erst als die Gemeinde sich 1993 mit dem Problem befasste", so der Tischler, Schriftsteller und Causa-R-Aktivist Santiago Arconada, der in Antímano die Komitees mit aufgebaut hat, „wurde ihr klar, dass es gar kein Äquadukt gibt."[30] Schon seit den sechziger Jahren zapfen die Bewohner von Antímano illegalerweise die Leitungen von El Junquito an, die in den Hügeln oberhalb des Barrios im Südwesten von Caracas verlaufen. Das Wissen um die selbstgefertigten Leitungen ist im Lauf der Jahrzehnte teilweise verloren gegangen. Die „Komitees für Wasserfragen" arbeiten daran, es wieder zutage zu fördern. Die Ingenieure der städtischen Wasserwerke Hidrocapital lassen sich von den Anwohnern erklären, wie die Barrios durch selbstverlegte Leitungen und Abwasserkanäle mit der formellen Versorgung verbunden sind. Doch nicht nur die Ingenieure halten plötzlich Stadtpläne in den Händen, die die tatsächlichen Verknüpfungen zeigen. Die Arbeit in den Wasserkomitees hilft auch dem kollektiven Gedächtnis der Bewohner auf die Sprünge. Durch die wöchentlichen Versammlungen entsteht ein Bewusstsein für die Geschichte und Identität der Barrios. Die Älteren werden sich bewusst, in welchem Maße die *ranchos*, die Hüttendörfer, gewachsen sind, die sie vor Jahrzehnten errichtet hatten. Zusammen mit den Ingenieuren von

Hidrocapital entwerfen die Komitees einen Plan zur Versorgung des Dickichts von Haushalten, die sich anarchisch über die Hügel verteilen.

„Um in die ganze Gemeinde Wasser zu bekommen, mussten Wasserspeicher installiert werden, Pumpstationen, kilometerweise Rohre", erinnert sich Santiago Arconada.[31] Durch die Arbeit in den Wasserkommitees machen viele Bewohner zum ersten Mal ein Recht auf Teilhabe an einer Stadt geltend, als deren Teil sie sich nie gefühlt haben. „Wenn die Gemeinschaft anerkennt, dass sie Fähigkeiten und Wissen hat, ist das schon viel", so Arconada. „Aber es ging auch darum, dass der Ingenieur berücksichtigt, dass es keine nachhaltige Ingenieurstechnik geben kann, wenn die Vorstellungen der Gemeinde nicht respektiert werden."

Die Arbeit in den Wasserkomitees ist nicht zuletzt eine Übung in nachbarschaftlicher Übereinkunft. Anwohner müssen sich absprechen, um die Ventile zu testen, Rohre zu verlegen und Probleme gemeinsam zu lösen. Das Wasser, das in die Barrios kommt, reicht nur für alle, wenn die Nachbarn sich zur wechselseitigen Rücksichtnahme entschließen. Die Wasserausschüsse werden, so Arconada, zu einem „Ort, der ein soziales Netz geschaffen hat".

Die Amtszeit des linken Bürgermeisters dauert nur drei Jahre. Es mag am Boykottaufruf der gefangenen *comandantes* gelegen haben, an der Parteienverdrossenheit der Barrio-Bewohner oder an mangelnder Öffentlichkeitsarbeit – jedenfalls vermag Causa R 1995 seine Wähler nicht ausreichend zu mobilisieren. Bei einer Wahlbeteiligung von gerade mal 30 Prozent unterliegt Aristóbulo Istúriz bei den Regionalwahlen seinem Herausforderer Antonio Ledezma von Acción Democrática.

Eine der ersten Amtshandlungen Ledezmas ist, die „Städtische Verordnung über die Gemeinderegierungen"[32] wieder abzuschaffen, welche die Arbeit der Institutionen auf lokaler Ebene ermöglicht hatte. Die Bewohner von Antímano und El Valle protestieren und machen Straßenblockaden, um den Erhalt der Beteiligungsstrukturen zu erzwingen. Doch auch Hidrocapital zieht sich aus der Zusammenarbeit mit den Wasserkomitees zurück. Das Modell bricht zusammen. Kurz nach Amtsantritt

im Jahre 1999 wird die Regierung Chávez die Gemeindever-
waltung wieder einführen. Heute gibt es im gesamten Land
2451 „Komitees für Wasserfragen"[33].

Über Land mit dem Chávimovil:
Die Ochsentour des MBR-200

Am 26. März 1994 verlässt Hugo Chávez nach nur 782 Tagen
die Strafanstalt von Yare als freier Mann. Mit der Begnadigung
der Offiziere erfüllt der neue Staatschef Rafael Caldera ein
Wahlversprechen. Schließlich hatte der Altpräsident seine neu-
gewonnene Popularität nicht zuletzt seinen Sympathiebekundungen für Chávez zu verdanken. Es ist ein Samstag, und der
erste Weg nach der Haftentlassung führt Chávez, wie sollte es
anders sein, in ein Fernsehstudio. *José Vicente Hoy* heißt das
Programm, in dem er sich den Fragen des bekannten Fern-
sehjournalisten und ehemaligen MAS-Präsidentschaftskandida-
ten José Vicente Rangel stellt. Der Begnadigte Chávez präsentiert sich in einem für die Zuschauer ungewohnten Aufzug. Um
nicht unehrenhaft entlassen zu werden, ist er aus der Armee aus-
getreten. Die Camouflage-Uniform hat er abgelegt und durch
einen olivgrünen *liqui-liqui* ersetzt. Der schmal geschnittene
Einreiher mit Stehkragen, wie er zu festlichen Gelegenheiten in
Chávez' Heimat, den Llanos, getragen wird, wird zu seinem
Markenzeichen. Er hat drei davon, und selten wird man ihn in
den kommenden Jahren ohne seinen *liqui-liqui* sehen.

Seine erste Nacht in Freiheit verbringt Chávez bei seinem Anwalt Carlos Fermín, danach wohnt er zunächst im Haus des Architekten Nedo Paniz in der Urbanización La Floresta im ge-
hobenen Osten der Stadt. Als er das Haus in die Zentrale seiner
politischen Bewegung verwandelt, setzt ihn Paniz' Frau an die
Luft. Chávez zieht um in ein Apartment an der Plaza Altamira.
Es gehört Luis Miquilena, den er einige Jahre später als seinen
politischen Ziehvater bezeichnen wird. Miquilena, seit den
Sechzigern aus der politischen Szene weitgehend verschwunden, ist eine lebende Legende in Venezuela. In den vierziger
Jahren war er als Anführer der Transportgewerkschaft in die Po-

litik gekommen und hatte sich später von der Kommunistischen Partei getrennt, um seine eigene Gruppe, die „Schwarzen Kommunisten", zu gründen. Während der Diktatur von Pérez Jiménez hatte er sieben Jahre im Gefängnis verbracht und nach seinem Rückzug aus der Politik eine lockere Verbindung zur MAS gepflegt. Die guten Beziehungen, die er während seiner aktiven Zeit zum sozialistischen Ausland aufgebaut hatte, erlaubten ihm eine zweite Karriere als Importeur von Gütern aus Kuba und der Sowjetunion. Als der weißhaarige Zigarrenraucher mit weit über 70 Jahren Chávez im Gefängnis besucht, ist er ein wohlhabender Mann und hat beste Beziehungen zur venezolanischen Geschäfts- und Medienwelt. Mit den umstürzlerischen Plänen des MBR-200 will der Ex-Kommunist nichts zu tun haben. Er erkennt in Hugo Chávez nicht den Aufständischen, sondern das mit Charisma und einem außerordentlichen politischen Instinkt ausgestattete Talent.

Nach der Begnadigung zeigen die Differenzen zwischen den *comandantes* erste Konsequenzen. Der neue Präsident Caldera ist darauf aus, die in der Bevölkerung beliebten Ex-Putschisten in das zivile politische Leben zu integrieren und sie so als politische Gegner auszuschalten. Er bietet Jesús Urdaneta, seinerzeit Kommandant der Aufständischen in Valencia, einen Posten im venezolanischen Konsulat im spanischen Vigo an. In Absprache mit Chávez akzeptiert Urdaneta das Angebot. Ohnehin hält er sich für zu hitzköpfig, um als Agitator zu taugen.

„Du weißt wie ich bin", erklärt er seinem alten Kameraden Chávez, „wenn du ja sagen musst, werde ich nein sagen, und ich werde diesen Vagabunden Ärger machen, die sich um dich scharen. Ich glaube, ich wäre dir eher schädlich."[34] Chávez ist einverstanden, wenn sie an der Macht seien, werde man ihn rufen, gibt er Urdaneta mit auf den Weg.

Weniger konziliant ist er im Falle von Francisco Arias Cárdenas, der bei den Landtagswahlen im Öl-Bundesstaat Zulia als Kandidat von Causa R antreten will. Er wirft Arias vor, die Bewegung zu spalten und sich vor den Karren eines überlebten parlamentarischen Systems spannen zu lassen. Die Führung von Causa R ihrerseits hält die revolutionäre Attitüde des MBR-200 für kontraproduktiv.

„Sie sagten, dass ich die politische Entwicklung mit dieser

Wahlboykott-Haltung behindere, dass ich nichts von Politik verstünde und dergleichen mehr"[35], so Chávez. Auch bei anderen linken Parteien ist der politische Emporkömmling nicht wohl gelitten. Auf einer Versammlung der Kommunistischen Partei zur Mobilisierung für die Mai-Demonstration von 1994 wird er geschnitten. Und der frühere Oberstleutnant ist sich seiner zweifelhaften Wirkung auf die Linke durchaus bewusst: „Ich wusste, dass man in einer anderen Versammlung dieser kleinen linken Gruppen zu dem Schluss gekommen war, dass ich für ein messianisches Führerbild stehe, welches einer Massenbewegung entgegensteht und sie behindert."[36]

Doch Chávez lässt sich nicht abschrecken. Er hat sich Großes vorgenommen. Dorf für Dorf, Straße um Straße werde er abfahren, um im gesamten Land das Volk aufzurütteln, hatte er im Gefängnis gelobt. Kurz nach seiner Entlassung beginnt er, das Versprechen einzulösen. Der kleine Tross, der sich um den *comandante* sammelt, um mit ihm die Agitations-Ochsentour zu bewältigen, hat etwas von einer Abenteurerexpedition. „Wir hatten die Situation satt, in der wir lebten", so Roland Denis, „womöglich hatten wir auch genug von uns selbst und waren von dem Wunsch nach einem ultimativen Zerstörer beseelt, der der regierenden Armseligkeit ein Ende setzt."[37]

Die kleine aber gut organisierte Liga Socialista bietet Chávez an, die Tour im Osten des Landes zu organisieren, wohin sie gute Kontakte unterhält. „Anfangs war da die Liga, ein paar von Bandera Roja, Leute, die von Douglas Bravo kamen und einige Leute des radikalen Flügels der MAS", erinnert sich der Generalsekretär der Liga Socialista, der Ex-Guerillero Fernando Soto Rojas. „Wir hatten die Niederlage des bewaffneten Kampfes der Sechziger hinter uns. Wir hatten die Basis in der Bevölkerung weitgehend verloren."[38] Ex-Armeeangehörige begleiten den Tross ebenso wie der Polizeioffizier Freddy Bernal oder zeitweilig der bekannte Universitätsprofessor und AD-Dissident Domingo Alberto Rangel. „Die Tendenzen reichten von extremem Militarismus bis zu radikalsten revolutionären Positionen", so William Izarra.[39]

Chávez und seine bunt zusammengewürfelte Gemeinschaft leisten Kärrnerarbeit. „Ich glaube, er hat kein Dorf ausgelassen", so Fernando Soto Rojas. „Er hatte seinen olivgrünen Anzug, zwei, drei Sachen, kein eigenes Auto, nichts."[40] Immerhin: zu seinem 40. Geburtstag schenken ihm seine Genossen eine Torte und einen schwarzen Toyota Samurai. Der klapprige Gebrauchtwagen, mit dem Chávez Kilometer um Kilometer abreißt, erhält den Namen *la burra negra*, die schwarze Eselin. Chávez Fahrer ist sein Onkel Gilberto Lombano, Enkel seines berühmten Urgroßvaters Maisanta. Wo immer die Wagenkolonne auftaucht, laufen die Leute zusammen und bestaunen den aus dem Fernsehen bekannten *comandante*, der auf dem Wagendach mit dem Megaphon in der Hand eine Rede hält. Es ist eine „konfuse Fröhlichkeit"[41], so Roland Denis, die sich auf den Plätzen der Siedlungen und Dörfer, der Kleinstädte und Metropolen breitmacht, sobald Chávez das Wort ergreift. Er geißelt die Korruption und das politische Establishment, er spricht von Simón Bolívar, Simón Rodríguez und Ezequiel Zamora, er erklärt den Zuhörern die Idee von der verfassungsgebenden Versammlung, die das Land revolutionieren soll. Oft findet sich nur eine Handvoll Menschen auf dem Dorfplatz ein. Doch sie erleben einen Propagandisten, dessen mitreißende rhetorische Fähigkeiten sie in ihren Bann ziehen. Und der Anführer des MBR-200 bewährt sich nicht nur als Rhetoriker, sondern auch als soziales Wesen. „Hugo Chávez hat die Eigenschaft, sehr liebenswert zu sein", so William Izarra. „Er teilt gerne, legt sich bei einer Familie in eine Hängematte und plaudert, singt, trinkt Kaffee. Überall, wo er sich aufhielt, war es ein Ereignis. Es fiel ihm leicht, die Leute für sich einzunehmen."[42]

Am 13. Dezember 1994 fliegt Hugo Chávez zum ersten Mal in seinem Leben nach Kuba. Er folgt der Einladung eines kubanischen Historikers, einen Vortrag in Havanna zu halten. In Caracas hatte er bei der kubanischen Botschaft vorsichtig angefragt, ob er bei seinem Besuch Fidel Castro wenigstens einmal die Hand schütteln dürfe. Der Botschafter hatte ausweichend geantwortet. Umso überraschter sind Chávez und sein Begleiter Rafael Isea, als noch auf der Piste, kurz nach der Landung auf dem Flughafen José Martí, ein Uniformierter das Flugzeug betritt.

„Sie beide sollen aussteigen", sagt der Mann. Als die beiden Venezolaner aus dem Flugzeug steigen, wartet der *máximo lider* an der Gangway, um sie zu begrüßen. Castro, der drei Jahre zuvor die Militärerhebung gegen Carlos Andrés Pérez verurteilt hatte, hat sich entschlossen, den Ex-Putschisten wie einen Staatsgast zu empfangen.

„Ich verdiene diese Ehre nicht", erklärt Chávez dem Gastgeber zur Begrüßung. „Ich hoffe, sie mir eines Tages, in den kommenden Monaten und Jahren, zu verdienen."[43] Er bedankt sich anderntags mit einer Rede in der Universität von Havanna, in der er sich als „ein Soldat" vorstellt und als „ein Lateinamerikaner, der vollkommen und für immer der Sache der Revolution in unserem Amerika ergeben ist".[44] Chávez lobt das sozialistische Kuba als „ein Bollwerk der lateinamerikanischen Würde".[45] Die venezolanischen *comandantes* hätten im Gefängnis aufmerksam studiert, wie sich das kubanische Volk nach der Revolution organisiert habe und wollten diese Erfahrung für ihre Bewegung anwenden.

Noch ist Chávez nur ein Ex-Putschist mit bescheidener sozialer Basis. Castro wertet ihn politisch auf, weil er den venezolanischen Präsidenten Rafael Caldera provozieren möchte, der kurz zuvor mit offenen Armen den Castro-Feind Jorge Más Canossa empfangen hatte, Gründer der berüchtigten Cuban-American National Foundation und Finanzier exilkubanischer Aktivitäten gegen das sozialistische Kuba.

Doch im Verlauf der Begegnung erkennt der kubanische Staatschef in dem Gast aus Venezuela einen politischen Führer, der ihm selbst erstaunlich ähnlich ist. Wie Castro beim gescheiterten Sturm auf die Moncada-Kaserne 1953 hat Chávez eine bewaffnete Erhebung angeführt. Wie Castro ist der Venezolaner hinter Gittern zur lebenden Legende geworden.

„Als du auf die Welt kamst, war ich schon im Gefängnis", erklärt er Chávez, der seinerseits die historische Analogie längst für sich entdeckt hat. In Yare hat er *La historia me absolverá* (Die Geschichte wird mich freisprechen) verschlungen, die berühmte Schrift, die Castro in der Haft im vorrevolutionären Kuba geschrieben hat. „Wir hoffen, eines Tages nach Kuba zu kommen unter Bedingungen, in denen wir uns wechselseitig für ein lateinamerikanisches revolutionäres Projekt stark machen können"[46], erklärt Chávez in seiner Rede in der Universität. Der Besuch bei Fidel Castro ist der Beginn einer langen Allianz.

Chávez, der bislang immer betont hat, politisch weder der Linken noch der Rechten angehören zu wollen, fühlt sich zugleich angezogen und abgestoßen von der Allmacht des kubanischen Staatschefs. „Im Laufe der Generationen hat man sich daran gewöhnt, dass Fidel alles macht", erklärt er ein halbes Jahr nach seinem Kuba-Besuch dem Historiker Agustín Blanco Muñoz, mit dem er seit März 1995 an einem Interview-Buch arbeitet. „Ohne Fidel scheint es keine Bewegung zu geben. Es ist, als wäre er alles."[47] Aus dem Gespräch über Castro entwickelt sich eine Diskussion über den *caudillismo* – jenes von messianischen Führerfiguren verkörperte System, das so typisch für das Lateinamerika des 20. Jahrhunderts zu sein scheint. Chávez spricht über die Erfahrungen, die er bei seiner Agitations-Tour durch Venezuela gesammelt hat:

„Der Virus des *caudillismo*, des Personenkults ist überall präsent. In den Dörfern, den Universitäten, auf dem Land fehlt es an kollektiver Aktion. Immer sind es Minderheiten, die die transformatorischen Theorien und Praktiken entwickeln, weil die Massen nicht mitmachen, weil sie unkritisch und unbeweglich sind. Man muss diese Leerstelle fühlen, man muss eine neue Form von Führerschaft entwickeln. Mögen sie den, der das macht, ruhig einen Verrückten nennen, aber darum geht es."[48]

Sein Gesprächspartner wendet ein, man könne den Lauf der Dinge nicht ändern, wenn man am *caudillismo* festhalte, der die Geschichte Lateinamerikas so geprägt habe. Doch Chávez ist zur festen Überzeugung gekommen, dass das Volk bestimmte Männer in die Position des Führers und Erretters setze und dass man das akzeptieren müsse. Einem Führer müsse es nur gelingen, von seiner Person zu abstrahieren und den *caudillismo* neu zu interpretieren.

„Wenn diese Person das schafft, wenn sie ihr Leben danach ausrichtet, mit der ihr gegebenen mythischen Kraft die Kollektivierung des Anführers, der Projekte und der Ideen zu bewerkstelligen, wenn ich mich aus all diesen Prozessen abstrahieren kann, dann rechtfertigt das die Präsenz eines *caudillo*."[49]

Die Diskussion ist keine Theoriedebatte. Die Aura des mit mythischer Kraft ausgestatteten Volkstribuns, des nationalen Retters, begleitet Chávez, seit er aus der Haft entlassen ist und sie ist maßgeblich für die Mobilisierung seiner Anhänger. Der *caudillo* in ihm ist Chávez zur vertrauten Figur geworden – seine Gegner werden sagen: Er hat ihn liebgewonnen.

Für die Reise nach Argentinien und Uruguay ist das *caudillo*-Image eher hinderlich. In beiden Ländern sucht er 1994 den Kontakt zu linken Parteien. Doch die zeigen ihm die kalte Schulter. Sein militärischer Werdegang und seine Vergangenheit als Putschist schreckt die Linken am Rio de la Plata ab. Nicht einmal der Ex-General Liber Seregni, Gründer der linken Sammlungsbewegung *Frente Amplio* (Breite Front), gewährt Chávez einen Termin.

Stattdessen vermittelt eine argentinische Journalistin für die Delegation aus Venezuela den Kontakt zu einem Mann, der genau zu verstehen scheint, was Chávez mit der Reinterpretation des *caudillismo* meint: Noberto Ceresole, geopolitischer Experte, Waffenhändler und politischer Berater, ist eine schillernde Figur. In den Siebzigern pflegte er enge Beziehungen zur peronistisch-sozialistisch-katholischen Guerilla-Front der Montoneros. Er hat als Berater für den peruanischen *caudillo* Velasco Álvarado gearbeitet, für die Sowjetunion, für diverse arabische Länder und vertritt heute einen „bewaffneten Populismus"[50]. Der Peronismus sei „die wichtigste, Würde gebende Bewegung der Menschheitsgeschichte"[51], so Ceresole, weil Perón mit Unterstützung der Armee eine zentral gesteuerte Umverteilung und Industrialisierung befehligt habe. „Populismus ist Verteilung"[52], lautet sein Credo.

Er schlägt Chávez vor, Kontakt mit den Carapintadas aufzunehmen, einer Gruppe von Militärs, die 1987 gegen den Präsidenten Alfonsín zu putschen versuchte, der das Land von der Militärdiktatur zur Demokratie führen wollte. Chávez lehnt ab, hält aber den Kontakt zu Ceresole aufrecht. Das nächste Treffen findet ein paar Monate später in Santa Marta, an der Karibikküste Kolumbiens, statt.

„Er war abgebrannt" erinnert sich Ceresole. „Wir mussten sogar einige Male das Hotel wechseln, weil wir die Übernachtungen nicht zahlen konnten. Und ich rede von Absteigen, wo wir zu dritt in einem Raum schliefen."[53]

Die Schriften des argentinischen Privatgelehrten machen Eindruck auf Chávez. Ceresoles geopolitische Analyse der Lage Venezuelas entspricht seinem nationalistisch-antiimperialistischem Weltbild: „Die neoliberale, kapitalistische Offensive, die wir imperial nennen können", erklärt Chávez 1996 in Bezug auf Ceresole, „dient ganz konkret dazu, das Heer und die nationale Industrie zum Verschwinden zu bringen, die nationalen Kräfte durch den Wolf zu drehen, die nationale, wirtschaftliche, militärische, intellektuelle und wirtschaftliche Macht zu pulverisieren."[54]

Ceresole reist nach Venezuela und begleitet den Tross von Chávez einige Monate bei seiner Überland-Tour durch die Provinzen. Beeindruckt von seinem Charisma und seiner Wirkung auf die Zuhörer schneidert Ceresole dem Venezolaner ein politisches Modell auf den Leib. In dem ehemaligen Oberstleutnant will der Argentinier den zukünftigen Protagonisten eines zentralistischen Populismus erkennen. Chávez, so glaubt er, habe die charismatischen Fähigkeiten, ganz Lateinamerika hinter sich zu vereinen. Die Revolution in Venezuela, so Ceresole, müsse das „doppelte Erbe der englischen Revolution, also die Unterordnung unter den kapitalistischen Weltmarkt, und der französischen Revolution, also die bürgerliche politische Kultur"[55] zerschlagen. An seiner Stelle habe der Dreiklang „*caudillo*, Heer und Volk" zu treten. Der *caudillo* sei die politische Repräsentation des Volkswillens, diese erwerbe er „durch Akklamation"[56]. Die Legitimation per Charisma müsse gestützt werden durch das Heer, den Garanten der nationalen Souveränität. Die Beispiele Panama und Costa Rica, in denen die US-amerikanische Dominanz das Militär abgeschafft hat, zeigten, „dass es für die Streitkräfte nur zwei Optionen gibt: sich entweder in das strategische Projekt einzugliedern, das aus dem Prinzip der charismatischen Legitimität erwächst, oder institutionell zur verschwinden."[57] Ceresoles' Vision scheint Chávez zu schmeicheln, er integriert dessen Konzept problemlos in sein ohnehin heterogenes politisches Universum.

Im Juni 1995 wird der Argentinier des Landes verwiesen: Er habe, so der Vorwurf, auf einer Konferenz in Brasilien den venezolanischen Präsidenten Rafael Caldera beleidigt. Nach Chávez' Wahlsieg Ende 1998 wird sich Ceresole erneut in Venezuela ansiedeln. Es wird bis zum Frühjahr 1999 dauern, bis sich in Chávez' Umfeld die Erkenntnis durchsetzt, dass es sich bei Ceresoles Modell um ein „neofaschistisches Konzept" handelt, „in dem die Parteien keinerlei Partizipation haben"[58], wie der Vizekanzler Isaías Rodríguez erklärt. Im Frühjahr 1999 lässt Chávez Ceresole mitteilen, dass er zur unerwünschten Person geworden ist. Jesús Urdaneta, damals Chef der Geheimpolizei DISIP, sorgt persönlich dafür, dass der lästig gewordene Berater umgehend außer Landes kommt. Seine Anwesenheit in Venezuela war zum Problem geworden, seit Ceresole sich immer unverhohlener als Holocaust-Leugner präsentiert hatte.

Der Antisemitismus des Argentiniers machte sich erstmalig nach dem Terrorakt gegen das jüdische Gemeindezentrum AMIA Luft. Am 18. Juli 1994 sterben in Buenos Aires 85 Menschen bei dem schwersten Anschlag auf eine jüdische Einrichtung außerhalb Israels seit dem Zweiten Weltkrieg. Ceresole behauptet, die Verantwortlichen für den Anschlag seien in Israel, bei jüdischen Kräften zu finden. Die empörten Reaktionen auf seine Mutmaßungen nähren nur seine Obsession: Er wähnt sich als Opfer jüdischer Machenschaften. „Meine Schriften sind die Steine meiner Intifada", zitiert er den französischen Holocaust-Leugner Robert Faurisson.

Im Laufe der Zeit landet Ceresole bei einer Konspirationstheorie, die die subalterne geopolitische Rolle Lateinamerikas und der arabischen Welt als „große, permanente Verschwörung"[59] der Juden und der USA begreift. Ende Februar 1999 stellt der damalige venezolanische Außenminister José Vicente Rangel endlich klar, dass man Ceresole keine Plattform mehr bieten will. „Meine Lebensauffassung ist vom Epos des jüdischen Volkes inspiriert", erklärt Rangel. „So habe ich meine Kinder erzogen und meine Enkel."[60] Chávez äußert sich nicht, doch er beantwortet auch nicht die zornigen Nachrichten, die ihm Ceresole im Präsidialamt hinterlässt.

Ceresole wirft bis heute einen Schatten auf Hugo Chávez und seine bolivarische Revolution. Trotz der Ausweisung bleibt die ceresolanische Formel „*caudillo*, Heer, Volk" für Chávez-Kritiker noch Jahre später der Beweis dafür, dass sich hinter dem Diskurs von partizipativer Demokratie und lateinamerikanischer Integration in Wahrheit neofaschistische Autokratie verberge. Ceresole selbst wird die Entwicklung in Venezuela mit Unmut beobachten und sein Führer-Modell bis zu seinem Tod im Jahre 2003 propagieren. Das Links-Rechts-Schema sei Chávez „große Schwäche"[61]. Die Hinwendung zu Fidel Castro und zu einer klassenkämpferischen Rhetorik nach 1999 wird Ceresole „Lumpen-Politik"[62] nennen. Wie zu erwarten, erklärt er sich seine Ausweisung aus Venezuela mit einer Verschwörung der lokalen jüdischen Gemeinde gegen ihn.

Die Affäre um Ceresole veranschaulicht vor allem, wie unbedarft Chávez Mitte der neunziger Jahre Ideologien, Denker und Aktivisten auf verwertbares Material hin abklopft. „Es mangelte ihm an ideologischer Solidität, was dazu führte, dass er relativ leicht die Konzepte wechseln konnte", so William Izarra. „Aber er war sehr scharfsinnig und hatte eine hohe politische Intuition." [63] Immer wieder äußert Chávez in seiner Funktion als der Anführer des MBR-200 in Interviews, dass er sich keinem politischen oder gesellschaftlichen Sektor verpflichtet fühlt. Gegenüber seinen Mitstreitern fordert er Treue und Verlässlichkeit ein, umgekehrt stellt er klar, dass er keine Pakte mit Parteien oder Interessengruppen schließt. Wer sich unter der Leitung von Chávez die Geschicke Venezuelas umzukrempeln anschickt, darf nicht auf Parteiposten oder politische Karrieren rechnen.

Das MBR-200 ist ein bunt zusammengewürfelter Haufen von Polit-Partisanen, die sich notdürftig mit Spenden über Wasser halten. Das Charisma des *comandante* ist der Transmissionsriemen, der die Ex-Militärs, Anarchisten, Studenten, Barrio-Aktivisten, Ex-Guerilleros und Dissidenten der bürgerlichen Parteien auf Touren bringt. Und Chávez hält seine Leute mit erstaunlicher Zähigkeit zusammen. Unbeirrbar pflegt er zu sagen: „Wir werden vor Ablauf des Jahrhunderts an die Macht kommen."[64] Er schläft kaum, raucht wie ein Schlot und eilt in seinem *liqui-liqui* von Veranstaltung zu Veranstaltung. In unzähligen durchdiskutierten Nächten erwirbt er sich auch in Zusammenhängen, die ihn als militärischen Autokraten zunächst ablehnen, den Ruf des „egalitären *caudillo*"[65], wie Roland

Denis formuliert. „Die, die wir Chávez kennen, wissen, dass er ein Mann der Debatte ist"[66], so der Medien- und Stadtteilaktivist Carlos Cárles aus dem Barrio Caricuao.

Gleich zu Beginn seiner Amtszeit sieht sich der neue Präsident Caldera mit einem Finanzskandal konfrontiert. Der Zusammenbruch der wichtigen venezolanischen Privatbank Banco Latino führt der Bevölkerung ein weiteres Mal auf drastische Weise die Klüngelwirtschaft der politischen und wirtschaftlichen Eliten des Landes vor. Der Banco-Latino-Präsident Pedro Tinoco und sein alter Freund Carlos Andrés Pérez hatten Regierungsfonds auf Konten der Bank transferieren lassen, um ihren Aufstieg zur zweitgrößten des Landes zu ermöglichen. Als die Bankenaufsicht im Januar 1994 die Einlagen prüft, stößt sie in ein Schlangennest an betrügerischer Buchführung. Die Pleite der Banco Latino lässt das gesamte Bankensystem des Landes kollabieren. In Panik pumpt die Regierung drei Milliarden Dollar in acht marode Geldhäuser, doch die Notmaßnahme greift nicht. Im Juni 1994 erklären alle subventionierten Banken ihre Insolvenz. Die Staatsanwaltschaft erlässt 83 Haftbefehle gegen Unternehmer, Banker und Funktionäre der Zentralbank, der Bankenaufsicht und der Rechnungsprüfungsstelle. Doch die meisten der Angeklagten haben längst das Land verlassen. Während über eine Million Venezolaner ihr Erspartes verlieren und 350.000 Pensionseinlagen nichts mehr wert sind, besteigen die Manager und Aktionäre der Finanzinstitute mit Geldkoffern Flugzeuge in Richtung Miami. Darunter Ricardo Cisneros, Bruder des Medienmagnaten Gustavo Cisneros, und der Exilkubaner Orlando Castro, dem zwei der insolventen Banken und 42 Radiostationen gehören. Gut vier Milliarden Dollar verlassen auf diese Weise das Land.

Die Venezolaner schauen in einen Abgrund an Verschwendung und Korruption. Die Bank, so stellt sich unter anderem heraus, hatte 36 Parlamentariern und zehn Ministern Kreditkarten spendiert. Monatlich drei Millionen Dollar ließ sich das völlig überschuldete Finanzinstitut das Spesenrittertum der Politiker kosten. Nur Wochen vor dem Zusammenbruch hatten die Banco-Latino-Manager eine Concorde gechartert, um eine illustre Partygesellschaft zur Eröffnung der Pariser Filiale zu fliegen. Die Reisespesen werden auf 300.000 Dollar geschätzt. Anfang 1995 bilanziert das *Time Magazine* die Kosten der Bankenkrise: „Im Verlauf der letzten 15 Monate sind 16 Privatbanken gescheitert und verstaatlicht worden. Die Regierung hat sieben Milliarden Dollar Verluste übernommen, was 16 Prozent des Bruttosozialproduktes sind."[67]

Bei den Regionalwahlen 1995 ruft das MBR-200 zur „aktiven Wahlenthaltung" auf. Die *comandantes* lassen in der Zeitung *Últimas Noticias* eine Anzeige schalten, in der sie erklären, eine Beteiligung am Wahlprozess sei eine „mutwillige Verspottung der Erwartungen der Bevölkerung".[68] Die Boykottkampagne greift den durch Chávez' Fernsehansprache berühmt gewordenen Ausdruck *por ahora* – „vorläufig" – auf und wählt als Motto: „Vorläufig für niemanden. Verfassungsversammlung sofort!"[69] Man will die Regierung durch Demonstrationen und Generalstreiks dazu zwingen, „dass sie die Tür für einen Wechsel aufstößt, der nur durch eine Verfassungsversammlung zustande kommen kann", wie Chávez im Sommer 1995 erklärt.[70] Die Erarbeitung der neuen Verfassung durch eine soziale Massenbewegung sei ein Schritt, „um dem Volk seine Souveränität, seine Entscheidungsfähigkeit zurückzugeben."[71] Nicht die Reformierung des venezolanischen Staates sei das Ziel, vielmehr gehe es um „einen revolutionären Prozess, um dieses System zu zerstören".[72]

Der *comandante*, mittlerweile im ganzen Land bekannt wie ein bunter Hund, ist noch immer unermüdlich mit seinem Tross unterwegs, um für die Bewegung zu mobilisieren. „Hugo Chávez wirbelte Staub auf", so William Izarra. „Aber es gab keine Struktur, um die Gefühle, die er auslöste, zu kanalisieren. Alles war noch sehr labil. In den Versammlungen entflammte er die Leute, aber wir hatten keine Logistik."[73]

Alle paar Wochen bricht der alte, schwarze Toyota zusammen. „Und dann musste man zwei oder drei Tage zusätzlich in einer Stadt bleiben, bis jemand helfen konnte, den Wagen zu reparieren."

Nachdem das Vehikel bei einer Veranstaltung in der Universität von Caracas geklaut wird, steigt Chávez auf einen größeren Transporter um, der eine eingebaute Toilette und zwei Schlafplätze hat und auf den Namen *Chávimovil* getauft wird. Doch auch das *Chávimovil* hat keine sieben Leben – es wird Opfer einer Autobombe im Zentrum der Hauptstadt.

„Wir mussten Hugo auf Schritt und Tritt beschützen. Er wurde ständig vom militärischen Geheimdienst DIM und der politischen Polizei DISIP verfolgt", erinnert sich sein Fahrer. „Sie probierten nicht nur, Drogen und Waffen im Transporter zu verstecken, um gegen ihn eine Kampagne zu führen, sondern versuchten mehrmals, ihn in die Luft zu sprengen. Ein Mitfahrer entdeckte irgendwann eine Kiste im Transporter. Sie enthielt eine Bombe mit hoher Sprengkraft, die wir deaktivieren konnten. Die Bombe in Caracas allerdings explodierte und machte dem *Chávimovil* ein Ende."[74]

Immer wieder werden Mitglieder des MBR-200 nach Razzien verhaftet, weil man angeblich Waffen bei ihnen gefunden hat. Mit dem MBR-200 in Verbindung gebracht zu werden, ist gefährlich. Die Repression schreckt ab. Die Leute haben Angst, noch zu frisch sind die Erinnerungen an die Verschleppungen und die gezielten Exekutionen im Jahre 1989, und auch unter dem neuen Präsidenten Caldera dürfen die Geheimdienste nach Gutdünken agieren. Manchmal kommt nur eine Handvoll Versprengter zu den öffentlichen Kundgebungen der „Wahlboykott-Karawane"[75], auf denen der dünne Mestize im olivgrünen *liqui-liqui* Reden schwingt. Im Laufe des Jahres 1996 wird immer deutlicher, dass die bisherige Strategie die Bewegung in die Marginalisierung führt.

Vom Boykott zum Wahlsieg:
Das „Movimiento Quinta República"

Am 22. Juli 1996, zwei Jahre nach seiner Haftentlassung, stellt Hugo Chávez das erste politische Programm des MBR-200 vor. Die *Agenda Alternativa Bolivariana* soll eine Antwort auf die *Agenda Venezuela* sein, die Rafael Caldera drei Monate zuvor ausgerufen hatte. Das Programm von Calderas Mitte-Links-Bündnis, das sich 1993 als Wunderwaffe gegen den Neoliberalismus hatte wählen lassen, folgt einmal mehr den Empfehlun-

125

gen des IWF. Eine radikale Senkung des Haushaltsdefizits ist vorgesehen sowie Benzinpreis- und Steuererhöhungen. Sozialprogramme sollen die preistreibenden Maßnahmen abfedern. Ausgerechnet der Ex-Guerillero Teodoro Petkoff tourt als Planungsminister durch die Industriestaaten, um Investoren den venezolanischen Privatisierungskatalog vorzustellen. Teile der Erdölindustrie, die Aluminiumhütten in Guayana, die noch im Staatsbesitz befindlichen Aktien der Telefongesellschaft CANTV, die in der Krise 1994 verstaatlichten Banken, die Zementindustrie, das Stahlwerk Sidor: unter Caldera, der noch zwei Jahre zuvor in der Wirtschaftspresse als Populist und Vertreter einer interventionistischen Wirtschaftspolitik galt, rollt eine Privatisierungwelle an, wie sie das Land noch nicht erlebt hat.

In seiner Gegen-Agenda, so erwarten die Journalisten im Saal 1 des Hochhauskomplexes Parque Central, wird der politisch bislang wenig greifbare *comandante* endlich Farbe bekennen und konkrete Maßnahmen vorschlagen. Das Papier, das Chávez' Universitäts-Tutor Jorge Giordani erarbeitet hat, spart zunächst nicht mit Kritik am alten System. Chávez erklärt, die Parteien AD und COPEI und ihr „Pakt von Punto Fijo" befänden sich „im Endstadium ihrer traurigen Geschichte", mit ihnen werde das „kolonialistische Abhängigkeitsmodell"[76] untergehen. Die *Agenda Alternativa* verspricht, mit dem „neoliberalen Fundamentalismus" zu brechen und sich der gesellschaftlichen Realität unter einem „humanistischen, integralen, holistischen, ökologischen Blickwinkel"[77] zu widmen. Man will die „totale Neustrukturierung und Transformation des heutigen Staatsapparats in einen wirklich demokratischen, volksnahen Staat". Die konkreten Maßnahmen, die Chávez vorschlägt, entsprechen im Wesentlichen den Rezepten des *desarrollismo*, der Entwicklungsstrategie der importsubstituierenden Industrialisierung, die die Epoche des Diktators Pérez Jiménez und die ersten beiden Jahrzehnte des „Paktes von Punto Fijo" kennzeichnen. Der Staat soll wieder Antreiber und Auftraggeber für nationale Entwicklungsprojekte werden, soll Märkte schaffen, Preisstabilität garantieren, sowie Erdöl und Erdgas als Stromerzeuger zur Industrialisierung nutzen. Chávez verspricht, ein flächendeckendes Schul- und Ausbildungswesen zu schaffen, ein Wohnungsbauprogramm aufzulegen, die

Sozialleistungen wieder aufzustocken und die drastischen Unterschiede zwischen Arm und Reich zu beseitigen. Die Mittel dafür sollen durch eine Neuverhandlung der Staatsschulden und eine Reformierung des staatlichen Erdölkonzerns *Petróleos de Venezuela S.A.* (PdVSA) freiwerden: Man will das „irrationale Kostenniveau" von PdVSA reduzieren, die Steuern für den Konzern erhöhen und die geplanten Investitionen herunterfahren.

Die *Agenda Alternativa Bolivariana* ist ein populistisches Programm, ein „patriotischer Ausweg aus der Krise", wie der *comandante* erklärt, das weder rechts noch links zu verorten ist. Die Forderung nach einer verfassungsgebenden Versammlung, mit der Chávez zwei Jahre lang durch Venezuela getourt ist, kommt darin nicht vor. Mit der Vorstellung seiner Alternativ-Agenda macht der *comandante* den ersten Schritt in Richtung Wahlprogramm. Nach anderthalb Jahren Ochsentour über die Dörfer und Kleinstädte Venezuelas hat sich in Chávez' Team Ernüchterung breitgemacht. Für eine Machtergreifung durch einen bewaffneten Aufstand sieht man keine Chancen. Das MBR-200 ist auf der Suche nach einer neuen Strategie. Man beginnt darüber zu spekulieren, ob Wahlen nicht „eine konjunkturabhängige, objektive Bedingung für den Weg zur Macht"[78] sein können, so William Izarra.

Doch in der Bewegung selbst trifft das Vorhaben zunächst auf entschiedenen Widerstand. „Wir, die wir ihn begleitet hatten, die ihn beschützt und für ihn in dieser Zeit die Logistik geplant hatten, erklärten, dass wir nicht zu Wahlen antreten könnten", so Carlos Cárles. „Weil das eine Maschinerie ist, die es nicht erlaubt, eine andere Gesellschaft aufzubauen, und weil der Staat so konstruiert ist, dass er sich immer wieder reproduziert."[79] Die Hinwendung des *comandante* zur parlamentarischen Demokratie kollidiert mit dem linken Flügel, der in den letzten beiden Jahren ausgiebig eine Alternative zur parlamentarischen, repräsentativen Demokratie diskutiert hatte. Unter dem Namen Kollektiv La Guacamaya hatten Carlos Cárles, Roland Denis und andere MBR-200-Kader, darunter Freddy Bernal, Nicolás Maduro, Nelson Merentes und Maigualida Barrera, die Idee eines *Proceso Popular Constituyente*, eines „verfassungsgebenden Volksprozesses" entwickelt. „Es sollte Tausende von verfassungsgebenden Versammlungen geben und eine

permanente Debatte der Demokratie von unten nach oben",
erinnert sich Cárles. Chávez selbst erwähnt den Einfluss der politischen Philosophie Toni Negris auf diese Diskussionen. In
seiner Schrift *Essay über die Alternativen der Modernität* hat
der italienische Kommunist vom „Machtvermögen der Multitude" geschrieben, das ein „neues soziales Wesen" schaffe, und
von dem „kreativen Projekt" einer „verfassungsgebenden
Macht", die die „vollständige Ausdehnung der Macht" bedeute.[80] Die Arbeit des Kollektivs La Guacamaya „verselbststän-
digte sich und wurde uns aus den Händen genommen", berichtet Roland Denis, „die verfassungsgebenden Zirkel und die
verfassungsgebenden Basiskomitees multiplizierten sich hun-
dertfach".[81]

Bei der nationalen Versammlung des MBR-200 am Wochenende des 14. und 15. Dezembers 1996 im Teatro Chacaíto in Caracas kommt das Thema Wahlteilnahme zum ersten Mal zur
Sprache. Der Parteitag findet unter schwierigen Umständen
statt: Nachdem der Betreiber des Theaters herausgefunden hat,
wer da bei ihm tagt, sperrt er die Versammlung am Sonntag einfach aus. Nach einigen Telefonaten können die Delegierten die
Sitzung in einem Saal der Universitätsbibliothek fortsetzen.

Die außerparlamentarische Fraktion behält die Überhand.
Die Mehrheit der Delegierten hält Chávez' Vorhaben für nicht
vereinbar mit den Prinzipien der Bewegung, einige beschimp-
fen ihn als Verräter. Die Auseinandersetzung droht das MBR-
200 zu spalten. Man einigt sich schließlich darauf, die Entscheidung auf eine außerordentliche Versammlung in Valencia
im April 1997 zu vertagen.

Chávez bleiben vier Monate, um eine Stimmungswende her-
beizuführen. Er mobilisiert seine Fraktion dazu, die Gegner des
parlamentarischen Weges durch eine Umfrage zu überzeugen.
„Wir teilten das Land auf in Westen, Osten und Zentrum, und
die Jungen, die Studenten und die Lehrer gingen auf die Straße,
um Umfragen zu machen."[82] Das Resultat der etwa hunderttausend Befragungen ist eindeutig: Etwa 57 Prozent erklären,
sie würden dem Kandidaten Chávez ihre Stimme geben.

Am 19. April 1997 kommt es zum Showdown. Die Berichte darüber, was auf dem außerordentlichen Parteitag des MBR-
200 in Valencia geschehen ist, gehen auseinander. Chávez

pflegt in Interviews zu erzählen, man habe seinerzeit entschieden, an den Wahlen teilzunehmen. William Izarra wird gar von einer einstimmigen Entscheidung sprechen. Roland Denis dagegen schildert eine dramatische Auseinandersetzung, in dem die Chávez-Gegner zunächst die Oberhand haben. Als absehbar wird, dass der außerparlamentarische Flügel um Freddy Bernal die Mehrheit hinter sich bringt, stellt Chávez die Vertrauensfrage. Er droht damit, das MBR-200 zu verlassen, wenn sich die Versammlung nicht hinter ihn stellt und die Teilnahme an den Präsidentschaftswahlen 1998 beschließt. Im Parteitag bricht Panik aus. Alle wissen: Ein Rückzug des populären *comandante* wäre der politische Tod der Bewegung. Vorstandsmitglieder wie Nicolás Maduro, die noch Minuten zuvor Bernals Position gestützt haben, beginnen, für die parlamentarische Option zu werben. Schließlich erreicht Chávez seinen Willen. Damit der linke Flügel das Gesicht wahrt, wird die Entscheidung über die Wahlteilnahme formell auf die nächste Versammlung verlegt, doch die Richtung ist beschlossen: Die Bewegung folgt ihrem Anführer in die Wahlschlacht.

Einige Wochen nach der Parteitagsschlacht von Valencia kommt es zur ersten Konfrontation mit einer Instanz, die ungleich mächtiger ist, die jedoch im Leben des neuen Präsidentschaftskandidaten bisher keine Rolle gespielt hat. Chávez braucht ein Visum für einen Kurztrip nach Miami, wo er für das Programm des peruanischen TV-Journalisten Jaime Baily interviewt werden soll. Doch die US-Botschaft verweigert ihm die Einreiseerlaubnis. Chávez bittet das Regierungsmitglied Teodoro Petkoff, der ihn in Yare besucht hat, für ihn ein Wort beim US-Botschafter John Maisto einzulegen.

„Der Mann ist ein Putschist", erklärt der Botschafter.

„Wie vielen Putschisten haben Sie denn nicht schon Visa gegeben, damit sie die USA besuchen!", antwortet der Minister. „Schließlich ist der Mann auf dem besten Wege, sich in das demokratische politische Leben einzugliedern."

Doch der Botschafter bleibt unbeugsam: Für die USA ist Chávez *persona non grata*. Das verweigerte Visum markiert den Beginn einer langen Feindschaft.

Nicht nur der große Bruder im Norden, auch die Medien wollen nichts mit dem Ex-Putschisten zu tun haben. „Dem Zynismus des journalistischen Jargons in Venezuela zufolge gilt der *comandante* fälschlicherweise als ‚Schildkröte' ", schreiben Cristina Marcano und Alberto Barrera Tyszka, beide Autoren von *El Nacional*. „Er ist der Typ, der keine Nachricht ist, aber alles darum gibt, Nachricht zu werden. Er besucht eine Zeitung und alle Redakteure flüchten, damit sie ihn nicht empfangen müssen."[83] Die einzige Ausnahme ist die Wochenzeitschrift *La Razón*, die eine wöchentliche Kolumne veröffentlicht, die Izarra unter dem Namen von Chávez und in Absprache mit diesem verfasst. *La Razón* wird zum Mitteilungsblatt für das MBR-200, jede Woche können die Leser hier die neuesten Verlautbarungen lesen.

Weil die venezolanische Verfassung es den Parteien untersagt, den Namen des Nationalhelden Simón Bolívar im Namen zu führen, muss das *Movimiento Bolivariano Revolucionario-200* eine Alternative ohne das Adjektiv „bolivarisch" finden. Chávez und vier seiner engsten Weggenossen – Nicolás Maduro, Cilia Flores, William Lara und Omar Mezza Ramírez – treffen sich im Haus von William Izarra in Caracas, um über den neuen Parteinamen zu brüten. Die Vorschläge, die über den Mahagonitisch der guten Stube in der Urbanización El Marqués gehen, reichen von *Patria Nueva* (Neues Vaterland) über *Por Ahora* (Vorläufig) bis zu *Ahora Chávez* (Chávez jetzt) und *Reconstrucción Nacional* (Nationale Rekonstruktion). Die siegreiche Idee kommt – wie sollte es anders sein – von Chávez. Er schlägt vor, aus den Insignien MBR das im spanischen gleichlautende MVR zu machen. Die drei Buchstaben stehen für *Movimiento Quinta República*: „Bewegung Fünfte Republik". Die „fünfte Republik", so hatte der Ex-Guerillero und MBR-200-Stratege Kleber Ramírez in einem seiner Bücher gefordert, müsse auf die „vierte Republik" folgen, womit die Ära des „Paktes von Punto Fijo" gemeint ist. Die sechsköpfige Namens-Kommission legt in einer feierlichen Zeremonie einen Schwur ab: Man verspricht, den neuen Namen niemandem zu verraten, damit ihn sich die politischen Gegner nicht sichern können. Im Juli 1997 schreibt sich die neue Partei als Movimiento Quinta República in das Wahlregister ein.

Mit der offiziellen Registrierung des MVR schlägt die Stunde von Luis Miquilena. Seit der Haftentlassung ist der greise

Ex-Kommunist ein enger Vertrauter und Ratgeber. Chávez wohnt in seinem Apartment und berät jeden Schritt mit ihm. Doch erst als die Partei den parlamentarischen Weg einschlägt, tritt er aus dem Schatten und beginnt zu agieren. „Luis Miquilena repräsentierte einen Sektor der nationalen Bourgeoisie, der Probleme mit dem neoliberalen Projekt hatte"[84], so Fernando Soto Rojas von der Liga Socialista. Als Miquilena die Position des Schatzmeisters im MVR übernimmt, beginnen die Finanzquellen zu sprudeln. „Miquilena hat eine Menge Geld für die Kampagne beschafft", erinnert sich Néstor Francia, der 1997 in das Wahlkampfteam des MVR kommt. „Und fast alle, die Geld gaben, erwarteten, dass sie bei der anschließenden Neuverteilung berücksichtigt werden."[85]

Doch Miquilena ist nicht nur der Mittelbeschaffer. Der inzwischen 78-jährige Unternehmer mit der runden Brille und dem verschmitzten Lächeln wird zum *Spin doctor* von Hugo Chávez. Er schmiedet Allianzen mit bürgerlichen Kräften. Es gelingt ihm, die an der Regierung Caldera beteiligte Partei MAS auf seine Seite zu ziehen. Er gewinnt acht kleine Parteien für das Bündnis *Polo Patriótico* (Patriotischer Pol). Er arrangiert Zusammenkünfte mit den wichtigsten Unternehmern Venezuelas und schafft es sogar, den Präsidenten des Arbeitgeberverbandes Fedecámaras, Francisco Natera, zu einem geheimen Treffen in dessen Haus zu bewegen.

Mit Miquilena zieht ein neuer Politikstil ein. Der debattierfreudige *comandante*, der bislang bei jeder Gelegenheit seinen Gedanken freien Lauf gelassen hatte, muss sich nun an ein wahlkampfstrategisches Korsett gewöhnen. Ein Opfer des neuen Umgangs mit der Öffentlichkeit ist Agustín Blanco Muñoz. Der Historiker, der seit vier Jahren an einem Interviewbuch mit Chávez arbeitet, will im Sommer 1998 ein letztes Gespräch führen, um das Werk rechtzeitig vor den Wahlen veröffentlichen zu können.

„Wir hatten den 4. Juli vereinbart, um uns im Haus von Miquilena zu treffen, doch am selben Tag rief man mich an, um mir zu sagen, dass das Interview verschoben sei, weil der Kandidat andere Verpflichtungen habe."[86] Blanco Muñoz verabredet in der Folge noch ein Dutzend weitere Termine, die alle wieder abgesagt werden. Entnervt gibt er das Manuskript unvollendet zur Druckerei. Das 643 Seiten dicke Buch *Habla el comandante Hugo Chávez*[87], das im Herbst 1998 erscheint, liefert erstmalig ausführliches Material zu Werdegang und politischer Philosophie des MVR-Kandidaten. Doch nur wenige beachten es. Auf der Buchmesse in Caracas verkauft Blanco Muñoz genau zehn Exemplare. Erst nach dem Wahlerfolg beginnen die Intellektuellen des Landes sich für die Ideenwelt jenes ominösen *comandante* zu interessieren. *Habla el comandante* ist bis heute ein Bestseller.

Ein glücklicher Zufall will, dass sich zu dem frischgebackenen Präsidentschaftskandidaten Ende 1997 auch eine repräsentative First Lady gesellt. Marisabel Rodríguez Oropeza, Radiomoderatorin und Mutter eines kleinen Sohnes, lernte Chávez mit 32 Jahren kennen, als er im Januar 1996 in ihrer Heimatstadt Barquisimeto Station machte. Dem unermüdlichen Agitator eilt der Ruf voraus, auch im Verhältnis zum anderen Geschlecht rastlos zu sein. Auf seiner zweijährigen Ochsentour durch Venezuela kostet Chávez seine Wirkung auf die Frauen weidlich aus, wie sein ehemaliger Sicherheitschef Luis Pineda Castellanos in einem jener Enthüllungsbücher kolportiert, die in den Jahren nach 1999 zu Dutzenden auf den Markt geworfen werden.[88] Marisabel Rodríguez bringt den promiskuitiven Lebensabschnitt des Hugo Chávez an ein vorläufiges Ende. Im Oktober 1997 kommt die Tochter Rosinés zur Welt. Zwei Monate später heiraten Hugo und Marisabel. Von seiner ersten Ehefrau Nancy hatte sich Chávez bereits kurz nach der Haftentlassung scheiden lassen.

Die neue Verbindung erfreut auch Miquilena. Mit der schönen blonden Journalistin an seiner Seite macht der Mestize Chávez auf die überwiegend weiße Mittel- und Oberschicht einen deutlich attraktiveren Eindruck. Und Chávez zweite Gattin ist sich ihrer Rolle als Wahlkampfhelferin durchaus bewusst: „Ich war dafür da, um die Ablehnung in den Umfragen zu meinem Ehemann zu senken und ein Segment der Bevölkerung zu gewinnen, das ihm vollkommen negativ gegenüberstand."[89]

Trotz der Abkehr von der außerparlamentarischen Option soll im MVR die Arbeit an basisdemokratischen Strukturen weitergehen. Das MVR soll *movimiento* sein – Bewegung –, wie schon der Name sagt, und auf keinen Fall ein Parteiapparat, der durch Filz und Postenschachern die Regierungsgeschicke lenkt. Im Juli 1997 beauftragt die Parteiführung William Izarra, diese Bewegung auf nationaler Ebene zu organisieren. Die politische Willensbildung an der Basis, die die Parteilinken für den „verfassungsgebenden Prozess" vorgesehen hatten, soll jetzt als *Top-Down*-Modell zentral und straff organisiert werden. *Metódica desde abajo* – „Methodik von unten" – nennt Izarra das Rätemodell, mit dem die politische Linie der Partei von unten her dirigiert werden soll.

Organisierungsteams schwärmen aus, um die sogenannten *Círculos Patrióticos* zu bilden, Zellen von drei bis neun Personen, die von ihrer Größe her geeignet sind, allen Mitgliedern die Möglichkeit zur Artikulation zu geben. Die Delegierten dieser „patriotischen Zirkel" sollen dann eine Gemeindeversammlung konstituieren und so fort. Am Ende der Rätestruktur soll der *Consejo Patriótico Nacional* (Nationaler Patriotischer Rat) stehen. Izarra arbeitet wie besessen daran, die Struktur rechtzeitig zum Beginn des Wahlkampfs arbeitsfähig zu machen. Doch auf der Führungsebene der Partei gibt es Uneinigkeit über das neue Organisationsmodell. Die Direktion des MVR ist gespalten: Die Linken, darunter William Lara, Nicolas Maduro und Jorge Rodríguez, wollen Izarras Modell umsetzen. Der rechte Flügel, angeführt von Miquilena, lehnt es ab.

Im Januar 1998 setzt sich zunächst Izarra durch: Die Wahlversammlungen in den Regionen sollen im Februar beginnen. Im Juni soll dann die erste nationale Versammlung des MVR einen neuen Vorstand wählen. Doch im Laufe des Frühjahr 1998 werden die Sitzungen der MVR-Führung zu endlosen Diskussionen. Miquilena und sein Gefolge insistieren, das Beteiligungsverfahren sei zu kompliziert und langwierig. Sie verweisen auf die Streitigkeiten, die in mehreren Bundestaaten die MVR-Basis entzweien. Izarra argumentiert, der rechte Flügel zettele diese Streitigkeiten an, um das Verfahren scheitern zu lassen. Miquilena redet auf Chávez ein, das Projekt MVR nicht linken Sektierern zu überlassen. Im April 1998 schließlich nimmt Chávez Izarra vor einer Sitzung beiseite. „Ich stehe ziemlich unter Druck", erklärt der *comandante*. „Es ist besser, wenn du die Parteiführung verlässt." Auf der Sitzung entscheidet die MVR-Führung, die für Juni geplante Neuwahl des Parteivorstands abzusagen und das Rätesystem nicht weiter zu verfolgen.

Mit diesem Schritt, argumentiert Izarra, habe sich das MVR jenes Konzeptes entledigt, das es von den anderen Parteien unterschied: „Ideologisch gesehen bedeutete es, die Machtverhältnisse zu verändern, die Entscheidungsgewalt an die organisierte Gemeinschaft abzugeben. So wollten wir die Macht- und Kaderstrukturen liquidieren."[90] Izarra zieht sich zunächst zurück, kandidiert aber auf Bitte von Chávez als Senator für die Wahlen zum Nationalkongress. Er nutzt den Wahlkampf vor allem dazu, in den Barrios von Caracas für die Idee der verfassungsgebenden Versammlung zu werben.

Mit dem Sieg der Miquilena-Fraktion an der Parteispitze gewinnt ein parteipolitischer Pragmatismus die Oberhand. Statt sich mit basisdemokratischen Experimenten abzugeben, besetzt der MVR-Lobbyist die Schlüsselstellen der Partei mit Verbindungsleuten zur Medien- und Geschäftswelt. Der Journalist José Vicente Rangel, als kritischer, aber nicht allzu radikaler Kopf auch in bürgerlichen Kreisen beliebt, ist bereit, die Kandidatur von Chávez zu unterstützen und wird zur wichtigen Figur im Umfeld des Polo Patriótico.

Noch Anfang 1998 dümpelt der Ex-Putschist in den Umfragen zwischen sieben und acht Prozent. Die Siegerin der Umfragen ist eine ehemalige Schönheitskönigin: Irene Sáez, die Miss Universum des Jahres 1981, liegt Mitte Februar mit 18,5 Prozent gut fünf Prozentpunkte vor Chávez. Die Bürgermeisterin des gutsituierten Hauptstadtbezirks Chacao tritt als unabhängige Kandidatin an. Nur anderthalb Monate später hat sich das Verhältnis umgekehrt: Der Kandidat des MVR führt mit 19,2 Prozent, Sáez ist auf 13,5 Prozent abgesackt. Die politische Klasse Venezuelas blickt sorgenvoll auf die Meinungsumfragen, in denen der *comandante* Woche für Woche um zwei bis drei Prozentpunkte klettert. Die Medien bringen Schreckensmeldungen: „Aufstieg von Hugo Chávez erhöht Investitionsrisiko in Venezuela"[91], vermelden die Zeitungen am 15. April unter Berufung auf einen Bericht des US-Finanzhauses Merrill Lynch. Die USA hätten Chávez die Einreise wegen „terroristischer Aktivitäten" verweigert, heißt es am nächsten Tag.

Doch die Dämonisierung des Emporkömmlings zeigt kaum Wirkung. Denn in denselben Zeitungen können die Venezolaner Tag für Tag nachlesen, dass der Ölpreis sinkt, dass die Staatseinnahmen zurückgehen und dass die öffentlichen Ausgaben noch weiter eingeschränkt werden müssen. Während der Legislaturperiode der Regierung Caldera, so erfahren die Wähler, hat die nationale Währung Bolívar eine Entwertung von 600 Prozent hinnehmen müssen. Auch im Kampf gegen die Korruption hat Caldera keine Erfolge vorzuweisen. Die 83 Angeklagten, die 1994 im Zusammenhang mit dem Kollaps der Banco Latino vor Haftbefehlen ins Ausland geflüchtet sind, leben zum großen Teil wieder im Land – von der Justiz unbehelligt.

Das Bedürfnis nach einem Rächer und Retter ist übermächtig. Und Hugo Chávez vermag den Venezolanern die Angst vor einem revolutionären Flächenbrand zu nehmen. Er verspricht, nach einem Wahlsieg keinen Staatsangestellten zu entlassen – ein strategisch geschickter Schachzug im klientelistischen Venezuela, in dem rund eine Million Menschen beim Staat beschäftigt sind. Mitte Mai klettert der Polo Patriótico in den Umfragen auf 31 Prozent. Die Regierung Caldera zieht die Wahlen zum Nationalkongress auf November vor – in Sorge darum, dass ein Sieg Chávez' bei den Präsidentschaftswahlen dem MVR noch mehr Wählerstimmen zutreiben könnte.

Im Sommer 1998 zeigt sich für die bürgerlichen Kräfte ein letzter Hoffnungsschimmer am Horizont: Henrique Salas Römer und seine Partei Proyecto Venezuela gewinnen an Boden. Als der 62-jährige Wirtschaftsexperte einige Wochen vor den Wahlen nur fünf Punkte hinter Chávez liegt, setzen die Traditionsparteien AD und COPEI – ohnehin in den Umfragen weit abgeschlagen – alles auf eine Karte. Sie lassen ihre eigenen Kandidaten fallen und rufen dazu auf, Salas Römer zu wählen. Es ist die letzte Möglichkeit, den gefährlichen Ex-Putschisten noch zu stoppen.

Der Wahlkampf wird zum Nervenkrieg. Ende Oktober ist das Land gespalten in Chávez- und Salas-Römer-Anhänger. Luis Miquilena, der als Sprecher von Chávez auch die Hoheit über die Wahlkampagne beansprucht, holt zum finalen publizistischen Schlag gegen den Gegenkandidaten aus. Néstor Francia erinnert sich:

„Es gab ein Arbeitstreffen des Wahlkampf-Kommandos, Miquilena war mit einigen seiner Kumpel unterwegs, Mafia-Typen, gut gekleidet. Sie zeigten ihre Entwürfe: eine Kampagne gegen Salas Römer, die ihn als Nazi darstellen sollte. Mit Nazi-Symbolen, Hakenkreuzen und so weiter. Doch das war nicht sein Image. Er galt als Mann des Wechsels, bürgerlich zwar, aber nichts Nazi-artiges. Chávez betrat den Raum und meinte sofort: ‚Das bringt nichts. Das ist nicht glaubwürdig. Keiner wird uns abnehmen, dass Salas Römer Nazi ist.‘ Er sagte zu Miquilena: ‚Ich werde diese PR-Kampagne übernehmen. Weil ich sehe, dass es nicht so funktioniert, wie ich es haben will. Und es sind noch zwei Monate bis zu den Wahlen.‘ Miquilena erwiderte: ‚Aber Hugo, du hast doch andere Sachen zu tun.‘ Darauf Chávez: ‚Ich rufe den Notstand aus. Ich übernehme die Leitung der Kampagne. Wenn wir verlieren, dann übernehme ich auch die Verantwortung. Aber hier geht nichts mehr raus, ohne dass ich es sehe.‘ "[92]

Am Sonntag, dem 6. Dezember 1998 bereiten sich die Chávez-Anhänger in den Barrios auf den Wahlausgang vor. Wahlbetrug, Putsch – am Tag der Präsidentschaftswahlen kocht die Gerüchteküche. Telefonketten, Fahrzeuge, Verstecke – man will für alle Eventualitäten gewappnet sein. „Seit dem Morgengrauen kamen und gingen die Nachrichten über Putsche und Gegenputsche"[93], so Roland Denis.

Als das Wahlamt am Abend die ersten Zwischenergebnisse bekannt gibt, löst sich langsam die Spannung. Das Ergebnis fällt deutlicher aus als erwartet. Hugo Rafael Chávez Frías, der Kandidat des Polo Patriótico, kann 56,2 Prozent der Stimmen auf sich vereinen, davon fallen allein 40,17 Prozent auf seine Partei MVR. Salas Römer landet mit 39,97 Prozent auf dem zweiten Platz. Die Verlierer geben sich geschlagen, auch das Militär und die Geheimdienste scheinen stillzuhalten. Um das Teatro Carreño im Zentrum von Caracas strömen die Menschen zusammen und feiern den Wahlsieg.

Chávez ist am Ziel seiner Träume. Im Jahr 1974, nachdem er bei einem Militärsportfest in Cumaná dem damaligen Präsidenten Carlos Andrés Pérez zum ersten Mal begegnet war, hatte der 20-jährige Kadett in seinem Tagebuch davon geträumt, „dass mir eines Tages widerfährt, die Verantwortung für ein ganzes Vaterland zu tragen, das Vaterland des großen Bolívar, und meines, letztendlich".[94]

Ein Vierteljahrhundert später ist es soweit. „Wir haben es geschafft, Bruder", flüstert er William Izarra bei der Umarmung auf der Siegesfeier ins Ohr, „nach all diesen Jahren beginnt endlich die Revolution."[95] Kaum anderthalb Stunden später erhält Izarra aus den Händen des Parteivorstandsmitglieds Maritza Lugo einen Brief: Die MVR-Führung hat beschlossen, ihn aus der Partei auszuschließen. Die Gründe: „Nichtteilnahme an den Vorstandssitzungen, Teilnahme an der Wahlkampagne ohne Berücksichtigung der Parteilinie und Begünstigung von Spaltungen innerhalb des MVR."[96]

Als Hugo Chávez gegen 22 Uhr 30 von der internationalen Pressekonferenz kommt, warten auf der Straße Tausende von Anhängern auf ihn. Von Jubel und Sprechchören umtost, gibt der glückstrunkene Sieger in zwei knappen Sätzen seinem Wahlsieg biblische Ausmaße: „Liebe Freunde, heute ist einfach das geschehen, was geschehen musste. Wie Jesus sagte: Es ist vollbracht", erklärt er und geht zu jenem Ritual über, das er in den kommenden Jahren bei jeder seiner öffentlichen Reden einhalten wird. Er intoniert die Nationalhymne. „Ruhm dem tapferen Volk / welches das Joch abstieß / das Gesetz respektierend / die Tugend und die Ehre", schmettert der *comandante* in seinem mächtigen, warmen Bariton. „Herunter mit den Ketten! / rief der Herr / und der Arme in seiner Hütte / forderte Freiheit."[97]

In den Hütten der Armen, an den Hängen des Tals von Caracas, wo der Großteil seiner Wähler lebt, fließt der Rum bereits in Strömen. Während die Menge unten gemeinsam mit dem Wahlsieger die Hymne singt, tönt aus den Hügeln oberhalb seines künftigen Amtssitzes das Geknatter von Maschinengewehren. Die Stadtguerilla-Milizen des Barrios 23 de Enero feuern ihre Magazine leer. Es sind Freudenschüsse.

Kapitel 4

In neuer Verfassung:
Die ersten Regierungsjahre

Zwischen Räten und Reform:
Der verfassungsgebende Prozess

Die Präsidentenschärpe ist in den Nationalfarben Venezuelas gehalten: Gelb, blau und rot. Hugo Rafael Chávez Frías empfängt sie am Vormittag des 2. Februar 1999 aus den Händen des scheidenden Präsidenten Rafael Caldera. Chávez trägt einen dunklen Anzug und eine rote Krawatte. Rot ist die Farbe seiner „Bewegung Fünfte Republik". Rot war das Barrett, das er während seines ersten öffentlichen Auftritts am 4. Februar 1992 getragen hat. Und rot, so befürchten seine Feinde, werde auch die Zukunft des Landes sein. Fidel Castro, der den Ex-Putschisten 1994 als erster lateinamerikanischer Staatschef empfangen hat, ist zwar nicht zur Vereidigung angereist, doch der kubanische *máximo líder* wird in den nächsten Jahren zu seinem wichtigsten Verbündeten werden. Noch zwei Wochen vor Amtsübernahme war Chávez zum Antrittsbesuch nach Havanna geflogen. Tags darauf hatte er dem US-amerikanischen Präsidenten Bill Clinton in Washington seine Aufwartung gemacht. Clinton hatte dem Venezolaner fünfzehn Minuten in der Präsidentenresidenz des Weißen Hauses gewährt, lässig im Pullover, ohne Presse und Protokoll.

Der neue Präsident lässt schon bei der Vereidigung keinen Zweifel daran, dass er den Worten von der bolivarischen Revolution Taten folgen lassen will. Aus der Zeremonie im Capitolio Nacional macht er einen protokollarischen Eklat. Chávez hat den Schwur, den er auf die Verfassung leistet, eigenmächtig abgewandelt: „Ich schwöre vor Gott, ich schwöre vor dem Vaterland, ich schwöre vor meinem Volk, dass ich auf Grundlage dieser *todgeweihten* Verfassung die notwendigen demokratischen Transformationen vorantreiben werde, damit die Republik eine Magna Charta erhält, die der neuen Zeit entspricht."[1]

Noch am selben Tag dekretiert er ein *Referendum*: Das Volk soll entscheiden, ob der Kongress aufgelöst wird, um einer verfassungsgebenden Versammlung Platz zu machen. Diese Versammlung – *la constituyente* – bildet in den kommenden Monaten den Dreh- und Angelpunkt jeder Rede des neuen Präsidenten. Und von denen wird es viele geben.

„Chávez ist ein Mann, der morgens eine dreistündige Rede hält, mittags zwei Stunden spricht, abends nochmal vier Stunden und noch immer was zu sagen hat"[2], so Lina Ron, Chávez-Anhängerin und Anführerin der *Redes de Poder Popular* (Netzwerke der Volksmacht). Diese Netze waren Ende 1998 der erste Versuch des MVR, eine Massenbewegung zu organisieren.

Schon am Tag des Amtsantritts hält Chávez vier Reden: eine anlässlich der Vereidigung seines Kabinetts, eine im Pánteon Nacional zu Ehren von Simón Bolívar und eine vor Zehntausenden von Anhängern auf dem Paseo de los Próceres im Südosten der Hauptstadt. „Nicht meinetwegen trage ich diese Schärpe, dieses Präsidentenamt", ruft er der Menschenmenge zu. „Nein, ich bin Produkt der Umstände. Ich bin, so würde Bolívar sagen, nichts weiter als ein schwacher Strohhalm, mitgerissen vom revolutionären Hurrikan."[3]

Seine Gefolgschaft sieht in ihm alles andere als den Strohhalm: Nach seiner Rede begleitet den Präsidenten für einige Monate der Spitzname *Huracán Hugo*. Hugo, der tropische Wirbelsturm.

Die ausführlichste Ansprache gibt Chávez mittags im Nationalkongress. Live im Fernsehen übertragen, wirbt er zwei Stunden lang in freier Rede für sein Programm der nationalen Erneuerung und rechnet mit dem alten Regime ab. Einige Tage zuvor hatte der Schriftsteller Arturo Uslar Pietri in einem Artikel für *Le Monde Diplomatique* ein griffiges Bild für die Misswirtschaft der IV. Republik gefunden: 270 Milliarden Dollar hätte das Erdöl dem venezolanischen Staat zwischen 1976 und

1995 eingebracht, das Äquivalent von etwa zwanzig Marshall-plänen.

„Ein solcher Reichtum! Die weltweit größten Erdölreserven, die fünftgrößten Erdgasreserven", so der neue Präsident in seiner Antrittsrede. „Es gibt Völker, die haben unter dem Wüstensand Kanäle bauen müssen, um ihre Bevölkerung mit Wasser zu versorgen. Wir sind eines der Länder mit den größten Süßwasserreserven der Welt, mit Millionen von Hektar fruchtbarer Erde, ein riesiges Territorium, ideal für den Tourismus, ein junges, fröhliches, zotiges, karibisches Volk und vieles mehr. Und unterm Strich bleiben 80 Prozent Armut. Wie ist das zu erklären?"[4]

Seiner Vergangenheit zum Trotz setzt er in Haushaltsfragen auf Kontinuität: Finanzministerin bleibt Maritza Izaguirre, die schon unter Caldera im Amt war. Revolutionäre Sprünge kann sich Chávez ohnehin nicht leisten. Als er sein Amt antritt, ist der Erdölpreis auf unter neun Dollar gesunken – ein historischer Tiefstand. Das Bruttosozialprodukt sinkt seit drei Jahren, das Haushaltsdefizit liegt bei acht Milliarden Dollar, was etwa neun Prozent des Bruttoinlandsprodukts entspricht. Die Außenschuld liegt bei 23 Milliarden Dollar.

Dass Präsidenten das Land in krisenhaftem Zustand übernehmen, ist für die Venezolaner nichts Neues. Vertraut ist ihnen auch, dass die Neuen bei Amtsübernahme auf die Reichtümer des Landes verweisen und die Schuld für die Zustände der Vorgängerregierung aufladen. Doch etwas ist anders an diesem Präsidenten. Er schlägt einen neuen Ton an. Das ist nicht die Rede, die die Venezolaner von ihren Staatsfürsten gewohnt sind, nicht die gespreizte Sprache. Chávez spricht pathetisch und leidenschaftlich, doch nicht in dem feierlichen, erwählten Duktus, der der politischen Klasse Venezuelas zueigen ist. Er redet frei, wie immer. Wenn er Zahlen braucht, beginnt er sich durch Papiere zu wühlen. Wenn ihm eine Anekdote einfällt, schweift er ab. Wenn sein Blick ein bekanntes Gesicht streift, grüßt er oder beginnt eine kleine Plauderei. „Ich bin wie du. Bei jeder Namensnennung, jeder Ankündigung sage ich, was mir einfällt", so beschreibt der Schriftsteller Roberto Hernández Montoya diesen Gestus. „Ich denke laut nach, mit allen, die mir zuhören wollen."[5]

Mit dem Lehrersohn aus Sabaneta übernimmt ein Entertainer das Staatsamt, wie ihn das Land noch nicht gesehen hat. Ein soldatischer Showman, den die Sprache der Militärs ereilt, wenn es um das nationale Projekt geht. „Ich werde ein Soldat sein", ruft er seinen Zuhörern zu, „der erste in der Schlacht, ich werde versuchen, überall zu sein, mit dem Bauern zu sprechen, mit dem Arbeiter, mit dem Ministerpräsidenten, mit dem Bürgermeister, mit dem Unternehmer, mit dem Politiker, mit dem Soldaten, dem Offizier, dem General, mit allen, um ihnen die Hand zu reichen."[6]

Ein moralischer Entertainer, angetreten, der Nation eine Katharsis zu verpassen: „Ich rufe alle Venezolaner dazu auf, individuell und gemeinsam zu sagen: Es reicht! Jene moralische Krise der Siebziger ist immer noch unter uns, jenes schreckliche Krebsgeschwür, das unsere Republik noch immer am ganzen Körper trägt. Es ist die Wurzel aller Krisen und Katastrophen. Solange wir diese Krankheit nicht heilen, versinken wir weiter in der Katastrophe. Auch wenn das Erdöl – was nicht zu hoffen ist – wieder auf 40 Dollar pro Barrel steigt. Wir möchten das gar nicht, wir wollen es nicht bei 40 Dollar haben. Doch sollte es dazu kommen, gesetzt den Fall, es regnete Petro-Dollars: Es wäre nur eine momentane Erleichterung. Wir würden nur tiefer in diesem moralischen Sumpf versinken."

Der neue Präsident ist Realist genug, um die Koketterie mit sinkenden Ölpreisen nicht zur praktischen Leitlinie zu machen. In Wahrheit setzt die neue Regierung alles daran, die Preise zu stabilisieren. Der neue Öl-Minister Alí Rodríguez Araque setzt durch, dass sich Venezuela wieder an die Lieferquoten der *OPEC* hält, die unter dem letzten Präsidenten mehr und mehr missachtet worden waren. Rodríguez Araque, der einst in Douglas Bravos Guerillafront kämpfte und heute in der Partei PPT seine politische Heimat hat, reist gleich nach Amtsantritt durch die OPEC-Staaten, um für die Konsolidierung des Ölkartells zu werben. Schon im ersten Regierungsjahr bewegt sich die Preiskurve scharf nach oben.

Chávez präsentiert sich den internationalen Gästen bei seinem Amtsantritt nicht als Revolutionär, sondern als verlässlicher Partner. „Ich heiße Sie willkommen zu investieren, um das Projekt voranzubringen", erklärt er in Richtung Weltmarkt. Dem Pariser Club, der Weltbank, dem IWF und der Finanzwelt verspricht er, die Auslandsschulden zahlen zu wollen, sich an internationale Verträge zu halten und die Investitionen internationaler Unternehmen zu respektieren. Der Chávez des Jahres 1999 gibt sich als Mann des dritten Weges. Er sympathisiert mit dem New-Labour-Konzept des britischen Premierministers Tony Blair und will mit allen gut Freund sein: mit dem spanischen Konservativen José Maria Aznar ebenso wie mit dem Papst, mit dem Sozialisten Fidel Castro ebenso wie mit dem neoliberalen argentinischen Präsidenten Menem. Und er wird keinen Aufwand scheuen, ihnen seine Freundschaft anzutragen.

Der neue Präsident entfacht eine Reisetätigkeit wie kein Amtsinhaber vor ihm: 35 Länder stehen im ersten Amtsjahr auf seiner Besuchsliste. Er reist durch Lateinamerika, Asien, Europa und den Mittleren Osten. In den USA spricht er mit IWF-Chef Camdessus, im Vatikan mit Papst Johannes Paul II. „Außerhalb von Venezuela zeigt Chávez eine Seite, die er den Venezolanern während des Wahlkampfs vorenthalten hat", vermerken Cristina Marcano und Alberto Barrera Tyszka süffisant. „Er ist eine Art tropischer Zelig, der, genau wie der Hauptdarsteller in jenem bekannten Woody-Allen-Film, je nach Gesprächspartnern und Umfeld einen Mimikry-Prozess durchlebt."[7]

Deutschland besucht er in den Jahren 1999 und 2000 gleich drei Mal. Dem brandenburgischen Ministerpräsidenten Manfred Stolpe gibt er eine Kostprobe seines erstaunlichen Erinnerungsvermögens: Aus dem Kopf deklamiert der Venezolaner mehrere Strophen aus Nietzsches *Zarathustra* – auf spanisch natürlich.

„Sowohl Chávez wie seine Frau Marisabel tragen neuerdings Cartier-Uhren", vermerkt der *Spiegel* nicht ohne Genugtuung. „Und die First Lady ließ sich unlängst von reichen Freunden im Privatflugzeug nach Florida bringen – zu ausgiebigem Shopping. Nach Revolution sieht das nicht aus."[8]

Drei Wochen nach Amtsübernahme verkündet Chávez den „Plan Bolívar". 70.000 Armeeangehörige und 80.000 Staatsangestellte sollen Sozial- und Infrastrukturmaßnahmen durchführen. Auch 6.000 Angestellte der personell gut besetzten staatlichen Erdölgesellschaft PdVSA müssen mit anpacken.

2,6 Milliarden Dollar sind für den „Plan Bolívar" angesetzt, und der Präsident stockt die Summe durch sein Gehalt auf: Seine Armee-Pension reiche ihm, erklärt er. Die Soldaten und Staatsbediensteten reparieren Straßen, installieren Gesundheitsposten sowie Lazarette auf dem Land und in den Barrios und sie kümmern sich um Straßenkinder, die sich in den venezolanischen Großstädten herumtreiben. Das Programm dient nicht zuletzt der gesellschaftlichen Integration der Streitkräfte, die dem Ex-Offizier Chávez besonders am Herzen liegt. Dass Soldaten sich um die Verbesserung der Lebensverhältnisse verdient machen, ist in Venezuela ein Novum.

Die Charme-Offensive im Ausland und das eilig organisierte Wohlfahrtsprogramm sind nur das Vorspiel. Die neue Ära beginnt nach dem Willen des Staatschefs mit der Einberufung der *Asamblea Constituyente*, der verfassungsgebenden Versammlung. Möglichst bald soll die neue Magna Charta für Venezuela Realität werden. Die Volksabstimmung – das erste Referendum der venezolanischen Geschichte – ist für den 25. April 1999 angesetzt. Chávez vermutet, dass seinem Verfassungsprojekt droht, zwischen den Fronten aufgerieben zu werden, wenn er es nicht eilig und mit aller Macht durchpeitscht.

Die Befürchtungen sind berechtigt: Auf der einen Seite sieht sich der neue Präsident mit einem Staatsapparat konfrontiert, der tief verwurzelt ist im alten politischen Establishment. Zudem verfügt sein Bündnis Polo Patriótico im Nationalkongress nicht über die Mehrheit, und 15 der 23 Bundesstaaten werden von der Opposition regiert. Die Idee einer neuen Verfassung trifft in der Opposition durchaus auf Sympathien: Bereits die sozialdemokratische Regierung unter dem AD-Präsidenten Lusinchi hatte eine Verfassungskommission einberufen. Doch das bürgerliche Lager denkt eher an eine Überarbeitung des Gesetzeswerks von 1961 als an die Revolution, die dem neuen Präsidenten vorschwebt. Auf der anderen Seite muss Chávez dem Anspruch der Partei- und Basisaktivisten genügen, für die die Idee der verfassungsgebenden Versammlung mit der Transferierung von Macht an basisdemokratische Räte verknüpft ist. Chávez selbst führt den Begriff Toni Negris von der „konstituierenden Macht" an und warnt, „dass wir nicht den Fehler begehen sollten, dass die Inhaber der konstituierten Macht das Volk seiner ursprünglichen Macht berauben."[9]

Kaum einen Monat nach der gewonnenen Wahl versuchen Basisaktivisten und die Gruppe der *Desobedientes* um Roland Denis den Nationalkongress zu besetzen, um öffentlich eine „verfassungsgebende Volksversammlung" durchzuführen. Die Guardia Nacional verhindert die Besetzung, doch handgreifliche Auseinandersetzungen zwischen Protestanten und Abgeordneten des MVR zeigen, dass der Riss mitten durch die Bewegung geht.

Bei einer Wahlbeteiligung von knapp 38 Prozent stimmen 92 Prozent der Wählerinnen und Wähler am 25. April 1999 für die Einberufung der *Asamblea Nacional Constituyente* (ANC, Nationale Verfassungsgebende Versammlung). Drei Monate später schon wählt das Land die Mitglieder dieser Versammlung – und auch diese Wahl ist ein Erfolg für die neue Regierung. Auf den Kandidatenlisten sind alle möglichen Personen des öffentlichen Lebens zu finden.

Mit einem berühmt gewordenen Wahlkampf-Accessoire war es den Chavisten gelungen, ihre Kandidaten überall im Land bekannt zu machen: Das *Kino Chávez*, ein Handzettel, der dem beliebten Lotterielos namens *Kino Táchira* nachempfunden ist, verknüpft die Namen und die Nummern der Kandidaten mit dem Bild des populären Präsidenten. 121 der 131 Sitze in der verfassungsgebenden Versammlung gehen schließlich an Kandidaten des Polo Patriótico – drei Sitze waren im Vorfeld für Delegierte der indigenen Gemeinschaften reserviert worden. Die meisten Stimmen erhält der Journalist Alfredo Peña, der als Chefredakteur von *El Nacional* durch die Enthüllung von Korruptionsfällen bekannt geworden ist und der Anfang 1999 dem MVR beigetreten war. Den nächsten Platz in der Beliebtheitsskala nimmt die First Lady Marisabel Chávez ein. Zusammen mit Schriftstellern, Journalisten und Volkssängern zieht auch die attraktive Präsidentengattin in die ANC ein.

„Zum ersten Mal in der Geschichte Venezuelas", erklärt der Moderator feierlich, „leitet ein Präsident sein eigenes Programm unter Beteiligung der Bevölkerung, mit dem Ziel, die Klagen des Volkes anzuhören."[10] Es ist Sonntag, der 23. Mai 1999, neun Uhr morgens. Chávez, der in der Nacht zuvor bis drei Uhr morgens Akten gewälzt hat, sitzt im holzgetäfelten Studio von *Radio Nacional Venezuela*, um Telefongespräche zu führen. Die erste Anruferin ist eine Landärztin aus Vargas, die wissen möchte, wann sie endlich ihren Lohn erhält, auf den sie seit Monaten wartet. Ein Mann erbittet eine Audienz, um dem Präsidenten Vorschläge zu unterbreiten, wie man die Währung stabilisieren, das Personal der öffentlichen Verwaltung reduzieren und den Strafvollzug humanisieren könnte. Eine Frau aus Maracay beschwert sich, dass man ihrem beim Landwirtschaftsministerium beschäftigten Mann die Nachtzuschläge verweigert habe. Eine ältere Dame aus Caracas klagt über den verwahrlosten Zustand der Prachtstraße Los Próceres. Zehn Anrufer erreichen den Präsidenten in dieser ersten Ausgabe seines wöchentlichen Programms *Aló Presidente* – und allen verspricht er Abhilfe. Er will mit dem Ministerpräsidenten von Vargas sprechen, damit die Löhne bezahlt werden, er will sich den Vorschlägen des Hobby-Reformers widmen, sich um den Nachtzuschlag kümmern und auch für die Sanierung des Boulevards will er sorgen.

Das präsidiale Talkradio im staatlichen Radiosender ist nicht der erste Versuch, sich per Massenmedium an das Volk zu wenden. Unter dem Titel *De Frente con el Presidente* (Mit dem Präsidenten von Angesicht zu Angesicht) hatte sich Chávez bereits an einer wöchentlichen Talkshow am Donnerstagabend versucht. „Das war nicht schlecht", resümiert er, „aber es wurde irgendwann schwerfällig und wir verloren Zuschauer."[11] Und für den Mann, der seinen kometenhaften Aufstieg nicht zuletzt einem Fernsehauftritt verdankt, sind sinkende Quoten ein Alarmsignal.

Chávez weiß, was erfolgreiche Medienpräsenz bewirken kann. Mit seiner neuen Show probiert er zunächst im Radio, später im Fernsehen, den neuen Infotainment-Mix aus, die seiner Regentschaft bald auch außerhalb Venezuelas notorische Berühmtheit verschaffen wird. *Aló Presidente* wird binnen weniger Wochen zum quotenstärksten Programm, übertragen von über 60 Radiosendern, darunter auch privaten. Zwischenzeitlich versucht das nationale Wahlamt, den Aufstieg des Präsidenten zum Talkshow-König zu stoppen. Im Vorfeld der Wahl zur ANC fordert es die Einstellung der Sendung: Der Präsident missbrauche seine Radio- und Fernsehauftritte, um Wahlkampf zu machen, was laut venezolanischer Gesetzgebung verboten ist. Also bleibt Chávez am folgenden Sonntag dem Funkhaus fern und ruft im Studio an, um auf Sendung gehen zu können. Das Wahlamt verurteilt ihn zu einer Geldstrafe. Die 5476 Dollar kommen in kürzester Zeit zusammen – Anhänger machen eine Kollekte.

Chávez schwimmt auf einer Welle der Popularität. Im Juli 1999 zeigen sich 54 Prozent der Befragten in einer Umfrage mit der medialen Überpräsenz des Präsidenten einverstanden, 73 Prozent sind der Ansicht, dass er gute Arbeit leiste. Der schlagfertige *Anchorman* weiß das Unterhaltsame mit dem Nützlichen zu verbinden. Die Anfragen, die Beschwerden und Plaudereien seiner Anrufer liefern ihm einen willkommenen Anlass zur Volkserziehung, zur Aufklärung über Staatsprogramme, Institutionen, politische Ökonomie. Aus der morgendlichen Plauderstunde werden erst zwei, dann vier und schließlich bis zu fünf Stunden.

Schon am frühen Morgen pflegen sich die ersten Anhänger vor dem Tor des Funkhauses von *RNV* zu versammeln, um ihm Zettel zuzustecken und ihn zu bejubeln. Chávez-Fans, die aus anderen Landesteilen kommen, verwandeln die Sackgasse am Rand des Country Club in einen Campingplatz. Die Nachbarn im gediegenen Stadtteil La Florida schlagen Alarm. „Schließlich zogen wir in ein kleines Studio in Miraflores um, aber dort fehlte die menschliche Wärme", so Chávez. „Also kam ich auf die Idee, es in verschiedenen Landesteilen zu machen. Wir haben Programme von der Isla de Aves bis runter zur Gran Sabana gemacht, überall im ganzen Land."[12]

Am 3. August 1999 tritt die verfassungsgebende Versammlung zum ersten Mal zusammen. Die ANC wird von Chávez *Soberanísima* – allerhöchste Souveränität – getauft, und sie macht ihrem Spitznamen alle Ehre. Am 12. August deklariert sie den staatlichen Notstand, was es ihr erlaubt, in alle staatlichen Institutionen einzugreifen. Am 25. August setzt sie sämtliche Sitzungen des Kongresses aus und macht sich so zum obersten Staatsorgan. Anlass für die Schließung des ohnehin schon mit reduzierten Befugnissen arbeitenden Parlaments ist eine Provokation gegen den Präsidenten: Die Abgeordneten hatten zwei der von ihm geplanten Auslandsreisen nicht durchwinken wollen. Am 27. August 1999 kommt es vor den Türen des Kongresses zu Rangeleien zwischen Abgeordneten, die trotz des Dekrets tagen wollen, und Polizisten, die sie am Betreten hindern.

Zwei Wochen zuvor hatte die ANC bereits den Justiznotstand verordnet, um gegen sämtliche Richter des Landes Ermittlungen wegen Korruption vornehmen zu können. Zum Teil erfahren die betroffenen Beamten aus Namenslisten in den Zeitungen, dass gegen sie ermittelt wird. Bis zum Herbst wird die Zahl der Richter, die wegen Vorteilsnahme oder anderer Verstöße suspendiert werden, auf über zweihundert steigen. Da laut Strafprozessordnung Richter nur nach Aktenlage entscheiden und die Verteidigung kein Recht auf Akteneinsicht hat, ist das Justizsystem Zentrum einer florierenden Korruptionsindustrie geworden: Anwälte und Angeklagte müssen die Richter bestechen, um an Akten zu kommen, und die Polizei, um die Aktenlage günstig zu gestalten. Wegen der schleppenden Verfahren sitzen gut drei Viertel der 26.000 Gefängnisinsassen in Untersuchungshaft.[13] Als die Richter des Obersten Gerichtshofs mehrheitlich beschließen, in Sachen Justizreform mit der Verfassungsversammlung zu kooperieren, tritt seine Präsidentin Cecilia Sosa Gómez unter Protest zurück: „Die verfassungsgebende Versammlung ist nicht autorisiert, Regierungsfunktionen zu übernehmen"[14], erklärt sie.

Mit der Einberufung der verfassungsgebenden Versammlung beginnt auch ein internes Machtgerangel: Als Mitglied mit den meisten Wählerstimmen erhebt der karrierebewusste Medienmann Alfredo Peña den Anspruch auf die Präsidentschaft der ANC. Doch die MVR-Führung einigt sich darauf, dass Luis Miquilena dem Gremium vorstehen soll. Der einzige echte Verfassungsrechtler im Führungskreis der ANC ist Herman Escarrá. Der schwergewichtige Jurist wird einer der ersten sein, der sich von dem Verfassungsprojekt des neuen Präsidenten abwendet und auf die Seite der Chávez-Gegner wechselt. Bis dahin aber erfüllt der Mann mit den zurückgegelten Haaren und dem weißen Taschentuch im eleganten Zweireiher eine unverzichtbare Funktion.

Chávez drängt darauf, dass der Verfassungsentwurf noch im

Herbst der Wahlbevölkerung zur Abstimmung vorgelegt wird – und Escarrás autoritäres Expertentum hilft, dem Gesetzeswerk schnell eine Form zu geben.

„Vor diesem Leuchtturm der verfassungsrechtlichen Expertokratie werden wir alle zu hilflosen Idioten"[15], so Roland Denis, der Escarrá vorwirft, „das Verfassungsprojekt zurechtzuschleifen, es in eine geradezu grotesk repräsentativistische Form zu gießen, die jede Möglichkeit ausschließt, es durch partizipative Strukturen zu beleben." Für den Präsidenten ist das der Preis, den man zu zahlen hat: „Manchmal muss man der Dringlichkeit halber wichtige Dinge opfern", so Chávez. „Und in diesem Augenblick war es wichtig, die politische Landkarte zu verändern, um das revolutionäre Projekt voranzutreiben."[16]

Mit dem ursprünglichen Projekt des linken chavistischen Flügels, die Verfassung durch ein basisdemokratisches Rätesystem erarbeiten zu lassen, hat die jetzige ANC nicht mehr viel zu tun. Dennoch zeigt sie sich bemüht, die Schleusen für eine breite gesellschaftliche Diskussion weit zu öffnen. Die 21 Verfassungskommissionen, die die Artikel für die neue Magna Charta erarbeiten, empfangen Vorschläge von allen gesellschaftlichen Gruppen und aus allen Landesteilen. Die Regierung lässt Gratis-Telefonnummern freischalten, über die die Bürger die Gremien erreichen können. Die Sitzungen der ANC sind überwiegend öffentlich, viele werden live im staatlichen Fernsehen übertragen. Die Indigenen-Vereinigungen, die Homosexuellen, die Kirche – kaum ein Sitzungstag vergeht, an dem nicht eine Interessensgruppe vor dem Capitolio Nacional aufmarschiert, um ihren Forderungen Ausdruck zu verleihen.

„Zwei Gruppen standen jeden Tag dort", erinnert sich die Feministin Nora Castañeda, „die Bewegung der Indigenen und die Frauenbewegung".[17] Anlässlich der Verfassungsreform hatten Frauenorganisationen – von befreiungstheologischen Gruppen über die Vereinigung der afro-venezolanischen Frauen bis hin zu kommunistischen Gewerkschafterinnen – einen gemeinsamen Vorschlag für eine „Verfassungsreform aus Frauenperspektive" erarbeitet.

Am Recht auf vorzeitigen Schwangerschaftsabbruch entzündet sich ein leidenschaftlicher Streit zwischen den Feministinnen und der katholischen Kirche. Die Katholiken drohen damit, beim Referendum zur Ablehnung der Verfassung aufzurufen, wenn der Artikel zum Recht auf Leben nicht modifiziert werde. Die Verfassungskommission gibt dem Druck nach. Aus der Formulierung „Das Recht auf Leben ist unverletzlich" wird: „Das Recht auf Leben ist unverletzlich vom Moment der Empfängnis an."

Die Feministinnen laufen Sturm gegen die Änderung, die aus ihrer Sicht eine Kriminalisierung von Abtreibungen bedeutet. Bereits unter den gegebenen Bedingungen, argumentieren sie, bringt die Verteufelung von Schwangerschaftsabbrüchen viele Frauen in Lebensgefahr. Ende der neunziger Jahre stehen unsachgemäß vorgenommene Abtreibungen als Todesursache für Jugendliche an dritter Stelle. In der größten Frauenklinik des Landes, dem Hospital Maternidad Concepción Palacios, werden im Jahr 1998 16,2 Prozent der Patientinnen wegen versuchter Abtreibung behandelt.

Der Streit wird zum Titelthema der Zeitungen. Die Bischofskonferenz klagt die ANC an, einer „Kultur des Todes" Verfassungsrang geben zu wollen und lässt per Hubschrauber Flugblätter auf Caracas regnen. Überall im Land versammeln sich konservative Gläubige zu Prozessionen hinter der Figur der Heiligen Jungfrau und schwenken Plakate mit Fotos abgetriebener Föten. Die Feministinnen wehren sich mit dem Slogan „Wir sind für das Leben, nicht für den Tod" und schenken täglich jedem der ANC-Delegierten eine Blume. Schließlich setzt sich die Frauenbewegung durch. Die beiden Rechtswissenschaftlerinnen Gioconda Espina und Vicky Ferrara, die in der Kommission zur Erarbeitung der Endfassung sitzen, streichen die vom Klerus erzwungene Formulierung wieder.

Auch in anderen Artikeln ist der feministische Einfluss zu finden. In Artikel 88 etwa heißt es: „Der Staat erkennt die Hausarbeit als eine Wirtschaftstätigkeit an, die Mehrwert erzeugt und Werte sowie sozialen Wohlstand schafft. Hausfrauen haben entsprechend der gesetzlichen Regelungen das Recht auf soziale Absicherung."[18]

„Die Verfassung ist vom ersten bis zum letzten Artikel von einer Gender-Vision durchzogen", so Nora Castañeda, die spätere Leiterin von Banmujer, ein staatlicher Fonds, der Kleinkredite nur an Frauen vergibt. „Zur Zeit ist diese Verfassung das fortschrittlichste Grundgesetz der Welt, was die Gleichbehandlung der Geschlechter angeht."[19]

Der Artikel über das Recht auf Leben ist nur einer von vielen strittigen Paragraphen, über die die verfassungsgebende Versammlung diskutiert. „Die Artikel, die am meisten Spannungen mit sich brachten, waren die über die Meinungsfreiheit", so Earle Herrera, Journalist und Mitglied der ANC. Umstritten ist vor allem die Formulierung, die den Bürgern „das Recht auf angemessene, wahrheitsgemäße und unparteiische Information ohne Zensur"[20] zusichert. Gegen den Begriff der „wahrheitsgemäßen Information"[21] ziehen die Medienverbände zu Felde: Man befürchtet, dass willfährige Richter den Passus auslegen könnten, um kritische Berichterstattung mundtot zu machen. Internationale Journalistenvereinigungen wie Reporter ohne Grenzen und Menschenrechtsorganisationen unterstützen die Position der Kritiker, doch die chavistische Mehrheit in der ANC behält letztlich die Oberhand.

Auch die Debatte über die Sonderrechte für die Ureinwohner des Landes verläuft kontrovers. Gleich in der Präambel definiert sich die Republik als „multiethnische und multikulturelle Gesellschaft"[22], ein Passus, der auf Widerstand stößt.

„Es gab ANC-Mitglieder, sowohl aus den Reihen der Opposition als auch aus denen des Chavismus, die der Auffassung waren, die Indigenen hätten sich unserer westlichen Kultur und unserem Fortschritt anzupassen"[23], so Herrera.

Ähnlich wie etwa der Kleinstaat Panama, der den Ureinwohnern ihre eigene Rechtsprechung in den von ihnen bewohnten Gebieten zugesteht, will die neue venezolanische Verfassung den „indigenen Völkern und Gemeinschaften" weitreichende Autonomie einräumen. Dazu gehört das Recht auf Schulbildung in den indigenen Sprachen sowie die Anerkennung ihrer eigenen „auf Gegenseitigkeit, Solidarität und Austausch beruhenden Wirtschaftspraktiken".[24]

Man sei im Begriff, über die Hälfte des venezolanischen Territoriums einer Minderheit von anderthalb Prozent der Bevölkerung abzutreten, warnt ein Delegierter der ANC. Die Sorge ist übertrieben, denn in Sachen territorialer Nutzung wahrt die Zentralgewalt ihre Ansprüche: „Soweit der Staat die Naturreichtümer im Lebensraum der indigenen Völker nutzt", heißt es in Artikel 120, „darf er dabei nicht ihre kulturelle, soziale und wirtschaftliche Integrität schädigen und ist verpflichtet, die jeweiligen indigenen Gemeinschaften vorher zu informieren und sie hierzu anzuhören."[25]

Auch an einem Herzenswunsch des Präsidenten entzündet sich eine Polemik. Chávez, der nach seinem Amtsantritt den Anteil an Simón-Bolívar-Zitaten in seinen Reden eher gesteigert als gesenkt hat, plädiert für eine Umbenennung des Landes. „Venezuela, unwiderruflich frei und unabhängig, deklariert sich als *Bolivarische* Republik"[26], heißt es in einer im Sommer 1999 veröffentlichten Broschüre, in der der Präsident seine Vorschläge für die neue Verfassung unterbreitet. Kritiker rechnen dem Präsidenten vor, die Folgen der Umbenennung könnte die öffentlichen Kassen mit 45 Millionen Dollar belasten. Die Kommentatorin der Tageszeitung *El Universal* sieht ein anderes Problem: Nicht immer sei ein Namenswechsel von Erfolg gekrönt. „Davon kann Prince, der nordamerikanische Sänger, ein Lied singen, der in einer existenziellen Anstrengung den Versuch gemacht hat – und immer noch Prince genannt wird."[27]

Am 20. November, nur drei Wochen vor dem Referendum, in dem das Volk über die Verfassung entscheiden soll, liegt der mit heißer Nadel gestrickte Verfassungstext schließlich vor. Chávez hat seinen Willen durchgesetzt: *Bolivarische Republik Venezuela* soll das Land künftig heißen. Die Weltöffentlichkeit nimmt vor allem die Aspekte des Gesetzeswerkes zur Kenntnis, die die Befugnisse des Präsidenten stärken. Im Unterschied zur Verfassung von 1961, die die Wiederwahl des Präsidenten für zehn Jahre nach seiner ersten Amtszeit untersagte, ermöglicht der neue Verfassungstext eine zweite Amtsperiode. Die Legislaturperiode beträgt nunmehr sechs statt fünf Jahre. Außerdem räumt das neue Grundgesetz dem Präsidenten das Recht ein, das Parlament aufzulösen. Mit der Umwandlung des Zweikammernsystems in eine einzige Nationalversammlung entfällt umgekehrt das Recht des Senates, den Präsidenten nach einem Beschluss des Obersten Gerichtshofes seines Amtes zu entheben.

„Ein Präsident lehrt das Fürchten" lautet die Überschrift eines Korrespondentenberichts der *Süddeutschen Zeitung*, in welchem der mittlerweile ins Oppositionslager gewechselte Ver-

fassungsrechtler Herman Escarrá ausführlich zitiert wiederge-
geben wird: „Escarra hat ernsthafte Sorge um die Demokratie,
wenn der jetzige Entwurf der endgültige bleibt: Das Militär sei
darin keiner wirksamen zivilen Kontrolle unterworfen, und
auch dem Präsidenten würden praktisch keinerlei Grenzen gesetzt."[28]

Während die internationale Presse vom Populisten Chávez
spricht, sind im Land selbst die Samthandschuhe längst abgelegt worden. Politiker der Traditionsparteien, Kommentatoren
und Intellektuelle des bürgerlichen Lagers erklärten den Präsidenten zum Diktator und werfen ihm wahlweise faschistische
oder castro-kommunistische Ambitionen vor. Der Publizist
Roberto Hernández Montoya kommentiert:

„Ein Typ, der nicht einen Bruchteil der skandalösen Repressionen zu verantworten hat, die in jeder Minute der demokratischen Epoche verbrochen wurden, eine Epoche, in der man die
desaparecidos (die Verschwundenen) erfunden hat, in der es
Folter, Morde und Razzien gegen Universitäten gab, in der Studenten verfolgt wurden, von der Pressezensur gar nicht zu reden. Ein Typ, der eine Verfassung vorschlägt, in der Diskrimi-
nierung auf Grund von Ethnie oder sexueller Orientierung
verboten sind – mit Verlaub, das ist ein eigenartiger Faschismus."[29]

Der neuen Machtfülle des Präsidenten steht ein Katalog von
Verfassungsartikeln entgegen, die die politische Partizipation
der Bürger stärken. Der Rechtswissenschaftler Humberto Njaim
zählt 61 Artikel, die „direkt auf die Partizipation Bezug nehmen. Lediglich 21 gehen auf die Repräsentation ein."[30]

Der Artikel 70 der neuen Verfassung etwa zählt die „Mittel
für die Beteiligung und für eine aktive Rolle des Volkes in der
Ausübung seiner Souveränität" auf. Als politische Instrumente
nennt er „Volksabstimmung, Volksbefragung, Widerruf von
Mandaten, gesetzgebende, verfassungsändernde und verfassungsgebende Initiativen, öffentliche Gemeinderatssitzungen
und die Versammlung der Bürger und Bürgerinnen, die ver-
bindliche Entscheidungen treffen". Gesellschaftliche und wirtschaftliche Instrumente der Partizipation sollen unter anderem
sein: „Selbstverwaltung, Mitbestimmung, Genossenschaften in
all ihren Formen". Gesetze sollen das Nähere regeln, um die

Beteiligung der Bürger an politischen Prozessen zu ermöglichen – was im Verlauf der Jahre auch in vielen Bereichen geschehen wird.

Die Verfassung selbst wird hier nur an wenigen Punkten konkret: Artikel 72 sieht vor, dass sich jeder Amtsträger zu Hälfte seiner Amtszeit einem Referendum stellen muss, wenn 20 Prozent der „in der entsprechenden Verwaltungseinheit eingetragenen Wahlberechtigten" dieses beantragen. Der Artikel hat es in sich: Vom Präsidenten bis zum Gemeindeabgeordneten muss jeder venezolanische Politiker seinen Platz räumen, wenn mindestens so viele Wähler gegen ihn stimmen, wie er bei der letzten Wahl erhalten hat. Um Gesetze zu widerrufen – Artikel 74 – reichen schon zehn Prozent der Wahlberechtigten, die eine Volksabstimmung wünschen. Beim Haushalt allerdings findet die Volkssouveränität ihre Grenze: „Haushaltsgesetze, Gesetze, die Steuern einführen oder modifizieren, Gesetze über Staatskredite oder Amnestiegesetze, Gesetze, die die Menschenrechte schützen, gewährleisten oder umsetzen sowie solche, mit denen internationale Abkommen gebilligt werden, können nicht einer Volksabstimmung zur Abschaffung unterworfen werden."[31] Von Kommunismus kann keine Rede sein. Die „sozioökonomische Ordnung der Bolivarischen Republik Venezuela" soll gleichermaßen auf „den Prinzipien der sozialen Gerechtigkeit" wie auf denen „des freien Wettbewerbs"[32] beruhen und „das Recht auf Eigentum wird gewährleistet"[33].

Die Wochen vor dem Volksreferendum über die neue Verfassung sind hitzig. Während die Küstenregion und die Hauptstadt von tagelangen Regenfällen heimgesucht werden, kämpfen die Gegner und die Befürworter des neuen Grundgesetzes mit harten Bandagen. Teile des katholischen Klerus warnen öffentlich vor Autoritarismus. Chávez kontert am 12. Dezember in *Aló Presidente*, man müsse an den Bischöfen und Kardinälen „einen Exorzismus vornehmen, damit der Teufel unter ihren Soutanen entweicht".[34]

Rund eine Million Menschen feiert mit Chávez auf der Avenida Bolívar im Zentrum von Caracas den Abschluss des Wahlkampfs. Die Zentralbank schaltet ganzseitige Anzeigen in den Tageszeitungen, in denen sie vor dem Verlust ihrer Unabhängigkeit warnt, sollte die neue Verfassung in Kraft treten. Auch das Management der staatlichen Erdölgesellschaft PdVSA spricht sich öffentlich gegen das Gesetzeswerk aus, weil es durch das Verbot einer Privatisierung des Öl- und Gas-Sektors ihre Handlungsfreiheit behindere.

Am 15. Dezember bestätigen die Wähler den Text der neuen Verfassung mit 71,7 Prozent, die Wahlbeteiligung liegt bei 44,3 Prozent. Doch niemand in Venezuela kann sich darüber freuen. Keiner feiert den Sieg. Denn am Tag des Referendums wird Venezuela von der verheerendsten Naturkatastrophe heimgesucht, die das Land im 20. Jahrhundert erlebt hat.

Der „Verrückte" spaltet die Nation: Katastrophen und Konfrontationen

Schon seit Wochen regnet es in Strömen, doch in den letzten 48 Stunden sind auf die Küstenstaaten Miranda und Vargas Wassermassen niedergegangen, die sich sonst auf das ganze Jahr verteilen. Der Regen hat die Erde an den steilen Berghängen der Karibik vollkommen aufgeweicht. Am Morgen des Tages, an dem die Venezolaner über ihre neue Verfassung entscheiden sollen, spüren die Einwohner der Küstendörfer nördlich von Caracas ein Zittern unter ihren Füßen. Es ist, als ob die Erde bebte. Von den Bergketten der Kordillere, die die Hauptstadt von der Karibik trennt, hört man ein Grollen, das langsam anschwillt. Steine und Erdbrocken lösen sich von den steilen Hängen und prasseln auf die Küste nieder. Binnen Minuten treten die Flüsse über ihre Ufer, aus den Dorfstraßen werden reißende Bäche. Dann kommen die Schlamm- und Erdmassen.

Viele Einwohner schaffen es nicht mehr bis zu ihren Häusern. Die Lawinen, die sich von den Hängen lösen, erreichen bis zu 60 Stundenkilometer. Diejenigen, die den Schutz der eigenen vier Wände gesucht haben, werden vom Schlamm eingeschlossen. Bis zu drei Stockwerke hoch schieben sich Schlamm und Erdreich in die Gebäude und begraben alles unter sich. Der Bundesstaat Vargas, ein 40 Kilometer breiter Landstreifen zwischen der bis zu 2000 Meter hohen Gebirgskette und dem Meer, ist am schlimmsten betroffen. Einige ältere Leute, die die Überschwemmungen von 1951 erlebt haben, hatten ihre Familien und Nachbarn gewarnt, doch die meisten trifft das Inferno vollkommen unvorbereitet.

Als am 17. Dezember endlich Sonnenschein die wochenlangen Regenfälle unterbricht, wird das ganze Ausmaß der Katastrophe sichtbar. Ganze Dörfer sind unter den Lawinen verschwunden. Luftaufnahmen zeigen, wie sich die aufgeweichten Erdmassen in kilometerbreiten Schneisen von den Gipfeln gelöst haben. Der Küstenstreifen sieht aus wie nach einem Vulkanausbruch. Nach dem Erdbeben von 1812, das die Hauptstadt fast vollständig zerstört hatte, ist die „Tragödie von Vargas" die schwerste Katastrophe, die das Land heimgesucht hat. Auf dem internationalen Flughafen Maiquetía, der für Wochen lahmgelegt ist, campieren Obdachlose. In La Guaira, der größten Stadt von Vargas, sind etwa 80.000 Häuser verschüttet worden, der Hafen ist von Geröllmassen vollkommen zerstört worden. Schätzungsweise 400.000 Menschen sind betroffen, 150.000 haben ihr Hab und Gut verloren. Die Zahl der Toten ist nur zu schätzen, es kursieren Zahlen zwischen zehn- und dreißigtausend.

Im Katastrophengebiet beginnen Wasser und Lebensmittel knapp zu werden. Menschen versuchen im Auto nach Caracas zu gelangen, doch auch die Autobahn ist von Schlamm- und Geröllmassen verschüttet. Tausende machen sich mit ein paar Habseligkeiten zu Fuß über die Berge auf den Weg. Die Flüchtenden sprühen Telefonnummern und Adressen auf das, was von ihren Häusern geblieben ist. „Hier ruhen 27 Jahre der Familie Rodríguez", ist auf einer der Hauswände zu lesen. Es kommt zu Plünderungen. Die Armee nimmt mehrere hundert Menschen fest, vereinzelt liefern sich Soldaten und Plünderer Schießereien.

Am 20. Dezember erklärt die Regierung den Ausnahmezustand. Das Leichenschauhaus in Caracas kann zwischenzeitlich die Toten nicht mehr aufnehmen. Schutthalden, unter denen die Behörden Hunderte von Leichen vermuten, werden zu Friedhöfen erklärt.

Chávez leitet persönlich die Rettungsarbeiten. Im Camouflage-Kampfanzug und mit seinem roten Barrett präsentiert er sich den Medien als unermüdlicher Katastrophenhelfer. Er besucht Flüchtlingslager in der betroffenen Region und in der Militärkaserne Fuerte Tiuna in Caracas. Er wirbt vor den Betroffenen für ein Umsiedlungsprojekt: Statt in die gefährdeten Gebiete zurückzukehren, sollen Bewohner der Küstenregionen und der Hänge um Caracas das Regierungsangebot annehmen, die dünn besiedelten Gebiete im Süden des Landes zu entwickeln. Südwestlich des Orinoco- und des Apure-Flusses werden neue Industrieparks für Beschäftigung sorgen, verspricht der Präsident.

Aus Kolumbien und Mexiko kommen Hilfskräfte und Lebensmittel, Fidel Castro schickt sechs Flugzeuge mit acht Tonnen Medikamenten und 200 Katastrophenhelfer. Verteidigungsminister Raúl Salazar hatte auch bei den USA um Unterstützung ersucht. 36 Stunden nach der Katastrophe helfen US-Hubschrauber und 146 Soldaten, eine Luftbrücke zur Versorgung der Opfer einzurichten. Zwei Wochen später tauchen vor der Küste Militärschiffe mit weiteren Soldaten und schwerem Räumgerät auf, um die Straßen von den Schlammmassen zu befreien. Am 2. Februar ruft Chávez seinen Verteidigungsminister an, um anzuordnen, dass die Schiffe mit den Helfern und dem Material venezolanische Häfen nicht anlaufen dürften. Er erklärt dem damaligen US-Botschafter Maisto, über die Katastrophenhilfe freue man sich, die Präsenz von US-Militär auf venezolanischem Territorium sei jedoch nicht erwünscht.

Die Zurückweisung der US-Hilfe spaltet die Nation einmal mehr. Die Anhänger des Präsidenten begrüßen die Entscheidung als einen Akt neugewonnener Souveränität gegenüber der Vormacht aus dem Norden. Die traditionell US-freundlichen Medien des Landes zeigen sich befremdet. Einige Wochen nach dem Desaster werden weitere Vorwürfe laut: Obwohl es schon vor dem 15. Dezember Hinweise auf die Naturkatastrophe gegeben habe, habe die Regierung gezögert, den Notstand auszurufen, um das Verfassungsreferendum nicht zu gefährden. Am Wahltag hatte Chávez gar verfügt, die Wahllokale zwei Stunden länger offen zu halten, um den vom Regen behinderten Bürgern länger Gelegenheit zur Abstimmung zu geben. Im Bundesstaat Miranda, regiert von dem COPEI-Politiker Enrique Mendoza, waren schon am 13. Dezember 9.000 Menschen evakuiert worden. Die Bevölkerung wird es Mendoza bei den Regionalwahlen im Juli 2000 mit einer satten Mehrheit von 64,8 Prozent danken.

Chávez beschuldigt die vorherigen Administrationen der Mitverantwortung an der Katastrophe: Die Stadtplaner und die Bauwirtschaft, jahrzehntelang ein lukratives Betätigungsfeld für Korruption, hätte Vorschriften nicht eingehalten und Wohngebiete in Gegenden gebaut, deren Untergründe für eine Besiedlung nicht geeignet sind.

Am 28. Dezember 1999 erscheint in *El Nacional* eine Reportage mit der Überschrift „Eine Nacht im Ausnahmezustand". Sie berichtet über Verschleppungen und Misshandlungen, die Soldaten während der Weihnachtstage im Katastrophengebiet begangen hätten. Die bekannte Journalistin Vanessa Davies zitiert den Bruder eines Verschleppten: Die geheimdienstliche Polizei DISIP habe nach Leuten mit einschlägigem Vorleben gefahndet, um sie zu exekutieren.

Dass die Armee während der Einsätze Plünderer misshandelt hat, war bereits auf Fernsehaufnahmen zu sehen gewesen. Davies, eine der Studentenaktivistinnen, die während des *caracazo* im Jahre 1989 als mutmaßliche Anstifterin der Unruhen festgenommen und gefoltert worden waren, gibt einen zynischen Dialog zwischen zwei Angehörigen eines DISIP-Kommandos wieder, die am 24. Dezember in La Guaira fünf Plünderer erschossen haben sollen. „Was wir brauchen, sind Schrotflinten", so ein Soldat. „Bei denen kann man keine Seriennummern erkennen. Wenn ich mit der Pistole schieße, verklagen sie mich, falls ich Pech habe. Und durch die ballistischen Untersuchungen kriegen sie einen dran. Mit Schrotmunition passiert das nicht. Schrot hat keine Seriennummer."[35]

Die Vorwürfe gegen die Angehörigen der Militärpolizei treffen Chávez schwer. Schließlich ist eines seiner zentralen Anliegen die Integration der Streitkräfte in die Gesellschaft – unter anderem erhalten Soldaten mit der neuen Verfassung das Wahlrecht. Und ist seine bolivarische Revolution nicht angetreten, ein für alle Mal Schluss zu machen mit den außergerichtlichen Erschießungen und Verschleppungen, die die Epoche des „Paktes von Punto Fijo" gekennzeichnet hat?

Als die Führung des Geheimdienstes die Anschuldigungen von sich weist, fährt der Präsident zusammen mit der Journalistin Davies nach Vargas, um mit den Familienangehörigen zu sprechen. „Ich werde einen Freund verlieren", erklärt er, als er wieder in Caracas eintrifft. „Aber wenn ich zwischen einem Prinzip und einer Million Freunde wählen muss, entscheide ich mich für das Prinzip."[36]

Der Freund ist Jesús Urdaneta Hernández, jener Offizier, der während des Putschversuchs 1992 die Aufständischen in Valencia kommandiert und der nach der Haftentlassung einen Konsulatsposten im spanischen Vigo angenommen hatte. Wie abgesprochen hatte Chávez den Kameraden und Kampfgenossen nach dem Wahlsieg zurück nach Venezuela geholt. Das Angebot, Verteidigungsminister zu werden, lehnt Urdaneta ab, doch er übernimmt die Leitung der Geheimpolizei. Angesichts der Vorwürfe gegen seine Untergebenen zeigt sich der neue DISIP-Chef uneinsichtig. Es seien Tausende von Soldaten im Katastrophengebiet im Einsatz gewesen – und überall hätte es Auseinandersetzungen mit Plünderern gegeben. Dass ausgerechnet das ihm unterstehende Kommando die Menschenrechtsverletzungen begangen haben solle, hält er für eine gezielte Unterstellung. Davies habe diese Geschichte im Auftrag seiner politischen Gegner lanciert, so Urdaneta.

Manches spricht dafür, dass die Vorfälle in Vargas zumindest eine gute Gelegenheit sind, Urdaneta mundtot zu machen. Schon zu Zeiten des MBR-200 gehörte er eher dem konservativ-nationalistischen Flügel an. Der hitzköpfige Offizier sieht Chávez von moralisch und politisch zweifelhaften Figuren umgeben. „Wie kann das sein, dass du einen Homosexuellen zum Minister machst?", fragt er ihn bei einer Gelegenheit. „Das ist ansteckend, hörst du?"[37]

Mit zunehmendem Unwohlsein registriert er in den ersten Monaten nach Amtsübernahme den Einfluss linker MVR-Funktionäre auf die Politik des neuen Präsidenten. Er lässt gegen Nicolás Maduro ermitteln, ein ehemaliger Kader der Liga Socialista, weil dieser angeblich Waffen der Streitkräfte beiseite schafft, um Volks-Milizen aufzubauen.

Im Verlauf des Jahres 1999 entwickelt sich Urdaneta zum Albtraum für die neue Nomenklatura. Er lässt über vierzig Fälle von Korruption recherchieren. Er ermittelt auch gegen Innenminister Ignacio Arcaya und Außenminister José Vicente Rangel, doch die meisten Fälle betreffen Luis Miquilena, der sich nach gewonnener Wahl gegenüber seinem Lobby-Umfeld recht gefällig zeigt. Miquilenas ehemaliger Geschäftsfreund Tobias Carrero etwa, der das MVR großzügig unterstützt hatte und Chef der Versicherungsgesellschaft Multinacional de Seguros ist, kann während der Amtsperiode Miquilenas als Justizminister lukrative Verträge für die Polizeikräfte abschließen. Auch das engste Umfeld des Präsidenten ist betroffen: Chávez' Jugendfreund Reyes Reyes soll im Verkehrsministerium Verwandten Posten beschafft haben. Als Urdaneta erfährt, dass Ermittlungsakten, die er dem Präsidenten zustellt, bei den Beschuldigten landen, kommt es zum Streit. Urdaneta wirft Chávez vor, die korrupten Verhältnisse zu decken, gegen die die *comandantes* immer gekämpft hätten: „Wie ist das möglich, dass du akzeptierst, wenn Luis Miquilena und Tobías Carrero diese Gaunereien anstellen? Dass Leute in den Verwaltungen und Ämtern per Fingerzeig berufen werden?"[38]

Chávez hält dagegen. Nicht alles könne von jetzt auf gleich verändert werden. Man müsse strategisch denken. „Diese Leute haben mir sehr geholfen", erklärt er. „Ohne die gäbe es beispielsweise keine Verfassungsversammlung."[39]

Als Urdaneta zur Jahreswende mit den Vorwürfen der Menschenrechtsverletzungen in Vargas konfrontiert wird, tritt er als DISIP-Chef zurück und kündigt dem Präsidenten endgültig die Gefolgschaft. Am 4. Februar 2000, dem achten Jahrestag des *madrugazo*, gibt er mit zwei der engsten Kameraden aus der Zeit des MBR-200 eine Pressekonferenz. Zusammen mit Francisco Arias Cárdenas und Yoel Acosta geht Urdaneta öffentlich auf Distanz zur Regierung. Die drei ehemaligen MBR-200-Führer fordern Chávez auf, sich von den Seilschaften der vorherigen politischen Klasse loszusagen.

Die Erklärung von Maracay der drei *comandantes* gibt den Startschuss für ein wildes Mediengefecht, in dem monatelang Anklagen und Gegenanklagen ausgetauscht werden. Das Gespenst der Korruption geht um in Venezuela. Die neue Politikerkaste, so scheint es, wickelt ihre persönlichen und politischen Differenzen über Bestechungsvorwürfe ab. Jeder beschuldigt jeden der Vorteilnahme, des Klientelismus, der Bildung von Seilschaften. Außenminister José Vicente Rangel, dem Urdaneta vorgeworfen hatte, einen Freund in Spanien zum

Konsul gemacht zu haben, schlägt zurück. Urdaneta habe auch Dreck am Stecken, so erklärt er gegenüber *El Universal*. Er habe ihn darum ersucht, zwei seiner Verwandten für die Konsulate in Miami und in Cartagena zu berufen.

„Und Sie haben sich darauf eingelassen?" fragt der Reporter.

„Ja, natürlich."

„Das heißt, Sie haben bei der Seilschaft mitgemacht?"

„Ich habe die Bitte erfüllt, um ihm einen Gefallen zu tun."

„Und ist das nicht so wie früher?"

„So wie früher handelt, wer um den Gefallen ersucht."[40]

Oberstaatsanwalt Javier Elechiguerra lässt gegen alle Seiten ermitteln: gegen Urdaneta wegen Menschenrechtsverletzungen, gegen Miquilena wegen des Versicherungsfalls und weil er angeblich an der Druckerei beteiligt war, die im Frühjahr 1999 im Auftrag der Regierung eine Million Exemplare der Verfassung gedruckt hat. Pablo Medina, derzeit PPT-Generalsekretär, wirft Miquilena vor, in der verfassungsgebenden Versammlung die Diskussion über die Außenschulden im Sinne der Gläubigerbanken beeinflusst zu haben, zu denen er beste Beziehungen unterhalte. Miquilena wirft dem Oberstaatsanwalt vor, ein persönlicher Freund von Arias Cárdenas zu sein. Urdaneta wirft Chávez vor, mit der kolumbianischen Guerilla zu kollaborieren – ein Vorwurf, der ihm erstmalig in der Weltpresse den Ruf einbringt, eine „Gefahr für die gesamte Region"[41] zu sein.

Der Oberste Gerichtshof stellt das Verfahren gegen Miquilena Ende Mai ein. Dennoch geht der politische Mentor des Präsidenten aus dem heißen Frühjahr beschädigt hervor. In einer öffentlichen Anhörung hat sich unter anderem herausgestellt, dass er sich Ermittlungsakten beschafft hat, die ausschließlich für die Staatsanwaltschaft bestimmt waren. Chávez verteidigt sich: Er habe jeden Fall untersuchen lassen, den ihm Urdaneta habe zukommen lassen. Erst unter seiner Regierung sei es gelungen, mit der Tradition der geheimen Buchführung zu brechen, derzufolge das Militär und die Geheimdienste über ihre Ausgaben keine Rechenschaft ablegen mussten.

„Diese geheimen Budgets waren eine der Hauptquellen der Korruption, nicht nur für die Militärs, auch für Zivile", erklärt er Jahre später. „Als wir die entsprechenden Regelungen reformiert hatten, sanken diese Kosten um 80 Prozent."[42]

Die wechselseitigen Anschuldigungen bilden die Begleitmusik zu den „Mega-Wahlen" des Jahres 2000. Einmal mehr bittet die Regierung Chávez zu den Urnen: Auf Grundlage der neuen Verfassung sollen die Wählerinnen und Wähler nochmals über die Nationalversammlung, die Landesregierungen und das höchste Staatsamt entscheiden. „Mit Chávez hat das Volk das Sagen"[43] lautete der Slogan der Regierungskoalition für die Präsidentschaftswahlen. Es gibt nur einen Mann, der ihr gefährlich werden kann: Francisco Arias Cárdenas, Spitzenkandidat der Causa R. Als ehemaliger Anführer des MBR-200 kann Arias Cárdenas für sich beanspruchen, ebenso wie Chávez gegen die korrupte IV. Republik gekämpft zu haben. Gleichzeitig hat er sich als Landesvater des ölreichen Bundesstaats Zulia den Ruf eines gemäßigten Reformers erworben, der, anders als der streitlustige Chávez, die Konfrontation mit dem Establishment vermeidet. Der Ex-Offizier mit den weißen Schläfen hat die Sympathien der bürgerlichen Medien auf seiner Seite und er weiß, was die Intelligenzia, was die Mittel- und Oberschichten hören wollen:

„Wir wollen keine politische Figur, die sich das Uniformhemd von Fidel Castro überstreift. Dafür haben wir nicht rebelliert, dafür haben wir nicht Tote und Verletzte in Kauf genommen, das wollen wir klarstellen. Wir respektieren Fidel, aber bitte sehr auf seiner Insel. Wir können mit Fidel und den Kubanern verhandeln und ihre Revolution respektieren. Aber unsere Revolution bauen wir hier auf, ohne Ratgeber, unseren Gegebenheiten angepasst, und mit den vielen Venezolanern, die auf den besten Universitäten der Welt studiert haben: Sie sind es, die wir für den Aufbau des Landes zusammenrufen müssen."[44]

Spätestens seit dem letzten Besuch auf der sozialistischen Insel, bei dem sich Hugo und Fidel bei einem im Fernsehen übertragenen Freundschafts-Baseballspiel präsentieren, geht im venezolanischen Establishment die Angst vor der „Kubanisierung" Venezuelas um. Im Frühsommer 2000 treibt die Sorge ungeahnte Blüten: Eine private Fernsehanstalt präsentiert dem Publikum einen Mann namens Juan Alvaro Rosabal, der von sich behauptet, kubanischer Agent zu sein. Mit ihm seien 1500

Spione nach Venezuela eingeschleust worden, um die Bevölkerung mit sozialistischem Ideengut zu indoktrinieren. Fidel Castro erklärt von Havanna aus, wenn Alvaro Rosabal ihm einen dieser angeblichen Agenten präsentiere, zahle der kubanische Staat ihm auf der Stelle eine Million Dollar in bar aus. Der angebliche Agent zieht es vor, unterzutauchen und wenig später in der nicaraguanischen Botschaft um politisches Asyl zu ersuchen. Das Thema beherrscht einige Tage die Schlagzeilen, dann ist von den kubanischen Geheimdienst-Horden nichts mehr zu hören.

Francisco Arias Cárdenas präsentiert sich bei den Präsidentenwahlen als gemäßigte Alternative zum lautstarken Chávez. Er nennt den Präsidenten einen „Gockel". Dieser wehrt sich mit Beschimpfungen wie „Böhnchen" oder „Fliege". Das Publikum erhält Gelegenheit, die rustikale Auseinandersetzung zwischen den ehemaligen Waffenbrüdern länger als geplant zu verfolgen: Die für Ende Mai angesetzten *mega-elecciones* müssen wegen technischer Schwierigkeiten auf Ende Juli verschoben werden. Als sie schließlich am 30. Juli stattfinden, kann Chávez sein Ergebnis von 1998 noch um 3,5 Prozent verbessern und siegt mit 59,76 Prozent.

Dass Chávez die Wahl im Sommer 2000 so klar gewinnt, überrascht nicht zuletzt die internationale Öffentlichkeit. Denn aus Venezuela waren in der ersten Jahreshälfte nur Hiobsmeldungen in die Welt gegangen: Die Inflation, im Jahr 1999 auf 20 Prozent abgesunken, erreicht wieder 25 Prozent. Die Exporte sinken, die Importe steigen. Die Binnenverschuldung steigt um 142 Prozent im ersten Quartal des Jahres. Die Zahlen überraschen nicht, angesichts der milliardenschweren Verwüstungen, die die Katastrophe von Vargas nach sich gezogen hat. Doch das Stimmungsbild, das die Auslandskorrespondenten an die Heimatredaktionen kabeln, ist verheerend: „Kapital und Unternehmen fliehen aus dem lateinamerikanischen Ölland"[45], meldet das *Handelsblatt,* und die *New York Times* berichtet, Manager und Wissenschaftler verließen das Land „abgeschreckt von der steigenden Kriminalität und Chávez' Populismus, der unterstellt, jeder, der hier Geld hat, müsse es gestohlen haben".[46] Je nach befragtem Wirtschaftsexperten beziffert die

Presse die Summe des seit Chávez' Amtsantritt aus dem Land geflüchteten Kapitals auf 12 bis 16 Milliarden Dollar. Schuld für das Desaster sei die „katastrophale Administration"[47] von inkompetenten, ideologisch geleiteten Chávez-Gefolgsleuten. Kein Artikel über Venezuela kommt aus ohne die Schilderungen des beißenden Spotts der lokalen Medien gegen den Präsidenten, oder die „Hugo, du bist verrückt"-Graffitis an den Mauern der besseren Stadtteile von Caracas.

Auch im Parteienbündnis des Präsidenten zeigen sich Auflösungserscheinungen. Die Partei Patria Para Todos, angeführt von Pablo Medina, hatte sich vorläufig aus der Chávez-Koalition zurückgezogen – ein Umstand, der kurzzeitig den Verbleib von Alí Rodríguez Araque in der Regierung gefährdet. Der Energieminister, Mitglied der PPT, gilt international als der Politiker, der die OPEC wieder zusammengeführt hat. „Er hat eine Aufsehen erregende Erholung des Ölpreises erreicht", so die *Financial Times,* „weil er sich exakt an die Ölförderquote seines Landes hielt."[48] Der Stern des Ex-Putschisten Hugo Chávez – darin sind sich die meisten Korrespondenten einig – ist im Sinken begriffen.

Nach dem erdrutschartigen Wahltriumph des Amtsinhabers müssen sich die internationalen Beobachter verwundert die Augen reiben. Chávez siegt auf ganzer Linie: In der Nationalversammlung gehen 99 der 165 Sitze an sein Parteienbündnis Polo Patriótico, außerdem gewinnen die Parteien der Regierungskoalition 16 der 23 Bundestaaten. Und das Amt des Bürgermeisters im Großraum Caracas geht an einen Gefolgsmann des Präsidenten: Alfredo Peña verspricht, den „drastischen Anstieg der Kriminalität"[49] in der Hauptstadt mit allen Mitteln zu bekämpfen. „Blei für das Verbrechen"[50] lautet der martialische Wahlslogan, mit dem der Ex-Journalist und Noch-Chavist die Wahlen gewinnt. Auch die Familie des Präsidenten geht nicht leer aus: Chávez' Vater Hugo de los Reyes Chávez wird Ministerpräsident des Bundesstaates Barinas.

Talibanes gegen Escuálidos:
Die Zivilgesellschaft macht mobil

Ein eigenartiges Phänomen zeigt sich im Ergebnis der Mega-Wahlen des Sommers 2000. Obwohl die privaten Fernseh- und Radiostationen und so gut wie alle nationalen und regionalen Tageszeitungen im Wahlkampf gegen Chávez mobilisiert haben, ist er bei den Wählern so populär wie nie. Der Mestize aus den Llanos hat das Land geteilt – in eine Minderheit, die die veröffentlichte Meinung beherrscht, und eine Mehrheit, die auf diese Öffentlichkeit nicht zu hören scheint.

Der peruanische Schriftsteller Mario Vargas Llosa hatte sich bereits in den ersten Monaten der Regierung Chávez Gedanken über diese Mehrheit gemacht: „Dass eine derartig hohe Anzahl von Venezolanern die populistischen und autokratischen Delirien einer so lächerlichen Persönlichkeit unterstützt, wie es der Leutnant Hugo Chávez ist", schreibt er in einem Essay in der spanischen Zeitung *El País*, „macht aus diesem keinen Demokraten. Es enthüllt nur die extreme Verzweiflung, Frustration und zivile Unkultur der venezolanischen Gesellschaft."[51]

Vargas Llosas Essay mit dem Titel *Der Selbstmord einer Nation* spricht den venezolanischen Eliten aus dem Herzen. Der „primitive Oberstleutnant"[52] gilt in der weißen Oberschicht des Erdöllandes als typischer *zambo*: ein Bastard, Nachfahre der Vermischung von afrikanischen Sklaven und Ureinwohnern. Vom „Slum-Stil der Regierung" und vom „Hafenarbeiter-Diskurs des Präsidenten"[53] ist in der bürgerlichen Presse die Rede. Man war davon ausgegangen, dass die „zivile Unkultur", wie der peruanische Schriftsteller das Massenphänomen Chávez umschreibt, eine vorübergehende Aufwallung ist. Der hemdsärmelige *caudillo*, der dem Volk das Blaue vom Himmel verspricht: wie oft hatte es das nicht gegeben im Laufe der südamerikanischen Geschichte? Selbst in konservativen Kreisen sieht man Chávez als notwendige Übergangserscheinung in einer Epoche, in der die traditionellen Parteien unwiderruflich als korrupt verschrien sind. Ein Mann mit der Aura von Anti-Politik, der selbst Vorstandsvorsitzende zu duzen pflegt, scheint genau der Richtige zu sein, um der politischen Klasse wieder Glaubwürdigkeit zu geben.

Die lässige Haltung hält nicht lange vor. Die Freundschaft

zu Castro, die Ablehnung der Katastrophenhilfe aus den USA, das Foto, das ihn beim Besuch im Irak in inniger Umarmung mit Saddam Hussein zeigt, die Auflösung des Nationalkongresses, die dutzendfachen Entlassungen von Richtern … im Verlauf der ersten beiden Regierungsjahre wird der pittoreske Offizier dem westlich orientierten, US-freundlichen Establishment zunehmend unheimlich. Und je mehr man sich von den Ausfällen des Präsidenten gegen die „Oligarchie" an den Rand gedrängt sieht, desto mehr pflegt man das eigene Selbstbewusstsein.

Anfang 2001 beginnt das Establishment, das sich zunehmend als „die Zivilgesellschaft" bezeichnet, massiv gegen Chávez zu mobilisieren. Anlass ist ein „nationales Erziehungsprojekt" der Regierung. Der ehemalige Guerillero Carlos Lanz wird Koordinator einer Kommission, die für das Erziehungsministerium den Unterrichtsstoff und die Fachgebiete der Schulbildung reformieren soll. Schon die Ernennung von Lanz, der 1979 an der dreijährigen Geiselnahme eines US-amerikanischen Geschäftsmannes beteiligt war, bringt die bürgerlichen Kräfte auf. Was der marxistische Pädagoge Lanz alles in die neuen Geschichtsbücher schreiben lassen will, trifft auf wenig Gegenliebe: Die vierzig Jahre des „Paktes von Punto Fijo" sollen als Epoche der Korruption und des Klientelismus gebrandmarkt werden. Und Chávez' Putschversuch im Jahre 1992 gilt zukünftig als legitime Erhebung. Doch es kommt noch schlimmer: Lanz will Schulkinder auf die Zuckerrohrfelder schicken. „Der Vorschlag lautet, dass die Kleinen bei der Ernte dabei sind", erklärt er gegenüber der Presse, „damit die Arbeit, die Freude, die Natur Teil der Erziehung werden."[54]

Dass sich ihr Nachwuchs bei der Feldarbeit die Hände schmutzig machen soll, löst bei den Müttern und Vätern der urbanen Eliten die höchste Alarmstufe aus. Man fühlt sich an die Erziehungsmethoden Fidel Castros erinnert, an die Pioniere der sozialistischen Karibikinsel. Am 20. Januar 2001 gehen Lehrer und Eltern gemeinsam in Caracas auf die Straße, um gegen die „Indoktrinierung" und „Kubanisierung" des Unterrichtsstoffs zu protestieren. „Leg dich nicht mit meinen Kindern an!", lautet die Parole gegen die neueste Revolutionsmaßnahme des verachteten Präsidenten.

Die Demonstration gegen die Erziehungsreform ist der Auftakt eines unruhigen Jahres. Die Ablehnung von Chávez lässt Bürger zu Aktivisten werden, die noch nie in ihrem Leben auf die Straße gegangen sind. Angestellte der Erdölgesellschaft PdVSA, Banker, Ärzte, Rechtsanwälte, Architekten und Mittelstandsfamilien marschieren – mit Trillerpfeifen, in die Nationalfarben gehüllt und vereinzelt auch mit US-Flaggen – durch die Stadtteile Chuao und Altamira. Jeeps mit Vierradantrieb, die sonst die Familienväter in den Country Club oder die Kinder in die Privatschule transportieren, bilden auf der Stadtautobahn von Caracas hupende Autokorsi. Das Topf- und Pfannenschlagen der *cacerolas*, entstanden Anfang der Neunziger während der Proteste gegen Carlos Andrés Pérez, erklingt jetzt aus den vergitterten Fenstern der umzäunten Apartmenthäuser.

Chávez begegnet dem Aufstand der Besserverdienenden mit den Mitteln des Autokraten. Laut Gesetz hat er das Recht, Radio- und Fernsehsender zu einer *cadena*, einer „Kette", zusammenzuschalten, um Mitteilungen von nationalem Interesse zu verkünden. Chávez macht von diesem Recht ausgiebigen Gebrauch. Die *cadena* wird in den ersten Regierungsjahren sein beliebtestes Kampfmittel.

„Wann immer es passt"[55], werde er die Sender in Kette schalten, verspricht er seinen Anhängern am 15. Juni 2001. Ihm passt es eigentlich immer. Während eines Baseballspiels oder mitten in einer der beliebten Telenovelas – die *cadenas* des Präsidenten können die Bevölkerung zu jeder Gelegenheit ereilen. Die Zeitung *El Universal* widmet der präsidialen Gleichschaltung eine Rubrik unter dem Titel *Cadenometro*, die die Leser regelmäßig über die Gesamtlänge der *cadenas* auf dem Laufenden hält. In den Jahren 1999 bis 2001, so das Blatt, unterbricht Chávez genau 294 Stunden und 21 Minuten lang das Fernseh- und Radioprogramm, um zu den Bürgern zu sprechen.

Die Mitteilungsfreudigkeit des Präsidenten macht sogar seine Tochter nervös. „Aber Papa, wie lange denn noch?", fragt sie eines Tages. „Sieh mal, ich bin aufgestanden, ins Bad gegangen und habe dich dabei gehört. Ich bin mit ein paar Freundinnen einkaufen gewesen, und da warst du im Fernsehen. Wir fahren mit dem Auto zurück, machen das Radio an, schon wieder du. Ich komme nach Hause, nehme eine Dusche, und immer noch du. Papa, bis wann denn noch?"[56]

Dem Präsidenten gefällt es so. Mit den Vorwürfen, sich in diktatorischer Selbstverliebtheit zu ergehen, und seine Gegner mit den *cadenas* provozieren zu wollen, kann er leben. Aus seiner Perspektive und der seiner Anhänger dienen sie einem unverzichtbaren Zweck: der Richtigstellung. Wenn die Medien berichten, die Armut sei unter seiner Regierung gestiegen, zitiert er Statistiken, die das Gegenteil beweisen. Wenn sich ein Journalist über die ausgiebige Reisetätigkeit des Staatschefs ereifert, plaudert er detailfreudig über seine Treffen mit Staatschefs und internationale Gremien, die seine Auslandsbesuche ins rechte Licht rücken sollen.

„Lüge!" ist sein meistgebrauchter Ausruf. In stundenlangen Presseschauen analysiert er minutiös die mutmaßlichen Falschmeldungen und Verdrehungen seiner Gegner. In den späten Abendstunden des 15. Juni 2001 etwa widmet er sich einem Foto auf der Titelseite von *El Nacional*: Eine Frau – zurückgehalten von einem Soldaten – hält ein Schild mit der Aufschrift „Hilfe, Präsident!" hoch. Chávez bittet seinen Kameramann, den er – ganz *Talkshow-Host* – „Teodoro den Guten" zu nennen pflegt, das Foto näher ranzuholen:

„Da ist keine Wut zu erkennen. Man könnte behaupten, es wäre Liebe, ein wenig Schmerz, Hoffnung, ein Blick, ein Lächeln, eine ausgestreckte Hand. Der Soldat stößt sie nicht weg. Seht euch den Soldaten an. Er ist wie jeder Soldat. Waffen? Er trägt keine Waffen. Er schaut die Frau respektvoll an. Er macht es möglich, dass der Präsident passieren kann, der zu einer Veranstaltung der Erdölgesellschaft Petróleos de Venezuela fahren muss. Ich konnte da nicht Halt machen. Und es warteten eine Menge Bittsteller, wie überall. Aber nichts von einem Zusammenstoß, kein Zurückdrängen, weder schlägt die Frau den Soldaten, noch er sie. Wir sehen hier eine Begegnung im Volk. Hier das uniformierte Volk, das seine Pflicht sensibel erfüllt, dort das zivile Volk, eine Dame, die einen Brief hat, einen Umschlag, eine Bitte, wie sie uns millionenfach zugestellt werden. Wann war das denn früher möglich, dass die Leute dem Präsidenten so nahe kommen konnten, um ihm einen Zettel zu geben oder ein Schild zu zeigen?"[57]

Dann verliest er den Kommentar, den die Zeitung unter der

Überschrift „Vergebliches Hilfsersuchen" dem Foto beigestellt hat. „Sie wartete über drei Stunden", schreibt *El Nacional*, „damit Präsident Hugo Chávez ihr nach Beendigung seines Fernsehprogramms einige Minuten widmet. Doch der Sicherheitskordon um den Amtsinhaber verhinderte, dass sie ihm die Mappe mit ihren Ersuchen geben konnte. Sie weinte, schrie und schlug auf die Soldaten ein."[58]

Das Team des Präsidenten hat gut gearbeitet: Chávez kann dem Publikum die Mappe der hilfesuchenden Dame live und in Farbe vorführen. „Schaut her, ich zeig sie euch, es ist dieselbe Mappe wie auf dem Foto. Die Dame ist angehört worden und die Mappe wurde mir zugestellt. Hier ist sie, ich zeige sie so, wie sie sie auf dem Foto hält, im selben Winkel. Los, Teodoro!"

Und Chávez hat noch einen weiteren Clou zu bieten: Die Frau auf dem Foto hat der Redaktion von *El Nacional* einen Brief geschrieben, in dem sie ihr Recht auf Gegendarstellung einfordert: „Ich erkläre hiermit öffentlich, dass weder der Titel noch die Legende des Bildes der Wahrheit entsprechen", zitiert er aus dem Brief. „Ich akzeptiere nicht, dass man mich dafür missbraucht, die Regierung zu disqualifizieren."

Der präsidiale Showman landet in seinen *cadenas* so manchen Treffer dieser Art. Denn Beispiele für tendenziösen Journalismus gibt es reichlich. Die großen Tageszeitungen *El Nacional*, *El Universal* und *El Mundo*, die Fernsehsender *Venevisión*, *Globovisión*, *Televen* und *RCTV* scheinen sich darauf geeinigt zu haben, den verhassten Staatschef diskreditieren zu wollen – auch um den Preis journalistischer Seriosität. Der Berufsstand selbst fühlt sich in der Opferrolle.

„Was für uns Information ist, ist für Chávez Frías eine Verleumdungskampagne. Er scheint der Auffassung zu sein, guter Journalismus müsse sich seiner politischen Logik beziehungsweise seiner Vorstellung von Revolution anschließen"[59], so Angela Zago über den *comandante*, dem sie eine Dekade zuvor mit ihrem Buch *Die Rebellion der Engel* eine flammende Apologie gewidmet hatte. „Einerseits gibt es eine scheinbare Meinungsfreiheit und gleichzeitig hetzt man von Regierungsseite die Menge dazu auf, diejenigen anzugreifen, die anders denken, inklusive die Journalisten und die Medien."[60]

Die Erklärung der Chavisten für die Feindschaft der Medien ist eine andere: Die bolivarische Revolution habe die großen Medienunternehmen von den staatlichen Fleischtrögen vertrieben und dadurch verprellt. Unbestrittenermaßen pflegten sich die großen Medienhäuser zur Zeit des „Paktes von Punto Fijo" bei AD und COPEI Abgeordnetensitze zu sichern: um etwa auf die Mediengesetzgebung Einfluss zu nehmen und sich einen Teil des staatlichen Anzeigenbudgets zu sichern. Ein Medien-Zar habe ihm bei Regierungsantritt einen Finanzminister unterschieben wollen, erklärt Chávez in einer *cadena* am 29. Oktober, doch er habe abgewunken: „Sie täuschen sich in mir, mein Freund. Ich schulde Ihnen gar nichts."

Mit der Front, die sie gegen die Regierung Chávez aufbauen, reagieren die Verlags- und Medienhäuser auch auf die Krise der bürgerlichen Parteien. Mit der Wahlniederlage von Francisco Arias Cárdenas im Sommer 2000 sind die Hoffnungen der bürgerlichen Kräfte auf ein baldiges Ende des chavistischen Albtraums geschwunden. Die diskreditierten Traditionsparteien AD und COPEI sind in der Bedeutungslosigkeit verschwunden. Neue Parteien wie Rafael Calderas Convergencia oder Henrique Salas Römers Proyecto Venezuela haben ihre zwischenzeitliche Popularität nicht stabilisieren können. Im Verlauf des Jahres 2001 beginnen Zeitungen und Sender die Rolle jener Opposition zu übernehmen, die in den Parteien keine relevante gesellschaftliche Basis mehr hat. Die Medien werden zum Sprachrohr eines Bürgertums, dass sich von Chávez marginalisiert sieht. Angesichts von Äußerungen des Präsidenten, das Privateigentum sei „nicht heilig"[61], besinnen sich die Radio- und Fernsehmacher auf ihre Klassenzugehörigkeit. Zunehmend sehen sie sich in der Pflicht, die viel beschworene „Zivilgesellschaft" politisch zu repräsentieren.

Es dauert nicht lange, bis Hugo Chávez einen Kampfbegriff gegen diese Zivilgesellschaft gefunden hat. Eine Frau, die in einer der mittlerweile zur Fernsehshow gewordenen *Aló Presidente*-Sendungen anruft, wettert gegen eine *marcha escuálida*, eine „magere Demonstration" der Opposition. *Escuálido* steht für „abgemagert, verwahrlost", und der Präsident verliebt sich auf der Stelle in das dahingesagte Adjektiv. Die von der Opposition sind ab sofort die *escuálidos*, sie leben in *escuálilandia*, und ihren Worten und Taten mangelt es an allem außer an *escualidez*. Dass seine Anhänger bald eine Website namens *antiescualidos.com*[62] gründen, ist nicht weiter verwunderlich. Doch auch die Beschimpften finden an der Bezeichnung Gefallen und tauschen sich auf *redescuálidos.net* aus, dem „Netzwerk der *Escuálidos*".[63]

Im Oktober 2001 legt sich Chávez öffentlich mit dem großen Bruder im Norden an. Während einer *cadena* kommt er auf die Anschläge vom 11. September zu sprechen und auf die US-Bombardements in Afghanistan. Selbstverständlich hätten die USA das Recht, sich gegen terroristische Angriffe zu wehren. „Sie sollen die Terroristen suchen, aber nicht so. Seht euch diese Kinder an!", erklärt er und hält Bilder von verletzten und getöteten afghanischen Kleinkindern in die TV-Kameras. „Man kann Terror nicht mit noch mehr Terror bekämpfen. Diese Kinder tragen weder Schuld am Terrorismus, noch an Osama Bin Laden oder an sonst irgendetwas."[64]

Die US-Regierung bestellt ihre venezolanische Botschafterin Donna Hrinack nach Washington ein, um sie zu instruieren, wie mit dem Affront umzugehen ist. Zurück in Caracas, wird sie in Miraflores vorstellig. Die Audienz bei Chávez gerät zum Desaster. Hrinack betritt das Büro des Präsidenten und beginnt sofort, ein Dokument zu verlesen, dass ihn dazu auffordert, die Äußerungen über Afghanistan richtigzustellen. Chávez unterbricht die Botschafterin und fordert sie auf, sein Büro zu verlassen: „Kommen Sie wieder, wenn Sie sich darüber im Klaren sind, dass Sie mit dem Präsidenten eines absolut souveränen Landes sprechen."[65] Hrinack, irritiert von Chávez' barscher Reaktion, bittet darum, das Dokument zu Ende lesen zu können und eilt danach aus dem Präsidentenpalast.

Die frostige Begegnung ist der Tiefpunkt einer diplomatischen Eiszeit, die mit einer Tour des venezolanischen Staatschefs durch die OPEC-Nationen im Sommer ihren Anfang genommen hatte. Neben Kuwait, Katar, den Arabischen Emiraten, Indonesien und Algerien hatte Chávez es sich nicht nehmen lassen, auch bei den Schurkenstaaten unter den arabischen Nationen vorbeizuschauen: Libyen, Iran und Irak. Als er am 10. August 2000 um 14 Uhr auf dem Flughafen in Bagdad eintrifft, ist er der erste Regierungschef der westlichen Hemisphäre, der nach dem Golfkrieg von 1991 Saddam Hussein einen Besuch abstattet. Das US-State Department zeigt sich indigniert: Als Mitglied der Vereinten Nationen habe sich Venezuela an die gegen den Irak verhängten Sanktionen zu halten, erklärt Sprecher Richard Boucher.

Dass sich die Präsidenten Venezuelas bisweilen in antiimperialistischer Rhetorik ergehen, hatte Washington bis dato als südamerikanische Folklore abgebucht. Denn trotz der gelegentlichen Ausfälle war Venezuela immer ein willfähriger strategischer Partner in der Region und ein zuverlässiger Erdöllieferant der USA geblieben. Doch der Ex-Putschist, dem man noch 1998 wegen „terroristischer Aktivitäten" die Einreise verweigert hatte, beginnt die Bush-Regierung nervös zu machen. Einige Tage vor den Anschlägen des 11. Septembers hatte die venezolanische Regierung erklärt, sie wolle die Jahrzehnte währende Militärkooperation mit den USA auslaufen lassen. Verteidigungsminister Rangel kündigt an, die US-Militärs, denen man Büros im Verteidigungsministerium zur Verfügung gestellt hatte, seien nicht länger erwünscht.

Die scharfe Reaktion der USA auf seine Bemerkungen zum *War against terror* sei ein Startschuss gewesen, der der internen Opposition Aufwind gegeben habe, so Chávez: „Sie sagten sich: Wir haben jetzt Unterstützung, also lasst uns gegen Chávez vorgehen."[66] Tatsächlich beginnen die USA im Jahr 2001 ihre Beziehungen zu den oppositionellen Kräften in Venezuela zu intensivieren. Das *National Endowment for Democracy* (NED) hatte bereits im Laufe des Jahres einen Geldregen auf diverse Nichtregierungsorganisationen (NGOs) und Parteien niedergehen lassen. Die Stiftung, die hauptsächlich durch das US-State Department finanziert wird, erhöht seine Zuwendungen nach Venezuela von jährlich 50.000 Dollar auf rund 877.000 Dollar im Jahre 2001.[67]

Ähnlich wie etwa in der Ukraine oder in Serbien, in denen die NED operiert, sucht die Stiftung auch in Venezuela eine Partei, die die Interessen der USA im Land vertritt und nicht zum Kreis des korrupten politischen Establishments gehört. Sie findet sie in *Primero Justicia* (Gerechtigkeit zuerst), eine vor allem von jungen Anwälten dominierte Partei, die für eine liberale Wirtschaftspolitik eintritt und die während der „Mega-Wahlen" im Jahr 2000 die Bürgermeisterwahlen in den Stadtteilen Chacao und Baruto von Caracas gewonnen hat. Vom NED mit 340.000 Dollar ausgestattet, unterzieht das *International Republican Institute* (IRI) im Jahre 2001 die Parteikader intensiver Trainee-Programme. Doch nicht nur die Jungpolitiker von Primero Justicia erhalten Geld und Ratschläge in Sachen Kampagnenarbeit. Der sozialdemokratisch dominierte Gewerkschaftsverband CTV bekommt 150.000 Dollar, eine Bürgerrechts-NGO namens *Momento de la Gente* streicht 250.000 Dollar ein und auch die *Asamblea de Educación*[68] kämpft mit Geldern des NED gegen die chavistischen Erziehungsreformen.

Der Konflikt mit der Opposition spitzt sich zu, als die Regierung Chávez bekannt gibt, 48 Gesetze dekretieren zu wollen. Vor allem an drei dieser *leyes habilitantes* (Ermächtigungsgesetze) entfacht sich der Protest: am Boden- und Agrargesetz, am Fischereigesetz und am Erdöl- und Erdgas-Gesetz.

Das Bodengesetz sieht die Einführung des *Instituto Nacional de Tierra* (INTI, Nationales Bodeninstitut) vor, die ungenutzte Böden an landlose Bauern verteilen soll. In Venezuela gehören 12 bis 15 Prozent der Einwohner zur Landbevölkerung. Trotz einer Agrarreform in den sechziger Jahren verteilen sich 75 Prozent der Ländereien auf fünf Prozent der Eigentümer. Wie in fast allen lateinamerikanischen Ländern ist die Agrarwirtschaft dominiert von wenigen Großgrundbesitzern und Viehzüchtern, die im Laufe der Jahrzehnte das Land unter sich aufgeteilt haben – oftmals am Staat vorbei. Der Gesetzesentwurf sieht vor, dass Großgrundbesitzer für Ländereien, die 5000 Hektar überschreiten, einen Eigentumsnachweis beibringen müssen. Im Falle einer Enteignung von rechtmäßig erworbenen, aber brachliegenden Ländereien soll es eine angemessene Entschädigung geben.

Ausdrücklich verbietet das Gesetz die Besetzung von Ländereien – in Venezuela wie in Brasilien und Mexiko ein wichtiges Kampfmittel der Landlosen-Bewegung. Dennoch findet es in der *campesino*-Bewegung grundsätzlich Unterstützung. „Im

Landwirtschaftsministerium und im INTI werden die sozialen Bewegungen als Verhandlungspartner mit Entscheidungsbefugnis angesehen", loben etwa die Vertreter des *Movimiento Agrario Ezequiel Zamora*.[69]

Auch dem neuen Fischereigesetz ist anzusehen, dass die Betroffenen Einfluss genommen haben. Auf Betreiben der Fischer der Küstenregionen schützt es durch eine Erweiterung der Verbotszone für Industriefischerei die Bewohner der Karibik vor der Überfischung. Anders etwa als in der Europäischen Union, die die Schleppnetzfischerei an den Küsten untersagt hat, dürfen die Fischereiflotten Venezuelas ihre Netze auswerfen – sie müssen es nur künftig sechs Seemeilen vor der Küste machen.

Um ihre Ablehnung gegen die Dekrete zu manifestieren, legen die Viehzüchter- und Agrarverbände im Oktober 2001 vor dem Sitz des Viehzüchterverbandes an der verkehrsreichen Avenida Urdaneta den Verkehr für mehrere Stunden lahm. Sie klagen Chávez der Verletzung des Privateigentums an. Zur Wut der Agrarlobby gesellt sich ein wachsendes Unbehagen des PdVSA-Managements über das, was über das neue Erdölgesetz bekannt wird: Zwar sieht es eine Steuersenkung vor, gleichzeitig aber werden die Abgaben pro Barrel erhöht, um den Konzern zu einer effektiveren Kostenpolitik zu zwingen. Statt wie bislang die Kosten steuermindernd geltend machen zu können, muss der staatliche Ölkonzern künftig je nach Ölart 20 bis 30 Prozent der Einnahmen an den Staat überweisen. Auch droht das Gesetz den Privatisierungsbestrebungen einen Riegel vorzuschieben, die während der sogenannten *Apertura Petrolera* (Erdölöffnung) in den neunziger Jahren vorangetrieben wurden: Laut dem neuen Gesetz besteht der Staat bei Joint Ventures künftig darauf, „eine Beteiligung am Gesellschaftskapital zu haben, die höher als 50 Prozent ist"[70]. Aus den Chefetagen der PdVSA-Bürotürme La Campiña dringen dramatische Warnungen an die Öffentlichkeit. Unter den neuen Bedingungen, so argumentieren die Erdölmanager, lohnten sich Investitionen ins venezolanische Ölgeschäft nicht mehr.

Die Warnungen der Wirtschaftslobbyisten, der Unternehmerverbände, der Grundeigentümer und des Gewerkschaftsverbandes CTV mobilisieren Zehntausende von Angestellten der Ölindustrie und ihre Angehörigen zu Demonstrationen. Angeheizt von Zeitungsaufmachern und Fernsehtalkshows, in denen wieder und wieder die drohende „Kubanisierung" des Landes beschworen wird, nimmt die „Zivilgesellschaft" handfeste Gestalt an. Die Hauptstadt, deren Bewohner sich zu etwa vierzig Prozent der Ober- oder Mittelschicht zurechnen lassen – beziehungsweise sich ihr zugehörig fühlen –, wird zum Hexenkessel. Doch der *comandante* gibt keinen Fußbreit nach. Auf die *cacerolazos* und Umzüge der Opposition reagiert er seinerseits mit der Mobilisierung seiner Anhänger – und diese folgen seinen Aufrufen massenhaft.

Ende Oktober kommt es am Rande einer Wirtschaftsmesse zu einer informellen Begegnung zwischen Chávez und Pedro Carmona Estanga, dem Präsidenten des Unternehmerverbandes Fedecámaras. Carmona, ein erfahrener Wirtschaftslobbyist, ist erst vor kurzem an die Spitze des Verbandes aufgestiegen und es ist ihm gelungen, aus den Einzelverbänden eine geschlossene Front gegen die linkspopulistische Regierung zu formieren. In den letzten Wochen ist er als Vorkämpfer gegen die neuen Gesetze zum Helden der bürgerlichen Medien geworden. Er versucht, seinen Gegenspieler zum Einlenken zu bewegen.

„Präsident, wir stehen vor einer Konfrontation, einem Zusammenstoß", erklärt Carmona. „Sie müssen verhindern, dass die Gesetze in der gegebenen Form verabschiedet werden!"[71] Doch Chávez zeigt sich unnachgiebig: Er werde nicht die Verabschiedung eines Gesetzes verhindern, das eine Landverteilung an die Armen ermöglicht, nur weil es der Oligarchie nicht passe. Am 13. November 2001 dekretiert er zum Entsetzen seiner Gegner das gesamte Paket mit allen 48 Gesetzen.

Die Reaktion des Unternehmerverbandes lässt nicht lange auf sich warten: Am 28. November beschließt Fedecámaras, für den 10. Dezember zu einem landesweiten Generalstreik aufzurufen. Delegationen schwärmen in alle Landesteile aus, um für den ersten großen Schlag gegen die Regierung Chávez zu mobilisieren. Carmona arbeitet fieberhaft, es gelingt ihm, die Supermarktketten und die Bäckerinnung zu überzeugen. Auch der *Bloque de Prensa*, die Vereinigung der nichtstaatlichen Medien, will sich dem Ausstand anschließen: Am 10. Dezember sollen keine Zeitungen erscheinen. In Wirtschaftskreisen wächst die Überzeugung, Chávez durch einen Klassenkampf von oben aus dem Amt drängen zu können. Doch nicht nur in diesen Kreisen: Ein Telegramm der US-Botschafterin Donna Hrinak informiert Anfang Dezember das US-State Department über die Fortschritte im Aufbau der Anti-Chávez-Front. „Die Presse umschwärmt Carmona", schreibt sie nach Washington, „was ihm zumindest die Aura einer politischen Figur gibt und die disparaten Stimmen der Opposition auf einen Fokus konzentriert."[72]

Zu dem Wirtschaftslobbyisten Carmona gesellt sich eine zweite Führerfigur: Carlos Ortega, Chef der CTV, darf sich rühmen, dem Präsidenten bei den Wahlen zur Führung des Gewerkschaftsverbandes am 2. November 2001 seine erste Niederlage beigebracht zu haben. Die Kandidaten des chavistischen Blocks sprechen von Wahlbetrug. In der Tat kommt der Sieg des alten CTV-Establishments mehr als unerwartet. Bei dem nationalen Referendum im Dezember 2000 hatten über 62 Prozent der Wähler die Erneuerung der Gewerkschaftsspitze gefordert. Wahlbetrug oder nicht – der Erdöl-Gewerkschafter Ortega weiß, dass die Basis über kurz oder lang gegen die sozialdemokratisch geführte Verbandsspitze rebellieren wird. Bereits im Vorjahr musste sich die Gewerkschaft der Erdölarbeiter dagegen verwahren, dass eine der neuen Regierung zuge- wandte Gewerkschaftsgruppierung in der Branche Fuß fasst. Ortega und seine Genossen in der CTV-Führung müssen Chávez loswerden, um politisch überleben zu können.

Verteidigungsminister José Vicente Rangel, der aus seiner Zeit als Journalist gute Kontakte zu Unternehmen unterhält, versucht, seinen Einfluss dazu zu nutzen, die Streikfront aufzubrechen. Der Erfolg ist mäßig. Immerhin gelingt es ihm, das Verlagshaus Cadena Capriles, in dem die populäre Zeitung *Últimas Noticias* erscheint, von der Teilnahme am Streik abzubringen: Man droht dem Inhaber Miguel Ángel Capriles, eine für ihn vorteilhaft entschiedene Erbstreitigkeit in die Revision gehen zu lassen.

Die privaten Fernsehsender werben in Spots rund um die Uhr für den Streik. Einer zeigt den aufgebrachten Chávez, wie er wutentbrannt ruft, die Revolution habe Panzer, Kriegsschiffe, Flugzeuge und Geschütze. Dann erscheint Unternehmerchef Carmona auf dem Bildschirm und erklärt in beruhigendem Ton:

„Wir haben keine Panzer. Wir haben weder Flugzeuge, noch Kriegsschiffe, noch Geschütze. Wir haben Fabriken, Maschinen und Arbeitsplätze. Herr Präsident, wir fordern auf zivile und demokratische Weise: Überdenken Sie Ihre Entscheidung."[73]

Am Morgen des 10. Dezembers zeigen die Sender Bilder von leeren Straßen. Viele Unternehmen haben die Arbeiter und Angestellten ausgesperrt, die meisten Transportunternehmen sowie die kleinen Geschäfte aber verrichten ihre Arbeit wie immer. In den Provinzen ist wenig vom Ausstand zu spüren, im Zentrum von Caracas aber liegt das Geschäftsleben weitgehend brach. Während die Häuserschluchten der Apartmentstadtteile Chacao und Altamira vom Lärm eines *cacerolazo* wiederhallen, demonstrieren auf den Hauptstraßen lautstark Zehntausende von *campesinos* aus allen Landesteilen für das neue Bodengesetz. Dazu brausen F-16-Jäger im Tiefflug über das Tal. Chávez hat kurzerhand den „Tag der Luftwaffe", der normalerweise in Maracay stattfindet, in die Hauptstadt verlegt, um seinen Gegnern möglichst eindrucksvoll zu demonstrieren, „dass diese Revolution auf zwei Säulen ruht: dem Volk und den Streitkräften".[74] In Camouflage-Uniform und rotem Barrett wettert er auf allen Bildschirmen gegen die Oligarchie und die Medien.

„Nie zuvor hatte ich Chávez so außer sich erlebt"[75], so Pedro Carmona, der seinerseits nach dem Ende der *cadena* in den Privatsendern den Abschluss eines erfolgreichen Generalstreiks verkündet und die Nationalhymne anstimmt.

Am 17. Dezember 2001 nimmt der Präsident auf der Avenida Bolívar mehreren tausend Anhängern einen Treueschwur ab. Es sind die Mitglieder der *círculos bolivarianos*, der „Bolivarischen Zirkel", zu deren Bildung Chávez die Bevölkerung seit dem Frühjahr aufruft. Das Konzept greift William Izarras Idee der „patriotischen Zirkel" auf. Gruppen von sieben bis elf Personen sollen sich auf lokaler Ebene organisieren, politisch fortbilden und eine revolutionäre Massenbewegung begründen. Die Gegner des Präsidenten argwöhnen, der Aufbau der revolutionären Kader sei ein weiterer Schritt in Richtung Kubanisierung der venezolanischen Gesellschaft. In der Tat findet sich manche Parallele zu Fidel Castros *Comités de la defensa de la*

Revolución (CdR, Komitees zur Verteidigung der Revolution), die auf lokaler Ebene für den sozialistischen Gang der Dinge auf der Karibikinsel sorgen. Wie die CdRs sollen es auch die Bolivarischen Zirkel „an jeder Ecke, in jedem Barrio" geben, so der *comandante*. Sie sollen soziale und ordungspolitische Funktionen erfüllen, „sich um die Älteren kümmern, die Umwelt pflegen, Bäume pflanzen", aber auch „die Sicherheit und die öffentliche Ordnung garantieren und das Verbrechen bekämpfen".[76]

Für Lina Ron geht die Aufgabe der Zirkel weit über die der kubanischen Revolutionskomitees hinaus: „Sie kümmern sich nicht nur um ihren Straßenblock, wie die CdR", so die wortgewaltige Barrio-Aktivistin, die sich bald zur bekanntesten Repräsentantin der *círculos bolivarianos* mausert. „Sie müssen für den ideologischen Umwälzungsprozess im Volk sorgen und ihn schützen."[77] Lina Ron wird in den kommenden Monaten zum Lieblingsfeind der bürgerlichen Medien. Die blondierte, burschikose *señora* mit der roten Kappe, die mit ihrer Motorradkolonne in den Straßen von Caracas patrouilliert, verkörpert all das, was die arrivierteren Bevölkerungskreise in ihren schlimmsten Revolutions-Albträumen vor sich sehen: ein selbstorganisierter, bewaffneter Barrio-Mob von *motoristas*, die überall dort aufkreuzen, wo sich die Opposition zu demonstrieren anschickt und auch vor den wohlhabenden Vierteln im Westen der Stadt nicht halt macht.

„Chavistische Attacke auf Tageszeitung" lautet die Überschrift des *Nacional* am 8. Januar 2002. Tags zuvor hatten Lina Ron und ein paar Dutzend ihrer Gefolgsleute der größten und renommiertesten Zeitung des Landes einen Besuch abgestattet. „Eine Gruppe von Chávez-Anhängern protestierte gewaltsam vor den Toren von *El Nacional*, griff den Sitz des Unternehmens physisch an und drohten den Redaktionsmitgliedern mit Sätzen wie: ‚Sagt die Wahrheit, oder wir brennen euch nieder.'"[78]

Was war geschehen? Einige Tage zuvor hatte Chávez einem Barrio im Gebiet von Catia einen Besuch abgestattet. Anderntags war in der Zeitung ein Artikel unter der Überschrift „Catia empfängt den Präsidenten mit lautstarkem Protest"[79] erschienen. Lina Ron, die den Ausflug des Präsidenten mit ihrer Truppe begleitet hatte, empört sich: „Von den Wohnblöcken aus schlug eine Frau, die dort lebt und mit der Konterrevolution in Verbindung steht, auf einem Topf herum. Ein kümmerliches Töpfchen im Wind. Und diese Reporterin schrieb, es seien Tausende von Töpfen gewesen."[80] Die Belagerung löst schrille Reaktionen in den Medien aus. Von den Bolivarischen Zirkeln ist als *talibanes* die Rede. „Wegen der Intoleranz stehen wir kurz vor einem Blutbad"[81], erklärt der Bürgermeister Alfredo Peña. Laut „vertraulichen Informationen" gäbe es einen „faschistischen Attentatsplan" gegen oppositionelle Politiker und Medien.

Als Vorkämpfer gegen die überbordende Kriminalität in Caracas war es Peña im Laufe des Jahres gelungen, sich als Gegenfigur zu Chávez aufzubauen, der dem Thema keine besondere Aufmerksamkeit widmet. Da in Venezuela die Polizei unter lokaler Befehlsgewalt steht, verfügt Peña mit der Policía Metropolitana (PM) über seine eigene Truppe. Er setzt alles daran, die als korrupt verschrienen Ordnungshüter zu einer schlagkräftigen Einheit zu machen. Mit Hilfe privater Sponsoren – unter anderem Proctor & Gamble, Bellsouth, die Hilton-Hotelkette und die Brauerei Polar – rüstet er die PM mit neuen Waffen und Fahrzeugen auf. Als besonderen Medienknüller lässt er im Frühjahr den ehemaligen New Yorker Polizeichef William J. Bratton als Berater einfliegen. Eine Polizeiblaskapelle begrüßt am 20. April mit den Klängen von „New York, New York" den *No tolerance*-Veteran, der Mitte der neunziger Jahre unter Bürgermeister Rudolph Giuliani einen unbarmherzigen Kampf gegen das Verbrechen in New York gefochten hatte. Der von der venezolanischen Presse als „Supercop" gefeierte Bratton soll 4.000 neue Polizeibeamte auf Vordermann bringen.

Peña hatte über 300 Ordnungshüter wegen Korruption feuern lassen und die Löhne der Verbliebenen verdoppelt. Ausgewählte PM-Führungskräfte erhalten in den USA Training vom FBI und DEA (Drug Enforcement Agency, Anti-Drogen-Behörde). „Peñas unabhängige Politik und sein Medienumgang, mit dem er seinen Status als prominente öffentliche Figur ausbaut, macht ihn zu einer politischen Bedrohung für seinen früheren Mentor Präsident Chávez"[82], teilt die US-Botschafterin Hrinak am 1. Juli 2001 ihrer Regierung mit. „Die Botschaft wird versuchen, Peña zu unterstützen, ohne in seine politischen Manöver involviert zu werden. Das Thema Kriminalität wird weiterhin eine zentrale Rolle in Venezuela spielen und die Hilfe der US-Regierung kann ein konstruktiver Weg sein, sich hier zu engagieren."

Auch den Bruch mit Luis Miquilena hat Chávez schon hinter sich. Der betagte Lobbyist, den Chávez noch zwei Jahre zuvor als seinen politischen Vater bezeichnete, hatte sich in einer langen Nacht im November 2001 mit aller Macht gegen das Gesetzespaket gestemmt. Mehr als ein paar Reformen ließen die Kräfteverhältnisse im Land nicht zu, argumentiert Miquilena: „Du betrügst die Leute, wenn du ihnen sagst, dass du eine Revolution machst. Und du verschreckst die Unternehmer, die dir helfen könnten, das Land zu entwickeln."[83] Als Miquilena am 24. Januar 2002 schließlich vom Amt des Innen- und Justizministers zurücktritt, gibt er sich noch als Gefolgsmann des Präsidenten. „Ich glaube, das Land kennt meinen Standpunkt, was den politischen Prozess in diesem Land angeht"[84], erklärt Miquilena ausweichend auf die Frage, ob er mit der Radikalisierung einverstanden sei. Am Tag zuvor hatte die Opposition zum 44. Jahrestag der Absetzung von Perez Jiménez zu einer Demonstration gegen den *dictador* aufgerufen – mehrere hunderttausend Chávez-Gegner leisten ihm Folge. Die Zeitungen berichten, der Präsident habe den Polizeihubschraubern das Überfliegen der oppositionellen Demonstrationen verboten, damit niemand sehe, dass er die Straße verloren habe.

Chávez hatte immer betont, seine Revolution wisse die Armee hinter sich – im Unterschied zur chilenischen Revolution unter Salvador Allende, die General Pinochet im Jahre 1973 blutig weggeputscht hatte. Doch im Februar 2002 droht sich das Blatt zu wenden. Zwei Offiziere – der Luftwaffenoberst Pedro Luis Soto und Pedro Luís Flores, Hauptmann der Nationalgarde – fordern öffentlich und im Namen von 70 Prozent der Streitkräfte den Rücktritt von Chávez. Einige Tage später gesellt sich der Konteradmiral Carlos Molina Tamayo dazu. Er bittet Volk und Streitkräfte, „ihre Ablehnung gegenüber der antipatriotischen Haltung des Präsidenten Chávez öffentlich zu manifestieren und seinen Rücktritt zu fordern".[85]

Ein zweites Chile liegt in der Luft. Und auch dieses Mal scheinen die USA die Ereignisse nicht nur aus der Beobachterposition zu verfolgen. Am 25. Februar wird die bisherige US-Botschafterin Donna Hrinak abberufen, um einem neuen Mann Platz zu machen, der einschlägige Erfahrungen im Umgang mit unliebsamen revolutionären Regierungen hat: Charles Shapiro war Militärberater der US-Botschaft in Chile während des Pinochet-Putsches. Kurz darauf reist Gewerkschaftschef Carlos Ortega mit einer CTV-Delegation nach Washington, um sich unter anderem mit Otto Reich zu treffen. Auch der Exilkubaner Reich, der erst einige Wochen zuvor von George Bush zum US-Staatssekretär für Lateinamerika-Fragen ernannt worden war, ist ein alter Hase in Sachen *regime change*: In den Achtzigern hatte er als Chef einer Presse-Agentur des State Departments unter Reagan den Contra-Krieg gegen Nicaragua propagandistisch begleitet.

„Ein weiteres Teilstück hat seinen Platz gefunden"[86], lautet der Kommentar eines Telegramms der US-Botschaft an das State Department, als sich am 5. März 2002 der Unternehmer- und der Gewerkschaftsverband zu einem Pakt zusammenschließen. Dieser Pakt, so die frohe Botschaft an das US-Außenministerium, „könnte einen Referenzrahmen und ein Verfahren für eine Übergangsregierung bilden". Auf welche Weise dieser Übergang zustande kommen könnte, schreibt die CIA einen Tag später nach Washington: „Eine dissidente Fraktion der Armee aus unzufriedenen, ranghohen Offizieren und einer Gruppe radikaler Offiziere niederen Dienstgrades unternehmen Anstrengungen, einen Coup gegen Präsident Chávez zu organisieren, womöglich schon in diesem Monat", heißt es in einem CIA-Bericht vom 6. April, dessen Veröffentlichung die US-Rechtsanwältin und Journalistin Eva Golinger im Jahre 2004 erreicht. „Um das Einschreiten des Militärs zu provozieren, könnten die Verschwörer aus Demonstrationen hervorgehende Unruhen nutzen, die für die zweite Monatshälfte angesetzt sind."[87]

Es ist eine recht akkurate Beschreibung dessen, was im April des Jahres 2002 geschehen wird. Nur in einem Punkt irren die Prognosen der CIA: Das Komplott gegen den amtierenden Präsidenten findet noch in der ersten Monatshälfte statt.

Kapitel 5

El Carmonazo:
Der Putsch vom April 2002

Machtvakuum in Caracas: Das Carmona-Dekret

Am Freitag, dem 12. April 2002, um 17 Uhr 30 steht Pedro Carmona Estanga auf der Rednertribüne des holzgetäfelten Salon Ayacucho im Präsidentenpalast Miraflores und hebt die Hand zum Schwur. Draußen auf der Straße vertreibt die Policía Metropolitana mit Tränengaskartuschen und Schrotmunition die Demonstranten. Drinnen gelobt der Chef des Unternehmerverbandes, „den Rechtsstaat, die Regierungsfähigkeit und die Garantie auf Ausübung der bürgerlichen Freiheiten wiederherzustellen sowie den Respekt vor dem Leben, der Gerechtigkeit, der Gleichheit, der Solidarität und der sozialen Verantwortung."[1]

Es ist eine eigenartige Zeremonie, denn dem neuen Präsidenten fehlt ein Gegenüber, das ihm den Schwur abnimmt. Carmona muss sich selbst vereidigen. Danach verliest der neue Generalbundesanwalt Daniel Romero ein Dekret. Es trägt die Unterschriften von 425 Militärs, Politikern, Lobbyisten, Journalisten und Personen des öffentlichen Lebens. Die meisten davon sitzen im Publikum. Das Dekret inthronisiert Carmona als neuen Präsidenten einer Übergangsregierung und ersetzt den Namen „Bolivarische Republik Venezuela" zugunsten der alten Benennung „Republik Venezuela". Wie zur Bekräftigung hat man das Ölgemälde des Befreiers Simón Bolívar entfernt.

„Die Abgeordneten der Nationalversammlung werden ihres Amtes enthoben", liest Romero, im bürgerlichen Leben Mitarbeiter des Medienzaren Gustavo Cisneros und ehemaliger Sekretär von Carlos Andrés Pérez. Mit triumphierendem Lächeln setzt er eine effektvolle Pause, damit der Rest seiner Worte nicht im Jubel untergeht. Als Romero auch noch die Auflösung des Obersten Gerichtshofes verkündet, kennt die Begeisterung keine Grenzen mehr. Carmona zeigt über beide Ohren lächelnd die geballte Faust, während die Gäste von ihren Sitzen aufspringen und frenetisch applaudieren.

Das Carmona-Dekret beruft sich auf das verfassungsmäßige Recht des venezolanischen Volkes, „jeder Regierung, Gesetzgebung oder Autorität die Anerkennung zu versagen", die die demokratischen Prinzipien der Verfassung verletzt. Ein 13 Punkte langes Sündenregister zählt die Verfassungsverstöße der Regierung Chávez auf. Sie habe sich der Verletzung der Menschenrechte und des Privateigentums schuldig gemacht. Sie habe das oberste Gericht, den nationalen Wahlausschuss und den Rechnungshof mit ihren Leuten besetzt. Mit der Bildung der *círculos bolivarianos* habe sie zur Gewalt aufgerufen, durch ihre Außenpolitik ein „zwiespältiges Verhältnis zur Plage des internationalen Terrorismus" gezeigt und „unleugbare Verbindungen zur kolumbianischen Drogenguerilla" aufgebaut.

Das bunte Sammelsurium von Beschwerden kann die Absetzung eines gewählten und erst anderthalb Jahre vorher im Amt bestätigten Präsidenten schwerlich legitimieren. Doch von Absetzung ist auch nicht die Rede. „Hugo Chávez Frías präsentierte gestern der Militärführung seinen Rücktritt als Präsident der Republik", heißt es im Carmona-Dekret. Der Vizepräsident der Republik habe sein Amt verlassen, woraus sich ein „verfassungsmäßiges Machtvakuum" ergeben habe. Der Grund für den Rücktritt ist schwerwiegend: „Gestern kam es in Caracas zu Gewalttaten, die auf den von der Regierung von Hugo Chávez Frías ausgegebenen Befehl zurückzuführen sind, unschuldige Venezolaner, die friedlich in der Umgebung von Miraflores protestierten, massenhaft anzugreifen, zu unterdrücken und zu töten."

Am Abend zuvor hatte der Sender Venevision gegen 19 Uhr 25 Bilder ausgestrahlt, die diese Vorwürfe zu belegen scheinen. Die Aufnahmen waren am Nachmittag vom Dach eines Hauses gemacht worden, das sich an der Avenida Urdaneta befindet, wenige hundert Meter vom Präsidentenpalast entfernt. Sie zeigen eine unscheinbare, in den fünfziger Jahren erbaute Brücke, die über die Avenida Baralt führt. Sie heißt Puente Llaguno. Der damalige Produktionsleiter des konkurrierenden Privatsenders *RCTV* Andrés Izarra wird später erklären, dass *Venevision* „einige Hunderttausend Bolívares"[2] bezahlt habe, um diesen Ort exklusiv für sich belegen zu können. Man sieht einen aus gut hundert Metern aufgenommenen Ausschnitt eines Brückengeländers, das an einer Häuserecke endet. Hinter der Ecke drängen sich Dutzende von Männern in Zivilkleidung, einige mit roten T-Shirts. Einzelne lösen sich für Sekunden aus dem Schutz der Hauswand und schießen mit Pistolen auf ein Ziel jenseits des Bildes. Die Schützen, so erklärt der Kommentator, seien Mitglieder der Bolivarischen Zirkel. Das Kamerateam des *Venevision*-Reporters Alfonso Fernández kann nicht filmen, wen die Männer mit den Revolvern ins Visier nehmen, denn die Sicht auf die Avenida Baralt ist durch ein Nachbarhaus verdeckt. Der Kommentator erklärt, unterhalb der Brücke liefen die Teilnehmer einer friedlichen Demonstration gegen Präsident Chávez. „Sie leeren ihre Magazine, laden ihre automatischen Pistolen und leeren sie aufs Neue, ein ums andere Mal, gegen Hunderte von wehrlosen Demonstranten."[3] Im Gegenschnitt sehen die Zuschauer Aufnahmen von Verletzten, die sich in ihrem Blut wälzen oder von anderen Demonstranten weggetragen werden. Die Bilder von *Venevision* gehen um die Welt. Und überall verbreiten sie die gleiche Botschaft: Die *círculos bolivarianos*, von Chávez zur Verteidigung des Regierungssitzes aufgerufen, haben ein Massaker angerichtet. Der Sprecher des US-State Department erklärt: „Die Regierung Chávez hat eine friedliche Demonstration unterdrückt, in dem sie auf unbewaffnete, friedliche Protestanten hat schießen lassen, was 10 Tote und 100 Verwundete nach sich gezogen hat."[4] Alle wichtigen internationalen Medien verbreiten diese Version der Ereignisse. Was war geschehen?

Marsch auf Miraflores: Der 11. April

Anfang April erreicht die Auseinandersetzung zwischen der Regierung und der Opposition eine neue Eskalationsstufe. Am 6. April 2002 ruft die Gewerkschaft CTV, unterstützt vom Unternehmerverband Fedecámaras sowie Managern des Ölkonzerns PdVSA, zum Generalstreik auf. Der Ausstand soll am 9. April beginnen und gegebenenfalls auf 48 Stunden oder gar auf unbegrenzte Zeit ausgedehnt werden, wenn Chávez sich nicht dem Willen der Streikenden beugt. Die Hauptforderungen dieses zweiten Generalstreiks gehen von den PdVSA-Managern und -Gewerkschaftsfunktionären aus. Ende Februar hatte Chávez den PdVSA-Präsidenten, General Guacaipuro Lameda, durch einen Mann seines Vertrauens ersetzt und ein neues Direktorium einberufen. Es soll die seit dem Jahr 2000 um 44 Prozent gestiegenen Kosten des Konzerns unter die Lupe nehmen. Die PdVSA-Manager wehren sich: Im März erklären sie ihre neuen Vorgesetzten für inkompetent und fordern ihre Absetzung. Am 5. April lässt die CTV die größte Raffinerie des Landes El Palito bestreiken, was einen Produktionsausfall von 120.000 Barrel pro Tag nach sich zieht. Am 7. April verkündet Chávez in *Álo Presidente* die Entlassung von führenden PdVSA-Managern. Vor einer jubelnden Zuhörerschaft zählt der Präsident die Manager einzeln aus. Er liest ihre Namen vor, bläst eine Trillerpfeife und ruft „Raus! Nach Hause!" oder „Danke für Ihre Dienste!"

In den Tagen vor dem 9. April mobilisieren die Zeitungen sowie die privaten Fernseh- und Radiosender intensiv für den Ausstand. „Der Streik findet statt!", „Zivile Rebellion" oder „Totaler Konflikt"[5] lauten die Titelzeilen. Die Regierung begegnet der Medienkampagne mit Dutzenden von *cadenas*. Während der Streiktage zwingt sie den Privatsendern sogar die Nachrichtensendungen des staatlichen Kanals *VTV* auf. Die Sender reagieren mit einem Trick: Sie teilen den Bildschirm, um auf der linken Seite der Übertragungspflicht nachzukommen und auf der rechten Seite weiter für den Streik mobilisieren zu können.

Der Krieg der Medien ist in vollem Gange. Chávez erklärt den Generalstreik zum Hirngespinst des alten Establishments und will wie vorgesehen am 11. April zum Gipfeltreffen der

Rio-Gruppe nach San José in Costa Rica reisen. Doch einen Tag zuvor strahlen die Fernsehkanäle eine brisante Erklärung des Generals Néstor González González aus. Der bis Ende 2001 im Grenzgebiet zu Kolumbien stationierte General klagt die Regierung an, mit der kolumbianischen Guerilla zu kooperieren und fordert den Rücktritt des Präsidenten. Chávez, dem die Geheimdienste schon seit Monaten Informationen über oppositionelle Umtriebe auf höherer Militärebene zutragen, sagt die Reise nach Costa Rica ab.

Am 10. April verkünden Carlos Ortega und Pedro Carmona die unbefristete Verlängerung des Generalstreiks. Für den 11. April rufen sie in Caracas zu einer großen Demonstration unter dem Motto „Nicht einen Schritt zurück!" auf.

Im Osten der Stadt, auf dem Platz vor dem verspiegelten Büropalast Parque Cristal sammeln sich am Morgen des 11. April die Demonstranten. Es ist ein Donnerstag, der Himmel über der Hauptstadt ist wolkenlos und die Organisatoren sind in Hochstimmung. Die Mobilisierung übertrifft alle ihre Erwartungen. Pedro Carmona schätzt die Teilnehmerzahl auf eine Million, Regierungsquellen werden von 200.000 sprechen. Die Menschenmassen lassen die umliegenden Straßen aus allen Nähten platzen. In die Nationalfarben gehüllt, mit Trillerpfeifen, Pfannen, Töpfen, Anti-Chávez-Transparenten und vereinzelten US-Flaggen beginnen sie gegen 10 Uhr morgens gen Westen zu gehen. Auf dem drei Kilometer entfernten Platz von Chuao, seinerzeit Sitz der PdVSA-Verwaltung, soll eine ausgedehnte Abschlusskundgebung stattfinden. Doch die Demonstranten möchten sich damit nicht zufrieden geben. Schon auf den ersten Metern werden Rufe laut: „Auf nach Miraflores!" Sie wollen zum Präsidentenpalast, wo die Anhänger des Präsidenten mit Beginn des Generalstreiks ein Unterstützungscamp für den Präsidenten eingerichtet haben.

Dass die Oppositions-Demonstration ihren Marsch in Richtung Miraflores fortsetzen könnte, versetzt den Brigadegeneral Wilfredo Ramón Silva in höchste Alarmbereitschaft. In der aufgeheizten Stimmung, die die letzten Wochen geprägt hat, muss das Zusammentreffen Tausender von *Chavistas* und *Escuálidos* zu Verletzten, wenn nicht gar Toten führen. Präsident Chávez hatte in mehreren Gesprächen mit hochrangigen Militärs angekündigt, in einer solchen Lage den „Plan Avila" zu aktivieren, der vorsieht, die Armee auf die Straßen zu schicken. Die Polizei ist aus Regierungssicht für einen solchen Einsatz wenig vertrauenswürdig, da sie dem jeweiligen Bürgermeister untersteht. Alfredo Peña, der Oberbürgermeister von Caracas, steht klar auf der Oppositionsseite. Nicht nur Peñas Policía Metropolitana, auch die Polizei der von der Partei Primero Justicia regierten Bezirke Baruta und Chuao sind in der Hand der Regierungsgegner.

Ramón Silva befiehlt seinen Kommandeuren, Armeefahrzeuge fahrbereit zu halten und Truppen in Position zu bringen. Kurz darauf erhält er einen Anruf vom Generalkommandeur der Armee Efraín Vázquez Velasco: Warum er die Truppen alarmiert habe? Der Brigadegeneral mit dem markanten Schnauzbart antwortet, er gehe davon aus, dass der Präsident in Kürze den „Plan Avila" ausrufen werde. Velasco befiehlt ihm, die Truppenmobilisierung auf der Stelle abzublasen.

Die Oppositionsdemonstration ist mittlerweile in Chuao angekommen – gut elf Kilometer entfernt vom Präsidentenpalast. Unternehmerpräsident Pedro Carmona, angeregt von der kämpferischen Stimmung, verlangt zum ersten Mal den Rücktritt des Präsidenten. „Raus, und zwar heute!" rufen die Demonstranten in Sprechchören. Gewerkschaftschef Carlos Ortega und Admiral Carlos Molina Tamayo, der sich im Februar als einer der ersten hochrangigen Militärs öffentlich gegen Chávez gestellt hatte, rufen von der Rednerbühne dazu auf, den Marsch bis nach Miraflores fortzusetzen. Schließlich gibt Carmona die Route durch: Über die Stadtautobahn geht es zur Plaza Venezuela, dann über den Paseo Colón zur Avenida Bolívar, wo der Zug vorläufig enden soll – gut zwei Kilometer vom Präsidentenpalast entfernt. Der entlassene PdVSA-Chef Guaicaipuro Lameda, trotz der Mittagshitze noch immer in Anzug und Krawatte, erklärt den Reportern: „Im Moment mobilisieren wir nur bis zur Avenida Bolívar. Aber wenn das Volk es will, gehen wir bis nach Miraflores. Das hier ist ein friedlicher Marsch."[6] Eine Handvoll Polizisten der Policía Metropolitana machen den halbherzigen Versuch, den Demonstrationszug zu stoppen. Molina Tamayo redet auf sie ein und überzeugt sie schließlich, die Sperre aufzugeben.

Die chavistische Nomenklatura ist in heller Aufruhr. „Es ist unverantwortlich, dass Sie nach Miraflores mobilisieren", ruft Bürgermeister Freddy Bernal im staatlichen Sender *VTV* den Demo-Organisatoren zu. „Sie wissen doch, dass dort Tausende von Leuten versammelt sind."[7] Der MVR-Abgeordnete Juan Barreto fordert die Anhänger des Präsidenten dazu auf, nach Miraflores zu kommen und mahnt gleichzeitig, keine Journalisten anzugreifen. Verteidigungsminister José Vicente Rangel kontaktiert die Direktoren der Fernseh- und Radiosender. Sowohl *RCTV*-Chef Marcel Granier als auch Alberto Federico Ravell, Präsident von *Globovision*, sagen zu, die Auseinandersetzung nicht weiter anzuheizen. Sie halten das Versprechen nicht ein: Das Demonstrationsmotto „Nicht einen Schritt zurück!" bleibt auf allen privaten TV-Kanälen durchgehend eingeblendet. Während auf *Venevision* der riesige Demonstrationszug die Stadtautobahn entlangzieht, unterlegt mit heiter-heroischen Klängen, verliest ein Nachrichtensprecher in einem kleinen Fenster eine Polizeiwarnung: Der Kommandeur der Policía Metropolitana hat erklären lassen, sie werde verhindern, dass der Zug bis nach Miraflores kommt. Bevor er die Meldung fertig gelesen hat, nimmt die Regie den Sprecher mitten im Satz vom Bildschirm.

General Wilfredo Ramón Silva trifft gegen 14 Uhr in der Heereskommandantur auf dem Kasernengelände in Fuerte Tiuna ein. Im Büro des Generalkommandeurs Vásquez Velasco im fünften Stock findet er eine Gruppe von Generälen vor, die sich die Fernsehbilder der Demonstration ansehen. „Silva, der Präsident hat die Kontrolle über das Land verloren"[8], erklärt Vásquez Velasco. „Er muss gehen." Ramón Silva, befremdet von dem Stimmungsumschwung im Heereskommando, eilt zum Truppenkommandeur von Caracas, General Jorge Luis García Carneiro, den er als überzeugten Chavisten kennt. Die beiden Männer vereinbaren, entgegen der Anweisungen des Generalkommandeurs ein Panzerbataillon und Soldaten in Bereitschaft zu bringen.

Zu diesem Zeitpunkt verkaufen die Händler bereits eine Sonderausgabe von *El Nacional* auf den Straßen der Hauptstadt. „Die finale Schlacht findet in Miraflores statt"[9] titelt das Blatt in riesigen Lettern. Während sich die unübersehbare Menschenmenge in Richtung Altstadt wälzt, kursieren Gerüchte: Chávez sei vom Militär in Fuerte Tiuna festgesetzt worden. Um 14 Uhr 15 sieht sich der Generalinspekteur der Streitkräfte Lucas Rincón dazu genötigt, die Gerüchte in einer *cadena* zu zerstreuen:

„Es heißt, dass der Präsident der Republik in Fuerte Tiuna beziehungsweise in Miraflores festgenommen worden sei. Dies möchte ich kategorisch bestreiten. Der Präsident befindet sich in seinen Amtsräumen. Ferner bestreite ich kategorisch den Rücktritt des Obersten Militärkommandos. Sämtliche Mitglieder der Militärführung befinden sich hier und bewerten minütlich die Situation."[10]

Lucas Rincón sagt nicht die ganze Wahrheit. Während er zur Bevölkerung spricht, treffen sich in einem Hochhaus in Chuao zehn hochrangige Militärs, um die Aufnahme eines Videos vorzubereiten, das einige Stunden später über alle Privatsender ausgestrahlt wird. Die Gruppe um den Generalstabschef Héctor Ramírez Pérez hat vertraulich einige Journalisten dazu gebeten, unter anderem Otto Neustald, Korrespondent für die spanische Ausgabe von *CNN*. Neustald wird Monate später berichten, er habe eine Probeaufnahme dieser Botschaft aufgenommen. Darin hätte Ramírez bereits von Toten gesprochen, als noch niemand auf den Straßen von Caracas gestorben war.

Wie erwartet ziehen die Demonstranten von der Avenida Bolívar weiter in Richtung Miraflores. Gegen 14 Uhr 30 erreichen die ersten den Parque Calvario, wenige Straßen vom Regierungssitz entfernt. Von der Gegendemonstration der Chávez-Anhänger trennen sie hier nur etwa 150 Meter. Um die beiden Gruppen auseinander zu halten, sind nur etwa 15 Nationalgardisten vor Ort, ausgestattet mit ein paar Tränengaskartuschen. Enrique Mendoza, Ministerpräsident des Bundesstaates Miranda, ruft die Demonstranten abermals auf: „Wir gehen nach Miraflores!"[11] Kurz darauf lässt sich Mendoza in eine Klinik fahren, um sich wegen Verätzungen durch Tränengas behandeln zu lassen. Auch Admiral Molina Tamayo, General Lameda und Pedro Carmona setzen sich ab und fahren zum Sender *Venevision*. Carlos Ortega trifft sich in einem Hotel in der Nähe der Gewerkschaftszentrale mit CTV-Funktionären. Binnen weniger Minuten haben alle Oppositionsführer die Demonstration verlassen.

Gegen 15 Uhr 20 stürmt die Policía Metropolitana mit M16-Gewehren und Maschinenpistolen, auf Motorädern und mit gepanzerten Wasserwerfern die Avenida Baralt, um die regierungstreuen Demonstranten zu vertreiben. Die Regierungsanhänger flüchten die Avenida Baralt in Richtung Norden, zur Brücke Puente Llaguno. An der Kreuzung Esquina Muñoz bleibt ein lebloser Körper liegen: Tony Velásquez, getroffen durch einen Schuss in den Kopf. In seiner Hosentasche finden Passanten neben seinem Personalausweis auch einen Ausweis des Geheimdienstes DISIP. Was sie nicht wissen: Der 22-jährige Velásquez gehört zu den Bodyguards des Vizepräsidenten Diosdado Cabello. „Wenn ich dort aufgetaucht wäre, auf dem Weg zum Präsidialamt, wäre ich womöglich der Tote gewesen"[12], so Cabello, der nach der Nachricht über den Schuss auf seinen Personenschützer untertaucht. Tony Velásquez wird mit einem Hirnschaden überleben.

Um 15 Uhr 40 übertragen mehrere Sender im Fernsehen, wie sein lebloser Körper durch eine Menschenmenge in Richtung Miraflores getragen wird, wo ein Sanitätszelt aufgebaut ist. „Sind womöglich die Leute vor dem Palast in Ohnmacht gefallen?", fragt die Sprecherin von *Venevision*. „Es ist nicht klar, was da genau passiert, aber man sieht viele Leute mit roten Barretts in Richtung Regierungssitz laufen."[13]

Im Süden der Avenida Baralt, mehrere hundert Meter von der Puente Llaguno entfernt, geben Polizisten Warnschüsse in Richtung Norden ab, verschanzt hinter Hauseingängen und Wasserwerfern. Zwischen 15 Uhr 30 Uhr und 15 Uhr 55 werden Dutzende von Menschen auf den Straßen um den Präsidentenpalast von Kugeln getroffen – neun davon tödlich. Drei Regierungsanhänger und fünf Oppositionelle sterben durch Schüsse in Kopf, Bauch und Thorax. Den Pressefotografen Jorge Tortoza erwischt um 15 Uhr 50 auf der Avenida Baralt ein Kopfschuss. *RCTV* zeigt kurz danach Bilder von einem Verletzten, der auf einer Trage im Sanitätszelt behandelt wird. Der Moderator kommentiert: „In diesem Zelt versorgt man eine Person, die anscheinend verletzt ist, aber sie könnte auch eine Ohnmacht erlitten haben wegen der starken Sonneneinstrahlung."[14]

Die Lage ist chaotisch. Passanten suchen Zuflucht hinter geparkten Autos, hinter den Ständen der Straßenverkäufer und in Hauseingängen. Die Schüsse scheinen von oben zu kommen. Mit den Waffen im Anschlag taxieren die Patrouillen der Policía Metropolitana und der Nationalgarde die Dächer und Fenster auf der Suche nach Heckenschützen.

Die Oppositionsdemo ist auf der Höhe des Parque Calvario abgebogen und hat die Route über die Avenida Nueva República nach Miraflores genommen. Um kurz vor 16 Uhr steigen Dutzende von Chávez-Anhängern die Treppen an der Puente Llaguno herunter. Sie laufen die Avenida Baralt in südlicher Richtung, wo drei Häuserblocks entfernt die Wasserwerfer der Policía Metropolitana stehen. An der Esquina Muñoz werden sie mit Schüssen empfangen. Während die Chavisten umkehren und in Richtung Brücke flüchten, dreht sich einer um, zieht einen Revolver und versucht die Schützen auszumachen. Die Auswertung der Foto- und Filmaufnahmen wird ergeben, dass es sich um einen Mann namens Amílcar Carvajal handelt. Die Presse wird Carvajal in den Tagen nach dem 11. April des Mordes an dem Fotografen Jorge Tortoza beschuldigen. Doch Tortoza ist zu diesem Zeitpunkt bereits tot.

Vier Einheiten der Policía Metropolitana in weißen Hemden, blauen Hosen und weißen Helmen rücken jetzt nach Norden vor. Anderthalb Häuserblocks entfernt, beginnen sie mit ihren Maschinenpistolen und Gewehren auf die vollbesetzte Brücke zu feuern.

„Als ich mich der Puente Llaguno nähere, sind Schüsse zu hören", erinnert sich Maurice Lemoine, Korrespondent für *Le Monde Diplomatique*. „Ich sehe, wie die Leute weglaufen und sich zu beiden Seiten der Brücke verstecken. Einige werfen sich zu Boden."[15]

In wenigen Sekunden ist die Brücke wie leergefegt. Um 16 Uhr 40 erwischt es Erasmo Enrique Sánchez, 60 Jahre alt. Er hatte sich auf den Boden geworfen und war zum Brückengeländer gerobbt. Die Kugel dringt durch die Stirn, tritt aus dem Hinterkopf heraus und bleibt im Rücken stecken. Es ist ein Projektil vom Kaliber 5,56 Millimeter, wie es die Policía Metropolitana für ihre AR15-Sturmgewehre benutzt. Kameraaufnahmen von der Avenida Baralt werden einen Polizisten zeigen, der auf einem der vier Wasserwerfer liegt und mit einem solchen Gewehr auf die Brücke zielt. Doch die Schüsse kommen nicht nur aus der Richtung der Polizisten, sondern auch aus einem der oberen Stockwerke des benachbarten Hotels Eden und einem weiteren Gebäude oberhalb von Puente Llaguno.

Gegen 16 Uhr 45 beginnen fünf Männer von der Brücke aus zurückzuschießen. Einer feuert gegen das Hotel Eden, die anderen zielen auf die Polizisten in südlicher Richtung. Es sind diese Aufnahmen von der östlichen Mauerecke der Puente Llaguno, mit denen der Sender *Venevision* am selben Abend beweisen wird, dass das Massaker von Mitgliedern der *círculos bolivarianos* verübt worden ist. „Sehen Sie, sie schießen auf unschuldige Personen", erklärt der Moderator mit vor Empörung brechender Stimme. „Sie verschanzen sich hinter den Mauern und hinter dem Geländer der Brücke, um nicht gesehen zu werden, schauen Sie sich das an!"[16]

Für eine minutiöse filmische Rekonstruktion der Schießerei wird das Team des Dokumentarfilmers Angel Palacios gut zwei Jahre später Amateuraufnahmen aufspüren, die aus einem Haus hinter der Brücke gemacht wurden. Auf ihnen ist zu sehen, dass die Avenida Baralt zum Zeitpunkt der Schüsse leer ist. Die Demonstranten der Opposition sind nie dorthin gelangt. Sie sind etwa 400 Meter entfernt, unerreichbar für die 38er-Revolver der *pistoleros* auf der Brücke, die eine Reichweite von höchstens 250 Metern haben. Auch die Chronologie der Ereignisse lässt sich nicht mit der Version vereinbaren, die zusammen mit den Aufnahmen von *Venevision* um die Welt geht. Der Sender hat die Bilder von den schießenden Chavisten mit Aufnahmen von Verletzten gegengeschnitten. Doch zwischen dem letzten Opfer unter den Oppositionellen und den Schüssen auf der Brücke liegen 43 Minuten, wie Palacios belegt. Bei dem sogenannten „Massaker von Puente Llaguno" sterben nur Chávez-Anhänger. Um 16 Uhr 50 schleppen Passanten den sterbenden Ruddy Urbano über die Avenida Baralt, ein 38-jähriger Straßenhändler, der kurz zuvor vermummt in südliche Richtung gelaufen war. Ein Schuss von oben hat ihm den Schädel zertrümmert. Ebenfalls unter der Brücke stirbt um 17 Uhr 05 der 42-jährige Pedro José Linares durch einen Schuss in den Thorax. Kurz darauf trifft eine Kugel den Pressefotografen Jorge Recio in den Rücken – er überlebt querschnittsgelähmt.

Die Angaben über die Zahl der Toten an diesem Nachmittag gehen auseinander: Angel Palacios zählt 19 Erschossene, die Journalisten Sandra La Fuente und Alfredo Meza sprechen in ihrem Buch über das *Rätsel vom April*[17] von 20. Die Angehörigenorganisation ASOVIC kommt gar auf 31 Opfer.[18] Einig sind sich die Beobachter aber in einem: 80 Prozent der Todesopfer sterben durch Kopfschüsse. Die privaten Fernsehkanäle, die am Nachmittag des 11. Aprils kein Wort über die tödlichen Schüsse verlieren, werden ihr Verhalten damit rechtfertigen, dass sie nicht hätten berichten können, weil der Präsident mit einer *cadena* das Signal okkupiert hatte. Die meisten Toten und Verletzten aber gab es in der Zeit zwischen 15 Uhr 20 und 15 Uhr 45. Chávez geht erst eine Stunde später auf Sendung.

Bis in den Nachmittag hinein hat sich das Präsidialamt in ungewohnte Schweigsamkeit gehüllt. Der Präsident, der bei deutlich nichtigeren Anlässen seine Kommunikationsmaschinerie anlaufen zu lassen pflegt, bleibt den Kameras und Mikrofonen fern. Endlich, um 16 Uhr 45, sehen die Venezolaner auf allen Kanälen das gewohnte Bild: Hugo Chávez an seinem Schreibtisch im Salon Ayacucho, hinter ihm das Bild des Befreiers, links neben ihm die venezolanische Fahne. Er trägt einen dunklen Anzug und eine rote Krawatte. Auch jetzt, da sich noch immer die Menschenmassen über die Avenida Bolívar in Richtung Altstadt wälzen, verlässt ihn sein Redefluss nicht. Doch er kann kaum verbergen, dass ihm die Angst im Nacken sitzt. Unruhig springt er von einem Thema zum nächsten. Fahrig spricht er von den Anfangserfolgen seiner Regierung, von der Unterstützung, die ihm überall zuteil werde, von seiner Revolution, die nicht nur die Armen, sondern auch die Mittelschicht und das nationale Unternehmertum einschlösse, „diese friedliche und demokratische Revolution, tolerant, offen, nachdenklich, konstruktiv, alles andere als destruktiv, wir haben es tausendmal gesagt, diese Revolution der Liebe, der Träume für die zukünftigen Generationen von Venezolanern"[19].

Seine Rede kommt nicht in Schwung. Der brillante Rhetoriker bleibt in der Defensive stecken. Immer wieder ruft er das venezolanische Volk zur Ruhe auf, „zum Innehalten, zur Reflexion. Alle Schichten, alle, die mich unterstützen, die, die mich bekämpfen und auch jene, die indifferent sind."[20] Wie ein Schiffbrüchiger, der sich an den Rettungsring klammert, wiederholt er den Aufruf wieder und wieder. Zwischenzeitlich unterbricht das Signal. Minutenlang sehen die Venezolaner nur ein Testbild. Den Technikern der privaten Fernsehstationen ist es gelungen, das Signal der *cadena* zu kappen. Als Chávez wieder auf Sendung ist, teilen sie den Bildschirm: Links spricht der Präsident, rechts sieht man Bilder von Unruhen auf den Straßen, Rauchwolken und fliehenden Menschen.

Mitten in der *cadena* erstirbt das Signal erneut. Doch diesmal ist es kein Sabotage-Akt. Vielmehr haben die Medienkontrolleure Wind von der Teilung des Bildschirms bekommen und schalten *Venevision*, *RCTV* und *Televen* ab. „Das Volk hat das verlangt", erklärt der Präsident, der jetzt nur noch im Staatsfernsehen zu sehen ist. Er scheint wieder ein wenig zu seiner alten Form zurückzukehren. „Ich habe das zu lange ausgehalten. Bis an die Schmerzgrenze. Aber man kann den Irrsinn, die Indolenz gewisser Leute, denen diese Sender gehören, nicht länger tolerieren."[21] Um 17 Uhr 15 Uhr beendet Chávez die *cadena*. Einige Minuten zuvor – so kolportieren Meza und La Fuente – hat ihm ein Mitarbeiter ein Blatt Papier auf den Tisch gelegt. „Liste der Toten"[22] steht darauf. Was ihm seine Mitarbeiter über die Ereignisse um Puente Llaguno berichten, ist nicht bekannt. Sicher ist, dass Chávez nun einen Kleiderwechsel für angebracht hält. Er zieht seine Camouflage-Uniform an, setzt das rote Barrett auf und schnallt sich einen Revolver um.

Mit der Abschaltung der Kanäle glaubt er ein Stück Souveränität zurückgewonnen zu haben. Doch die Maßnahme greift nicht. Minuten später sind die drei abgeschalteten Kanäle wieder auf Sendung. Sie waren auf die Situation vorbereitet und haben auf eine Satellitenanlage umgestellt. Die Sender berichten jetzt über die Toten und Verletzten des Nachmittags – und darüber, wem sie anzulasten sind. „Die revolutionären Milizen haben die Demonstranten wie Karnickel gejagt"[23], so Alfredo Peña, Oberbürgermeister und oberster Dienstherr der Policía Metropolitana. Leopoldo López, Bürgermeister von Chacao für

Primero Justicia, benennt den Schuldigen: „Präsident Chávez,
Sie haben die Hände voller Blut. Sie sind ein Mörder."[24] Selbst
Luis Miquilena tritt auf, um klarzustellen, er wolle seinen Namen nicht in Verbindung mit einer Regierung sehen, die sich
die Hände mit Blut besudelt habe. In *Venevision* wendet sich
Molina Tamayo an die Militärführung: „Handeln Sie, diese Regierung ist längst illegitim!"

Der Aufruf trifft auf offene Ohren. Teile der Militärführung
beobachten schon seit langem das Gebaren des Präsidenten
mit wachsendem Missfallen. Die Generäle ärgern sich über seine Angewohnheit, sich in der Öffentlichkeit in seiner abgeleg-
ten Offiziers-Uniform zu präsentieren. Sie missbilligen seinen
konfrontativen Kurs gegen das alte Establishment und seine
Parteinahme für die Sache der kolumbianischen Guerilla. Vor
allem aber lehnen sie das Konzept der *círculos bolivarianos*
ab. General Manuel Rosendo, Kommandeur des Zentralkom-
mandos der Streitkräfte, wird ein Jahr später berichten, er habe in den Stunden und Tagen vor dem 11. April erfolglos versucht, Chávez und Verteidigungsminister Rangel davon abzubringen, die Bolivarischen Zirkel zum Schutz von Miraflores
aufzurufen. Der Generalkommandeur des Heeres, General Vásquez Velasco hat bereits im März die Truppenkommandeure
darauf eingeschworen, die Soldaten nur auf die Straße zu
schicken, wenn die Order schriftlich und aus seinem Büro
kommt.

Gegen 17 Uhr 30 versucht Hugo Chávez General Rosendo zu
erreichen, um ihm zu befehlen, den „Plan Ávila" zu aktivieren.
Doch Rosendo hat sein Mobiltelefon abgeschaltet. Mit der Wei-
gerung, den „Plan Ávila" zu aktivieren, stellt er sich offen gegen den Präsidenten. Er wird sein Verhalten damit rechtfertigen, dass Chávez hier eine Grenze überschritten habe. „Unsere
Truppen sind unerfahren, es fehlt ihnen die Ausrüstung zur Aufstandsbekämpfung und sie haben Kriegswaffen", argumentiert
Rosendo. „Wir sollten sie nicht benutzen. Außerdem sind die
Bedingungen zur Anwendung des „Plan Ávila" nicht gegeben,
die Demonstranten agieren nicht aggressiv, sondern angesichts
der Toten in Panik."[25]

Tatsächlich sind die meisten Demonstranten schon auf dem
Heimweg, als Chávez den Notstandsplan in Gang setzt. Der

Präsident will mit dem „Plan Ávila" weniger die Demonstration niederschlagen, sondern den Präsidentenpalast vor illoyalen Teilen der Streitkräfte schützen. Geheimdienstberichte haben dem Präsidialamt in den letzten Wochen von konspirativen Vorgängen auf Offiziers- und Generalsebene berichtet. Die vergeblichen Versuche, Rosendo zu erreichen, nähren seinen Verdacht. Über das *Red Tiburón*, ein Funknetz, das ihn direkt mit den obersten Kommandeuren der Verteidigungs- und Sicherheitskräfte verbindet, ruft Chávez schließlich Jorge Luis Garcia Carneiro, Kommandeur der Dritten Division, an:

„Hör zu, ich befehle dir die Aktivierung des ‚Plans Avila'. Die erste Operation, die wir machen, ist eine Kolonne des Bataillons Ayala in Position zu bringen. Was ist als Position vorgesehen?"

„Die sind in Reserve und können geschickt werden, wohin Sie sie befehligen."

„Okay, dann schick sie zum Palast, in die Umgebung, dass sie Position einnehmen. Der Kommandeur soll auf meinen Befehl hier vorsprechen."[26]

Diesmal hat Chávez Glück. García Carneiro, ein hundertprozentiger Anhänger der bolivarischen Revolution, ist bereits über die oppositionellen Umtriebe unter den Generälen informiert. Er beauftragt General Wilfredo Ramón Silva damit, aus der Kaserne Fuerte Tiuna in Richtung Miraflores auszurücken. Es ist keine leichte Aufgabe, denn rund um das riesige Kasernengelände ist die Auseinandersetzung zwischen loyalen und illoyalen Teilen der Streitkräfte bereits in vollem Gange. Ein General hat angeordnet, den Zugang zur Autobahn zu blockieren. Die Soldaten hatten Autofahrer angehalten und ihnen die Schlüssel abgenommen.

Als Wilfredo Ramon Silva gegen 19 Uhr mit Panzern in Miraflores eintrifft, findet er eine Menschenmenge von Regierungsanhängern vor, die den Palast umringt. Nach einer Unterredung mit Chávez tritt er zurück auf die Straße – doch die Panzer sind verschwunden. General Vásquez Velasco hat dem Kommandeur des Bataillons befohlen, die Panzer zurück nach Fuerte Tiuna zu bringen.

Kurz vor halb acht sitzt Pedro Carmona Estanga in einem Studio von *Venevision* als Gast in der Talkshow von Napoleón Bravo. Der bekannte Moderator kündigt ihn bereits als neuen Präsidenten an, dieser wehrt kokett ab. Nach der Sendung lädt *Venevision*-Eigentümer Gustavo Cisneros den Unternehmer-Chef ein, in sein Penthouse im obersten Stock des Senders zu kommen. Cisneros ist „ein lateinamerikanisches Äquivalent zu Murdoch oder Berlusconi"[27], wie der frühere *Guardian*-Korrespondent Richard Gott schreibt. Der Multimilliardär dominierte bis in die Neunziger mit seinen Cada-Supermärkten und Fastfood-Ketten den venezolanischen Lebensmittelmarkt und hatte sich Ende der Neunziger zunehmend auf das Mediengeschäft konzentriert. *Venevision* liegt Cisneros besonders am Herzen: Der Sender, mit seiner hohe Dichte an Telenovelas Markführer im Land, ist seit 1961 in Familienbesitz. Gustavo Cisneros hatte 1998 die Kampagne des Kandidaten Chávez unterstützt, weil er darauf gehofft hatte, einen Mann seiner Wahl an die Spitze der Nationalen Medienbehörde Conatel platzieren zu können. Als sich diese Hoffnung nach dem Regierungsantritt zerschlug, hatte sich der Medienmagnat zu einem vehementen Anti-Chávez-Lobbyisten gewandelt.

Am frühen Abend des 11. April wird Cisneros' Penthouse im *Venevision*-Gebäude zum Strategiezentrum der zivilen Opposition. Auf einer großen Videoleinwand erlebt Carmona zusammen mit führenden Medienleuten und Oppositionspolitikern die Ausstrahlung des Videos, das Generalstabschef Héctor Ramírez Pérez am frühen Nachmittag in Chuao aufgenommen hatte.

„Wir haben entschieden, uns an das venezolanische Volk zu wenden, um dem gegenwärtige Regime, der Autorität von Hugo Rafael Chávez Frías und der Militärführung unsere Anerkennung zu entziehen"[28], erklärt der glatzköpfige Vizeadmiral in seiner weißen Uniform, hinter ihm zehn Offiziere und Generäle, dem Dienstgrad entsprechend von links nach rechts aufgereiht. Gegen 20 Uhr macht auch der Heereskommandant Vásquez Velasco seine Gegnerschaft zum Präsidenten öffentlich: „Bis heute habe ich Ihnen die Treue gehalten, Präsident."[29] Die Erklärungen versetzen die Gäste von Cisneros in Hochstimmung. Das Blatt hat sich gewendet. Ohne den Rückhalt im Militär sitzt Chávez in der Falle.

General Wilfredo Ramón Silva wird gegen 20 Uhr 30 im Auftrag der rebellierenden Militärführung in Fuerte Tiuna festgenommen und in das Büro von Vásquez Velasco gebracht. Hier,
im 5. Stock des Heereskommandos, trifft er auch García Carneiro wieder, ebenfalls als Gefangener festgesetzt. Die beiden
finden die Generäle in gelöster Stimmung vor. Bei einigen
Drinks koordinieren sie den weiteren Verlauf der Dinge und
verfassen die Rücktrittserklärung des Präsidenten. In einem un-
beobachteten Moment verlassen García Carneiro und Ramón
Silva das Büro, entschlossen, den Gegenputsch zu organisieren.
Als sie beim Sitz der DISIP ankommen, stellen sie fest, dass
der Geheimdienst bereits in den Händen der Putschisten ist. Mit
einem Trick gelingt es, den Geheimdienstchef Carlos Aguilera
aus den Händen seiner Bewacher zu befreien. García Carneiro
behauptet, Aguilera als Gefangenen nach Fuerte Tiuna zu über-
führen. Ziellos kurven die drei Chávez-Getreuen im Dienstwa-
gen von García Carneiro über die Stadtautobahnen von Caracas und versuchen, sich über die Lage klarzuwerden.

Um 22 Uhr treffen Mitglieder der Armeeführung in Miraflores ein. Sie wollen den Rücktritt des Präsidenten aus-
handeln. Chávez stellt drei Bedingungen. Erstens: dass seine
Kabinettsmitglieder und Parteigenossen in der Regierungskoalition keine Repressionen zu befürchten haben. Zweitens: dass
sein Rücktritt, wie in der Verfassung vorgesehen, vor der Nationalversammlung verkündet wird und das Amt dann an den
Vizepräsidenten übergeht, bis es zu Neuwahlen kommt. Drittens: dass seine Leibwache ihn nach dem Rücktritt an einen sicheren Ort begleitet. Er schlägt Kuba vor. Chávez wird später
erklären, er habe kalkuliert, dass die Putschisten diese Bedingungen nicht akzeptieren werden. Die Generäle sind sich vor
allem über einen Punkt uneins: „Viele der hohen Offiziere waren nicht für die Abreise von Chávez nach Kuba", erinnert sich
Pedro Carmona, „weil sie meinten, dass er sich für seine Hand-
lungen verantworten müsse, und es der Öffentlichkeit nicht ver-
mittelbar sei, jemand ins Ausland zu lassen, der sich die Hände mit Blut besudelt habe."[30]

García Carneiro, noch immer mit Ramón Silva und Aguilera
auf den Straßen der Hauptstadt unterwegs, erhält kurz vor Mitternacht einen Anruf aus dem Büro des Generals Vásquez

Velasco. Man wolle mit ihnen sprechen, sie hätten keine Repressalien zu befürchten. Die drei kommen überein, auf das Angebot einzugehen, um sich auf den neuesten Stand zu bringen. Abermals im 5. Stock des Heereskommandos angekommen, entdecken sie zu ihrer Überraschung nicht nur zwei US-Militärattachés unter den Gästen. Auch der Militärgesandte Venezuelas in den USA, General Enrique Medina Gómez, ist eigens nach Caracas geflogen. Im Überschwang der Gefühle und nicht ahnend, dass seine Gesprächspartner auf der Seite von Chávez stehen, erzählt Medina, dass die Operation seit Monaten geplant war.

„In diesem Moment wurde mir klar", so García Carneiro, „dass all das bestens organisiert worden war, dass sie das Massaker in Puente Llaguno geplant hatten, um den Aufstand in der Armee gegen den Präsidenten zu rechtfertigen. Die Führung der Putschisten wusste, dass sie zunächst ein paar Unschuldige erschießen würden, um die Situation zu entscheiden und die loyalen Offiziere zu kontrollieren."[31]

Doch mit der Kontrolle ist es nicht weit her. Siegessicher und berauscht von den Ereignissen des abgelaufenen Tages schenken die versammelten Generäle den Chávez-Getreuen in ihrer Mitte keine besondere Aufmerksamkeit mehr. „Ich bin eine Vertrauensperson des Präsidenten und der Direktor der DISIP, wie war das möglich, dass sie mich nicht beachteten?", wird sich Aguilera später wundern. „Aber es wollte mich einfach niemand festnehmen. Dort oben herrschte ausgelassene Fröhlichkeit, keiner wollte fehlen, weil es um die Postenverteilung ging. Und wer da nicht dabei gewesen wäre, wäre außen vor geblieben."[32]

Die Regentschaft von Pedro dem Kurzen: Der 12. April

Im Präsidentenpalast Miraflores herrscht hektische Betriebsamkeit. Das gesamte Kabinett ist versammelt sowie Dutzende von Abgeordneten der Regierungskoalition. Chávez' Eltern sind aus Barinas angereist und auch sein Bruder Adán ist gekommen, um dem Präsidenten Beistand zu leisten. Seine Frau Marisabel ist mit der Tocher Rosines in ihre Heimatstadt Barquisimeto geflogen, die Töchter und der Sohn des Präsidenten halten sich irgendwo in Caracas versteckt. Seit dem späten Abend gehen die Telefonate und Emissäre zwischen Miraflores und Fuerte Tiuna hin und her. In der Abgeschiedenheit seiner Amtsräume bietet Chávez den Abgesandten der Generäle an, das Kabinett zu entlassen und im Dialog mit der Opposition nach einem Ausweg aus der Krise zu suchen. Doch die Militärführung besteht auf dem Rücktritt.

Chávez steht mit dem Rücken zur Wand. Die Regierungsgeschäfte nach Maracay zu verlegen, wie zunächst geplant, ist zu diesem Zeitpunkt nicht mehr möglich. Es gibt weder Panzerfahrzeuge noch Hubschrauber, die den Präsidenten und das Kabinett sicher in die Garnisonsstadt bringen könnten. Es bleiben nur zwei Möglichkeiten. Chávez liefert sich den Generälen aus und seine Getreuen räumen das Feld freiwillig. Oder sie lassen sich auf einen blutigen und aussichtslosen Kampf gegen die Truppen der Putschisten ein. Für die Widerstandsoption plädiert vor allem Verteidigungsminister José Vicente Rangel. Ausgerechnet der besonnene, erfahrene Journalist und Politikveteran will bis zum letzten Blutstropfen kämpfen – „offensichtlich unter dem Einfluss des Allende-Syndroms stehend"[33], wie er später selbstkritisch vermerkt.

Tatsächlich liegt in den frühen Morgenstunden des 12. April 2002 ein Hauch Chile in der Luft. Am 11. September 1973 hatten Militärs unter Führung des Generals Augusto Pinochet den Regierungspalast in Santiago de Chile bombardiert, in dem sich Präsident Salvador Allende mit seinen Gefolgsleuten verschanzt hatte. Ob Allende von den Putschisten erschossen wurde oder ob er sich – so die offizielle Version – umgebracht hat, ist bis heute nicht abschließend geklärt.

Um kurz nach Mitternacht erreicht den Präsidenten der Bolivarischen Republik Venezuela ein Anruf von einem, der sich an die Ereignisse von 1973 noch lebhaft erinnert. „Der Anruf von Fidel war von entscheidender Bedeutung für mich", so Chávez. „Er rief mich an, als ich vor der Alternative stand, Widerstand zu leisten oder mich zu ergeben."[34] Castro rät seinem Kollegen, die Lektion des Pinochet-Putsches zu akzeptieren:

„Ich sage dir eins: Rette deine Leute und rette dich. Mach, was du machen musst. Verhandele mit Würde. Du darfst dich nicht opfern, Chávez. Das Spiel ist noch nicht vorbei. Opfere dich nicht."[35]

Um halb eins in der Nacht klingelt in einem Zimmer des Four Seasons das Telefon. Der Besitzer des Spitzenhotels an der Plaza Altamira, von dessen oberen Zimmern man einen schönen Blick auf die Gipfel des Ávila genießt, hatte den Führern der Opposition eine Gratis-Übernachtung offeriert. Pedro Carmona, der Razzien durch regierungstreue Kräfte befürchtet, hatte das freundliche Angebot angenommen und sich gegen Mitternacht zur Ruhe begeben. Der Anruf reißt ihn aus einem nervösen Schlummer. Die Militärführung beordert ihn nach Fuerte Tiuna. Als er in der Kommandantur von Vásquez Velasco eintrifft, sind die Generäle in vertraulichen Verhandlungen. Man bittet ihn, im Vorzimmer Platz zu nehmen. Nach zwei Stunden wird er des Wartens überdrüssig und fragt an, ob er sich zurückziehen könne. Man wünscht, dass er bleibt. Er wartet weiter. Endlich verraten ihm die Generäle, was sie beschlossen haben: Er soll nach dem Rücktritt von Chávez der neue Präsident Venezuelas werden und eine Übergangsregierung bilden. Das Angebot kommt nicht überraschend für den Unternehmer-Chef. Seit Wochen wird er in internen Diskussionen zwischen oppositionellen Politikern und Militärs als Hauptfigur eines Schattenkabinetts gehandelt. Übernächtigt, benommen von den sich überschlagenden Ereignissen und alles andere als ein Mann mit unfehlbarem politischen Instinkt, nimmt er das Angebot an. Er wird als „Pedro der Kurze"[36] in die Annalen der venezolanischen Geschichte eingehen.

Um 3 Uhr 15 in der Früh teilen die Putschisten unter der Führung von General Néstor González der Regierung ein Ultimatum mit. Sie geben eine Viertelstunde, um den Regierungssitz Miraflores zu verlassen, bevor sie ihn bombardieren und einnehmen. „Dann sollen sie den Palast doch einnehmen!"[37], ruft José Vicente Rangel. Chávez bittet darum, sich zurückziehen zu dürfen. Er möchte allein nachdenken. Nach einigen Minuten verlässt er das Amtszimmer und teilt seine Entscheidung mit: „Sich mit der versammelten Mannschaft zu opfern, wäre eine Dummheit. Ich übernehme die Verantwortung. Sie sollen mich als Geisel nehmen."[38]

Das Kabinett bittet die Putschisten um Aufschub, sie erhalten fünf Minuten. Doch alles Einreden auf den Präsidenten hilft

nichts. „Lasst uns dem ein Ende setzen"[39], erklärt er schließlich, umarmt seine Minister und geht. Umdrängt von Dutzenden von Soldaten, Offizieren, Leibwächtern, Ministern, Abgeordneten und Gefolgsleuten, die mit Tränen in den Augen die
Nationalhymne singen, verlässt Chávez mit dem ihm eigenen
schwankenden Schritt den Regierungspalast. Am Eingangstor
kommt es zu einem kurzen Gerangel zwischen rebellierenden
und loyalen Offizieren:

„Der Präsident geht hier nicht raus, auf keinen Fall!"

„Lasst ihn gehen, in Frieden, sonst kommt es zum Blutvergießen!"

Chávez selbst schlichtet den Streit. „Ich bin ein Gefangener",
befiehlt er. „Ich will nicht, dass ihr das Volk massakriert."[40]
Endlich steigt er, das rote Barrett auf dem Haupt, in eine
schwarze Limousine, und seine Entführer brausen mit ihm davon.

Pedro Carmona verkündet dem Land die frohe Botschaft:
„Man hat entschieden, dass die Streitkräfte den scheidenden
Präsidenten in Gewahrsam halten und dass nun baldmöglichst
eine Übergangsregierung gebildet wird"[41], erklärt er um 4 Uhr
51 im Fernsehen. Dann begibt er sich zur wohlverdienten
Nachtruhe.

Die Rache der Generäle ist süß. Endlich können sie den *loco*,
den verrückten Präsidenten, dazu zwingen, den Camouflage-
Overall und das Barrett abzulegen. „Zieh die Uniform aus!",
befiehlt General González dem gefangenen Präsidenten, nachdem ihn seine Bewacher in das Generalkommando auf dem
Gelände von Fuerte Tiuna gebracht haben. Chávez muss ein
T-Shirt und einen Jogginganzug anziehen. Zehn Jahre und zwei
Monate nach seiner gescheiterten Militärerhebung am 4. April
1992 ist er selbst Opfer eines Putsches geworden. Wie damals
ist es auch heute ein Geistlicher, der als erster sein Gefange-
nenlager betritt. Monseñor Baltazar Porras, Präsident der Bischofskonferenz, stattet ihm einen Besuch ab. Chávez ist verwundert, Porras, den er einige Stunden zuvor noch als
Vermittler angerufen hatte, in Gesellschaft der Putschisten zu
finden.

„Wie fühlen Sie sich, Chávez?"

„Nun, Monseñor, ich bin natürlich sehr besorgt, aber seelisch fühle ich mich bestens, wenn Sie erlauben."

„Ah ja? Wie kann das sein, dass Sie sich gut fühlen, bei all dem, was geschehen ist? Die Toten, das Land gespalten. Glauben Sie nicht, dass man ein bisschen mehr in Richtung Konsens und Dialog hätte gehen sollen?"

„Monseñor, bitte halten Sie mir hier keine Predigt. Mir ist klar, was hier geschieht und Ihnen sollte das auch klar sein. Ich sitze hier und weiß nicht, ob die mich umbringen werden. Ich weiß noch nicht mal, ob es mich stören würde. Denn ich bin mir bewusst, dass ich hier gelandet bin, weil ich diesem Volk treu geblieben bin. Natürlich hätte ich mich auch dieser wildgewordenen Oligarchie ausliefern können, das wäre mir leicht gefallen. In jeder dieser Kampfnächte hätte ich drei oder fünf Leute zum Palast rufen und ihnen sagen können: Also gut, was wollt ihr? Und dieser Konflikt wäre vorbei gewesen."[42]

Als die Generäle und Admiräle gegen 4 Uhr morgens vom letzten Treffen mit Carmona zurückkommen, legen sie ihm erneut ein Rücktrittsschreiben vor:

„Du musst hier unterschreiben."

„Nein, ihr irrt euch. Ich werde dieses Papier nicht unterschreiben. Ihr kennt mich offensichtlich nicht. So viele Jahre gemeinsamen Weges, und ihr kennt mich nicht. Ich werde das nicht unterschreiben. Ihr könnt damit machen, was ihr wollt. Wenn gleich die Sonne aufgeht, werdet ihr diesem Land erklären müssen, was ihr da treibt."[43]

Nach einigem Hin und Her geben die Generäle schließlich auf. „Ist auch egal", sagt einer, nimmt das Papier und geht aus dem Raum. Chávez ist nun allein mit seinen Bewachern. Die jungen Soldaten haben Mitleid mit dem übermüdeten, gedemütigten Präsidenten. Einer holt einen Quarzstein aus seiner Jacke und gibt ihn dem Gefangenen: „Nehmen Sie den und reiben Sie ihn."[44] Ein Leutnant besorgt ihm einen Fernseher, damit er die Ereignisse verfolgen kann. Bestürzt sieht er eine Aufzeichnung der Erklärung, die der Generalinspekteur der Streitkräfte Lucas Rincón Romero um kurz nach 3 Uhr gegeben hat:

„Die Militärführung bedauert die schrecklichen Ereignisse, die gestern in der Hauptstadt vorgefallen sind. Angesichts dieser Tatsachen hat man den Präsidenten der Republik um seinen Rücktritt ersucht, den er akzeptiert hat."[45]

Chávez gefriert das Blut in den Adern. Er weiß, dass die Putschisten diese Version nur aufrecht erhalten können, wenn sie ihn aus dem Weg schaffen. „Ich bin tot", denkt er. „Sie müssen mich umbringen, damit ich das nicht dementiere."[46] Ein Palastbediensteter, der in Miraflores am nächsten Morgen Kaffee serviert, wird bezeugen, ein Gespräch zwischen Molina Tamayo und Carmona belauscht zu haben, in dem der Militär den Unternehmerpräsidenten von der Notwendigkeit der Ermordung Chávez' überzeugt. „Also gut", will er aus dem Munde Carmonas gehört haben. „Dann macht es bei einem Fluchtversuch."[47] Carmona wird diese Vorwürfe bestreiten.

In Todesangst bittet Chávez einen Offizier, ihm sein Mobiltelefon zu leihen. Er ruft seine Frau Marisabel und seine Tochter María Gabriela an, die sich im Haus des Freundes ihrer Schwester Rosa versteckt hält. Er bittet sie, sich an die Öffentlichkeit zu wenden.

„María, wie geht's?"

„Papá, wieder gefangen! Du machst Scherze. Wo bist du?"

„Ich bin in Fuerte Tiuna, mein Schatz. Hör zu, María, ruf irgendwen an, ruf Fidel an, wenn Du kannst."

„Und was soll ich ihm sagen?"

„Sag ihm, dass ich nicht zurückgetreten bin, dass ich gefangen bin und dass sie mich umbringen werden. Und ich bin nicht zurückgetreten."

„Okay, bleib ruhig, Papa."[48]

María gelingt es tatsächlich, im Laufe des Vormittags bis zu Kubas *máximo líder* vorzudringen. Castro vermittelt ein Interview mit dem Talkmaster Randy Alonso, der im kubanischen Staatsfernsehen einen Telefonanruf der Tocher auf Sendung nimmt und ihr Gelegenheit gibt, den Rücktritt ihres Vaters zu dementieren.

Eine illustre Gesellschaft versammelt sich am Vormittag des 12. Aprils im Präsidentenpalast Miraflores. Die bekannten Gesichter der Chávez-Opposition, Unternehmer, Gewerkschaftsfunktionäre der CTV, Prominente des alten Parteien-Establishments, Professoren, Anwälte, Medienleute und Offiziere – alle sind in festtäglichem Aufzug zum Regierungssitz gekommen. Sie umarmen sich, klopfen sich auf die Schultern, plaudern im sonnendurchfluteten Innenhof am Springbrunnen oder laufen aufgeregt telefonierend die langen Flure von Miraflores auf und ab. Die Herren in dunklen Anzügen, die Damen in ihren besten Kleidern. Admiral Molina Tamayo kommt in seiner weißen Galauniform, Kardinal Isaac Velasco in einer eleganten schwarzen Soutane. Gegen 14 Uhr 30 kann das Team um den sozialdemokratischen Abgeordneten und Rechtsprofessor Allan Brewer Carias die endgültige Fassung des Regierungsdekrets vorlegen. Carmona Estanga liest es und befindet es für gelungen. Nach einigen Rückfragen und Änderungen erklärt er schließlich: „Also los dann!" Erwartungsfroh schiebt sich die Menge in Richtung des Salon Ayacucho, um endlich, nach fast dreieinhalb Jahren chavistischer Herrschaft, die Regierungsgeschäfte wieder in berufenere Hände zu legen.

Auch auf den Bildschirmen herrscht den ganzen Tag über ausgelassene Fröhlichkeit. In den morgendlichen Talkshows der Sender *RCTV*, *Televen*, *Venevision* und *Globovision* geben sich zukünftige Kabinettsmitglieder die Klinken in die Hand. Die Stimmung in den Fernsehstudios ist überschwänglich. Die Militärs loben die Medien für den gelungenen Coup, diese geben das Lob zurück und alle rühmen sich wechselseitig. In der allgemeinen Euphorie enthüllen die Talkgäste saftige Details über das Komplott. In der Gesprächsrunde von Napoleón Bravo auf *RCTV* plaudert Victor Manuel García, Chef eines großen Umfrage-Institutes, in sorgloser Offenheit darüber, dass die auf allen Kanälen ausgestrahlte Rücktrittsforderung des Generals Néstor González am 10. April Teil des Plans war: Man wollte verhindern, dass Chávez zum Treffen der Staatspräsidenten der Rio-Gruppe nach Costa Rica fährt. Moderator Bravo bekennt kokett, dass das Video mit der Erklärung des Generals in seinem Privathaus gefilmt wurde.

„Der Plan war", erklärt Admiral Molina Tamayo, „dass die Unterstützung durch die demokratische Öffentlichkeit an ihrem Höhepunkt zur Übernahme durch die Streitkräfte führt."[49]

Generalstaatsanwalt Isaías Rodríguez gelingt es, sich mit einem Trick an die Bevölkerung zu wenden. Er beruft die Medienvertreter zu einer Pressekonferenz ein, in der er seinen Rücktritt bekannt geben will. Doch stattdessen erklärt er die Bildung der neuen Übergangsregierung für nicht verfassungsgemäß. „Es gibt keinen Zweifel, dass die verfassungsmäßige Ordnung drastisch verletzt wurde und dass wir vor einer Situation stehen, die man als Staatsstreich bezeichnen muss"[50], so Rodríguez. Bevor er den Satz beenden kann, haben ihn die Sender schon vom Bildschirm genommen.

Auch das Telefoninterview, das das kubanische Fernsehen mit Chávez' Tochter Maria Gabriela gemacht hat, wird weder erwähnt noch ausgestrahlt. „Das wäre gegen die vorgegebene politische Linie des Kanals gewesen", berichtet Andrés Izarra, Sohn von William Izarra und seinerzeit Produktionsleiter der Nachrichtensendung *El Observador* des Senders *RCTV*. „Am Freitag, dem 12. April morgens, in einer vom Senderchef einberufenen Runde, wurden mir die Richtlinien mitgeteilt. Sie sahen vor, keine Informationen zu Chávez zu senden, weder über sein Schicksal, noch über seinen Verbleib, seine Anhänger oder seine Abgeordneten. ‚Null Chávismus auf dem Bildschirm' war die Anweisung, die man uns in diesem Meeting gab."[51]

Während Chávez' Ehefrau Marisabel auf *CNN International* beteuert, der Präsident sei gewaltsam aus dem Amt gedrängt worden, zeigen die venezolanischen Sender Zeichentrickfilme und Telenovelas. „Angesichts einer Situation der Unsicherheit und des Fehlens von gesicherter Information", so erklärte ein Moderator von *Globovision*, „verzichten wir darauf, Nachrichten oder Bilder zu übertragen, die Schaden für unser Land anrichten könnten."[52]

Nur ein Sender hält sich nicht an die Richtlinien: Der Staatssender *Venezuela de Television (VTV)*, im Volksmund auch *Canal 8* genannt, steht noch unter der Kontrolle der Chavisten. „Diesen Müll namens *Canal 8* werden wir abschalten"[53], kündigt Enrique Mendoza öffentlich an – und er lässt den Worten Taten folgen. Am Abend wird *VTV* von Polizeikräften des Bundesstaates Miranda eingenommen. Um 21 Uhr 30 schalten sie das Signal des Senders ab. Der MVR-Abgeordnete Juan Barreto war gerade in einem Live-Interview dabei, der von den Privatsendern verbreiteten Version des Massakers von Puente Llaguno zu widersprechen.

Schon vorher hatten die Putschisten mit einem medialen Gegner abgerechnet, der zwar kaum über Sendereichweite verfügt, dafür aber um so vielgestaltiger agiert. In den ersten Regierungsjahren waren in Caracas Dutzende von nichtkommerziellen, kommunalen Radio- und Fernsehsendern entstanden, die von den Hügeln der Barrios oder aus den oberen Stockwerken der Sozialwohnungsburgen für die Nachbarschaft ein Programm machen. Diese kleinen, schlecht ausgestatteten Studios sind mit die ersten, die in der Nacht zum 12. April von der Policía Metropolitana und der Guardia Nacional heimgesucht werden. „Die Rolle, die die kommunalen Medien in den Augen der Putschisten gespielt haben, scheint entscheidend gewesen zu sein, denn in weniger als 24 Stunden haben sie Durchsuchungen und Verhaftungen von Kollegen durchgeführt, haben Material zerstört und so weiter", so Blanca Eekhout von *Catia TV*. „Anders gesagt: Sie wollten sofort jede alternative Form von Kommunikation verhindern."[54]

Doch die meisten der Alternativsender sind gewarnt. „Wir sind aus unserem Studio geflüchtet und haben das gesamte Equipment versteckt", so Enrique Chopite von *Radio Perola* aus dem Stadtteil Caricuao im Südwesten von Caracas. „Fast 40 Stunden konnten wir nicht senden."[55] Ähnlich ergeht es *Catia TV, Radio Catia* sowie anderen Kommunalsendern, die am 11. April zur Verteidigung der Regierung Chávez aufgerufen haben. Die Sender der Jesuiten-Stiftung Fe y Alegría in Caracas und Zulia erhalten Telefonanrufe, in denen ihnen mit Schließung gedroht wird, wenn sie Informationen über Widerstandsaktionen gegen den Putsch verbreiten.

Die Greiftrupps der neuen Machthaber schwärmen aus, um Parteizentralen des MVR und Versammlungsstätten in den Barrios zu räumen. Sie nehmen bekannte politische Aktivisten, Parteifunktionäre, Parlamentarier und amtierende Landespolitiker fest. „Alles, was irgendwie nach Chavismus roch und verhaftet werden konnte, wurde Ziel übler Polizeirepressionen"[56], so Andrés Izarra, der noch am selben Tag bei *RCTV* kündigt und heute den lateinamerikanischen Sender *Telesur* leitet. In Caracas wird das Haus der Abgeordneten Cilia Flores und Nicolás Maduro Ziel einer Razzia. In Táchira beschimpft eine wütende Menge den Ministerpräsidenten Roland Blanco La Cruz, als ihn die Putschisten aus dem Regierungssitz treiben. Auch der

„Dichter der Revolution" wird Opfer der Verhaftungsorgie: „Sie verletzen meine Menschenrechte", ruft Tarek William Saab, Abgeordneter für das MVR, als man ihn aus einem Haus in Caracas abholt und in einen gepanzerten Polizeiwagen drängt.

Die als „Pistoleros von Puente Llaguno" gebrandmarkten Männer, die auf den Aufnahmen von *Venevision* zu sehen sind, werden in der ganzen Stadt gesucht. Die Moderatoren der privaten Fernsehstationen rufen immer wieder zur Jagd auf die „Massenmörder"[57] auf. Am 12. April werden vier der Schützen gestellt: Rafael Caprices, Henry Atencio, Richard Peñalver und Nicolas Rivera. Die Polizei holt sie mit Haftbefehlen ohne Unterschrift, die Männer werden misshandelt und bleiben über ein Jahr in Haft.

Um die kubanische Botschaft in der Calle Roraima im Stadtteil Chuao hat sich schon am Morgen des 12. Aprils eine wütende Meute von Chávez-Gegnern und Exilkubanern versammelt. Der Mob verlangt die Herausgabe von Mitgliedern der Regierung Chávez. Namentlich Vizepräsident Diosdado Cabello soll in der Botschaft Zuflucht gefunden haben. Unter den Augen der lokalen Polizeikräfte des von Primero Justicia regierten Stadtteils demolieren sie die Autos der Diplomaten, die an der Straße parken, und versuchen auf das Gelände der Botschaft zu dringen. Als das nicht gelingt, kappen die Angreifer die Strom- und Wasserzufuhr für das Gebäude.

Schließlich steigt Henrique Capriles Radonski, Bürgermeister von Baruta, in Begleitung eines Reporterteams des Senders *Televen* mit einer Leiter über die Mauer auf das Gelände, um über eine Auslieferung der Regierungsmitglieder zu verhandeln. Der kubanische Botschafter Germán Sánchez Otero garantiert ihm, dass sich die Gesuchten nicht in der Botschaft befinden. Capriles Radonski, einer der jungen Rechtsanwälte an der Parteispitze von Primero Justicia, fordert Zugang zu allen Räumen, doch der Botschafter lehnt ab.

Zurück auf der Straße erklärt Capriles Radonski gegenüber der Presse, er könne weder „verneinen noch bejahen, dass hier kein Venezolaner Asyl gefunden habe. Ich kann das nicht, einfach weil ich die Botschaft nicht durchsuchen konnte."[58]

Um 18 Uhr besteigt Chávez einen Hubschrauber. Die Generäle haben beschlossen, ihn außerhalb von Caracas unterzubringen und lassen ihn zur Marinebasis der Bucht von Turiamo fliegen. Aus dem Hubschrauber aussteigend bemerkt Chávez einen lautstarken Streit unter den Soldaten, die ihn erwarten. Als er sie erreicht hat, stellt sich einer der Soldaten hinter ihn.

„Jetzt schießt er mir in den Rücken"[59], fährt ihm durch den Kopf. Abrupt dreht er sich um: „Pass auf, was du machst!"

„Wenn ihr den Präsidenten umbringt, bringen wir uns hier alle um!", schreit ein Soldat.

Als sich die Situation beruhigt hat, bringt man ihn in die Marinebasis. Während Carmona im fernen Caracas mit seinem neuen Kabinett auf seine Selbsternennung anstößt, findet der entführte Präsident auf einer Liege in einer kleinen Kammer ein paar Stunden unruhigen Schlaf.

Im Palast von Miraflores bewachen zwei Zivilisten mit martialischen Teleskop-Maschinengewehren den neuen Amtsinhaber Pedro Carmona Estanga, während er sich den Kameras stellt. Der Coup ist reibungslos über die Bühne gegangen, und auch international scheint er ein voller Erfolg zu sein. Die US-Regierung hat der neuen Regierung ihre besten Wünsche übermittelt, auch die spanische Regierung unter dem konservativen Präsidenten Aznar verspricht Unterstützung. Auf dem Lateinamerikagipfel in Costa Rica und in der Organisation Amerikanischer Staaten (OAS) werben die USA und Spanien dafür, die Präsidentschaft Carmonas anzuerkennen.

In Venezuela sei „Südamerikas letzter Autokrat (...) aus dem Amt gejagt" worden, weil ein „aufgehetzter politisierter Pöbel mit Pistolen" ein Massaker unter Oppositionellen angerichtet habe, vermeldete der damalige *Spiegel*-Korrespondent Matthias Matussek zwei Tage darauf in einem Artikel unter dem Titel „Ende eines Populisten"[60]. Doch da hatte sich das Blatt längst gewendet.

Und wieder steigen die Hügel herab: Der 13. April

„Telcel feiert mit ganz Venezuela die Freiheit", lautet die Überschrift der ganzseitigen Anzeige, die Bellsouth Telcel am 13. April 2002 in der venezolanischen Presse veröffentlicht. Um an der Freude des Telefon-Multis über den Regierungswechsel teilzuhaben, dürfen die Venezolaner einen ganzen Tag lang gratis telefonieren. Die US-amerikanische Firma ist nicht die einzige, die den Putsch feiert. Die Anzeigenseiten der Zeitungen sind voller Dankes- und Freudensbekundungen von Firmen und Verbänden. Die „Zivilgesellschaft" ist am Ziel ihrer Träume. Mit dem Unternehmerpräsidenten als Staatschef dürfen die Wirtschaftsverbände die Rückkehr zum Status quo vor Chávez erwarten. Carmona enttäuscht sie nicht: Der Artikel 9 des Regierungsdekrets erklärt die *leyes habilitantes*, die Gesetze, die unter anderem die Möglichkeiten zur Privatisierung der Erdölindustrie beschränken, für ungültig.

Zwar verweisen die Zeitungen in kurzen Meldungen auf Demonstrationen gegen die neue Regierung, und *El Nacional* berichtet sogar vom Protest des Generalstaatsanwalts Isaías Rodríguez. Doch auf den Fernsehkanälen herrscht am Morgen nach der Selbsternennung Carmonas weiterhin eisiges Schweigen über den Mann, der noch tags zuvor der Präsident des Landes gewesen ist. Mit der Schließung des Staatskanals *VTV* und der alternativen Lokalsender sind alle Radio- und Fernsehsender des Landes auf der Linie der neuen Machthaber. Die Leitung von *RCTV* weist die Reporter an, Außenaufnahmen von ruhigen Straßen in der Hauptstadt und anderen Landesteilen zu machen.

„Diensthabende Reporter widersetzten sich am Samstag dieser Anweisung", erinnert sich Andrés Izarra. „Sie wussten von Volksaufmärschen in der ganzen Stadt, die für die Rückkehr von Chávez demonstrierten und von der Gefahr, der sie sich aussetzen würden, wenn sie auf die Straße gingen, um so unverschämt zu lügen."[61]

Die Situation auf den Straßen ist alles andere als ruhig. Mit dem Verstummen der medialen Öffentlichkeit hebt auf den Straßen die Mund-zu-Mund-Propaganda um so vielstimmiger an. Gerüchte, Anrufe und E-Mails aus dem Ausland, Augenzeugenberichte: Die Nachrichten über das, was im und um den Präsidentenpalast herum geschehen ist, verbreiten sich in Windeseile in den armen Vierteln der Stadt. Die *Asamblea Popular Revolucionaria* (Revolutionäre Volksversammlung), eine Organisation, die am 11. April hunderttausend Flugblätter verteilt hatte, um zur Verteidigung von Miraflores aufzurufen, mobilisiert aufs Neue. Organisierte Gruppen von Motorradfahrern wie die von Lina Ron fahren von Barrio zu Barrio, um die *círculos bolivarianos* auf den neuesten Stand zu bringen. Die ehemalige Stadtguerilla Tupamaros, die Coordinadora Simón Bolívar im Barrio 23 de Enero – Dutzende von Basisgruppen ziehen durch die Viertel, um den Widerstand gegen den Putsch zu organisieren.

Die Demonstranten, die am Tag zuvor mit Schrot und Tränengas vor den Toren von Miraflores und Fuerte Tiuna vertrieben worden waren, kommen wieder. Diesmal sind es Zehntausende und Hunderttausende, die von den Hängen von Catia, Petare, El Valle, Antímano und La Vega herabsteigen. Zum Teil kommen sie in Bussen von der Küste, um in der Hauptstadt zu demonstrieren.

„Chávez, *amigo*, das Volk steht dir bei!" und „Das Volk ist sauer und verlangt sein Recht!", rufen die Menschen, die sich am Morgen um den Präsidentenpalast drängen und die Straßen vor den Kontrollposten des Kasernengeländes von Fuerte Tiuna besetzen. Auch vor dem Gebäude des Staatsfernsehens *VTV* sammeln sich die Protestanten.

„Chávez ist gefangen, deshalb sind wir hier", ruft eine Demonstrantin. „Sollen sie uns doch verfolgen, sollen sie uns Venezolaner doch alle umbringen. Aber wir sind arm und wir sind viele!"[62]

Auf den Stadtautobahnen bauen sie Barrikaden aus Müll und Baumstämmen und zwingen Lastwagen, sich querzustellen. „Sie haben einen kompletten Verteidigungsplan in Gang gesetzt – spontan, ohne Anführer", so Vizepräsident Diosdado Cabello, der sich auf der Flucht vor der Gefangennahme in den Barrios von Caracas versteckt. „Sie verlangten überall die Rückkehr von Chávez und waren zum Äußersten bereit."[63]

Nicht nur die Widerständigkeit der Barrio-Bewohner erinnert an die Ereignisse des 27. Februars 1989. Wie beim *caracazo* kommt es auch am 12. und am 13. April 2002 zu Plünderungen. In Auseinandersetzungen zwischen bewaffneten Banden und mit Polizeikräften sterben an diesen Tagen Dutzende von Menschen.

Das winzige Karibikeiland La Orchila östlich der Touristeninseln Los Roques ist militärisches Sperrgebiet. Der Diktator Pérez Jiménez hatte in den fünfziger Jahren die kleine Marinestation auf der Insel zu seinem bevorzugten Erholungsort erkoren. Seither verbringen die Präsidenten Venezuelas hier ihre freien Tage. Auch Chávez hat hier schon mit Frau und Tochter Rosines ein geruhsames Osterfest verlebt. Doch heute sieht er La Orchila unter anderen Vorzeichen wieder. Denn seinen Entführern ist die Situation in Turiamo zu heiß geworden. Sie bringen den gestürzten Präsidenten an einen versteckten Ort fernab vom Festland, um ihn von hier ins Ausland zu fliegen.

Vor dem Abflug nach La Orchila betritt ein junger Soldat der Guardia Nacional das Zimmer von Chávez:

„Sagen Sie mir eines … bitte klären Sie mich auf: Ist es wahr, dass Sie zurückgetreten sind?"

„Nein, mein Lieber, weder bin ich zurückgetreten noch werde ich zurücktreten."

„Dann sind Sie mein Präsident", sagt der Soldat, nimmt Haltung an und grüßt. „Das muss die Bevölkerung erfahren. Sie erzählen nämlich überall, dass Sie zurückgetreten sind und das Land verlassen haben."

„Naja, ich bin dabei, es zu verlassen."

„Schreiben Sie mir was auf und werfen Sie es in den Papierkorb dort."[64]

Als sein Bewacher den Raum verlassen hat, wirft Chávez ein paar Zeilen auf einen kleinen Zettel, faltet ihn und legt ihn auf den Boden des gut gefüllten Papierkorbes. Als er den Hubschrauber in Richtung La Orchila besteigt, hat er kaum Hoffnungen, dass es dem Soldaten gelingen wird, die Nachricht unbeobachtet aus dem Eimer zu klauben.

Es ist bereits nach Sonnenuntergang, als Chávez von einem kleinen Spaziergang am Strand von La Orchila zurückkehrt. Während er in seiner Zelle sitzt und in Shorts und T-Shirt einen Fisch verzehrt, landet ein Hubschrauber. Zwei Militärs und Kardinal Ignacio Velasco kommen auf die Insel, um erneut mit ihm zu verhandeln. Sie haben das Rücktrittsschreiben dabei: Sobald er unterschrieben habe, könne man ihn in ein Land seiner Wahl ausfliegen.

Chávez ahnt, dass das ein gutes Zeichen ist: Es muss etwas Ernstes vorgefallen sein, dass sich seine Gegner herbemühen und ihm ein Flugzeug zur Verfügung stellen. Er verwickelt die Delegation in eine langwierige Debatte über die Bedingungen für seinen Rücktritt. Er könne unterschreiben, dass er das Amt ruhen lässt. Aber nicht, dass er zurücktritt. Außerdem müsse er Kontakt aufnehmen zu der Regierung des Landes, in das er sich ausfliegen lässt – Mexiko oder Kuba. Und er wolle mit seiner Familie sprechen. Schließlich setzt er ein Schreiben auf: „Angesichts der überwältigenden Tatsachen akzeptiere ich, dass ich aus dem Amt entfernt wurde und es daher verlasse."[65]

Man bringt ihn in die Kommandozentrale am Strand, wo er zusammen mit einem Dutzend Unteroffizieren darauf wartet, dass ein Militärmitarbeiter das Schreiben in den Computer tippt und ausdruckt. Die Soldaten sind nervös, sie verlassen den Raum, umstellen das Gebäude. Sie hantieren mit Nachtsichtgeräten. Etwas liegt in der Luft. Als er allein mit dem wachhabenden Offizier im Raum ist, nähert sich dieser bis auf Flüsterweite. „Präsident, unterzeichnen Sie nichts!", zischt er ihm zu – und verlässt den Raum.[66]

Während die Demonstranten am Eisenzaun rütteln, herrscht im Inneren des Präsidentenpalastes Betriebsamkeit. Journalisten, Publizisten, die Chefredakteure der großen Zeitungen und Sender – alle sind da. Auch der Medienmagnat Gustavo Cisneros fehlt nicht. Die Vierte Gewalt strotzt vor Selbstbewusstsein. „Unsere Waffen waren die Massenmedien"[67], hatte Generalstabschef Hector Ramírez erklärt – nunmehr Carmonas neuer Verteidigungsminister. Die Medienvertreter sind gekommen, um sich ihren Teil vom Kuchen zu holen.

„Gustavo Cisneros ergriff das Wort und bat den Präsidenten darum, ihnen den Bereich Presse und Kommunikation in der Regierung zu überlassen"[68], erinnert sich Carmonas Vizeminister des Präsidialamtes José Gregorio Vásquez. Carmona ist einverstanden und autorisiert den Direktor von *Globovision* Alberto Federico Ravell, Personalvorschläge für den Nationalen

Medienrat[69] und das Informationsministerium zu machen. Während die Postenverteilung beginnt, verlässt Carmona das Vorzimmer des Präsidialamtes, um die restlichen Mitglieder seines Kabinetts zu vereidigen.

Doch dazu kommt es nicht mehr. Auf dem Flur läuft ihm Admiral Molina Tamayo entgegen: Carmona müsse so schnell wie möglich den Palast verlassen. In den Salon Ayacucho, wo bereits die neuen Kabinettsmitglieder warten, stürmt ein Offizier und schreit: „Alle raus hier!" Carmona, seine Minister, seine Mitarbeiter, Gäste und Leibwächter raffen ihre persönlichen Dinge zusammen und eilen durch das Gewirr der Treppen und Flure des Palastes in Richtung Hinterausgang. Mit wehenden Rockschößen flüchtet die Gesellschaft in Richtung Parkplatz.

Die Putschisten sind einer fatalen Fehleinschätzung aufgesessen. An der Erhebung gegen Chávez haben sich etwa 30 Admiräle und Generäle beteiligt. Es ist ihnen gelungen, die Nationalgarde und die Geheimdienste unter ihre Kontrolle zu bringen, außerdem können sie auf die Unterstützung der Policía Metropolitana sowie der Polizeitruppen der oppositionsregierten Stadtteile und des benachbarten Bundesstaates Miranda bauen. Doch sie haben nicht in Rechnung gestellt, in welchem Maße sich die unteren Dienstgrade und die Soldaten mit dem *comandante* und seiner bolivarischen Revolution identifizieren. Die loyalen Generäle García Carneiro und Ramón Silva, von den übermütigen Putschisten unbeobachtet gelassen, hatten nach der Selbsternennung Carmonas eine heimliche Zusammenkunft von Offizieren in Fuerte Tiuna organisiert. Bei diesem Treffen war es ihnen gelungen, bis auf eines alle Bataillone in Caracas auf ihre Seite zu bringen.

In der Garnisonsstadt Maracay hatte General Raúl Baduel lange mit sich gerungen. Baduel war einer der drei Offiziere, die 1982 zusammen mit Chávez unter dem Baum *Samán de Güere* die Keimzelle der bolivarischen Bewegung gegründet hatten. Doch anders als die meisten Mitverschwörer hatte er den Putschversuch im Jahre 1992 für ein Himmelfahrtskommando gehalten. Wegen seiner Neigung zu fernöstlichen Philosophien gilt der Chef des Fallschirmspringer-Bataillons als Sonderling, der die linken Eskapaden seines ehemaligen Waffenbruders Chávez kaum verteidigen würde. Auch diese Einschätzung stellt sich als leichtfertig heraus. Als Baduel in Gedanken, ob er den Anweisungen der illoyalen Militärführung Folge leisten soll, im Kasernenhof von Maracay auf und ab spaziert, fällt sein Blick auf die Bildergalerie der Heeresführung. Jemand hat die Fotos der cháveztreuen Generäle umgedreht – ein demütigender Akt, der ihm übel aufstößt. Baduel beschließt, sich gegen die Putschisten zu stellen.

Die Entscheidung des Fallschirmspringer-Generals wird die Wende bringen. Als er am Morgen des 13. Aprils öffentlich verlangt, die verfassungsmäßige Ordnung wiederherzustellen, erklären auch die Garnisonen in den anderen Landesteilen nach und nach, auf der Seite von Chávez zu stehen. Vor allem auf die Präsidentengarde wirkt die Erklärung Baduels wie eine Erlösung. Die unter dem Kommando von Leutnant Jesús del Valle Morao stehende Truppe hatte die Machtübernahme Carmonas nur unter Zähneknirschen ertragen.

„Meine Soldaten von der Militärkapelle weinten, als sie diesem Herrn zu Ehren aufspielen mussten", so del Valle Morao.[70] Kurz nachdem er von der Erklärung Baduels erfährt, ruft er in Maracay an, um sich Anweisungen zu holen.

„Morao, die Mission lautet: Dieser Herr Carmona wird nicht als Präsident der Republik anerkannt", befiehlt ihm Baduel. „Die Verfassung ist verletzt worden, diese Situation können wir nicht akzeptieren."[71]

Nachdem Valle Morao sich bei García Carneiro in Fuerte Tiuna rückversichert hat, befiehlt er seinen Leuten, Miraflores einzunehmen. Als die Gardisten den Hof stürmen, versucht ein Hubschrauber, sie mit Schüssen zu vertreiben, dreht aber schließlich ab. Unter dem Beifall Zehntausender von Chávez-Anhängern, die mit Flaschen und Stöcken auf dem Eisenzaun einen infernalischen Lärm entfachen, stürmen die Soldaten das Gelände und dringen in den Palast vor. Auf dem Dach des Präsidentenpalastes tauchen drei Soldaten auf, einer reckt die in einem schwarzen Handschuh steckende Faust in die Höhe.

Carmona und die meisten seiner Kabinettsmitglieder können sich rechtzeitig retten. Nur ein paar Gäste und Journalisten sowie vier Mitglieder der Übergangsregierung werden von der

Präsidentengarde festgenommen. Neben einem Mittagessen, das nicht mehr serviert werden konnte, finden die Soldaten im Büro des Präsidenten einen Brief, den der venezolanische Botschafter in Washington an die Putschisten geschickt hatte. Darin berichtet der Botschafter von einem Telefongespräch mit dem Lateinamerika-Beauftragten des US-State Departments Phillip T. Chicola. Chicola habe sein starkes Interesse daran bekundet, dass der Übergang in Venezuela eine verfassungsgemäße Form erhalte. „Mister Chicola machte auch deutlich, dass es sich hier nicht um einen Befehl handele, sondern vielmehr um eine Bitte, die es ihnen ermöglichen würde, die neue Regierung formell anzuerkennen."[72] Das State Department rät, baldmöglichst eine Rücktrittserklärung von Chávez zu veröffentlichen und diese durch die Nationalversammlung und den Obersten Gerichtshof ratifizieren zu lassen. Doch das geht nicht mehr. Weder die Nationalversammlung noch der Oberste Gerichtshof können einen Rücktritt ratifizieren. Denn beide sind durch das Carmona-Dekret aufgelöst worden. Eine Rücktrittserklärung des Präsidenten ist auch nicht in Sicht. Ganz im Gegenteil: Überall zirkuliert mittlerweile die Notiz von Chávez, die der Soldat aus Turiamo herausschmuggeln und nach Caracas faxen konnte:

„An das venezolanische Volk (und alle die, die es interessieren könnte): Ich, Hugo Chávez Frías, Präsident der Bolivarischen Republik Venezuela, erkläre: Ich bin nicht zurückgetreten von der legitimen Macht, die mir das Volk gegeben hat. Für immer!!!"[73]

Der selbsternannten Übergangsregierung steht das Wasser bis zum Hals. Aus dem Präsidentenpalast sind sie vertrieben, die Garnisonen im Land lehnen sich auf und auch international hat sich die Stimmung gedreht. „Nach und nach setzte sich die Auffassung durch, dass Chávez ein gefangener und nicht ein zurückgetretener Präsident war"[74], so Pedro Carmona. Frankreich droht, die diplomatischen Beziehungen zu Venezuela abzubrechen, Mexikos Präsident Fox weigert sich, das neue Regime anzuerkennen. Als die Autokarawane des geflüchteten Carmona Fuerte Tiuna erreicht, hat sein neuer Verteidigungsminister Ramírez Pérez bereits die Militärführung einberufen. Eilig versucht man, die Auflösung der Nationalversammlung und des Obersten Gerichtshofs wieder rückgängig zu machen. Für die entsprechenden Sätze im Carmona-Dekret, die tags zuvor von allen mit frenetischem Jubel gefeiert wurden, will heute niemand mehr verantwortlich sein. Rechtsanwalt Allan Brewer-Carias, der den Erlass federführend verfasst hat, behauptet, man habe sie später eingefügt. Pedro Carmona behauptet, er habe keine Zeit gehabt, das Dekret in Ruhe zu studieren. Eilig setzen die Generäle eine Erklärung auf: Sie wollen an Carmona als Präsidenten festhalten, versprechen aber, die Sozialprogramme der Chávez-Regierung beizubehalten.

Die Fernseh- und Radiosender halten sich weiterhin an die Informationsblockade. Reporter und Kameraleute, die unter halsbrecherischen Umständen der Präsidentengarde und den Chávez-Anhängern entkommen sind, dürfen die Bilder von der Erstürmung des Präsidentenpalastes nicht senden. Am Nachmittag bringen cháveztreue Truppenteile das Gebäude des Staatsfernsehens *VTV* unter ihre Kontrolle, vor dessen Toren mehrere tausend Menschen gegen die Schließung protestieren. Techniker der kommunalen Sender *Catia TV* und *Radio Perola* stellen die Sendeanlagen wieder her. Um 18 Uhr 45 geht der Kanal wieder auf Sendung. Der MVR-Abgeordnete Juan Barreto informiert das Land darüber, dass man Chávez nach La Orchila gebracht habe und dass er nie zurückgetreten sei.

Vor dem Kontrollposten 3 von Fuerte Tiuna hat sich eine riesige Menschenmenge angesammelt, die noch immer vermutet, dass Chávez auf dem Kasernengelände gefangen gehalten wird. Die Abgeordnete Iris Valera liest die Nachricht vor, die Chávez in Turiamo auf einen Zettel gekritzelt hat. General García Carneiro klettert auf einen Panzer, nimmt sich ein Mikrofon und hält eine kurze Rede: „Ich möchte Ihnen mitteilen, dass die gesamte Garnison den Präsidenten Hugo Rafael Chávez Frías unterstützt. Gehen Sie nicht weg! Ihre Anwesenheit ist wichtig!"[75]

Jubel bricht aus, als Carneiro erklärt, die Armee fordere den Rücktritt von Carmona. In der Erklärung, in der die Putschgeneräle wenig später auf *CNN* die Wiedereinsetzung der Nationalversammlung versprechen, ist von Pedro Carmona schon keine Rede mehr.

Alle zehn Minuten lässt Carneiro die neuesten Meldungen verkünden: Die Garnison von Zulia, die Garnison von Carúpano, die Garnisonen von Táchira, Mérida und Carabobo – nach und nach erklären die Streitkräfte in allen Landesteilen, dass sie den gewählten Präsidenten unterstützen.

Als endlich gegen halb vier am Morgen des 14. April die Nachricht kommt, dass Chávez mit dem Hubschrauber nach Miraflores unterwegs ist, warten noch immer mehrere zehntausend Menschen auf der Straße vor dem Kasernengelände. Sie verlangen von den Militärs, man möge sie mit Bussen zum Präsidentenpalast bringen, damit sie den siegreichen Heimkehrer empfangen können. „Für 60.000 Leute um 4 Uhr morgens Busse besorgen? Das schaffe ich nicht"[76], erklärt General García Caneiro. Die Anhänger des zurückkehrenden Präsidenten müssen die sechs Kilometer zu Fuß zurücklegen.

Als der Admiral auf La Orchila ihn mit *Señor Presidente* anspricht, weiß auch Chávez, dass sich das Blatt gewendet hat.

„*Comandante*, die Lage dort ist wirklich schwierig, die Leute sind auf der Straße. Ich befolge hier Befehle, aber Sie können sich sicher fühlen. Ich bin hier, um Sie zu schützen."

„Zu schützen vor wem?"

„Baduel ist mit den Fallschirmspringern hierher unterwegs. Und ich will keine Toten haben. Vielleicht können Sie ihn anrufen und mit ihm sprechen."[77]

Chávez erreicht einen Offizier der Einheit von General Baduel. Die Offiziere auf La Orchila versprechen, keinen Widerstand zu leisten, und man vereinbart eine einvernehmliche Übergabe des Präsidenten. Der Pilot des Privatflugzeugs, das Kardinal Ignacio Velasco und die beiden Offiziere auf die Insel gebracht hatte, macht sich rechtzeitig aus dem Staub. Velasco und seine Begleiter sehen mit Schrecken, wie ihr Transportmittel von der kleinen Landebahn abhebt, als der Hubschrauber der loyalen Truppen landet, um den Präsidenten zurückzuholen.

Chávez nimmt die Gelegenheit war, seinen Entführern mit einer versöhnlichen Geste zu begegnen: Er lädt sie ein, sie auf dem Rückflug mitzunehmen. Doch die schlagen das Angebot

aus. Es ist 2 Uhr morgens, als der Hubschrauber von La Orchila in Richtung Caracas abhebt. In Miraflores wartet eine un-
überschaubare Menschenmenge auf den Heimkehrer.

Chávez ohne Uniform:
Versöhnungs- und Aufklärungsversuche

In einer schwarzen Militärjacke und ohne das geliebte rote Barrett auf dem Kopf gibt Chávez um 5 Uhr 20 morgens seine erste Pressekonferenz, sichtlich mitgenommen von 48 Stunden
Gefangenschaft und überwältigt von der Euphorie, die ihn um-
gibt. „Gott, was Gott gebührt, dem Kaiser, was dem Kaiser gebührt, und dem Volk, was dem Volk gebührt", sind seine ersten
Worte.

„Ich komme ohne Rachegelüste", verspricht er. „Es wird
hier keine Hexenjagd geben."[78] Die Kampfbegriffe, an denen sich seine Gegner in den letzten Jahren so oft gerie-
ben haben, fehlen in der Rede. Chávez spricht weder von der
„Oligarchie" noch von den *Escuálidos*, auch der Unternehmerpräsident Carmona findet keine Erwähnung. Ein Kruzifix in
die Kameras haltend appelliert er an die Verlags- und Medienhäuser:

„In Gottes Namen: Denkt endlich nach! Schließlich ist es
auch euer Land. Ja, ich werde ebenfalls über manches nachdenken müssen. Ich habe das viele Stunden lang gemacht. Und
lerne manche Lektion, die ich nicht vergessen werde, aus all
dem Nachdenken, aus all dem Schmerz, aus all der Unsicherheit. Ich bin also bereit zu korrigieren, wo ich mich korrigieren
muss. Aber ich sollte nicht der Einzige sein, der das macht."

Der versöhnliche Ton überrascht viele Gefolgsleute. „Ich
habe, ehrlich gesagt, harte Maßnahmen gegen die Putschisten
erwartet – und nicht das Kruzifix"[79], so Diosdado Cabello, der
nach einer Odyssee durch die Barrios am Abend zuvor in den
Präsidentenpalast zurückgekehrt war, um in Abwesenheit von
Chávez das Amt für ein paar Stunden zu übernehmen. Doch in
den ängstlichen Stunden am Strand von La Orchila sind die
Allmachtsfantasien der ersten Regierungsjahre einer vorsich-
tigeren Einschätzung der Kräfteverhältnisse gewichen. Einmal
mehr hat Chávez sein politischer Instinkt geholfen, seine Fähig-

keit, in kritischen Situationen die Gemengelage nüchtern zu taxieren. Bei seinem eigenen Putschversuch 1992 hatte er die Waffen gestreckt, statt den Heldentod zu sterben – und war zum Medienstar geworden. 1997 hatte er den Weg der bewaffneten Revolution zugunsten der Wahlkandidatur verlassen – und war zum Präsidenten gewählt worden. Am frühen Morgen des 12. April 2002 liefert er sich seinen Gegnern aus, statt ihnen bis zum letzten Seufzer die Stirn zu bieten – und kehrt im Triumph zurück, mehr Volksheld denn je.

Mit seiner Rückkehr habe das „wirkliche Land" über das „virtuelle Land" gesiegt, erklärt er. Doch der misslungene Putsch hat ihm auch die Schalthebel gezeigt, an denen jenes virtuelle Land sitzt. Er weiß, dass seine bolivarische Republik zu zerbrechen droht – an der Macht der Medien, der Unternehmer, der Generäle, des Klerus, des Erdölkonzerns PdVSA, des Gewerkschaftsverbandes und ihrer Patronage durch die USA. Am eigenen Leib hat er zu spüren bekommen, dass er sich keinesfalls mit all diesen Kräften gleichzeitig messen kann.

Im Morgengrauen nach seiner Rückkehr kündigt Chávez an, einen nationalen Dialog einberufen zu wollen. Seinen Aufruf zur Versöhnung garniert er mit einer Anekdote. Am Strand von La Orchila habe er dem Kardinal Ignacio Velasco vorgeschlagen, mit ihm zusammen zu beten. Er habe seinen Erzfeind um Verzeihung gebeten, „und ich sagte ihm, dass es notwendig wäre, dass alle gesellschaftlichen Sektoren mit allen Kräften guten Willen zeigen müssten, damit wir in Frieden leben können – unter Akzeptierung der Spielregeln, der Regeln des bürgerlichen Zusammenlebens."[80]

Die polizeilichen Ermittlungen am Tatort von Puente Llaguno beginnen erst drei Wochen nach dem Massaker. Die Ermittlungskommission stellt fest, dass die Spuren des Schusswechsels überwiegend beseitigt sind. Man hat die Rollläden der Geschäfte ersetzt und die Mauern und Wände ausgebessert. „Den bisher vorgenommenen Untersuchungen zufolge wurden keine Beweise für Schüsse aus der Richtung der Avenida Baralt in Richtung Puente Llaguno gefunden"[81], heißt es auf *Venevision* und die Zeitung *El Universal* schreibt: „Die Ballistik-Experten bestätigten, dass es in der Brückenkonstruktion keine Spuren von Projektilen gibt, die darauf hinweisen, dass ein Schusswechsel stattgefunden hat."[82]

Doch Filmaufnahmen, die in den Tagen nach dem 11. April gemacht wurden, zeigen etwas anderes: Häuserwände, Straßenschilder, Kioske und Eisenträger der Brücke haben Einschusslöcher an Dutzenden von Stellen und alle kommen sie aus südlicher Richtung. Passanten wehren sich gegen die Desinformation in der Presse mit Graffitis: Sie malen Kreise um die Einschusslöcher und große Pfeile.

Die vier Schützen von Puente Llaguno, angebliche Mitglieder der verfemten Bolivarischen Zirkel, werden nach über einem Jahr Gefangenschaft freigelassen. Der Richter stellt fest, dass sie in Selbstverteidigung gehandelt haben. Andere mutmaßliche Schützen aus dem Kreis der Chávez-Anhänger tauchen unter. *Venevision* und die anderen Privatsender behaupten weiterhin, das Video von Puente Llaguno zeige Chávez-Anhänger, die auf friedliche Demonstranten schießen. Die Aufnahmen, deren manipulativer Gebrauch den Putsch gerechtfertigt hatte, werden im Jahre 2004 gar mit dem Medienpreis *Rey de España* prämiert. Der *Venevision*-Reporter Alfonso Fernández empfängt die wichtigste Journalistenauszeichnung der spanischsprechenden Welt aus den Händen des spanischen Königspaares.

Gegen acht Mitglieder der Policía Metropolitana, die auf der Avenida Baralt geschossen haben, wird Anklage erhoben. Ein Polizist, der eines der Panzerfahrzeuge gefahren hat, stirbt einen Monat nach dem Massaker unter ungeklärten Umständen. Angeblich ist es Selbstmord.

Unter den vielen ungelösten Fragen des Putsches ist das Rätsel der Heckenschützen das brisanteste. Die drei Männer, die Passanten am 11. April als angebliche Schützen unter Schlägen zur Guardia Nacional zerren, stellen sich laut Aussage von General José Aquiles Vietri Vietri als unschuldig heraus:

„Einer war betrunken und wusste nicht mal, wo er wohnt. Ein zweiter ist ein Hotdog-Verkäufer aus der Umgebung des Palastes und ein weiteres Individuum ist ein Passant, der dort herumlief, er kam aus Caricuao, glaube ich. Man fand keine Waffen bei ihnen, und ich kann nicht bezeugen, dass sie Heckenschützen sind. Man gab ihnen erste Hilfe und dann habe ich sie freigelassen, weil sie wirklich nichts mit den Heckenschützen zu tun hatten."[83]

Dass einer der drei Männer einen Ausweis der Polizei von Chuao mit sich trug, wie Augenzeugen berichten, kann Vietri Vietri nicht bestätigen.

Im Hotel Eden, ein Stundenhotel in der Nähe von Puente Llaguno, findet die DISIP nur noch Spuren eines mutmaßlichen Heckenschützen: Auf dem Boden des Zimmers Nr. 45 hinterließ er fünf Patronenhülsen. Den einzigen Fahndungserfolg kann die Geheimpolizei bei der Erstürmung des Hotels Ausonia vorweisen. Am Abend des 11. Aprils um 19 Uhr 30 hatte die DISIP in der Absteige, einen Häuserblock von Miraflores entfernt, sieben Personen festgenommen. In den Zimmern 409 und 809 finden die Beamten einen Revolver, Munition und einen Waffenschein, ausgestellt auf Nelson Enrique Rosales, der Name eines der Verhafteten. Von den sechs anderen Festgenommenen haben fünf falsche Papiere, einer ist Kolumbianer. Am 16. April werden sie der Richterin Norma Ceiba Torres vorgeführt. Sie entlässt alle sieben ohne Auflagen aus der Haft, „obwohl es Untersuchungsergebnisse gab, die Spuren von Nitrat festgestellt hatten sowie Sprengstoff, Waffen, Munition und falsche Pässe".[84] Oberstaatsanwalt Isaías Rodríguez wird ein Jahr nach den Ereignissen argumentieren, die DISIP habe zum Zeitpunkt der gerichtlichen Anhörung Anweisungen der Putschisten befolgt: „Die Polizeiakte stellte sich als absolut ungenügend heraus, um sie mit der Begründung Gefahr im Verzug in Gewahrsam zu halten."[85]

Die überraschende Freilassung der mutmaßlichen Mörder ist eines der Mysterien des 11. April. Das wichtigste Indiz dafür, dass ihre Opfer Teil des Putschplans waren, bleibt die Aussage des *CNN*-Reporters Otto Neustald, der bezeugt hatte, die Generäle hätten bereits vor den ersten Schüssen von Toten gesprochen. Neustald, voller Angst um seine Karriere und seinen Ruf in der venezolanischen „Zivilgesellschaft", wird im September 2002 auf einer Pressekonferenz erklären, all das beruhe auf Manipulationen und Missverständnissen. Seine Aussage über die Probeaufnahme der Erklärung des Putschgenerals Hector Ramírez sei bei einem Universitätsforum in Mérida auf Video aufgezeichnet worden. Dieses Video sei dann so zusammengeschnitten worden, dass der ursprüngliche Sinn seiner Worte verfälscht worden sei:

„Ich hätte zum Beispiel gesagt haben können, dass es unverantwortlich gewesen wäre, zu behaupten, es gab noch keine Toten auf der Straße, als die Aufnahme gemacht wurde. Und anstatt dann meine gesamte Aussage zu bringen, bringen sie nur den Teil ‚es gab noch keine Toten auf der Straße, als die Aufnahme gemacht wurde‘. Also, das ist nur ein Beispiel, ich behaupte nicht, dass es wörtlich so gewesen ist."[86]

Die Ausflucht ist unglaubwürdig. Seine Aussage in dem Video, das Chávez in *Aló Presidente* gezeigt hatte, lautet wie folgt:

„Ich habe die Aufnahme des Videos – die Probe, die wir machten. Und in dieser Probe – die ich leider nicht hier habe –, in dieser Probe ist bereits von Toten die Rede, als es auf den Straßen noch nicht einen Toten gab."[87]

Von den Fragen der Journalisten in die Enge getrieben, bricht Neustald die Pressekonferenz vorzeitig ab. Er wird sich nie wieder zu dem Fall äußern.

Die Akteure des Putsches kommen mehr als glimpflich davon. Die Präsidentengarde hatte bei der Erstürmung von Miraflores 21 Personen aufgegriffen. Am Abend hatte General García Carneiro in Fuerte Tiuna den Großteil der Putschgeneräle und des Kabinetts festgesetzt. Auf Geheiß des Obersten Gerichtshofes werden sie alle am nächsten Morgen freigelassen – mit einer Vorladung. Am 14. August 2002 erwartet das Land mit Spannung die Entscheidung des Obersten Gerichtshofes über die Anklagen gegen die Putschgeneräle. Franklin Arrieche, der erste Vizepräsident, erklärt in der Urteilsbegründung:

„Nachdem der Generalinspekteur der Armee den Rücktritt des Präsidenten und der Obersten Militärführung verkündet hatte, hatte das ganze Land das Recht und die Pflicht, zu glauben – so wie es auch die Organisation Amerikanischer Staaten getan hat –, dass sich Venezuela in einer Krise der Exekutive befand, da das Präsidentenamt unbesetzt war. Als die Militärs die Ernennung des provisorischen Präsidenten verkündeten, geschah dies unter diesen Bedingungen. Sicherlich fehlten ihnen für diese Handlung die Vollmachten, selbst wenn man ihnen gerichtlich zusteht, dass es in gutem Glauben geschehen ist. So sehr ihr Verhalten auch von guten Absichten getragen worden sein mag, kann das Gericht ihm weder zustimmen noch von ihm schweigen."[88]

Zum Entsetzen der Regierung und ihrer Anhänger bleibt es bei dieser Rüge. Juristische Konsequenzen hat der Putsch für die beteiligten Generäle nicht. Sie hätten nicht mutwillig verfassungswidrig gehandelt, als sie die Macht übernahmen, erklären die Richter. Die Entscheidung zieht wütende Proteste der Chavisten nach sich. „In dieser Nacht", erinnert sich Chávez, „rief mich jemand an und sagte: ‚Schicken Sie die Panzer zum Obersten Gerichtshof!' Ich sagte: ‚Nein, ich werde die Panzer nicht hinschicken. Das ist doch das, was die wollen.' "[89]

Anderthalb Jahre später wird sich ein Staatsanwalt daran machen, der Straflosigkeit vom 11. April 2002 ein Ende zu setzen. Danilo Anderson, ein ehrgeiziger Emporkömmling aus dem 23-de-Enero-Viertel und ein überzeugter Bolivarianer, lässt im Falle der Heckenschützen ermitteln und arbeitet daran, die in den Putsch involvierten Militärs und Politiker auf die Anklagebank zu bringen. Er muss seine Mission mit dem Leben bezahlen. Als er am 18. November 2004 nach einem Diskothekenbesuch in seinem Haus in Los Chaguaramos in Caracas eintrifft, zerfetzt eine Autobombe seinen Wagen. Die Detonation lässt im Umfeld von mehreren Kilometern die Scheiben der Nachbarschaft zerbersten.

Pedro Carmona Estanga hatte sich bereits kurz nach dem Putsch ins Nachbarland Kolumbien gerettet. Nach seiner Freilassung am 14. April wird er mit Hausarrest belegt. Am 23. Mai 2002 gelingt es ihm, in die kolumbianische Botschaft zu flüchten. Erfolgreich beantragt er politisches Asyl und entkommt, versteckt im Kofferraum eines Freundes, über die Grenze. Heute unterrichtet er an einer Wirtschaftsuniversität in Bogotá und beklagt sein Schicksal: „Man soll nicht auf Worte oder Angebote von militärischen oder zivilen Führern vertrauen, sondern nur auf klare und präzise Verpflichtungen, wie schwerwiegend auch immer die Situation ist oder die Eile, in der Entscheidungen getroffen werden müssen."[90] So sehr ihm die Eile auch zugesetzt haben mag: Bei einem Besuch in Madrid Anfang April, so berichtet eine Untersuchung der spanischen Linkspartei Izquierda Unida, hatte „Pedro der Kurze" immerhin noch Zeit gefunden, sich bei einem Militärschneider vorsorglich eine Präsidentenschärpe anfertigen zu lassen.[91]

Der glücklose Kurzzeitpräsident ist nicht der Einzige, der sich beizeiten aus dem Staub gemacht hat. Admiral Molina Tamayo setzt sich nach El Salvador ab und lebt heute irgendwo auf dem europäischen Kontinent. Der Geschäftsmann Isaac Pérez Recao, der neben der US-Stiftung NED als einer der wichtigsten Finanziers des Putsches gehandelt wird, hatte sich samt seiner Familie bereits am 13. April per Hubschrauber nach Aruba bringen lassen. Er lebt heute in Miami – so wie viele Militärs, Politiker und Geschäftsleute, die in die Ereignisse verwickelt waren. Henrique Capriles Radonski, der die kubanische Botschaft unter Druck gesetzt hatte, muss einige Monate in Untersuchungshaft verbringen und sich im Sommer 2006 vor Gericht verantworten. Der smarte Primero-Justicia-Politiker wird zur Galionsfigur der oppositionellen Zivilgesellschaft. Er lässt sich das Wort *Justicia* in den kurzgeschorenen Hinterkopf rasieren und inszeniert sich erfolgreich als Opfer einer politisch motivierten Gerichtsbarkeit.

Die USA werden bestreiten, in den Putsch finanziell oder logistisch involviert gewesen zu sein. Auch die Regierung Aznar in Spanien will mit den Umtrieben nichts zu tun gehabt haben. Eine Untersuchungskommission der Izquierda Unida hält fest, dass es in den Tagen vor und während des Putsches zu intensivem Austausch zwischen Carmona sowie dem US-Botschafter Shapiro und dem spanischen Botschafter Viturro gekommen sei. Beide hatten als einzige Diplomaten in Caracas der Putschregierung nach der Auflösung des Parlaments ihre Unterstützung zugesichert.

Der Gewerkschaftsführer Carlos Ortega, eine der wichtigsten Figuren der Chávez-Opposition, kann ruhigen Gewissens im Land bleiben. Obwohl er maßgeblich an der Mobilisierung des Marsches auf Miraflores am 11. April beteiligt war, hatte er sich beim Postengeschacher zurückgehalten und kein Ministeramt der Regierung Carmona übernehmen wollen. Der CTV-Chef hatte nicht einmal das Carmona-Dekret unterzeichnet. Von der Justiz unbehelligt macht er sich an die Organisation des nächsten Schlages, der die Regierung Chávez nur wenige Monate später an den Rand des Zusammenbruches bringen wird.

In der Nationalversammlung, einige Tage nach dem Putsch, erzählt Chávez eine weitere Anekdote, die seinen Versöhnungswillen demonstrieren soll: Auf einer der Stationen während seiner Gefangenschaft kommt ein Soldat mit einer Plastiktüte hinter ihm hergelaufen. In die Tüte hat er die Camouflage-Uniform gestopft, die Chávez auf Befehl der Generäle in Fuerte Tiuna ausziehen musste.

„Mein *comandante*, die Uniform, was mache ich damit?"

„Nehmen Sie sie mit, Soldat, ich schenke sie Ihnen. Nehmen Sie die Stiefel hier auch mit. Weil ich nicht vorhabe, sie jemals wieder anzuziehen, die Uniform meines geliebten Heeres."[92]

Chávez hält sich mehr oder weniger an das Versprechen. Zumindest auf die Uniform wird er verzichten – ausgenommen militärische Akte, Empfänge und Paraden. Was die Produzenten der Revolutions-Souvenirs keinesfalls dazu bewegt, ihre Motive zu ändern. Auf den meisten T-Shirts, Buttons, Postern, Halsbändern, Schlüsselanhängern und Mützen, die an den Ständen der Straßenhändler Venezuelas angeboten werden, prangt der *comandante* noch immer so, wie ihn seine Anhänger am liebsten sehen: In Camouflage-Uniform und mit Barrett. Die *boina roja*, das zum chavistischen Markenzeichen gewordene rote Barrett, setzt Chávez noch dann und wann ein, wenn er zu seinen Anhängern spricht.

Kapitel 6

Kampf um die Petrodollars: Chávez und das Öl

Vom Putsch zum Ölstreik: Das Rätsel der Polarisierung

Am 13. Oktober 2002 führt Hugo Chávez sein rotes Barrett einer ganz neuen Verwendung zu. „Sind wir so weit für *la ola*?" ruft er, das Barrett in die Höhe haltend, von der Rednertribüne seinen Anhängern zu, die mit ihren roten T-Shirts und Mützen die Avenida Bolívar füllen. „Wenn ich das Barrett senke, geht's los, von hier nach da. Eins, zwei und los!"[1] Die Welle, *la ola*, verliert sich am Horizont der breiten Allee im Zentrum von Caracas. Auch die zweite Welle, diesmal vom Theater Teresa Carreño in die Gegenrichtung schwappend, klappt wie am Schnürchen. „Da kommt die Welle, schaut her! Über eine Minute *la ola*!", entzückt sich der Präsident. „Jetzt macht sie die Kurve über die Avenida Universidad. Das ist beeindruckend, da kann man nur sagen: Viva Venezuela! Es lebe das bolivarische Volk!"

Die *marea roja,* die „rote Flut", hat das Zentrum der Hauptstadt bis auf den letzten Winkel gefüllt. Aus den Barrios um Caracas, aus den umliegenden Bundesstaaten – von überall her sind sie gekommen, um das sechsmonatige Jubiläum des 13. Aprils zu begehen. Der Tag, an dem das Carmona-Kabinett aus dem Präsidentenpalast geflüchtet ist, ist in das Pantheon der Revolutionsgeschichte eingegangen. Für die Mittellosen, die Prekären, die Bewohner der *ranchos*, der Ziegelhütten an den Hängen, bislang vom politischen Leben abgeschnitten, ist jener Tag eine fundamentale Erfahrung. Es ist der Tag, an dem *el pueblo*, das Volk, seinen Präsidenten wiedereingesetzt hat.

Jeder Straßenverkäufer kann seither einen Vortrag darüber halten, was die Verfassung der Bolivarischen Republik Venezuela mit „partizipativer Demokratie" meint: Wir, die Armen, haben die Macht. Wir sind die Protagonisten. Wir haben Chávez zurückgeholt. Dass die Putschisten die Verfassung schamlos außer Kraft gesetzt haben, hat ihr eine steile Karriere beschert. Das eilig zusammengeschriebene Reformwerk, dessen Autoren zu guten Teilen längst der Opposition angehören, ist zur Revolutionsbibel aufgestiegen. Als kleines blaues Büchlein, das es überall an Straßenständen zu kaufen gibt, ist sie zum unverzichtbaren Accessoire der Regierungsanhänger geworden. Sie halten sie in die Kameras, um zu demonstrieren, dass sie nicht „derselbe Pöbel wie immer"[2] sind, wie *El Nacional* am Tag nach der Demonstration schreiben wird. Es ist die Geschichte einer politischen Subjektwerdung: Mit dem blauen Büchlein in der Hand- oder Hosentasche zeigen die, die die Zeitung *El Universal* als „Abenteurer, Opportunisten, Arbeitslose, Schmarotzer und Gauner"[3] beschimpft, dass sie Bürger und Patrioten sind. Dass diejenigen, die einst das Establishment waren, heute Vaterlandsverräter sind, dass die Marginalisierten die Nation vor ihnen gerettet haben und dadurch in der Mitte der Gesellschaft angekommen sind. Der Präsident heizt die Stimmung an: „Lasst uns den Märtyrern vom April Tribut zollen, den Märtyrern des Volkes, all denen, die an jenen Tagen fielen, als die Eliten, die Oligarchie jenen makabren, faschistischen Umsturzplan in Bewegung setzte. Diese faschistische Oligarchie weigert sich, die Realität anzuerkennen, dieses noble venezolanische Volk zu akzeptieren. Dieser faschistischen Oligarchie geht die Galle über angesichts der Tatsache, dass es endlich das Volk ist, das in Venezuela regiert, dass nach all den Jahren das Volk seinen Kampfgeist zurückgewonnen hat, sich an die Spitze gesetzt hat, um die Gegenwart und die Zukunft zu gestalten."[4]

Von dem Versöhnungwillen, den Hugo Chávez nach seiner Rückkehr im Morgengrauen des 14. April gezeigt hat, ist nichts mehr zu spüren. Der erhoffte nationale Dialog ist nie auf breiter Basis zustande gekommen. Der April-Putsch hat seine Gegner nur darin bestärkt, dass in Venezuela eine Diktatur herrscht. Die Medien bleiben auf Konfrontationskurs. Laut einer Untersuchung des Nationalen Medienrats Conatel[5] widmet der Sender *Venevision* der Demonstration, die über eine Million

Chávez-Anhänger auf die Straße getrieben hat, kaum zwölf Minuten. Ein Aufmarsch von Hunderttausenden von Chávez-Gegnern drei Tage zuvor hingegen war dem Sender über fünf Stunden Sendezeit wert – ähnlich sieht es bei den anderen Privatkanälen aus.

Am 22. Oktober geben dreizehn in den April-Putsch verwickelte Offiziere eine Pressekonferenz. Die Militärs, darunter Carmonas Verteidigungsminister Héctor Ramírez Pérez und Néstor González González, der am 12. April Miraflores zu bombardieren gedroht hatte, fordern den Rücktritt des Präsidenten. Sie plädieren dafür, der Regierung die Anerkennung zu versagen und erklären die Plaza Francia im östlichen Zentrum von Chacao zum „befreiten Gebiet". Die Medien begleiten ihr Anliegen hingebungsvoll. Und das Regime, von den Generälen auf der Plaza Francia als „castro-kommunistisch" gegeißelt, lässt sie gewähren. Selbst César Gaviria, Generalsekretär der OAS, der zu dieser Zeit als Vermittler zwischen Regierung und Opposition in Caracas weilt, äußert sich befremdet darüber, dass aktive Militärs offen zur Rebellion gegen eine gewählte Regierung aufrufen dürfen.

Mit der Besetzung der Plaza Francia durch die dissidenten Militärs wird die Auseinandersetzung zwischen Oppositionellen und Regierungsanhängern zum Territorialkampf. Beide Seiten versuchen, Teile von Caracas zu erobern, zu verteidigen und von ihren Feinden freizuhalten. Am 12. November eskalieren die Auseinandersetzungen innerhalb der Policía Metropolitana. 500 Polizisten waren zuvor in den Streik getreten und hatten dem oppositionellen Oberbürgermeister Alfredo Peña vorgeworfen, die Polizei für seine politischen Zwecke zu instrumentalisieren. Als Peña anordnet, eine Demonstration von Chávez-Anhängern an der Plaza Bolívar, im Herzen der Hauptstadt, aufzulösen, kommt es zu einer Schießerei zwischen regierungstreuen und oppositionellen Teilen der PM, bei der drei Menschen sterben und 17 verletzt werden. Tags darauf rückt die Nationalgarde mit 2.500 Mann aus und besetzt die Polizeiposten. Die Polizeikräfte von Baruta und Chacao sehen indessen zu, wie militante Oppositionelle die Stadtautobahnen und Hauptstraßen von Caracas blockieren.

Mitte November verkündet OAS-Generalsekretär Gaviria, der Dialog zwischen Regierung und Opposition stehe kurz vor einem Kompromiss, der unter anderem vorzeitige Neuwahlen vorsieht. Der Rückschlag folgt am Tag nach dem Beginn der Verhandlungen: Die Oppositionsparteien solidarisieren sich plötzlich öffentlich mit den Militärs der Plaza Francia. Am 21. November kündigen der Gewerkschaftsverband CTV und der Unternehmerverband Fedecámaras gemeinsam einen unbefristeten „nationalen Zivil-Streik" an. Der Ausstand, der am 2. Dezember beginnt, verläuft zunächst ähnlich wie der Generalstreik ein Jahr zuvor: Während im Zentrum von Caracas das Geschäftsleben brachliegt, ist im Rest des Landes wenig zu spüren.

Doch die Ereignisse nehmen eine dramatische Wendung, als am 6. Dezember um 19 Uhr 15 ein Mann namens Joao de Gouveia die Plaza Francia betritt. De Gouveia, portugiesischer Einwanderer, zieht einen Revolver und schießt in die Menge. Der Amoklauf endet mit drei Toten und dreizehn Verletzten. Die privaten Medien werden den Schützen als von Chávez angeheuerten Killer brandmarken. Chavistische Quellen sammeln ihrerseits Indizien, dass de Gouveia ein *agent provocateur* sei. Doch den Amokläufer haben offensichtlich verborgenere Motive getrieben. Er kenne keine Politiker, wird de Gouveia nach seiner Festnahme erklären. Er habe geschossen, weil der Fernsehsender *Globovision* ihn als Geisel genommen habe. Im März 2004 wird der verwirrte Portugiese zu 29 Jahren und 11 Monaten Gefängnis verurteilt. Das Massaker auf der Plaza Francia heizt die Stimmung im Land an. Noch in der Nacht plündert ein regierungsfeindlicher Mob das Parteibüro des MVR in Chacao und zündet es an.

Die venezolanische Gesellschaft ist polarisierter denn je. Und wie schon im April 2002 will die Unversöhnlichkeit, mit der beide Seiten einander gegenüberstehen, nicht recht zu den politischen Realitäten passen. „Die venezolanische Politik scheint vom Surrealismus ergriffen zu sein", schreibt der kolumbianische Historiker Medófilo Medina in einer Analyse der Wirtschaftspolitik der Regierung Chávez. Medina war aufgefallen, dass die relativ hohe Akzeptanz der Regierungsmaßnahmen in der Finanzwelt in greller Asymmetrie zur Konfrontationslinie der sogenannten Zivilgesellschaft steht. „Bei den Massenaufmärschen der Opposition spricht man von Totalitarismus, Tyrannei, Kubanisierung, Kommunismus, Verletzung des Privateigentums und noch härteren Begriffen, um die Haltung der Regierung zu charakterisieren. Diese ihrerseits greift – ebenfalls in Massenaufmärschen – auf eine Klassen- und Revolutionsrhetorik zurück, die charakteristisch für die Revolutionen in der ersten Hälfte des 20. Jahrhunderts war. Doch was das chavistische Regime tatsächlich umsetzt, sind Reformen, die sich gegen einige neoliberale Aspekte wenden, ohne jedoch den Rahmen einer Marktökonomie zu verlassen.“[6]

In der ersten Dezemberwoche 2002 wird sich zeigen, dass es nicht nur aufgeheizte Rhetorik ist, die Venezuela einem Bürgerkrieg nahebringt. Grundlage für die Polarisierung des Landes ist der Stoff, den der Sozialdemokrat und Ökonom Juan Pablo Pérez Alfonso einst das „Exkrement des Teufels" genannt hat: das Erdöl. Als das chávezfeindliche Management der staatlichen Erdölgesellschaft PdVSA und die von ihr betrauten Subunternehmer die Raffinerien abschalten, die Pipelines schließen und die Tankschiffe ankern lassen, steht das Land vor dem finanziellen Ruin. Die Gegner von Hugo Rafael Chávez Frías scheinen den Königsweg gefunden zu haben, um den Präsidenten aus dem Amt zu jagen: Sie müssen nur den Ölhahn zudrehen.

Geschichte des Erdöls, Teil 1:
Marxisten entdecken das „Exkrement des Teufels"

Als Dorothea Melcher und Bernard Mommer im Juni 1970 zum ersten Mal das Tal von Caracas erblicken, verschlägt es ihnen den Atem. Die breite Schnellstraße, die vom Flughafen im Küstenort La Guaira über die Gebirgskette des Ávila in die Hauptstadt führt, öffnet den Ankommenden einen spektakulären Blick: auf die Sozialwohnungsburgen an den Hängen, auf das Gewirr aus Brücken und Stadtautobahnen, das in das Tal führt und dahinter auf die Silhouetten imposanter Hochhäuser. Mel-

230

cher, Studentin der Geschichte, und Mommer, Mathematik-Student, hatten sich auf einer Einführungsveranstaltung an der Universität Tübingen kennengelernt, seinerzeit eine der Hochburgen der deutschen Studentenbewegung. Die kubanische Revolution, die Tupamaros in Uruguay, das Massaker auf der Plaza de Tlatelolco in Mexiko-Stadt: Neben dem Vietnamkrieg waren die lateinamerikanischen Aufstandsbewegungen ein bevorzugtes Thema in den Arbeitsgruppen des Sozialistischen Deutschen Studentenbundes (SDS), die an den deutschen Universitäten aus dem Boden schossen.

„Es gab eine ganze Gruppe von Bolivianern, die in den Sechzigern in Tübingen studierten, die meisten an der volkswirtschaftlichen Fakultät", erinnert sich Dorothea Melcher. „Unter denen war auch ein Gründungsmitglied der Kommunistischen Partei Boliviens. Der hatte – was wir damals nicht wussten – Verbindung zu der Gruppe, die mit dem Che in die Guerilla gegangen war. Er schlug vor, wir sollten doch nach Bolivien kommen." Bernard Mommer, Sohn des bekannten Sozialdemokraten Karl Mommer, der in den Fünfzigern mit den Alliierten die Wiedereingliederung des Saarlands in die junge Bundesrepublik ausgehandelt hatte, ist Feuer und Flamme. In Frankreich aufgewachsen, hatte sich der junge Mathematiker in Deutschland nie wirklich heimisch gefühlt. Doch als das junge Paar 1969 die Reise antreten will, raten die Bolivianer ab: Nach der Ermordung des Che ist die Lage in Bolivien zu gefährlich geworden. „Dann kam ein venezolanischer Freund von denen zu Besuch", so Melcher. „Und der hat gesagt: Kommt doch nach Venezuela, da ist auch was los."

Der urbane Moloch mit seinen Wolkenkratzern und asphaltierten Schnellstraßen, auf denen Chevrolet-Limousinen und Ford Mustangs cruisen: Was Melcher und Mommer bei ihrer Ankunft in Caracas sehen, entspricht nicht ihrer Vorstellung von der Dritten Welt. Dass der tropische Staat ein Erdölland ist, ist ihnen wohlbekannt. Doch sie hatten ein Venezuela erwartet, wie es etwa Eduardo Galeano in seinem berühmten Werk *Die offenen Adern Lateinamerikas* schildert. Darin beschreibt der uruguayische Schriffsteller die Geschichte des venezolanischen Ölreichtums als Geschichte eines Aderlasses, der dem Land das schwarze Gold aussaugt und es ärmer als zuvor zurücklässt: „Die Gewinne, die aus dieser ungeheuren Milchkuh gezogen werden, können, wenn man ihr Verhältnis zu dem investierten Kapital in Betracht zieht, nur mit denen verglichen werden, die die Sklavenhändler oder die Piratenschiffe erzielten. Kein Land hat dem Kapitalismus so viel in so kurzer Zeit eingebracht."[7] Venezuela sei „eine weit ausgedehnte, von Kerkern und Folterkammern umgebene Erdölquelle"[8], schreibt er, erschüttert von der Kloake, in die das Erdöl den riesigen Maracaibo-See verwandelt hat, von den schwarzen Dörfern, über die der Boom hinweggezogen ist wie ein Flächenbrand, und von dem Elend der in die Städte geflüchteten Landbevölkerung. Galeano war nicht verborgen geblieben, dass der Ölreichtum auch andere Spuren hinterlassen hatte: Dass man auf perfekt ausgebauten Straßen fährt, dass das Land so viel schottischen Whiskey importiert wie keine andere Nation, dass es das höchste Pro-Kopf-Einkommen Lateinamerikas hat. Doch er löst das Rätsel nicht auf. Über den Kontrast von Arm und Reich in der venezolanischen Hauptstadt schreibt er: „Auf den Hügeln rings um Caracas betrachten eine halbe Million Ausgestoßene von ihren aus Abfällen errichteten Hütten aus die fremde Verschwendung."[9]

Galeanos Geschichte des kolonialen und postkolonialen Lateinamerika fehlt in den siebziger und achtziger Jahren in keinem linksalternativen Bücherschrank. *Die offenen Adern Lateinamerikas* ist die Bibel der Dritte-Welt-Bewegung. Es entspricht einem Imperialismus-Bild, demzufolge die Völker des Südens vor allem Opfer der Industrienationen sind, für die die Dritte Welt nur eine Ansammlung von Minen, Bohrlöchern, Anbauflächen und Farmen darstellt, deren Reichtum sie aussaugen können. Das Staunen der beiden sozialistischen Jungakademiker aus Deutschland über das „saudische" Venezuela mit seinen Wolkenkratzern und seinen monumentalen öffentlichen Bauten ist ein Staunen über den Reichtum, der bei Galeano „die fremde Verschwendung" genannt wird. Er hat in seiner Imperialismustheorie keinen Platz. Es ist der Reichtum, den sich die *nuevos ricos*, die nationale Bourgeoisie, mit dem Erdölboom angeeignet hat, der die Parteifürsten, Politiker, Generäle, Bankiers und Baumagnaten Venezuelas zu Millionären und Milliardären hat werden lassen. „Kapital, dritter Band, Grundrente!", ruft Bernard Mommer seiner jungen Frau und Genossin zu, als sie im Taxi die breite Stadtautobahn zum Tal von Caracas herunterfahren. Die beiden SDS-Aktivisten haben die blauen Bände, Band 21 bis 23 der *Marx Engels Werke* eingehend studiert. Sie wissen, dass „ein Teil des vom Kapital erzeugten Mehrwerts dem Grundeigentümer anheimfällt"[10], wie Karl Marx im dritten Band des *Kapital* schreibt:

„Diese Geldsumme heißt Grundrente, einerlei ob sie von Ackerboden, Bauterrain, Bergwerken, Fischereien, Waldungen usw. gezahlt werde. Sie wird gezahlt für die ganze Zeit, während deren kontraktlich der Grundeigentümer den Boden an den Pächter verliehen, vermietet hat. Die Grundrente ist also hier die Form, worin sich das Grundeigentum ökonomisch realisiert, verwertet. Wir haben ferner hier alle drei Klassen, welche den Rahmen der modernen Gesellschaft konstituieren, zusammen und einander gegenüber – Lohnarbeiter, industrieller Kapitalist, Grundeigentümer."[11]

Melcher und Mommer lernen in Caracas Aktivisten der Partido de la Revolución (PRV) kennen, die sich nach der Zerschlagung der Guerilla in die Hauptstadt geflüchtet haben, um hier eine neue linke Bewegung aufzubauen. Die Gruppe um den Guerilla-Veteran Douglas Bravo ist akademisch geprägt, viele der Ex-Kämpfer finden nach der Begnadigung durch den christdemokratischen Präsidenten Rafael Caldera ein Auskommen an den Universitäten des Landes. Vor allem der Rechtsanwalt Alí Rodríguez Araque, Ölexperte der PRV, ist an den deutschen Gästen interessiert. Die Idee, die politische Ökonomie des Erdöls mit Hilfe der Marx'schen Grundrente zu analysieren, stößt auf offene Ohren. Dorothea Melcher erinnert sich:

„Die Leute hier haben sofort aufgehorcht. Das war ihnen schon immer aufgefallen, dass die marxistische Theorie der fünfziger und sechziger Jahre nicht stimmen kann. Paul Sweezey und Paul Baran etwa vertraten die These, dass die großen Monopolkonzerne den Surplus absaugen und nur die Krümel im Land ließen – *las migajas*, wie es hier heißt. Das war ja auch die Theorie von Juan Pablo Pérez Alfonso: Dass die Leute hier arm sind, weil das, was ihnen zustünde, mit den Gewinnen der Ölkonzerne ins Ausland geht. Als wir aber gesehen haben, wie reich bestimmte Gruppen hier sind, haben wir argumentiert: Das ist die Grundrente, die daher rührt, dass das Land die Ölquellen an die Ölkonzerne verpachtet."

Die beiden Deutschen kehren 1973 nach Tübingen zurück, um dort zu promovieren und brechen 1976 endgültig die Zelte in der Heimat ab. In Mérida machen sie sich daran, für die PRV ihre Hypothese zu überprüfen und auszuformulieren. Drei Theoriebände entstehen in den siebziger Jahren – über die Geschichte der Ölindustrie, über die Geschichte des venezolanischen Erdöls und schließlich über die OPEC und die Nationalisierung der Ölindustrie. Sie erscheinen anonym im Namen von Ruptura, dem legalen Arm der verbotenen PRV, und verlassen kaum die Studienzirkel der Gruppe. Doch mit der politischen Ökonomie des Erdöls erarbeiten sich die Linksaktivisten das theoretische Rüstzeug, um ein Vierteljahrhundert später eine neue Rohstoffpolitik anzusteuern. Ali Rodríguez Araque, Rafael Ramírez und Bernard Mommer – alle seinerzeit PRV-Kader – werden unter Chávez den Kurs des Energieministeriums und des Erdölkonzerns neu justieren. Rodríguez Araque wird im ersten Kabinett Energieminister, im Jahre 2001 OPEC-Generalsekretär und im Jahre 2002 PdVSA-Präsident. Mommer folgt ihm als Berater. Als Rodríguez Araque 2005 schließlich das Außenministerium übernimmt, wird Mommer Vizeminister für Öl- und Erdgas[12]. Rafael Ramírez löst Rodríguez Araque 2004 als PdVSA-Präsident ab und wird 2005 Energieminister. Dorothea Melcher bleibt den politischen Ämtern fern und geht als Professorin für Wirtschaftsgeschichte an die Universität von Mérida.

In den siebziger Jahren richten sich die Erwartungen der Linken zunächst auf die Nationalisierung der Erdölindustrie. 1983 ist das Jahr, in dem die Förderkonzessionen der internationalen Ölfirmen auslaufen. Die linken Parteien fordern für diesen Zeitpunkt die Nationalisierung der Erdölförderung. Die Ansprüche, die das Volk an die Verstaatlichung des nationalen Rohstoffs knüpft, der zu erwartende Widerstand der Bourgeoisie dagegen – all das schürt in der zersplitterten Linken Venezuelas die Hoffnung auf eine revolutionäre Situation. Nicht ohne Grund hatte der sozialistische Leutnant William Izarra seine erste Verschwörer-Gruppe in der Armee *Revolución 83* genannt. Tatsächlich aber nationalisiert Carlos Andrés Pérez das Erdöl bereits zum Jahreswechsel 1975/76 – auf dem Gipfel seiner Beliebtheit, mitten zu Zeiten des von hohen Ölpreisen gepäppelten „saudischen Venezuela". Die Erdölmultis, deren Raffinerien und Förderanlagen gegen Entschädigungszahlungen in nationalen Besitz übergehen, leisten wenig Widerstand. Sie hatten in den Jahren davor kaum in die Erschließung neuer Ölquellen investiert und ihre einst exorbitanten Gewinne sind durch die starke Position der OPEC zusammengeschrumpft.

Erdöl sei das „Exkrement des Teufels": Juan Pablo Pérez Alfonso hat sein berühmtes Bonmot erst nach vollzogener Nationalisierung in die Welt gesetzt. Es ist ein Ausruf der Enttäuschung. Der linke Sozialdemokrat und Mitbegründer der OPEC hatte zeitlebens dafür gekämpft, dass die Erdölförderung an den venezolanischen Staat übergeht. Er hatte die Übernahme der Fördertürme und Raffinerien mit der Idee verknüpft, dass endlich ein angemessener Teil der Petrodollars im Land verbleibe. Doch dieser Effekt ist mit der Verstaatlichung keinesfalls eingetreten.

Vielmehr ergibt sich für Shell, Mobil und Exxon, die wichtigsten Konzessionsnehmer vor 1976, eine Reihe neuer Geschäftsgelegenheiten. Zum einen erlaubt das Verstaatlichungsgesetz die Beteiligung privaten Kapitals „in besonderen Fällen und wenn es dem öffentlichen Interesse entspricht"[13] – ein Passus, der sich als äußert flexibel erweisen wird. Zum zweiten entschädigt der neue staatliche Konzern PdVSA die ehemaligen Konzessionsnehmer großzügig mit Aufträgen in den Bereichen technische Beratung und Absatz. Die neuen Betätigungsfelder sichern ihnen bis zu 0,20 $ pro Barrel an Umsätzen, ohne dass sie selbst investieren müssen. Zuguterletzt können die Multis durchsetzen, dass der neue Staatskonzern sich weitgehend an der von ihnen gestalteten Firmenstruktur orientiert. Die Manager, Angestellten und Ingenieure, die zuvor für die Ölmultis gearbeitet haben, werden von den zunächst unabhängig voneinander agierenden Staatsfirmen übernommen. Aus Exxon (damals noch Creole) wird Lagoven, aus Shell wird Maraven, die Mobil Oil erhält den Namen Llanoven und so weiter. Lediglich neue Firmenschilder müssen angeschraubt werden.

Die PRV-Kader, die in den Siebzigern mit Marx' *Kapital* in

der Hand die politische Ökonomie des Öls analysieren, kommen zu dem Schluss, dass die Art und Weise der Nationalisierung eine für das Land riskante Interessensvermischung nach sich zieht. Das internationale Ölgeschäft, so schreibt Alí Rodríguez Araque, hat drei Akteure:

„Der Eigentümer der Ressourcen, der Investor und der Konsument. Alle drei haben legitime Rechte: Der Erste darauf, eine Gebühr für den Zugang zu seinen natürlichen Ressourcen zu verlangen. Der Zweite hat das Recht, einen Gewinn auf sein Kapital zu ziehen, das er bei der Förderung eingesetzt hat. Und der Dritte hat das Recht, dass sein Verbrauch zu einem vernünftigen Preis garantiert ist."[14]

Mit der Nationalisierung der Ölindustrie ist der Staat nicht mehr nur Herr über die Ölquellen – als Eigentümer des Erdölkonzerns ist er nun auch Investor. Auf der einen Seite ist er Grundeigentümer, der Grundrente beansprucht – ein Anliegen, das durch das Energieministerium *Ministerio de Energía y Minas* (MEM) vertreten wird. Auf der anderen Seite ist er Investor und Produzent, der Kapitalakkumulation beansprucht – das macht auch der neue Erdölkonzern PdVSA. Die Interessen dieser beiden Seiten, so wird die Geschichte des venezolanischen Öls nach 1976 zeigen, kollidieren in erheblichem Maße.

Die Nationalisierung, so Bernard Mommer, schwächt die politische Position des Grundeigentümers: „Das Energieministerium hatte nicht mehr mit ausländischen Konzessionsnehmern zu verhandeln, sondern mit einer nationalen Ölgesellschaft. Bis dato war das nationale Interesse mit dem des Eigentümers der Rohstoffe zusammengefallen, wohingegen das Interesse der Produzenten ein ausländisches war. Dieser Interessensunterschied wurde durch die Nationalisierung verwischt."[15] Das Energieministerium, das zuvor die Ölwirtschaft beaufsichtigt hat, verliert mit der Gründung von PdVSA an Relevanz. Das elfköpfige Direktorium von PdVSA wird nunmehr direkt vom Präsidenten bestimmt. In den Jahren nach der Nationalisierung muss das Ministerium mehr und mehr Einfluss auf die nationale Energiepolitik an das Management von PdVSA abgeben. Und der staatliche Erdölkonzern, geprägt von einer Unternehmenskultur kosmopolitischer Manager, will alles andere sein als der Goldesel der Nation. Das, was Mommer und Rodríguez Araque im Sinne der Marx'schen Theorie die Grundrente nennen – der Anteil, der dem Staat gebührt –, ist für die Unternehmensführung des Konzerns eine mehr als lästige Pflicht. Mit dem Ende des Erdölbooms und der Finanzkrise der achtziger Jahre beginnt PdVSA daher ein für das Land ruinöses Eigenleben zu entwickeln.

Geschichte des Erdöls, Teil 2:
Die nationalistische und die neoliberale Verschwörung

Die sogenannte Vierte Republik der Ära vor Chávez sei mit zwei feindlichen Verschwörungen konfrontiert gewesen, schreibt Bernard Mommer, zu diesem Zeitpunkt Berater des Generalsekretariats der OPEC in Wien, in seinem Essay *Subversive Oil*. Auf die Bühne der Geschichte, so Mommer, ist nur eine der beiden Verschwörungen getreten: die der Militärs um Hugo Chávez, deren Putsch am 4. Februar 1992 gescheitert ist. Die zweite Verschwörung ist für die Augen der Öffentlichkeit unsichtbar geblieben. Sie hat in den Führungsetagen des nationalen Erdölkonzerns PdVSA stattgefunden. Die beiden Verschwörungen eint zunächst die Feindschaft zum korrupten und dekadenten Zweiparteiensystem des „Paktes von Punto Fijo".

„Sowohl die Militärs wie auch PdVSA legten eine moralisierende Haltung an den Tag und gaben der Korruption die Schuld für die Krise. Die Militärs träumten davon, das Land zu retten. Die Manager von PdVSA träumten nur davon, die Erdölindustrie aus den Händen des Landes zu retten."[16]

Ebenso wie die Bewegung von Chávez entsteht auch die Erdölverschwörung Anfang der Achtziger. Ihre Initialzündung ist der „Schwarze Freitag" im Jahre 1983: Als am 18. Februar das venezolanische Finanzsystem kollabiert, greift die Regierung in Panik auf den Investmentfonds von PdVSA zurück. Sie befiehlt der Erdölgesellschaft, 5,5 Milliarden Dollar von US-Banken zur Nationalbank zu transferieren, um den Bolívar gegen die massive Kapitalflucht aus Venezuela zu stützen. Die Maßnahme erweist sich als wirkungslos. Die galoppierende Entwertung lässt die in Bolívar konvertierten Petrodollars schnell zusammenschmelzen. Binnen weniger Tage pulverisiert der marode, korrupte Staat die Reserven, die die nationale Erdölgesellschaft in Jahren des Ölbooms aufgehäuft hat. Dem Management von PdVSA ist das Desaster eine Lehre:

„Zu diesem Zeitpunkt traf die Unternehmensführung die folgenschwere Entscheidung, nie wieder Bares zu horten und das Geld auszugeben, bevor die Regierung es mit Steuern belegen könne. Zwar wird das Unternehmen immer wieder behaupten, mit dieser Strategie Profite zu maximieren, doch tatsächlich findet das nie statt. Das Problem der Profite war eben, dass sie in den Regierungskassen landeten. Stattdessen expandierte PdVSA, maximierte Aktivitäten, Volumina, Umsätze und Verkäufe in allen Bereichen der Industrie, sowohl national als international. In der Praxis verlegte sich der Konzern auf eine Strategie zur Minimierung von Steuern und Abgaben."[17]

Nach und nach hebelt die PdVSA-Führung die Kontrolle der staatlichen Instanzen über das Ölgeschäft aus. Das Energieministerium muss einen kontinuierlichen *Brain drain* beklagen: Angelockt durch lukrativere Gehälter, wechseln die kompetenten Kräfte zur PdVSA, das Ministerium verkommt in den Achtzigern zum Gehilfen des Erdölkonzerns. „PdVSA wurde, aus Eigeninitiative und durch die Versäumnisse anderer, zum einzigen und fast exklusiven Gestalter der nationalen Erdölpolitik"[18], schreibt der Ökonom Luis E. Lander.

Mit dem 1976 von den Ölmultis in den neuen Staatskonzern übergewechselten Führungspersonal hält ein technokratisches Selbstverständnis Einzug in die Chefetagen von PdVSA. „Die Politiker gehen nach Hause und überlassen den Ingenieuren das Feld, die von den transnationalen Ölgesellschaften kommen und nicht die geringste Ahnung haben, dass es darum geht, den nationalen Reichtum aufzuwerten", sagt Bernard Mommer. „Sie benehmen sich wie die, die Lenin im Zusammenhang mit der Agrarreform die ‚radikalen Bourgeois‘ nennt. Die wollten das Land aufteilen und dem Produzenten zuführen und alle Hindernisse der Landbebauung radikal wegwischen. Analog die Manager von PdVSA. Das sind wildgewordene Kleinbürger, die beschließen: Öl muss produziert werden, ganz egal, ob Rente abfällt oder nicht."[19] Die bürgerlichen Revolutionen hatten die Macht der Grundeigentümer bekämpft, um das produktive Kapital zur Entfaltung bringen zu können. Die „radikalen Bourgeois" des neoliberalen Zeitalters untergraben die Handlungsfähigkeit des Staates und entziehen ihm die Mittel. In Rohstoffländern wie Venezuela – und der lateinamerikanische Kontinent ist voller Beispiele dieser Art – ersetzen sie so die sichtbare Macht des Grundeigentümers durch die unsichtbare Hand des Marktes.

Die nationale Ölgesellschaft wird zu einem Staat im Staate, der sich den Ansprüchen der Nation geschickt zu entwinden weiß. Vorgeblich um besser nichtkonventionelles, schweres Rohöl auf dem europäischen Markt platzieren zu können, beteiligt sich PdVSA 1983 an der Ruhr Öl GmbH in Deutschland, eine der größten Raffinerien Europas. De facto dient der Deal dazu, Gewinne außerhalb der Reichweite des venezolanischen Fiskus zu bringen. Statt schwer vermarktbares nichtkonventionelles Rohöl in Gelsenkirchen raffinieren zu lassen, liefert PdVSA zu subventionierten Tarifen konventionelle Sorten, die man überall auf dem Weltmarkt platzieren könnte. Eine ähnliche Strategie verfolgt der Konzern mit dem Kauf der US-amerikanischen Tankstellenkette Citgo, die seit 1990 zu hundert Prozent der PdVSA gehört. Der venezolanische Konzern schafft mit günstigen Erdöllieferungen einen Teil seiner Einnahmen zu dem Tochterunternehmen in die USA. Mitte der Neunziger transferiert der Konzern auf diese Weise etwa 500 Millionen Dollar jährlich ins Ausland. Umgekehrt erwirtschaften die etwa 14.000 Citgo-Tankstellen und die Raffinerien ihrer Muttergesellschaft kaum Gewinne. Im Inneren agiert PdVSA derweil zunehmend als Job-Agentur für transnationale Unternehmen: Während der Neunziger outsourced das Management einen Großteil der operativen Arbeiten, gleichzeitig bläht sich der Verwaltungsapparat immer mehr auf.

Die steigenden Kosten führen dazu, dass der Staatsanteil an den Erdöleinnahmen im Laufe der achtziger und neunziger Jahre rapide sinkt. Gingen 1981 von jedem Dollar, den PdVSA einnahm, noch 71 Cent an die Nation, so bleiben im Jahr 2000 gerade mal 39 Cent übrig. Die nationalistische Verschwörung um Chávez gelangt mit dem gescheiterten Putsch von 1992 an ihr vorläufiges Ende. Die neoliberale Verschwörung dagegen wird in den Neunzigern zur Erfolgsgeschichte. PdVSA gelingt es, die gesetzlichen Beschränkungen für die Beteiligung von privatem Kapital bei der Ölförderung Stück für Stück auszuhebeln. Ein

Urteil des Obersten Gerichtshofes vom April 1991 kippt die bis dato geltende Praxis, dass der Staat bei Joint Ventures Mehrheitseigner bleiben muss. Die *convenios operativos* (Operativabkommen), die PdVSA ab 1992 mit internationalen Ölmultis zur Erschließung der Ölfelder am Orinoco-Fluss trifft, sind nur noch der Form nach Mischunternehmen – de facto handelt es sich um Förderkonzessionen, die seit der Nationalisierung untersagt sind. 1995 wird das Gesetz, das die Beteiligung von privatem Kapital nur in Sonderfällen vorsieht, endgültig zur Makulatur: Das Parlament bewilligt eine Sondergenehmigung für circa 2 Prozent des venezolanischen Territoriums, auf denen PdVSA zukünftig zusammen mit privaten Investoren Öl fördern dürfe. Im Dezember 1995 klagt eine Gruppe von Parlamentariern, darunter Alí Rodríguez Araque für die Partei PPT, gegen diese Sondergenehmigungen. Ohne Erfolg. „Wenn Chávez die Wahlen nicht gewonnen hätte, wäre PdVSA heute nicht mehr als eine Agentur zur Lizenzvergabe, das unvermeidliche Resultat wären die Privatisierungen ihrer Tochterfirmen gewesen"[20], vermutet Mommer.

International ist die Unternehmenspolitik der PdVSA mehr als wohlgelitten. Die erfolgreiche Aushöhlung der Kontroll- und Beschränkungskompetenz des Staates entspricht den Freihandelsprinzipien, die die großen Industrienationen Anfang der Neunziger im Energiesektor durchsetzen, um sich den Zugriff auf die Rohstoffe des untergegangenen Ostblocks zu sichern. Mit ihrer Unterschrift unter dem seit 1991 verhandelten Energy Charter Treaty einigen sich die EU und 51 Staaten auf die „fundamentalen Prinzipien der Nicht-Diskriminierung, die Transparenz und die Verpflichtung zur progressiven Liberalisierung des internationalen Handels". Venezuela gehört nicht zu den Unterzeichnern, orientiert sich aber an dem Abkommen. Die Wirtschaftspresse bejubelt die Liberalisierung des venezolanischen Ölmarktes und lobt die „junge Führungsmannschaft um den PdVSA-Präsidenten Luis Giusti" dafür, dass sie die Pforten für ausländische Investoren weit aufstoßen. Zwanzig Jahre habe es gedauert, bis sich die „nationalistisch aufgeputschten Venezolaner" zur „ökonomischen Vernunft" durchgerungen hätten, schreibt die *Frankfurter Allgemeine Zeitung*[21].

Im Jahre 1997 wird PdVSA-Chef Giusti zum *World Oil Executive of the Year* gekürt. Die Branche weiß die OPEC-feindliche Unternehmenspolitik der PdVSA zu schätzen. Durch Modifikationen der Bemessungen und ihrer Kriterien erschleicht sich PdVSA im Laufe der Achtziger Fördermengen, die weit über die Quoten hinausgehen. Anfang der Neunziger wird der Ruf nach einem Austritt aus dem Ölkartell stärker. „PdVSA argumentierte, dass jedes Bestehen auf einer Preispolitik, die die Einkünfte aus dem Ölgeschäft maximieren würde, den freien Fluss für notwendige auswärtige Investitionen behindern könnte"[22], schreibt Mommer. Die Ankündigung von PdVSA, sich nicht länger an die Quoten halten zu wollen, ist 1998 einer der entscheidenden Auslöser für den Preisverfall. Als Chávez im Februar 1999 das Präsidentenamt antritt, liegt der Preis für das Barrel bei 8,43 Dollar.

Die neoliberale und die nationalistische Verschwörung kommen gleichzeitig an das Ziel ihrer jeweiligen Träume: Die Bewegung um Chávez erhält die Regierungsmacht, die marktliberalen Manager kontrollieren die Erdölindustrie. Der nationalistische Grundeigentümer und der neoliberale Ölproduzent gehen auf Kollisionskurs.

Die Regierung Chávez leitet nach 1999 eine Kehrtwende in der Energiepolitik ein. Erstens: man hält sich wieder an die OPEC-Quoten. Zweitens: man verabschiedet ein neues Erdölgesetz mit einer strengeren Steuer- und Abgabenordnung. Drittens: man ergänzt das Geschäft mit den Ölmultis durch Energieabkommen, die die Integration der lateinamerikanischen Staaten fördern sollen.

Erster Ansatzpunkt sind die OPEC-Quoten. Alí Rodríguez Araque, Energieminister im ersten Kabinett, reduziert die Produktion um 750.000 Barrel täglich und reist in die Mitgliedsländer, um das Ölkartell wieder zusammenzuführen. Im September 1999 findet auf Initiative der Regierung Chávez in Caracas das zweite Gipfeltreffen der OPEC-Staaten statt. Rodríguez Araque kann durchsetzen, dass die Mitgliedsländer ihre Quoten erhöhen bzw. senken, wenn der Preis einen bestimmten Rahmen verlässt. Schon im Oktober 2000 überschreitet der Ölpreis die 30-Dollar-Grenze. Für die Preisexplosion der kommenden Jahre mögen vor allem geopolitische Gründe wichtig sein – die Anschläge vom 11. September 2001, die Lage im Nahen Osten und schließlich der Irak-Krieg. Bei der Rekonsolidierung der OPEC zur Jahrtausendwende aber ist die Rolle der neuen venezolanischen Regierung ausschlaggebend. Binnen eines Jahres hat sich das ungezogenste Kind der OPEC-Familie zu ihrem engagiertesten Mitglied gewandelt.

Die zweite Maßnahme der Regierung Chávez ist die Dekretierung eines neuen Erdöl- und Erdgas-Gesetzes[23] im November 2001. Eine der ersten Amtshandlungen der Putschisten im April 2002 ist die Abschaffung dieses Gesetzeswerkes. Sie folgen damit einer zentralen Forderung der PdVSA-Führung, die die in den Jahren der *Apertura Petrolera* – der Erdölöffnung – erworbenen Freiheiten gefährdet sieht. Seit Anfang der Neunziger waren die fixen Abgaben pro Barrel durch Hunderte von Ausnahmeregelungen kontinuierlich reduziert worden. Außerdem ließen immer großzügigere Abschreibemöglichkeiten die Steuereinnahmen aus dem Ölgeschäft sinken. Das neue Gesetz setzt dieser Liberalisierung deutliche Schranken. Es schafft die Möglichkeiten der Steuerreduzierung weitgehend ab und sichert dem Staat über eine neue Abgabenordnung einen festen Anteil an den Öleinnahmen: Künftig müssen PdVSA und ihre Partner auf Öl 30 Prozent und auf Gas 20 Prozent Abgaben vor Steuern zahlen.

Der dritte Angriffspunkt der Energiepolitik ist die lateinamerikanische Integration. Bereits am 19. Oktober 2000 hatte die Regierung Chávez mit zehn Staaten aus dem karibischen Raum die „Energievereinbarung von Caracas"[24] unterzeichnet. Sie gesteht den Vertragspartnern – darunter alle mittelamerikanischen Staaten sowie Panama, Haiti und die Dominikanische Republik – die sichere Versorgung mit venezolanischem Erdöl zu festen Preisen und günstigen Zahlungsbedingungen zu. Unter anderem können sie die Öllieferungen mit Dienstleistungen und Waren bezahlen, die in Venezuela gebraucht werden. Die Vereinbarung gibt den Startschuss für jene Sorte von bilateralen Handelsverträgen, mit denen Chávez' bolivarische Revolution in den kommenden Jahren ihre Vision eines geeinten, souveränen Lateinamerikas vorantreiben wird. Am 30. Oktober 2000 setzt Fidel Castro bei einem Besuch in Caracas seine Unterschrift unter einen Vertrag, der dem unter Benzinmangel leidenden Kuba täglich bis zu 53.000 Barrel zusichert. Der April-

Putsch wird versuchen, auch diese Verträge wieder rückgängig zu machen. Vor allem die Vereinbarungen mit Kuba sind den Chávez-Gegnern ein Dorn im Auge. Unter frenetischem Jubel erklärt ein Sprecher der Carmona-Regierung am 12. April 2002, man werde „nicht ein einziges Barrel mehr nach Kuba" liefern.

Nach dem Putsch vom April 2002 sucht Chávez zunächst den Ausgleich mit dem Management von PdVSA. Er setzt Teile des alten Direktoriums wieder ein – darunter ist sogar ein Ölmanager, der das Carmona-Dekret unterzeichnet hatte. Den von den Managern heftig bekämpften PdVSA-Präsidenten Gastón Parra Luzardo ersetzt er durch Alí Rodríguez Araque. Der erfahrene und auch in bürgerlichen Kreisen anerkannte Ölexperte scheint eine Kompromisslösung zu sein: Zwar hat er sich als Minister und OPEC-Generalsekretär den neoliberalen Bestrebungen widersetzt. Gleichzeitig hat er als Mitglied der PPT, die zu diesem Zeitpunkt nicht Teil der Chávez-Koalition ist, eine gewisse Distanz zu den radikalen Kräften. Rodríguez Araque gilt als besonnener Stratege, der Venezuela vor allem als sicheren und vertrauenswürdigen Erdöl-Lieferanten sehen möchte. Doch die anfängliche Annäherung schlägt Ende 2002 in offenen Widerstand um. Was die oppositionellen Militärs und Politiker im April nicht geschafft hatten, das wollen nun die Eliten der Erdölindustrie besorgen. Der „Zivilstreik" vom Dezember 2002 wird das ganze Land gut zwei Monate lang lahm legen und die Regierung bis an den Rand des Ruins bringen.

Ölstreik im Winter 2002/2003:
Die Meritokratie dreht den Hahn zu

Was der Petro-Marxist Bernard Mommer als neoliberale Verschwörung beschreibt, ist aus der Perspektive der bürgerlichen Kräfte die Erfolgsgeschichte einer Angestellten- und Ingenieurselite, die sich selbst als „Meritokratie" bezeichnet. Die venezolanische „Zivilgesellschaft" diskutiert in den Jahren 2002 und 2003 weniger die Abgaben und die OPEC-Quoten, die Chávez der PdVSA aufbürdet. Der meistgeäußerte öffentliche Vorwurf lautet vielmehr, dass der Präsident die gewachsenen Hierarchien in der Ölwirtschaft mit den Füßen trete. *Por el respeto de la meritocracia! –* „Die Meritokratie muss respektiert werden!" heißt die Forderung aus den Führungsetagen von PdVSA. Medófilo Medina sieht in der „meritokratischen" Kaste ein typisch lateinamerikanisches Phänomen:

„Seit den sechziger Jahren ist in allen Ländern eine Schicht von Technokraten entstanden, die Teil des Machtgefüges ist und die auf wachsende Autonomie gegenüber den Parteien und anderen traditionellen Institutionen drängt. Mit der Entwicklung hin zur wirtschaftlichen Öffnung in den Achtzigern konnten die Technokraten ihre Rolle als Mittler zwischen ihren Ländern und multilateralen, internationalen Institutionen stärken. Die Ideologie dieser Technokratie ist eine Mischung aus ‚meritokratischem' Selbstverständnis und neoliberalem Kosmopolitismus. Sie arbeiten in nationaler Sache, doch ihr Horizont ist transnational. Ihr Konsum und ihre Vorlieben finden in diesem supranationalen Ambiente ihren Ausdruck."[25]

Die höheren Angestellten, Manager und Ingenieure unter den rund 40.000 Beschäftigten von PdVSA sind ein typisches Beispiel für jene neuen lateinamerikanischen Eliten. Viele haben im Ausland studiert und speisen ihr Selbstbewusstsein aus dem Gefühl, sich im Unterschied zu den korrupten Parteifürsten, Militärs oder Oligarchen ihre Privilegien durch Fleiß und Leistung verdient zu haben. Den Parteiseilschaften haben sie ihr eigenes System der Protegierung entgegengesetzt, welches sie durch Chávez angegriffen sehen. Wer Mitglied der Meritokratie ist, verdient nicht nur Gehälter wie in den Industrieländern, er fühlt sich auch als Bürger der Ersten Welt. Der Kampf der Meritokraten gegen das Chávez-Regime ist der Kampf einer technisch-ingenieurwissenschaftlichen Elite, die sich selbst für unersetzlich hält.

Am Freitag vor Beginn des Generalstreiks beobachtet die Informatikerin Socorro Hernández verwundert, dass die Kollegen zum Feierabend ihre Schreibtische besonders gründlich aufräumen. Die Angestellten der Firma Intesa[26], die die Computersysteme von PdVSA verwaltet, hängen ihre Bilder von den Wänden ab und verstauen ihre persönlichen Sachen in Kisten. „Bis zum nächsten Jahr", sagen sie sich zum Abschied. „Diese Weihnachten werden wir ohne Chávez feiern."[27] Hernández fragt eine Kollegin, ob das alles ein Scherz sei. „Nein, nein", lautet die Antwort. „Wir kommen nicht wieder, bevor Chávez nicht verschwunden ist." Intesa ist eine typische Schöpfung der Privatisierungs- und Outsourcing-Strategie der neunziger Jahre. 1997 hatte PdVSA fast die gesamte Netzwerkadministration und die IT im Bereich Handel und Versorgung in die neugegründete Firma ausgelagert. Die bisher im nationalen Konzern angestellten Informatiker und Programmierer mussten zu Intesa wechseln, deren Mehrheit der in San Diego ansässige Informatik-Gigant SAIC hält.

Dass der nationale Ölkonzern ausgerechnet sein Computerhirn in fremde Hände gegeben hat, rächt sich nun. Pünktlich mit Beginn des Generalstreiks am 2. Dezember 2002 stellt Intesa ihre Dienste vollständig ein. Von den 200 Mitarbeitern der Abteilung Raffinierung, Handel und Versorgung[28] schließen sich bis auf sechs alle dem Streik an. Die verbliebenen regierungstreuen Intesa-Angestellten, darunter Socorro Hernández, richten im 4. Stock des Südturms von PdVSA in La Campiña eine Notzentrale ein. Ihre Handlungsmöglichkeiten sind begrenzt. Denn die Streikenden haben dem Konzern nicht nur ihre Arbeitskraft entzogen. Sie weigern sich auch, die Passwörter herauszugeben, mit denen die Systeme administriert werden. Hernández und ihre Kollegen können zunächst nicht mehr machen, als eine Schadensbilanz zu erstellen. Und die fällt verheerend aus: In der Raffinerie El Palito, in den Benzin- bzw. Gas-Verteilerstationen von Yagua, Catia La Mar und Barquisimeto – überall haben die Streikenden Zugangscodes blockiert und umprogrammiert, Festplatten mitgenommen und die Programme manipuliert. „Mit der Beschädigung der Handels- und Versorgungssysteme", so Hernández, „erreichten sie, dass wir nicht verkaufen, nicht entladen und damit auch nicht produzieren konnten, weil die Tanks voll waren."[29]

Nach nur einer Woche Streik erklärt PdVSA-Präsident Alí Rodríguez Araque am 9. Dezember, dass das Land vor einer Katastrophe steht. „Wenn wir unseren finanziellen Verpflichtungen nicht nachkommen, erwarten uns Regressansprüche von sechs Milliarden Dollar"[30], so Rodríguez Araque in einer nationalen *cadena*. Am selben Tag verkündet Carlos Ortega, der Chef der Gewerkschaft CTV, unmissverständlich die Stoßrichtung des Ausstands: „Wir erleben die letzten Stunden eines autoritären Regimes."[31] Doch es geht nicht allein um den Rücktritt von Präsident Chávez, sondern auch und vor allem um die Hegemonie der „Meritokratie" im Erdölkonzern. Das Management, die Angestellten und Ingenieure fordern am 12. Dezember 2002 im Namen ihrer Organisation *Gente de Petróleo* den Rücktritt sowohl des Präsidenten von PdVSA als auch des Energie-Ministers. Siebeneinhalb Monate nach der glücklosen Putschregierung Pedro Carmonas steht das Land erneut vor einem gewaltsamen Umsturz.

Am 5. Dezember legen die Kapitäne der PdVSA-Tochter PDV Marina 13 Schiffe der Tankerflotte lahm. Die Tanker, die wochenlang vor der Karibikküste und im Maracaibo-See dümpeln, blockieren die wichtigen Häfen des Landes. Der Öltanker *Pilín León*, benannt nach der Miss World des Jahres 1981, wird zum Emblem des Streiks. Das 183 Meter lange Tankschiff geht am 4. Dezember mit einer Ladung von 295 Millionen Barrel Benzin vis á vis der zweitgrößten venezolanischen Stadt Maracaibo vor Anker. Der Kapitän und seine Mannschaft erklären, das Schiff werde nicht entladen, solange Chávez Präsident sei. Weil die Tanker nicht gelöscht werden können, wird auf dem Land das Benzin knapp. Auto-, Bus- und Taxifahrer warten tagelang vor den Tankstellen. Um zu verhindern, dass ausländische Schiffe den Lieferengpass überwinden, erklärt der oppositionelle Leiter des staatlichen Marineinstituts INEA die venezolanischen Gewässer für unsicher. Weil die Versicherer in solchen Fällen nicht für Schäden aufkommen, wird in den kommenden Wochen kein Schiff die Häfen des Landes anlaufen.

Chávez akzeptiert das Angebot der indischen Regierung, die *Pilín León* mit der Besatzung eines indischen Schiffes zu manövrieren, das in venezolanischen Gewässern unterwegs ist. Doch die streikende Besatzung weigert sich, von Bord zu gehen: Man könne den Tanker nicht ungeschultem Personal übergeben. Die Besatzung der *Pilín León* wird zum Medienstar. Motorboote mit Kamerateams der privaten Fernsehkanäle umrunden das Schiff, dem Kapitän wird täglich Gelegenheit gegeben, seiner Gegnerschaft zu Chávez Ausdruck zu verleihen. Der Präsident weist schließlich die Marine an, die Besatzung von Bord zu bringen und das Schiff an die Inder zu übergeben. Die Medien reagieren mit einer wütenden Kampagne: Von Ein-

246

mischung in innere Angelegenheiten ist die Rede und von Piraterie. 48 Stunden später zieht der Botschafter Indiens das Angebot zurück. Die indische Besatzung, ohnehin mit den sabotierten Anlagen des Tankers überfordert, geht müde und verängstigt von Bord. Die Streikenden hatten nasse Zeitungen in die Sicherungskästen gelegt, um Kurzschlüsse zu provozieren und die Computeranlage zur Überwachung der Tanks deprogrammiert. Alejandro Gómez, der neu eingesetzte Direktor von PDV Marina, sucht fieberhaft nach einer geeigneten Besatzung, die den manövrierunfähigen Tanker wieder in Gang bringen kann. Die *Pilín León*, bis zum Rand mit Benzin gefüllt, ist zu einer schwimmenden Bombe geworden.

Auch andere Branchen schließen sich dem Streik an. Die Banken beschränken ihre Öffnungszeiten auf drei Stunden täglich. Die großen Supermarkt-Ketten und die Einkaufszentren schließen. Die Milchfirma Parmalat sowie der Nahrungsmittelkonzern Polar, bekannt für das gleichnamige Bier, stoppen die Produktion. Private Kliniken und Arztpraxen stellen auf Notbetrieb um, sämtliche private Schulen und Universitäten schließen. Lehrer und Dozenten im öffentlichen Dienst treten nur vereinzelt in den Ausstand. PdVSA Gas stellt zwischenzeitlich die Lieferungen nach Guayana ein, was in der Eisen- und Aluminiumindustrie zu Produktionsausfällen führt. Organisiert von cháveztreuen Gewerkschaften, fahren Arbeiter aus den Stahlwerken mehrmals zum Gaswerk in Anzoátegui, um die Geschäftsführung dazu zu zwingen, die Pipelines wieder in Betrieb zu nehmen.

Täglich organisiert die Opposition im Osten von Caracas *cacerolazos* und Straßensperren. Die Regierungsanhänger protestieren vor den Sendeanstalten von *RCTV*, *Radio Caracas* und *Globovision*, verlangen eine ausgewogene Berichterstattung und drohen damit, die Sender zu stürmen. Der Platz La Campiña wird zum Versammlungsort von Chávez-Anhängern. Hunderte von Freiwilligen aus den Barrios campieren vor den beiden Türmen der PdVSA-Verwaltung, um den Erdölkonzern zu bewachen. Die verbliebenen Mitarbeiter versorgen sie mit Essen aus der Kantine, die reichlich Überkapazitäten hat, weil kaum einer der Angestellten zur Arbeit erscheint. Zur Überraschung der Chavisten kommen auch Spenden aus der begüterten Nachbarschaft. „Es ist nämlich gelogen, dass nur die Marginalisierten für Chávez sind", erklärt ein Barrio-Bewohner, der seit Anfang Dezember auf dem Gelände ausharrt. „Hier gibt es eine Menge Leute mit Geld, die hergekommen sind, um uns zu unterstützen."[32]

Die Regierung Chávez, geschult an den Auseinandersetzungen im April, reagiert mit zügigen Notmaßnahmen. Das Arbeitsministerium stellt eine Streikkasse für die Arbeiterinnen und Arbeiter auf, die von Aussperrungen betroffen sind. Per Dekret stellt Chávez Last- und Tankwagen und Lagerhallen unter das Kommando des Militärs. Um die Versorgung der Bevölkerung sicherzustellen, lässt die Regierung Konsumgüter in den Nachbarländern kaufen und sie über die Armee verteilen.

Am 19. Dezember entert eine Notbesatzung erneut das Tankschiff *Pilín León*, um es zum Entladen in den Hafen zu bringen. Zwei Tage lang verfolgt das ganze Land den Vorgang an den Fernsehgeräten. „Dreiunddreißig kubanische Söldner sind an Bord der *Pilín León*", vermeldet ein TV-Kommentator über die Besatzung, in deren Reihen sich de facto nicht ein Kubaner befindet. „Sie haben nicht die entsprechende Ausbildung, um das Schiff zu lenken und bringen die Stadt Maracaibo in Gefahr."[33] Die neue Besatzung muss das Schiff nach dem Ankerlichten manövrierfähig halten, damit es nicht bei der Fahrt in den Hafen mit einem der Pfeiler der Brücke von Maracaibo kollidiert. Die Reparaturarbeiten dauern zwei Tage, trotzdem explodiert beim Anfahren der Motoren einer der Generatoren, weil die Streikbesatzung ein Ventil gelockert hatte. Nach einer erneuten Überprüfung befiehlt PDV Marina-Chef Alejandro Gómez, der die Operation auf der *Pilín León* selbst leitet, zunächst eine kurze Fahrt über den See zu machen. Das Probemanöver verhindert eine Katastrophe, denn beim erneuten Anfahren versagt ein Kühlsystem. Es ist eine Sabotage mit Ansage: Der Maschinist der Streikbesatzung hatte gegenüber den Medien erklärt, niemand werde das Schiff zum Laufen bringen, und wenn doch, dann werde das schwere Konsequenzen haben. Durch die Runde, die das Schiff auf dem See dreht, bleibt dem Kapitän Zeit, ein Notsystem zu aktivieren. „Wenn wir dieses Manöver nicht gemacht hätten und stattdessen direkt auf die

Brücke zugesteuert wären, hätten wir keine Zeit gehabt, Anker zu werfen", so Alejandro Gómez. „Die Maschine wäre ausgegangen, wir wären manövrierunfähig gewesen und wären mit der Brücke kollidiert. Die Kollision wäre eine Katastrophe gewesen, das hätte den Tod aller an Bord der *Pilín León* bedeutet."[34]

Nach quälend langen Minuten steuert das riesige Tankschiff endlich auf den Hafen zu. Hunderte von Nationalgardisten, die die Brücke von Passanten und Autos freihalten, feuern die Besatzung mit jener Geste an, die *comandante* Chávez während seines Wahlkampfs 1998 berühmt gemacht hatte: Mit den Armen über ihren Köpfen schlagen sie die rechte Faust in ihre linke Hand. Unter dem Applaus der Zuschauer am Ufer passiert das Schiff die Brücke und läuft in den Hafen von Bajo Grande ein, um endlich seine kostbar gewordene Fracht zu löschen. Die Rückeroberung der *Pilín León* leitet die Wende ein. Mit den fast 300.000 Barrel Benzin, die das Schiff geladen hat, ist zumindest die Treibstoffkrise vorläufig überwunden. Chávez fliegt im Morgengrauen des 22. Dezembers nach Maracaibo, um der Besatzung persönlich für ihren lebensgefährlichen Einsatz zu danken.

Doch die Krise ist nicht überwunden. Durch den Streik bei Intesa liegen weiterhin die Computersysteme zu Verkaufsabwicklung, zum Be- und Entladen brach, und auch die Raffinerien stehen still. Die Maßnahmen der Regierung fallen überraschend vorsichtig aus. Zwar lässt die Militärführung am Morgen des 8. Dezembers sämtliche Anlagen der PdVSA von Soldaten sichern, und am 19. Dezember erklärt der Oberste Gerichtshof den Streik für illegal. Doch die Firma Intesa, das outgesourcte Computerhirn des Ölkonzerns, bleibt von Zwangsmaßnahmen unangetastet. PdVSA-Chef Alí Rodríguez Araque ist entschlossen, die Übergabe der Steuersysteme auf rechtsstaatlich unanfechtbare Weise vonstatten gehen zu lassen. Einen Monat nach Streikbeginn verhandeln Socorro Hernández und ihr Team immer noch mit der Geschäftsführung von Intesa, um sie zur Kooperation zu bewegen. Für Intesa ist der Sturz der Regierung überlebenswichtig, denn die neue PdVSA-Führung hatte bereits vor dem Streik angekündigt, das Joint Venture mit SAIC zu beenden.

Chavistische Stimmen werden immer wieder auf die politischen Verflechtungen des IT-Giganten hinweisen: SAIC zählt mehrere Generäle der US-Armee zu seinen Mitarbeitern und rühmt sich seiner erfolgreichen Kooperation mit dem US-Verteidigungsministerium und dem FBI.

Obwohl Intesa ihre vertraglichen Verpflichtungen in jeder Hinsicht verletzt, dauert es anderthalb Monate, bis PdVSA die Computeranlagen mit gerichtlicher Billigung übernehmen kann. Erst am Abend des 16. Januar 2003, 72 Stunden nachdem Intesa die Aufforderung zur Übergabe der Datensteuerungssysteme abgelehnt hat, stürmen regierungstreue Mitarbeiter die Computerräume der PdVSA-Anlagen im ganzen Land. Ein wild zusammengewürfelter Haufen macht sich über die EDV-Anlagen des weltweit fünftgrößten Ölkonzerns her. Die wenigen verbliebenen Computer-Experten von PdVSA haben pensionierte Mitarbeiter, Informatikstudenten und Militärs hinzugezogen. In mühevoller Kleinarbeit untersuchen sie die Festplatten, probieren Passwörter aus, überprüfen die Netzwerke, reparieren beschädigte Systeme und versuchen Schritt für Schritt, die Anwendungen wieder zum Laufen zu bringen.

Zum ersten Mal seit Beginn der bolivarischen Revolution steht Hugo Chávez nicht im Mittelpunkt des Geschehens. Gebannt schaut das Land auf die regierungsloyalen Arbeiter und Techniker, die in den Raffinerien, den Verteilerstationen, an den Häfen, auf den Tankschiffen und in den Computerräumen versuchen, die lahmgelegte Industrie wieder arbeitsfähig zu machen. Der Präsident nutzt seine sonntägliche Sendung *Aló Presidente* dazu, die Sabotage-Akte seiner Gegner offenzulegen und seine Anhänger auf die Auseinandersetzungen einzuschwören. Darüber hinaus kann er nur zusehen, wie eines seiner liebsten Dogmen Realität wird: das Volk als Protagonist der Revolution.

Zwischen dem radikalen und dem gemäßigten Flügel seiner Regierung ist indessen ein offener Streit ausgebrochen. „Das war grauenhaft", erinnert sich Roland Denis, der als Vize-Planungsminister an den Kabinettssitzungen in den Bürotürmen von PdVSA teilnimmt. „Wir Regierungsmitglieder haben uns offen angeschrien."[35] Die Linke, zu der Denis gehört, sieht den Streik als eine Gelegenheit, mit der Vision von Arbeitermacht und kollektiver Verwaltung der nationalen Industrie ernst zu machen.

„Ich habe erlebt, wie 150 Arbeiter, 30 Techniker und ein Dutzend Ingenieure die größte Raffinerie der Welt reaktiviert haben, mit Hilfe der Bevölkerung, die uns mit Lebensmitteln versorgte", so Denis über die Wiederinbetriebnahme der Anlagen in Paraguaná. „Man hatte uns immer erzählt, das wäre ohne Experten unmöglich."

Dass die Arbeiter und Angestellten die Kontrolle über die Ölindustrie gewinnen, gilt den Linken als erster Schritt zum neuen Gesellschaftsmodell. „In diesem Augenblick eröffnete sich die Möglichkeit, in der Industrie und durch die Netzwerke, die sich etwa für die Lebensmittelverteilung bildeten, kollektive und demokratische Führungsstrukturen zu schaffen", so Denis. „Das hätte ein Ausgangspunkt sein können, um ansatzweise zu sehen, wie der Aufbau einer anderen Gesellschaft gehen kann."

Die andere Seite plädiert für die realpolitische Option. Der PdVSA-Präsident Alí Rodríguez Araque und die Mehrheit der Militärs im Chávez-Kabinett wollen den Streik mit den verfügbaren Dollarreserven aussitzen und danach die gegebene Unternehmenshierarchie mit regierungstreuen Leuten besetzen.

Mitte Februar werfen die Chávez-Gegner das Handtuch. Die Anlagen von PdVSA nehmen nach und nach den Betrieb wieder auf, die Supermärkte und Shoppingcenter öffnen ihre Tore und die Unternehmer beenden die Aussperrungen. Die oppositionelle Führungsmannschaft der PdVSA taucht unter, CTV-Boss Carlos Ortega flieht nach Costa Rica. Der Zusammenbruch der Streikfront verhindert, dass die Auseinandersetzung zwischen den Radikalen und den Realpolitikern eskaliert. Die beiden Seiten finden zu jenem eigenartigen modus vivendi, der seither die Politik der bolivarischen Revolution in vielen Bereichen prägt: Die realpolitische Option dominiert das Tagesgeschäft, der utopischen Option gehört die Diskurshoheit. Die Arbeitermacht, die im Triumph über die elitäre PdVSA-Führungsschicht spürbar wurde, wird zum Denkmal der bolivarischen Revolution. Im Dezember 2002 und Januar 2003, so wird es zukünftig heißen, haben Arbeiter, Soldaten, Rentner und Patrioten den Erdölkonzern zurückerobert. *Ahora es de todos –*

„Jetzt gehört er allen" ist seither der Slogan, der die Wandlung der PdVSA vom Elitebetrieb zum Volkskonzern zusammen-fasst.

Das Energieministerium und PdVSA kommen unter das Kommando der gemäßigten Regierungskader. Das Triumvirat Alí Rodríguez Araque, Bernard Mommer und Rafael Ramírez kann in den kommenden Jahren unter Beweis stellen, dass ihr seit den Siebzigern kultivierter Petro-Marxismus eine sehr realpolitische Seite hat. Mit der Niederlage der *meritocracia* im Januar 2003 machen sie sich daran, dem staatlichen Anspruch auf Grundrente wieder zu seinem Recht zu verhelfen. Der Konzern soll zu einer möglichst effektiven Geldquelle der Nation werden, gleichzeitig soll die Ölpolitik nicht grundsätzlich mit den Interessen der Erdölmultis und der Konsumentenländer kollidieren. Aller antiimperialistischen Rhetorik des Präsidenten zum Trotz wird PdVSA in den kommenden Jahren immer wieder seine Rolle als „sicherer und vertrauenswürdiger Versorger" für die internationalen Ölmärkte beteuern.

Chávez wird einmal mehr die utopische und die realpolitische Seite in seiner Person zu vereinigen suchen: Als Regierungschef agiert er als Pragmatiker, in seinen Reden aber schwingt er sich zum Fürsprecher der utopischen Option auf. Mit dem Ende des Erdölstreiks beginnt er, vom „Sozialismus des 21. Jahrhunderts" zu sprechen, einen dezidiert antiimperialistischen Diskurs zu entwickeln und die Übernahme von Unternehmen durch Arbeiterräte zu unterstützen.

Sozial- und Realpolitik: Die neue PdVSA

Schon während des Streiks entlässt die neue Konzernführung von PdVSA Tausende von Angestellten und Führungskräften, die sich weigern, zur Arbeit zu erscheinen. Zum Ende des Ausstands setzt Rodríguez Araque den Streikenden ein Ultimatum. Doch nur wenige kehren zurück. Die meisten setzen darauf, dass die Ölindustrie ohne ihr Expertenwissen nicht wieder in Gang kommt und dass das verhasste Regime schließlich Zugeständnisse machen muss. Die Beharrlichkeit kostet viele wohldotierte Angestellte und Ingenieure ihre Existenz. Unter ihnen sind Fachleute, deren Erfahrung und Wissen dem Konzern heute fehlen. Victor Poleo, Erdölexperte und linker Kritiker der Regierung Chávez, schätzt, dass etwa fünftausend Entlassene tatsächlich relevantes Expertenwissen in den Bereichen Ingenieurstechnik und Geologie hatten: „Das ist ein Wissen, das man nicht auf der Universität lernt. Venezuela ist dadurch zur Zeit geschwächt."[36] Pannen in den Raffinerien des Landes lassen den Mangel an Fachkräften in den kommenden Jahren immer wieder offenbar werden.

Doch der Streik gibt dem Konzern auch Anlass für einen überfälligen Aderlass. Schon in den Neunzigern hatte eine Studie festgestellt, dass rund 12.000 Angestellte keine sinnvolle Tätigkeit ausüben – vor allem im administrativen Bereich. Intern pflegte man die Verwaltung des Konzerns „Hollywood" zu nennen, weil jeder Mitarbeiter ein Double zu haben schien. Der Erdölkonzern war der Aufgabe, die Meritokratie mit wohldotierten Arbeitsplätzen zu versorgen, in verschwenderischer Großzügigkeit nachgekommen. So ergibt sich im Falle der bolivarischen Revolution das Paradoxon, dass eine anti-neoliberale Bewegung ihren Triumph mit Massenentlassungen und einem Kostensenkungsprogramm krönt. Von den 37.942 Beschäftigten, die Anfang 2003 auf der Gehaltsliste von PdVSA stehen, erhalten circa 19.000 Mitarbeiter die Kündigung. Die Gehälter der Verbliebenen werden an das Lohnniveau in anderen Branchen angepasst. „Ich verdiene heute etwa 1500 Dollar", so ein leitender Angestellter der Verteilerstation in Catia La Mar. „Früher bekam ein Angestellter, wenn er meinen Job gemacht hat, etwa 7000 Dollar. Dazu gab es noch Prämien, Wohngeld, Fahrtkosten und anderes. Das war so viel, das konnte man gar nicht ausgeben."[37] Den Verwaltungskomplex Los Chaguaramos in Caracas übergibt Hugo Chávez im Sommer 2004 feierlich an die neugegründete Universidad Bolivariana de Venezuela. Er war nach der Entlassungswelle überflüssig geworden.

Schon im März 2003 zieht das Energieministerium in einen der Türme von PdVSA in La Campiña, der nach den Kündigungen ausreichend Kapazitäten frei hat. Der Umzug ist symbolträchtig: Ein Vierteljahrhundert nach Gründung der nationalen Erdölgesellschaft rückt ihr der Staat zu Leibe, um seine

Kontrolle über den Reichtum der Nation wiederzugewinnen. „PdVSA war die Plattform aller neoliberalen Bestrebungen im Land", resümiert Bernard Mommer, der 2005 Vize-Energieminister wird. „Dass diese Leute die Industrie verlassen haben, hat eine ganz neue Lage geschaffen. Der Neoliberalismus hat keine Plattform mehr, und die ökonomische Struktur ist dabei, sich zu regenerieren. Die langfristigen Konsequenzen sind unglaublich bedeutend. Das ist ein großer Bruch in der Geschichte des Landes, denn da konsolidiert sich jetzt ein Aufbau von ökonomischen und politischen Kräften, die vollkommen anders orientiert sind."[38]

Die „neue PdVSA" soll wie ein Sozialministerium funktionieren, das seinen Haushalt selbst finanziert. Früher war der Konzern ein Staat im Staat, heute soll er mit jeder Faser Teil der Gesellschaft werden. Die soziale Verpflichtung ist Unternehmensphilosophie. Seit dem Streikwinter ist die bevorzugte Arbeitsweise die sogenannte *sala situacional*, mit „situationeller Raum" nur sperrig zu übersetzen, in der Sache aber einfach zu fassen: Alle an einem Projekt beteiligten Mitarbeiter arbeiten zusammen in einem Konferenzraum, keine Chance auf Rückzug an den eigenen Schreibtisch. In der „Generaldirektion für soziale Entwicklung" im fünften Stock machen Militärs und Soziologiestudentinnen mit Einwohnern eines verarmten Stadtteils Pläne für Arbeitsbeschaffungsmaßnahmen. Im 9. Stock erörtern Gewerkschafter, wie sich die Arbeiter Lateinamerikas erfolgreich gegen Pläne zur Privatisierung des Energiesektors zur Wehr setzen können. In der Tiefgarage sitzt ein Elektroingenieur inmitten einer Halde alter PCs und Bildschirme und lötet an einer Festplatte herum. Was er da macht? „Ausrangierte Computer reparieren", sagt er. Und dann? „Dann werden sie an Schulen verteilt."[39]

Der Streikwinter 2002/2003 kommt die Nation teuer zu stehen: Die Produktionsausfälle, die nicht eingehaltenen Liefervereinbarungen und die Reparaturen der sabotierten Anlagen belaufen sich auf rund 13,5 Milliarden Dollar. Die Ölproduktion, die zur Jahreswende fast auf Null gesunken war, erholt sich erstaunlich schnell. Bereits Ende März erreicht die Tagesproduktion wieder den Stand von durchschnittlich 3 Millionen Barrel täglich. In der internationalen Wirtschaftspresse heißt es, unabhängige Experten schätzten die tatsächliche Fördermenge auf 2,6 Millionen Barrel täglich. Die Zahl stammt von den entlassenen PdVSA-Managern, die weiter gegen Chávez wettern. „PdVSA ist zur schwarzen Kasse der Revolution geworden, die ohne jede Kontrolle in ideologische Sozialprogramme investiert", erklärt Oscar Pérez vom Parteienbündnis *Coordinadora Democratica* (Demokratische Koordination), das nach der Streikniederlage die Sprecherrolle der Opposition übernimmt. Dass allein im Jahr 2004 aus den Gewinnen von PdVSA 3,7 Milliarden Dollar in Sozialfonds fließen, gilt den Chávez-Gegnern als gigantische Verschwendung.

Den Märkten ist all das vorläufig egal. Wo die Petrodollars landen – ob in Sozialprogrammen oder auf den Konten einer lokalen Elite, berührt das Business nicht. Die Warnungen der Meritokraten vor den katastrophalen Folgen des neuen Erdöl-Gesetzes bewahrheiten sich nicht. „Als das neue Gesetz beschlossen wurde", so PdVSA-Präsident Ali Rodríguez Araque, „war in der Presse überall zu lesen, dass mit diesem Gesetz hier niemand mehr investieren werde. Doch keine der Partnerfirmen ist wegen der erhöhten Abgaben von Investitionsvorhaben zurückgetreten."[40]

Die Politik der „neuen PdVSA" scheint eine reine Erfolgsgeschichte zu sein. Das neue Erdölgesetz sorgt dafür, dass der Staat wieder einen satten Anteil am Geschäft hat. Die stärkere Anbindung an das Energieministerium und die Einbindung in die Sozialprogramme der Regierung soll garantieren, dass sich PdVSA nicht zum Staat im Staate verselbstständigt und dass die einstigen Trennlinien zwischen Gesellschaft und dem elitären Konzern verschwinden. Dank der seit 2003 steigenden Ölpreise scheint der Konzern wenig falsch machen zu können. International gilt die Regierung Chávez angesichts des Irak-Kriegs und des wachsenden Ölbedarfs sogar als Garant für Stabilität. „Ausländische Investoren setzen auf Chávez", schreibt die des Sozialismus unverdächtige *Financial Times Deutschland* im August 2004. Mit den Worten, die Branche sei „überzeugt, dass man mit Chávez Geschäfte machen kann"[41], zitiert der Artikel den Sprecher eines US-Energieberatungsunternehmens. Solange sie stabile Verhältnisse garantiert, so die Botschaft, kann der Weltmarkt offensichtlich sogar mit einer Revolution leben.

Ob die neue Erdöl-Politik zu Recht das Attribut „revolutionär" für sich beanspruchen darf, wird in den kommenden Jahren zum Streitpunkt zwischen Regierungskräften und linken Kritikern. Die PdVSA-Führung ruft die „Re-Nationalisierung des Erdöls" aus. „Den größtmöglichen Vorteil für die Nation in den Aktivitäten mit der höchsten Rentabilität erzielen"[42], lautet die Maxime. Die Linken werfen der Konzernführung vor, in Wahrheit dem internationalen Kapital lauter neue Gelegenheiten zu verschaffen, am venezolanischen Ölreichtum mitzuverdienen und damit nationale Interessen zu verletzen. Beispiel dafür ist der „Fall Orimulsión", der 2004 eine lebhafte Diskussion nach sich zieht.

In dem 54.000 Quadratkilometer großen Gebiet am Orinoco-Fluss, der sogenannten *Faja del Orinoco,* werden Anfang der achtziger Jahre Ölvorkommen im Ausmaß von etwa 267 Milliarden Barrel nachgewiesen – eine Menge, die in etwa den Reserven Saudi-Arabiens entspricht. Die Erschließung der schier unerschöpflichen Vorräte ist vor allem ein Transportproblem, denn es handelt sich um schweres Rohöl beziehungsweise Bitumen, das auch bei hohen Temperaturen zähflüssig bleibt. Um schwere bzw. nichtkonventionelle Rohölsorten transportfähig zu machen, werden sie üblicherweise mit leichten bzw. konventionellen versetzt. Die Preise für diese synthetischen Brennstofföle liegen deutlich unterhalb der konventionellen Sorten.

1983 entwickelt der venezolanische Ingenieur Gilberto Zerpa eine neue Lösung für das Transportproblem. Mit Hilfe von Sulfaten gelingt es ihm, Bitumen mit 30 Prozent Wasser zu einer stabilen Emulsion zu mischen, die über Pipelines transportiert werden kann. Das Gemisch wird in den nächsten Jahren unter dem Namen Orimulsión Karriere machen. PdVSA entwickelt ein spezielles Verbrennungsverfahren und vermarktet Orimulsión zu einem Kampfpreis unterhalb von Kohle. In den ersten Regierungsjahren preist Chávez die genuin venezolanische Mixtur bei allen seinen Auslandsreisen als alternativen Brennstoff zur Stromgewinnung an. Ein halbes Jahr nach dem Erdölstreik jedoch stellt PdVSA die Produktion und Vermarktung von Orimulsión überraschend ein. Eine von Bernard Mommer erarbeitete Studie war zu der Erkenntnis gelangt, dass das Wasser-Bitumen-Gemisch in mehrfacher Hinsicht der neuen

Linie von PdVSA widerspricht. Zum einen habe das alte Management mit der Produktion von Orimulsión gezielt die OPEC-Quoten unterlaufen. Zum anderen habe man sich damit auf dem Weltmarkt selbst das Wasser abgegraben: Das neue Produkt habe nicht, wie behauptet, Kohle als Brennstoff ersetzt, sondern sei in Konkurrenz zum synthetischen Schweröl getreten. Im Vergleich zu diesem sei Orimulsión allerdings das deutlich schlechtere Geschäft, da es auf dem Markt mindestens 9 Dollar weniger pro Barrel erziele. Am 8. August 2003 beschließt PdVSA daher, die für die Orimulsión zuständige Firma Bitumen del Orinoco S.A. aufzulösen.

Der Protest gegen diesen Beschluss kommt diesmal nicht aus den Kreisen der ehemaligen Meritokratie, sondern von links. Die Hauptkritikpunkte sind geopolitischer und ökologischer Natur: Mit der Abschaffung von Orimulsión habe sich das Land von einer strategisch wichtigen Alternative der Energiegewinnung verabschiedet. Victor Poleo, Erdölexperte und bis Sommer 2001 Berater im Energieministerium, kritisiert die Entscheidung:

„Die beiden großen Energieerzeuger sind Benzin und Strom. Wenn man die Wahl hat, sollte man sich für Strom entscheiden, denn Benzin ist ein Modell, das auf Verbrennungsmotoren basiert. Aus geopolitischer Perspektive schaffen wir mit der Orimulsión auch das Modell der Stromerzeugung für unsere Nachbarländer im Süden ab. Wir blockieren einen Zukunftsweg. Denn der Weg zur energiepolitischen Integration ist der der Stromerzeugung. Was wollen wir nach Paraguay schicken? Benzin bzw. Rohöl zur Benzingewinnung? Oder den Brennstoff, von dem wir am meisten haben? Schließlich sitzen wir auf den weltweit größten Reserven an nichtkonventionellem Rohöl. Das ist der Punkt, den wir nicht verstehen."[43]

Kritiker wie Poleo mutmaßen, die neue PdVSA-Führung habe sich aller antiimperialistischen Rhetorik zum Spott der Energie-Agenda der USA gebeugt, die auf die Abschaffung des Orimulsión-Projektes gedrängt hatte. Chávez selbst wird im November 2005 in *Álo Presidente* daran erinnern, dass ein Gerichtsbeschluss in Florida den Import des venezolanischen Brennstoffs untersagt hat: „Venezuela hat Anwälte konsultiert, und die US-Firmen selbst, die damit in Florida Strom erzeugen wollten, haben dagegen geklagt. Aber wir kamen damit nicht durch, und schließlich hat man den Fall zu den Akten gelegt. Orimulsión darf nicht in die USA importiert werden. In Wahrheit ging es ihnen darum, die heimische Kohleindustrie zu protegieren, denn Orimulsión ist viel weniger umweltschädlich als Kohle."[44]

Unbestrittenermaßen fördert die Entscheidung zur Abschaffung von Orimulsión die Abhängigkeit von transnationalen Gesellschaften. Denn während PdVSA die Investitionen für die Anlagen zur Erzeugung des Bitumen-Wasser-Gemischs aus eigenen Mitteln finanzieren könnte, braucht das Land für die Aufbereitung von Schweröl Kapital und Know-how. In den Jahren 2003 bis 2005 schließt der Konzern daher Joint Ventures mit multinationalen Erdölgesellschaften ab, um die Faja del Orinoco zu erschließen, darunter die französische Total Elf, die US-Multis Chevron Texaco und ExxonMobil, die British Petroleum, die chinesische CNPC, die spanische Repsol und die brasilianische Petrobras.

Die Allianz mit dem privaten Kapital, für die Linken ein Pakt mit dem Teufel, findet immerhin unter deutlich veränderten Vorzeichen statt als zu Zeiten der neoliberalen Öffnung. Die Transnationalen, die bislang 60 Prozent der Anteile innehatten und während der Neunziger nur geringe Abgaben zahlen mussten, müssen sich in den zu gründenden „Mischgesellschaften"[45] auf weniger günstige Bedingungen einstellen. In allen Erschließungs-, Förderungs- und Raffinerie-Anlagen muss die PdVSA zu mindestens 60 Prozent Mehrheitsgesellschafter sein. 50 Prozent der Bruttoeinnahmen als Steuern oder *regalías* müssen an den Staat gehen. Die meisten Ölmultis lassen sich auf den neuen Deal ein. Als sich die italienische Eni und die französische Total den neuen Bedingungen verweigern, konfisziert das Ministerium Anfang April 2006 die Ölfelder beider Gesellschaften.

Mit dem neuen Kurs macht sich die Regierung Chávez Feinde auf beiden Seiten des politischen Spektrums. Die Rechte verurteilt ihn als interventionistisch und investorenfeindlich. „Venezuela schröpft ausländische Ölgesellschaften", schreibt etwa die *Frankfurter Allgemeine Zeitung*. Das Land laufe Gefahr,

258

dass die Unternehmen keine neuen Investitionen tätigen. Unter Wirtschaftsleuten gehe die Angst um: „Selbst beim Treffen zu Hause unterhält man sich auf Englisch oder Deutsch, um vom Dienstpersonal nicht wegen Kritik an Chávez angeschwärzt zu werden."[46] Den Managern der Erdölmultis werde jedenfalls nicht das Geld für die Anstellung von Dienstpersonal ausgehen, kritisieren die Linken. Denn wie früher gestehe Venezuela den Investoren exorbitante Profite zu. Unter dem Deckmantel einer Revolution überließe die Regierung Chávez dem internationalen Kapital Petrodollars, die eigentlich vergesellschaftet werden müssten. Victor Poleo argumentiert stellvertretend für ein gutes Dutzend linksnationalistischer Ökonomen, die von der Regierung Chávez enttäuscht sind:

„Öl ist das einzige Gut, dass sich zum Zehnfachen seiner Kosten verkauft. Es kostet 5 Dollar, ein Barrel aus dem Boden zu holen, und es verkauft sich für 60. Die Differenz nennt man Rente – Geld, das nicht erarbeitet wurde. Mit Blick auf das feudale Zeitalter und in Berufung auf Marx leisten wir uns eine falsche Verteilung. Die gesamte Mommer'sche Debatte baut auf dem Paradigma ‚mehr Grundrente' auf. Meine These ist: Je mehr Rente, desto mehr holt sich das Kapital. Tatsächlich transferiert die Republik weiterhin Rente. Das internationale Kapital ist glücklich mit Mommer, denn es weiß, dass Mommer das zentrale Problem nicht anrührt: Die Differenz zwischen Kosten und Preis gehört dem Land. Und darüber diskutiere ich weder mit Chevron, noch mit Shell oder BP. Wir können die Kosten und die Kapitalgewinne anerkennen. Wir können ihnen zugestehen, was die Bank verlangt, oder großzügiger: was bei der russischen Mafia üblich ist. Aber wir sollten nicht mit ihnen teilen, was uns gehört."[47]

Öl und Gas machen etwa 85 Prozent des Exportaufkommens Venezuelas aus. Angesichts einer seit 1999 unaufhörlich steigenden Preiskurve scheint die Abhängigkeit vom Öl eine zarte Fessel zu sein. Der Rohstoff macht die bolivarische Revolution zu einer reichen Revolution. Doch der Reichtum schafft auch Probleme. Die enorme Spanne zwischen den Produktionskosten und dem Marktpreis fördert Korruption, Misswirtschaft und Preistreiberei. Am Rand des Weges, den die Petrodollars nehmen, stehen viele, die sich daran schadlos halten. Zwischenhändler, Berater, Politiker und Funktionäre halten ebenso die Hand auf wie die, in deren Kassen der im Lande verbleibende Ölreichtum am Ende landet: Boden- und Immobilienspekulanten, Baufirmen und überhaupt alle die, die mit der gestiegenen Zahlungsfähigkeit Geschäfte machen. Auch wenn in der bolivarischen Revolution das schnelle Geld aus der Ölbonanza immer weniger den Eliten zufließt und immer mehr dem Staatsapparat, bleibt das Grundproblem bestehen, die das Erdöl zum „Exkrement des Teufels" macht. Nochmal Poleo:

„Der Bereich der Gesellschaft, der über das Geld verfügt, kann das Preisgefüge verändern, weil nur er in der Lage ist, etwa Land zum doppelten oder dreifachen Preis zu kaufen. Der Überfluss an Geld, dem nicht der entsprechende Produktionswert gegenübersteht, schafft Verschwendung und Missbrauch, weil der Staatsapparat nicht darauf vorbereitet ist, mit Dimensionen umzugehen, die drei oder vier Mal größer sind als zu der Zeit, in der keine Ölrente abfällt. Die Rente ist eine Droge. Bei exzessivem Gebrauch berauscht sie und vergiftet dich."[48]

Doch die Regierung Chávez erweist sich als experimentierfreudig. In den Monaten nach dem Erdölstreik, dem *paro sabotaje* – „Sabotage-Streik" –, wie er bald nur noch heißt, beginnt sie mit dem Aufbau sozialpolitischer Strukturen, die unabhängig vom Staatsapparat arbeiten sollen. Das neue Konzept entsteht aus manchen Lektionen, die die bolivarische Revolution in den ersten vier Jahren ihrer Existenz lernen muss: Die Konfrontation mit einer widerspenstigen und schwerfälligen Bürokratie, die mehrheitlich der oppositionellen „Zivilgesellschaft" zugewandt ist. Die Erfahrungen mit den Fähigkeiten zur Vernetzung und Organisierung, die sowohl die Chávez-Unterstützer aus der marginalisierten Bevölkerungsmehrheit als auch die Mehrheit der Armeeangehörigen unter Beweis gestellt haben. Die Erfahrungen mit dem Versuch, dem ehemals elitären Staatskonzern PdVSA die soziale Praxis in seine Struktur einzuschreiben. Und schließlich die historische Erfahrung mit den Ölboom: Dass das viele Geld immer in einem Staatsapparat versickert ist, der sich zuerst dem Selbsterhalt und zuletzt linksnationalistischen Reformen verpflichtet fühlt. Die parallelen Strukturen, die die berauschende Ölrente managen und einem sozialen Gebrauch zuführen sollen, nennt Hugo Chávez *misiónes*: die Missionen.

Kapitel 7

Die Missionen des Comandante:
Chávez bis 2021

Verheiratet mit der Revolution:
Marisabel geht, Fidel kommt

Ein Jahr nach dem überwundenen Erdölstreik, im Januar 2004, bestätigt ein Gericht die Scheidung des Ehepaars Hugo Rafael Chávez Frías und Marisabel Chávez. Die Ehe, geschlossen kurz bevor Chávez als Präsidentschaftskandidat in den Wahlkampf gezogen war, diente dem Mestizen aus ärmlicher Herkunft seinerzeit auch als Türöffner für das europäischstämmige Venezuela. In der blonden Journalistin konnten sich die Mittel- und Oberschichten wiederfinden, und auch bei den Unterschichten war die revolutionäre Romanze zwischen dem *comandante* und der Schönheit aus Barquisimeto populär. Marisabel zieht in die verfassungsgebende Versammlung ein, und ihre neue Frisur gibt ihr zwischenzeitlich gar eine Aura von Eva Perón. Ein neues Traumpaar der lateinamerikanischen Politik scheint geboren. Doch als sie Anfang Juni 2002 den Reporter von *El Universal* in der Präsidentenresidenz La Casona zur Audienz empfängt, trägt sie die blonden Haare wieder offen und erklärt, „was ohnehin kein Geheimnis mehr ist: dass sich der Präsident und die First Lady im Trennungsprozess befinden".[1]

Die Ehe zwischen Hugo und Marisabel ist von der ersten Minute an konfliktreich. Chávez' Kinder aus erster Ehe verstehen sich nicht mit der zweiten Ehefrau – ein Umstand, der Chávez in Bedrängnis bringt, denn er ist ein leidenschaftlicher Vater. Die Bodyguards der Präsidentenfamilie nennen die First Lady heimlich *la loca*, „die Verrückte", weil sie allerorten Mordanschläge wittert und Pläne abrupt umzuwerfen pflegt. Nicht selten legt sie sich mit Parteigenossen des Ehemanns an, die sie für opportunistisch, arbeitsscheu, unehrlich oder alles zugleich hält. Noch während der Erarbeitung der Verfassung tritt sie als Mitglied der verfassungsgebenden Versammlung zurück. Ihre Idee, für den Posten der Ministerpräsidentin des Bundesstaats Miranda zu kandidieren, findet der Präsident unpassend. Nachdem Marisabel Anfang 2001 den Abgeordneten der Nationalversammlung vorwirft, nicht genug zu arbeiten, verdonnert ihr Gatte sie dazu, öffentliche Äußerungen in Zukunft zu unterlassen. Obschon ihre Distanz zur bolivarischen Revolution schwer zu übersehen ist, stellt sie sich während des Putsches auf seine Seite.

Das Paar ist entschlossen, die Ehe zu retten. In der Praxis des befreundeten Psychiaters Edmundo Chirinos versuchen sich die beiden zusammenzuraufen, doch auch die sich über Monate hinziehenden Therapiesitzungen können den Bruch nicht kitten. Die *primera dama* ist des Lebens an der Seite des kontroversen *comandante* überdrüssig. „Ich kann die Kinder nicht weiterhin dem Stress aussetzen, an einem Ort zu leben, aus dem wir schon drei Mal überstürzt flüchten mussten", erklärt sie gegenüber *El Universal*. „Das ist doch kein Leben."[2] Der Interviewer möchte wissen, ob es ihr schwer gefallen sei, die Eifersucht zu kontrollieren, angesichts der Zuneigung, die der Präsident von seinen Anhängern erfährt.

„Eifersüchtig zu sein wäre wenig schlau gewesen, denn dann wäre ich wohl vor Eifersucht gestorben."

„Außerdem betraf die Zuneigung ja auch Sie ..."

„Das ist der Punkt, ich hatte das Gefühl, dass mich sogar die Leute akzeptierten, die mit ihm nicht vollkommen einverstanden waren. Heute allerdings schaffen es die Leute nicht mehr, die Sachen auseinander zu halten, und ich bin des öfteren Ziel giftiger Ressentiments geworden – Anfeindungen, Beleidigungen, böswillige Kommentare. Man versucht, ihn zu treffen, indem man meine moralische Integrität zerstört."

„Lassen Sie sich auch von der bolivarischen Revolution scheiden?"

„Wo haben Sie denn gehört, dass ich mit der bolivarischen Revolution verheiratet bin? Ich habe den Führer der bolivarischen Revolution geheiratet. Als ich mich Hugo versprochen hatte, war er ein ganz normaler Mann, Vater unserer Tochter. Alles andere ist den Umständen geschuldet."[3]

Die bürgerlichen Medien begrüßen die Trennung als Heimkehr einer verlorenen Tochter. „Marisabel wird ihre Gründe haben", kommentiert *El Universal*, „schließlich ist sie mit einer instabilen und verlogenen Person verheiratet."[4] Die Zivilgesellschaft, „die eine gewisse Obsession für das Privatleben ihres liebsten Feindes entwickelt hat", zeigt vollstes Verständnis. *Marisabel, die Geschichte wird Dich freisprechen*[5] heißt ein Buch des Gesellschaftsmagazins *Exceso*, das die Story der gescheiterten Ehe erzählt – in Anspielung an die berühmte Kampfschrift, die Fidel Castro einst im Gefängnis geschrieben hatte.

Sie sei nicht mit allem einverstanden, was Chávez repräsentiere, erklärt die Präsidentengattin in Scheidung, doch sehe sie keinen Grund, in das andere Extrem zu fallen. Während des Ölstreiks im Dezember wechselt sie schließlich doch die Seiten. Von ihrer Heimatstadt Barquisimeto aus erklärt sie im Beisein der gemeinsamen Tocher Rosinés und des Sohnes aus erster Ehe: „Präsident, bitte, im Namen Ihrer Tochter, im Namen des Landes, hören Sie auf Ihr Volk!"[6]

Mit der Scheidung von Marisabel fällt das Privatleben von Hugo Chávez der Gerüchteküche anheim. Unter seinen Anhängern kursiert, er wäre mit Maripili Hernández liiert, Präsidentin des staatlichen Fernsehkanals und aktuelle Vizeministerin im Außenministerium. Die Klatschkolumnen spekulieren bevorzugt über Beziehungen mit ehemaligen Schönheitsköniginnen oder Telenovela-Stars. Gerüchte von einer bevorstehenden Heirat mit der Schauspielerin Ruddy Rodríguez bestreitet die mutmaßliche Braut. „Chávez ist nicht mein Typ"[7], erklärt das Starlet der nationalen Klatschpresse, die Chávez im April 2004 bei einer kurzen Audienz kennengelernt hat. Die Scientology-Anhängerin nutzte die Gelegenheit, dem verdutzten Präsidenten das Ron-L.-Hubbard-Werk *The Way to Happiness* in die Hand zu drücken. Das Gerücht der Vermählung mit der Ex-Miss-Venezuela-Kandidatin Raquel Bernal im Herbst 2004 dementiert Chávez höchstpersönlich:

„Sogar meine Mutter hat mich angerufen, um mich zu fragen, wieso ich heirate, ohne sie einzuladen. Ich und heiraten! Ich wünsche allen Glück, die sich verheiraten wollen. Alles Gute und viel Glück, aber das steht nicht auf meinem Plan. Vielleicht überlege ich es mir nochmal nach 2021."[8]

Die Botschaft ist nicht misszuverstehen. 2021 ist das Jahr, welches der dann 67-Jährige für seinen Rückzug aus der Politik vorgesehen hat. Bis dahin kann der Präsident nur einer die Treue schwören: der Revolution.

Alle Destabilisierungsversuche seiner Gegner sind gescheitert. Chávez scheint fester denn je im Sattel zu sitzen. Der Opposition, mit dem Erdölkonzern ihres mächtigsten Druckmittels beraubt und auch in der Armee ohne relevante Unterstützung, bleibt am Ende nur die demokratische Option. Mit Abbruch des Erdölstreiks verschwinden die ehemaligen PdVSA- und Gewerkschafts-Granden, die bis dato die Führung innehatten. Neue Organisationen übernehmen das Ruder: Zum einen entsteht die kurzlebige Coordinadora Democrática ein Parteienbündnis, dessen Spektrum von der ultralinken Bandera Roja bis zu den Resten der ehemaligen Regierungsparteien AD und COPEI reicht. Zum anderen gründet sich eine Organisation namens *Súmate*. Súmate stellt sich an die Spitze der Forderung nach Neuwahlen. Beide Organisationen setzen ihre Hoffnungen auf den Artikel 72 der neuen Verfassung. Laut diesem können die Bürger zur Hälfte der Legislaturperiode ein Volksreferendum für die Absetzung des Präsidenten erzwingen, wenn es ihnen gelingt, dass sich mindestens 20 Prozent der Wahlberechtigten dafür aussprechen.

Zwar begleitet der Slogan *Elecciones Ya!* – „Wahlen sofort!" – die Demonstrationen der Chávez-Gegner schon seit dem gescheiterten Putschversuch im April 2002. Doch man hatte die Forderung vor allem aus taktischen Gründen aufgestellt – laut allen Umfragen wäre ohnehin der Regierung der Sieg sicher gewesen. Im Streikwinter 2002/2003 aber hat die Beliebtheit des Präsidenten gelitten. Die Notversorgung durch importierte Güter, vom Militär verteilt, kann nicht verhindern, dass sich mit dem Zusammenbruch der Wirtschaft auch die Lage für die ärmeren Bevölkerungsschichten verschärft. Laut Angaben des Nationalen Statistik-Instituts INE gelten zum Jahreswechsel 2002/03 55 Prozent der Venezolaner als arm und 25 Prozent als extrem arm. Es ist eine Verschlechterung um 16 und 11 Prozent im Vergleich zum Vorjahr. Der Anführer der bolivarischen Revolution mag noch so oft darauf verweisen, dass der von seinen Feinden verantwortunglos angezettelte „Sabotage-Streik" schuld an der Misere sei: Seine Popularität befindet sich im Sinkflug. „Es gibt kein Barrio, in dem die Unterstützung für unser Projekt unter 80 Prozent fällt"[9], erklärt der Präsident im Sommer 2003. Hinter verschlossenen Türen aber ahnt man in Miraflores, dass vorgezogene Neuwahlen das Ende der bolivarischen Revolution bedeuten könnten. Mitte 2003 überbringt ein von der Regierung beauftragtes internationales Umfrageinstitut die schlechte Nachricht: Beim derzeitigen Stand der Dinge wird die Regierung das Referendum verlieren. Der Präsident, von seinem Umfeld in Sicherheit gewiegt, ist wie vom Donner gerührt. „Die Leute sagen einem ja nicht, wie es ist", beklagt er sich, „sie mildern es ab. ‚Nein, wir stehen gut da, das wird schon reichen.'"[10]

Súmate, von der US-Regierung über die Stiftung NED großzügig unterstützt, sammelt im Laufe des Jahres 2003 auf eigene Faust Unterschriften für die Beantragung des Referendums. Der nationale Wahlrat jedoch erklärt die Sammlung im Herbst wegen Form- und Verfahrensfehlern für ungültig. Er gesteht den Chávez-Gegnern zu, eine erneute Abstimmung durchzuführen. Für die zweite Unterschriftensammlung, genannt *El Reafirmazo*, mobilisieren die privaten Zeitungen, Fernseh- und Radiostationen flächendeckend. Innerhalb von vier Tagen muss es gelingen, über 2,4 Millionen Stimmen beizubringen.

Chávez zeigt sich erfreut, dass seine Gegner zu zivilen und verfassungsgemäßen Formen des Widerstands gefunden haben. Er verspricht, sich im Ton zu mäßigen und während der Unterschriftensammlung öffentliche Äußerungen zu unterlassen. Er hält das Gelübde nicht lange durch – noch in den Tagen der Unterschriftensammlung bricht es aus ihm heraus. Die Opposition fabriziere „einen Mega-Wahlbetrug, den das Volk nicht tolerieren wird". Es gäbe Unterschriften von Toten, Mehrfach-Unterschriften und andere Unregelmäßigkeiten. Drei volle Monate lang lässt der nationale Wahlrat die 3,1 Millionen von Súmate eingereichten Listen überprüfen – begleitet von schrillen Vorwürfen und Gegenvorwürfen beider Seiten. Ende Februar beginnen Protestanten im Osten der Hauptstadt Straßen mit brennenden Autoreifen und Müll zu blockieren. Die *Operación Guarimba*, durchgeführt vor allem von jungen Chávez-Gegnern, darunter prominente Anführer von Primero Justicia, spitzt sich Anfang März 2004 zu, als das Wahlamt das Ergebnis der Überprüfung feststellt: Fast 1,2 Millionen der abgegebenen Stimmen werden für ungültig erklärt. Die Prüfer geben an, die ungültigen Unterschriften stammten von Verstorbenen, Ausländern oder Undokumentierten oder seien zweifelhaft, weil Listen mit der gleichen Handschrift ausgefüllt worden seien. Auf den Straßen von Caracas kommt es zu Tumulten und Auseinandersetzungen zwischen militanten Regimegegnern und der Nationalgarde, bei denen mehrere Menschen umkommen.

Die Forderung nach einem Referendum gegen Chávez kommt schließlich doch noch an ihr Ziel. Das Wahlamt gesteht Súmate zu, Ende Mai eine erneute Unterschriftensammlung abzuhalten, um die beanstandeten Daten zu korrigieren. Bei dem sogenannten *Reparo* sammeln die Gegner des Präsidenten über eine halbe Million Unterschriften, rund 16.000 mehr als benötigt. Hugo Chávez bleibt keine andere Wahl. „Wir werden das Referendum abhalten", erklärt er seinem Stab bei der Rückkehr vom iberoamerikanischen Gipfel im mexikanischen Monterrey. „Angesichts einer so kleinen Differenz müssen wir zeigen, dass wir die Mehrheit haben."[11]

Verärgerte Chávez-Anhänger demonstrieren gegen das von der Regierung eingesetzte Wahlkampfteam *Comando Ayacucho*, das den Auftrag hatte, den Erfolg der Opposition beim Reparo zu verhindern. Das Comando habe sich vor allem durch Arroganz und Parteiklüngel hervorgetan, so die Protestanten.

Am 3. Juni verkündet das Wahlamt, dass das Referendum gegen Chávez am 15. August stattfinden wird. Der Präsident ist siegesgewiss und das nicht grundlos. Ein Jahr zuvor, in der Nacht, nachdem ihm das internationale Umfrageinstitut die Wahlniederlage prophezeit hat, hatte er eine Entscheidung getroffen: „Damals fingen wir an, an den Missionen zu arbeiten, und ich bat Fidel um Unterstützung. Ich sagte ihm: Pass auf, meine Idee ist, den Hebel von unten anzusetzen, und zwar mit aller Kraft. Er antwortete mir: Wenn ich eines kann, dann das. Rechne auf meine Unterstützung."[12] Fidel hält Wort. Nach fünfeinhalb von großen Hoffnungen und eher kleinteiligen Resultaten geprägten Regierungsjahren zeigt sich im Sommer 2004 am Horizont der bolivarischen Revolution endlich der langerwartete soziale Fortschritt.

Mission Possible: Ärzte und Alphabetisierung für die Barrios

Die neue Etappe der Revolution beginnt, als am 16. April 2003 auf dem Flughafen von Maiquetía 53 kubanische Mediziner eintreffen. Sie sind die Vorhut eines umfangreichen Plans zur Gesundheitsversorgung, der *Misión Barrio Adentro*. Die Neuankömmlinge sind keine milde Gabe Fidels. Sie sind die erste Rate, mit der Kuba die bis zu 53.000 Barrel Erdöl bezahlt, die Venezuela täglich liefert. Das Notprogramm für die medizinisch unterversorgten Barrios folgt dem Konzept der *Salud integral*, der „ganzheitlichen Gesundheitsversorgung", wie sie im kubanischen Gesundheitswesen praktiziert wird. Auf der sozialistischen Karibikinsel hat jeder Häuserblock seinen *médico de la familia* (Familienarzt), der jederzeit erreichbar ist und idealerweise aus dem Viertel stammt. Ärzte sollen hier keine Halbgötter in Weiß sein.

Auch in Venezuela gehen die Kubaner auf Tuchfühlung. Herz und Motor der Misión Barrio Adentro sind die nachbarschaftlichen Gesundheitskomittees, die für die notwendige Infrastruktur im Viertel sorgen müssen. In Ermangelung anderer Unterkünfte wohnen sie oft bei den Familien der Komitee-Mitglieder, und ihre Sprechzimmer sind bisweilen freigeräumte Kinder- oder Schlafzimmer. Im Laufe der nächsten zwei Jahre entstehen überall im Land kleine, achteckige Häuschen, die *modulos*, in denen die Ärzte wohnen und arbeiten können.

Zunächst erprobt die Regierung das Programm nur in den Barrios von Caracas. In der zweiten Jahreshälfte 2003 wird es auf das gesamte Staatsgebiet ausgedehnt. Rund zehntausend kubanische Ärzte und Krankenpfleger kommen im Laufe des Jahres nach Venezuela, im darauffolgenden Jahr sind es noch mal so viel. Der zweijährige Arbeitsaufenthalt ist bei den Kubanern hoch beliebt. Sie verdienen ein Mehrfaches dessen, was sie zu Hause erhalten. Und sie kommen in den Genuss einer Revolution, die deutlich mehr Freiheiten bietet als der erstarrte Staatssozialismus in der Heimat. Hineingeworfen in das kreative Chaos der bolivarischen Revolution, arbeiten die Kubaner an einer Bestandsaufnahme der Volksgesundheit. Mit von der Regierung gestellten Computern erfassen sie Krankheitsfälle, Todesursachen, Schwangerschaften etcetera.

Im Verlauf des Sommers wird die Lage für die kubanischen Mediziner ungemütlicher. Die Medien und die oppositionellen Parteien machen Front gegen die Misión Barrio Adentro. In bürgerlichen Kreisen gelten die Kubaner wahlweise als Pfuscher oder als verkappte Geheimdienstagenten. Eine Ärztevereinigung erklärt, ihre Anwesenheit bringe „das Leben und die Gesundheit unserer Bevölkerung in Gefahr".[13] Chávez habe ebensogut venezolanische Mediziner für das Programm beschäftigen können. Die Regierung kontert: Man habe in den Kliniken und Universitäten für die Mission geworben. Doch es hätten sich nicht genügend Mediziner gefunden, die bereit gewesen wären, für den Mindestlohn in den Barrios zu arbeiten.

Die Aufregung um die Misión Barrio Adentro berührt deren Nutznießer wenig. Einige Barrio-Bewohner meiden die *modulos*, irritiert von den Berichten über Fehldiagnosen und falsch verschriebene Medikamente. Doch im Ganzen wird das Programm zum ersten durchschlagenden Erfolg der bolivarischen Revolution. Überall im Land schließen sich Anwohner zu Gesundheitskomitees zusammen, um auch in den Genuss der kubanischen Mediziner zu kommen. Die Kubaner erstellen Diagnosen, geben gratis Medikamente aus und betreiben Gesundheitsaufklärung. Für Operationen und aufwändigere Behandlungen überweisen sie die Patienten an die Militärhospitäler. Die Situation bleibt prekär: Mitte 2004 kommen auf einen Arzt etwa 1.200 Bürger – in Deutschland sind es knapp 300. Für venezolanische Verhältnisse bedeutet Barrio Adentro jedoch einen Quantensprung.

Das eilig aufgelegte Notprogramm zur medizinischen Versorgung wird im Laufe der kommenden drei Jahre zu einem parallelen Gesundheitswesen. Unter dem Titel Barrio Adentro II lässt Chávez überall im Land Diagnose- und Rehabilitations-zentren einrichten. Barrio Adentro III, ausgerufen im Sommer 2005, soll die öffentlichen Krankenhäuser modernisieren und stärker an Barrio Adentro anbinden. Im Rahmen der *Misión Milagro* erhalten Venezolaner auf Kuba gratis Augenoperationen. Das Personal und das Know-how kommt von den Kubanern, die nachbarschaftlichen Gesundheitskomitees üben Druck auf das Gesundheitsministerium aus. Mitte 2006 vermeldet die Regierung, Barrio Adentro erreiche rund 17 Millionen der 25 Millionen Bürgerinnen und Bürger des Landes. Weil sie das korrupte, den Missionen gegenüber eher renitente venezolanische Gesundheitswesen umgehen, arbeiten die Programme vergleichsweise effektiv.

Das zweite wichtige Standbein der Sozialprogramme, mit dem die Regierung Chávez die armen Schichten wieder massiv auf ihre Seite bringt, sind die Bildungs-Missionen. Im Juli 2003 gibt Chávez den Startschuss für das Alphabetisierungs-Programm *Misión Robinson*. Auch hier ist es das sozialistische Kuba, das dem „Bruderland" auf die Sprünge hilft. Zum Verdruss venezolanischer Pädagogen, die mit einer eigenen Methode bereit standen, übernimmt die Mission die kubanische Methode *Yo sí puedo* – „Ich schaffe das!" Das kubanische Verfahren hat einen entscheidenden Vorteil. Ohne eigens Lehrer ausbilden zu müssen, kann ad hoc massenhaft alphabetisiert werden, denn der Unterricht läuft über Videokassetten. Die Nachbarschaftskomitees, die die Programme durchführen, erhalten Fernseher und Videorekorder und müssen sich selbst um Räume kümmern. Die abendlichen Videolektionen finden in Schulen, Gemeinde- und Sozialzentren statt, manchmal müssen auch ein paar Plastikstühle auf dem Bolzplatz genügen. Das Angebot zur Alphabetisierung zieht Menschen aller Altersklassen an: Jugendliche, die seit ihrer Kindheit arbeiten und nie Zeit für die Schule hatten. Hausfrauen, die es leid sind, beim Einkaufen übervorteilt zu werden, weil sie weder lesen noch rechnen können. Tagelöhner und Straßenverkäufer, die eine Ausbildung machen wollen, Väter, die sich nicht länger vor ihren Kindern schämen möchten, und greise *campesinos*, die sich nach 60 Jahren Landarbeit einen Lebenswunsch erfüllen. Die Videorekorder bedienen sogenannte *facilitadores* („Ermöglicher"), meist Studentinnen und Studenten. Sie versuchen, die Fragen der Schüler zu beantworten und erhalten dafür etwa 80 Dollar im Monat – eine Unterstützung, die auch die Teilnehmer der Kurse bekommen können, falls ihnen ihre soziale Situation nicht erlaubt, am Unterricht teilzunehmen.

Regierungsgegner argumentieren, die Regierung Chávez bezahle die Teilnehmer, um sie an sich zu binden. Doch die kümmert der Populismus-Vorwurf wenig, wie Teodoro Petkoff, inzwischen Herausgeber der regierungskritischen Zeitung *Tal Cual*, treffend bemerkt: „Die negative Bedeutung des Begriffs Populismus ist denen gleichgültig, die, gewöhnt an Armut und Elend, ein zwar bescheidenes aber umfassendes Stipendium erhalten, wenn sie sich alphabetisieren lassen oder studieren oder einen Beruf erlernen."[14]

Weitere Bildungsprogramme ergänzen die Alphabetisierung: Mit der Misión Robinson II können die Alphabetisierten in zweijährigen Abendkursen die Oberschulreife erlangen. Die *Misión Ribas* soll die Teilnehmer in weiteren zwei Jahren zur Hochschulreife bringen.

Die Finanzierung und Logistik der Alphabetisierungs- und Bildungsprogramme liegt in den Händen von PdVSA. Von allen Angestellten des Ölkonzerns wird erwartet, dass sie sich nach Feierabend den Missionen widmen. „Ich bin auch am Wochenende unterwegs", erklärt Carlos Ortega, PdVSA-Ingenieur in Catia La Mar und gleichzeitig Regionalkoordinator der Misión Ribas im Bundesstaat Vargas, in dem Mitte 2004 rund 15 Prozent der Bevölkerung an den Abendkursen teilnimmt. Ortegas Arbeitstag dauert durchschnittlich 14 Stunden „aber ich beschwere mich nicht. Wir haben eine soziale Schuld gegenüber dem Volk."[15]

Der Begriff der „sozialen Schuld" wird zum zentralen Schlagwort. Er dient auch dazu, dem allfälligen Vorwurf des Populismus entgegenzutreten, der seiner Regierung im In- und Ausland entgegenschallt: Dass die Sozialprogramme der bolivarischen Revolution keine nachhaltige Politik sei, sondern kurzatmige Notaktionen, mit denen sich der Präsident in Zeiten hoher Ölpreise die Stimmen der Bevölkerung erkaufe. Für Chávez aber sind die Misiónes Keim einer Entwicklungsstrategie, die die Dritte Welt aus der Rolle des Bittstellers befreien soll. „Wenn wir die globale, die weltweite soziale Schuld begleichen wollen, sollten wir armen Völker dieses Planeten die Entwicklungshilfe ausschlagen", so Chávez. „Wir sollten sie aus Gründen der Würde ausschlagen und echte Veränderungen fordern, statt auf Almosen zu hoffen."[16]

Für die echten Veränderungen steht nicht zuletzt die Wiedereingliederung der Marginalisierten. *Desarollo endógeno –* „endogene Entwicklung" – heißt der Begriff, unter dem die bolivarische Revolution überall im Land Kooperativen ins Leben ruft. Die auf dem Weltmarkt durchgesetzte Arbeitsteilung schaffe in Niedriglohnländern „ein auf *Sweat Shops* und Flexibilisierung bzw. Deregulierung der Arbeit basierendes Modell"[17], so eine Broschüre des Informationsministeriums. Dagegen steht eine „Entwicklung, die von innen nach innen fließt"[18]. *Misión Vuelvan Caras* heißt das Programm, das ab 2004 den Wieder- und Neuaufbau lokaler Ökonomien in Gang bringen soll. Im ersten Jahr nach ihrer Gründung entstehen im ganzen Land 149 „Zentren für endogene Entwicklung", die Ausbildungsinstitute, Ländereien, Werkstätten, Manufakturen, Gemeinde-Treffpunkte, Hospitäler und kommunale Medien in sich vereinen. Im Frühjahr 2005 vermeldet die Regierung, die Mission habe bereits 288.000 Menschen ausgebildet und in den Arbeitsmarkt integriert – vor allem in ländlichen Gebieten, wo aufgrund der Landflucht vergangener Jahrzehnte die Agrarwirtschaft daniederliegt.

Bei der Wiederbelebung der Landwirtschaft hilft die *Misión Mercal*, die seit Ende 2003 die Bevölkerung mit Grundnahrungsmitteln und Gütern des täglichen Bedarfs versorgt. Der Preis für die Waren in den Mercal-Supermärkten liegt im Durchschnitt 42 Prozent unterhalb des üblichen Niveaus. Das Programm ist entstanden aus einer Erfahrung, die die Regierung während der Streiktage gemacht hat: Als im Winter 2002/2003 die meisten Supermärkte ihre Pforten schlossen, sah man sich gezwungen, ein Verteilungssystem einzurichten, um einer Lebensmittelknappheit vorzubeugen. Garnisonen wurden zu Lagern, Armeelaster zu Transportfahrzeugen. „Produktion, Transport und der Vertrieb von Lebensmitteln lag zu fast hundert Prozent in den Händen einer kleinen Gruppe von nationalen und transnationalen Firmen", erinnert sich Chávez in *Aló Presidente*, „und fast alle gaben sich für die Aggression gegen Venezuela her und wollten uns dem Hunger ausliefern. Also haben wir gesagt: Aus dieser Erfahrung lernen wir – so ist die Misión Mercal entstanden."[19]

Die Mercal-Supermärkte, beaufsichtigt vom neu gegründeten Ernährungsministerium, werden von Kooperativen in den Barrios und ländlichen Gebieten betrieben. Auf die Reis-, Maismehl-, Nudel-, Trockenmilch- oder Zuckerpackungen, die die Mercal-Filialen vertreiben, druckt man Comic-Zeichnungen, die wichtige Artikel der neuen Verfassung illustrieren. „Durch die Produkte bekommen die Leute nicht nur Nahrungsmittel", erklärt der stolze Betreiber eines Mercal-Marktes im Stadtteil La Vega, „sondern sie ernähren sich auch geistig, weil sie die Verfassungsartikel lesen."[20]

Der Erfolg ist durchschlagend – auch wenn sich laut einer Umfrage 49 Prozent der Kunden eine größere Produktauswahl wünschen. Zur Jahreswende 2005/2006 gibt es in Venezuela 14.500 Filialen der Volkssupermärkte. Innerhalb von zwei Jahren wird die Handelskette zum zweitgrößten Staatsunternehmen hinter PdVSA. Oppositionelle Stimmen konfrontieren die Misión Mercal mit dem Vorwurf, den sie allen chavistischen Sozialprogrammen machen: Es handele sich um populistische Geschenke an die Bevölkerung. Die Regierung hält dagegen: Die niedrigen Preise seien auf niedrig gehaltene Kosten zurückzuführen. Der Handelsweg umgeht Zwischenhändler, Mercal kauft direkt von den Produzenten.

Das Netz der Mercal-Märkte soll den neuen Landkooperativen im bolivarischen Venezuela einen sicheren Abnehmer und Vertriebsweg bieten. Laut Regierungsangaben kommen Mitte 2005 bereits 40 Prozent der Produkte von lokalen Produzenten. Die verbleibenden 60 Prozent importierte Ware werden zum Teil im Rahmen von bilateralen Abkommen mit Öllieferungen verrechnet: Fleisch, Bohnen und Getreide kommen aus Brasilien, Argentinien, Kolumbien und anderen Ländern. Ende 2005 gesteht die Vereinigung der Nahrungsmittelindustrie ein, dass bereits 45 Prozent des im Lande konsumierten Mais über Mercal verkauft werden. Die Ernährungsprogramme, so gibt ihr Vorsitzender Pablo Baraybar zu verstehen, „lösen offensichtlich ein Problem, vor dem das Land steht. Wir werden uns als Unternehmen der Verantwortung stellen und daran teilnehmen".[21] Für die Konzerne führt an dem Staatsbetrieb ohnehin kein Weg mehr vorbei. Die Misión Mercal scheint ein zentrales Dogma des Regierungschefs zu bestätigen: Dass das Kapital im Sinne einer „sozialen Ökonomie" zu zähmen sei.

„Die Missionen sind fundamentale Komponenten des neuen Sozialstaats", erklärt Chávez vor einigen hunderttausend Anhängern, die sich auf der Allee Los Próceres versammelt haben und verkündet das ehrgeizige Fernziel:

„Im Jahr 2021 soll es keine Armut mehr auf venezolanischem Territorium geben. Das ist die Mission aller Missionen, die große ‚Mission Christus'."[22]

Misión Habitat, Misión Miranda, Misión Cultura, Misión Negra Hípolita etcetera: Chávez fallen im Laufe der Jahre noch einige Notstände ein, die per Mission zu beseitigen sind. Die *Misión Identidad* wird in den kommenden Jahren 5,76 Millionen Menschen mit einem gültigen Ausweis (*cédula*) und einem Eintrag ins Melderegister versorgen, darunter einige hunderttausend Kolumbianer, die vor dem Bürgerkrieg in ihrem Land geflüchtet sind. Angesichts des Referendums, mit dem der Präsident am 15. August 2004 zum Rücktritt gezwungen werden soll, hat die Misión Identidad einen interessanten Nebeneffekt: Die mit einer *cédula* ausgestatteten Neuwähler können sich bei der bolivarischen Revolution mit einer Stimme bedanken.

Im Zeichen des No: Das Referendum gegen Chávez

Hugo Chávez hat keine Redenschreiber. Er arbeitet mit seinem Stab Stichpunkte aus, an denen er sich entlanghangelt und lässt sich Material zusammenstellen, das er verwenden möchte. Wenn er zum Pult schreitet, können selbst seine engsten Mitarbeiter nicht voraussagen, was in den nächsten Minuten und Stunden über das Land kommen wird. Der Mestize aus den Llanos, der schon als Kadett die freie Rede liebte, lässt sich gerne vom Fluss der eigenen Ausführungen mitreißen. Er ist nicht so ausdauernd wie einst Fidel Castro, der für seine längste Rede 1969 elf Stunden durchgehalten hat. Doch das sonntägliche Fernsehprogramm *Aló Presidente* kommt selten unter sieben

Stunden aus. Und eine abendliche Ansprache an die Nation, gehalten von der Bühne des Theaters Teresa Carreño oder vom Schreibtisch des Salón Ayacucho im Präsidentenpalast, dauert im Schnitt zwei bis drei Stunden. Die Rede, mit der er am 3. Juni 2004 die Nation auf das bevorstehende Referendum einschwört, ist eine jener typischen Chávez-Ansprachen.

„Heute ist ein Tag des Sieges", erklärt er der per *cadena* zugeschalteten Nation. „Was hat es uns nicht alles gekostet, bis wir die Gegner meiner Regierung auf den Weg der Demokratie gebracht haben?"[23] Einmal mehr bemüht er den venezolanischen Bürgerkrieg als Vorbild für die bolivarische Revolution. Chávez erinnert an die „Schlacht von Santa Inés" von 1859, in welcher der Bürgerkriegsgeneral Ezequiel Zamora die Stadt Barinas den feindlichen Truppen überlässt, um sie bei dem Dorf Santa Inés mit seinen Männern zu empfangen:

„Und dort endlich, nachdem er sie bis nach Santa Inés gelockt hat, ging Ezequiel Zamora zum Gegenangriff über und vernichtete die Truppen jener konservativen Oligarchie. Das war die berühmte Schlacht von Santa Inés. Ein Modell dafür, wie man eine gegnerische Macht so lange herumführt, ihr den Weg in andere Richtungen abschneidet und in eine Position drängt, wo dann die definitive Schlacht geschlagen wird."[24]

Chávez geht zum Angriff über: Aus dem Referendum, das seine Gegner ihm aufgezwungen haben, wird die Wiederkehr der „Schlacht von Santa Inés", in der die Nation erneut die „Oligarchen" zur letzten Runde fordert. Das Fernsehpublikum erlebt einen aufgekratzten Präsidenten, der – eine Zamora-Büste, eine Bolívar-Statuette und ein Kruzifix abschreitend – die Elemente der kommenden Wahlkampagne skizziert. Aus der Bibliothek hat er sich einen Gedichtband von Alberto Arvelo Torrealba holen lassen. Der Barineser Dichter hatte 1940 zum ersten Mal sein Poem *Florentino Y El Diablo* veröffentlicht, in dem ein Bänkelsänger der Llanos vom Teufel herausgefordert wird. Florentino schlägt den Teufel am Ende mit seinen Versen in die Flucht. Chávez macht aus dem Kampf zwischen dem gewitzten Volksdichter und dem Beelzebub den Kampf zwischen Volk und Oligarchie, zwischen dem Präsidenten und seinen Herausforderern:

„Der Dichter spricht hier aus, was ich denen entgegnen

möchte, die mich fordern. Möge der dunkle Reiter wissen, dass ich meine Aufgabe erfülle, dass ich für ihn wie für alle singe. Möge der dunkle Reiter wissen, dass ich meine Aufgabe erfülle, dass ich so, wie ich bereits sieben Wahlen gewonnen habe, sie auch in der achten besiegen werde, dort, in der Steppe von Santa Inés."[25]

Für ausländische Beobachter ist es der barocke Diskurs eines politischen Paradiesvogels aus einer fremden, tropischen Galaxie. Doch die Venezolaner lieben die Show. Aus der „Schlacht von Santa Inés" wird ein Wahlkampf, wie ihn Venezuela noch nicht gesehen hat.

Die Regierung entschließt sich, die Frage, die im Referendum den Wählern gestellt wird, so zu formulieren, dass die Chávez-Anhänger die Option „Nein" ankreuzen müssen: „Sind Sie einverstanden, dass das Mandat zum Präsidenten der Bolivarischen Republik Venezuela, das der Bürger Hugo Rafael Chávez Frías in demokratischen Wahlen für diese Legislaturperiode erworben hat, ausgesetzt wird?"[26] Sich auf die Seite der Negation zu schlagen, widerspricht zwar sämtlichen Grundregeln der Wahlpropaganda. Doch das *No* ist längst Bestandteil der chavistischen Umzüge: *No volverán* – „Sie werden nicht zurückkehren" – rufen die Demonstranten in Abwandlung des Slogans *No pasarán* – „Sie werden nicht durchkommen" – aus dem spanischen Bürgerkrieg. Und die *Grupo Madera* hat den beliebten Salsa-Klassiker *Micaela* von Pete Rodríguez umgedichtet: *Uh–Ah–Chávez no se va* – „Chávez wird nicht gehen!" – ist der Sommerhit des Jahres 2004 und der bevorzugte Sprechchor der Regierungsanhänger. Florentino, der Hinterwäldler mit dem Strohhut, der im Gedicht mit seiner Schlagfertigkeit den teuflischen Verführungen standhält, wird zum Maskottchen des *No*. In Dutzenden von Zeichentrick-Spots und Comics bringt er den Teufel zur Verzweiflung – ein rattenartiges Männchen, das US-Flaggen schwingt, Geldsäcke hortet und vor dem Kommunismus warnt.

Nel Villamizar aus dem Barrio 23 de Enero sitzt in der guten Stube ihrer unverputzten Ziegelhütte und zeigt ihre Wahlmaschine. Die Hausfrau und Mutter, etwa 150 Kilo schwer, hat sie selbst gebastelt: aus Pappe und detailgetreu bemalt. Der Bildschirm, das *Sí* und das *No*, der Schlitz, aus dem der Bon kommt – alles ist wie bei der echten Maschine. Damit die Nachbarn lernen können, wie das alles funktioniert. Statt nämlich auf einem Zettel anzukreuzen, werden die Venezolaner beim Referendum gegen Chávez an kleinen Maschinen abstimmen, die die Stimmen registrieren und Bons ausgeben. So existiert jede Stimme zwei Mal: Im Register der Maschine und – zur Überprüfung – als Ausdruck.

Venezuela im Sommer 2004 ist ein Land im Zeichen von *Sí* und *No*. Die roten *No*-Transparente der Chávez-Anhänger dominieren – man sieht sie schon von den Bergen um die Stadt. Sie hängen von den schmutzigen Waschbeton-Hochhäusern im Zentrum, sie schmücken die Gassen und die Ziegelhütten der Barrios.

Mit der Kampagne für das *No* schultern die Wahlhelfer eine monumentale Organisationsaufgabe. Innerhalb von wenigen Wochen muss es gelingen, die eher wahlfaulen Barrio-Bewohner für die „Schlacht von Santa Inés" zu motivieren. Nach der Pleite mit dem Comando Ayacucho hatte Chávez sich auf einen alten Kameraden besonnen: William Izarra, den die innerparteilichen Ränke 1999 aus dem MVR getrieben hatten, wird Chefideologe des *Comando Maisanta*, das die Organisation des Wahlkampfes übernimmt. Izarra reaktiviert sein altes Organisationsmodell, das auf der Bildung von Basisräten fußt. Die Methode greift, weil sie sich auf die gewachsenen Strukturen in den sozialen Bewegungen einlässt. Anders als das *Comando Ayacucho*, das sich vor allem auf Funktionäre des MVR gestützt hat, überlässt das Comando Maisanta den Aktivisten der Nachbarschafts-, der Gesundheitskomitees und der Bolivarischen Zirkel die lokale Organisation.

Izarra und seine Kollegen führen den Wahlkampf mit den Mitteln des Partisanenkrieges. An jeder Straßenecke der armen Viertel des Landes gründen sich *Unidades de Batalla Electoral* (UBE, Wahlschlacht-Einheiten). Pro UBE gibt es zehn „Patrouillen", die ausrücken, um die Nachbarn zu überzeugen, Wahlplakate zu kleben, Transparente aufzuhängen. Wohnzimmer werden zu Organisations- und Informationszentren, in denen den Nachbarn das elektronische Abstimmungsverfahren erklärt wird. Auch die gute Stube von Nel Villamizar im 23 de Enero dient in den Wochen vor dem Referendum als Wahlinformationsbüro. „Dieser Präsident", erklärt sie mit Beben in der Stimme, „nimmt uns in den Arm und sagt uns: Du bist gut, wie du bist. Du bist zu was nütze. Das hat noch keiner gemacht!"[27] Nel ist Absolventin der *Misión Ribas* und eine der Hunderttausenden der ehedem Vergessenen und Marginalisierten, deren Herzen Chávez mit seinen *misiónes* im Sturm erobert hat. „Dabei war ich nie politisch", sagt sie. „Nie in meinem Leben!"

Die Geschäftsleute, die in den Saftbars und Cafés von Chacao, Altamira und Baruta stehen, halten nichts von den Missionen des Präsidenten. „Die bolivarische Revolution, das ist die Herrschaft der Straßenverkäufer", schimpft ein älterer Herr im Zweireiher. „Die Investoren sind verschwunden! Nur noch Straßenverkäufer!"[28]

Im Caracas der Opposition hängen keine *No*-Transparente. Hier dominiert das *Sí*. „Er soll endlich abhauen!" – *!Que se vaya!* – heißt der Slogan unverändert. Die Zentrale der Coordinadora Democrática ist eine kleine Villa neben einer Sushibar in Chacao. Sprecher Oscar Pérez ist siegesgewiss. „Wir sind sicher, dass sich die Mehrheit der Menschen in diesem Land durchsetzt"[29], sagt er, umgeben von rosigen Mittelstands-Twens, die eifrig telefonieren und Daten eintippen. Der Wahlstratege der Opposition zählt auf: Arbeitslosigkeit, Inflation, wachsende Unsicherheit – und die staatliche Ölfirma PdVSA verschenke Öl an Kuba. Gegen die Gesundheits- und Sozialprogramme habe man eigentlich nichts, erklärt Pérez, aber viele von den Ärzten seien in Wahrheit Agenten des kubanischen Geheimdienstes. Laut den Zeitungskommentaren und den Fernseh-Talkshows regieren Chaos, Verbrechen und Repression das Land. Aufgeregte Moderatoren lassen sich von Exministern berichten, dass alles immer schlimmer wird.

Das Referendum ist die vorläufig letzte Chance, den verhassten Präsidenten loszuwerden. Seine Gegner sind sich gewiss, dass es dieses Mal gelingen wird. Und ihre Mobilisierungsfähigkeit lässt nichts zu wünschen übrig. Zum Abschluss der Kampagne für das *Sí* kommen am Wochenende vor dem Referendum mehrere hunderttausend Demonstranten zusammen. Triumphierend drucken die Zeitungen die Luftbilder von der riesigen Menschenmenge, die sich auf der breiten Stadtautobahn südlich von Chacao versammelt. Die Opposition braucht jede Stimme. Denn laut Verfassung reicht es nicht allein, dass das *Sí* mehr Stimmen hat als das *No*. Damit das Referendum gelingt, müssen mindestens 3.758.774 Wähler für Neuwahlen stimmen – so viele Menschen haben Chávez im Jahre 2000 gewählt.

Der Tag des Referendums beginnt für die Unterstützer des Präsidenten schon vor Morgengrauen. *Comandante* Chávez hat zum Frühaufstehen gemahnt, denn das aufwändige Verfahren per elektronischer Stimmabgabe lässt erwarten, dass die Wahllokale an den Rand ihrer Kapazität kommen. Um drei Uhr morgens rücken überall in den Barrios des Landes klapprige Autos, Jeeps und Leiterwagen des Comando Maisanta aus, um die Wahlberechtigten zu wecken. Feuerwerkskörper und aus den Megafonen quäkende Fanfaren treiben die Schläfer bis in die hintersten Winkel des Landes aus den Betten. Schon am frühen Morgen des 15. August sind die Schlangen vor den Schulen, Gemeindehäusern, Kirchen und sozialen Zentren bis zu Hunderten von Metern lang. Der nationale Wahlrat verlängert die Öffnungszeiten bis in den späten Abend.

Am Nachmittag verkünden Politiker der Coordinadora Democrática, ihren Umfragen zufolge sei das Referendum erfolgreich verlaufen. Doch im Laufe des Abends werden die Verlautbarungen aus der Oppositionszentrale spärlicher. Erst mitten in der Nacht verkündet der Wahlrat das Ergebnis. Zwar haben die Gegner des Präsidenten mit fast vier Millionen Stimmen die nötige Mindestanzahl deutlich übertroffen. Doch für Chávez haben 5,8 Millionen Menschen gestimmt. Das *No* triumphiert mit 59,1 gegen 40,64 Prozent über das *Sí*. Das Referendum ist gescheitert.

Die Gegner des Präsidenten weigern sich, die Niederlage anzuerkennen. Noch am Wahlabend klagt der AD-Chef Henry Ramos Allup im Namen der Coordinadora Democrática die Regierung des Wahlbetrugs an. Er kündigt an, in den kommenden Tagen Beweise für die Fälschung vorzulegen. Die internationalen Wahlbeobachter aber sehen keinen Anlass, an der Korrektheit des Ergebnisses zu zweifeln. Sowohl die Delegierten der Stiftung von US-Expräsident Jimmy Carter als auch die der OAS geben bekannt, man habe keine Unregelmäßigkeiten registriert. Die großen Privatsender und die Traditionszeitungen widmen sich noch ein paar Tage lang in komplizierten Statistiken dem Beweis für den angeblichen Betrug. Doch weder die angekündigten massiven Proteste stellen sich ein, noch die erhoffte internationale Empörung über den mutmaßlichen *megafraude*, den Mega-Wahlbetrug. Die Köpfe der Opposition verschanzen sich. Ihre Behauptung, die Gegner des Präsidenten seien in der Mehrheit, ist unglaubwürdig geworden. Zu der großen Autokarawane ein paar Tage nach dem Referendum kommen kaum mehr fünfzig Fahrzeuge zusammen. Die Zeit der Massendemonstrationen gegen die bolivarische Revolution scheint vorbei zu sein. Der Mittelstand, in den Jahren nach 1999 politisiert wie nie zuvor, hat seinen Kampfesmut verloren. Die in der Coordinadora Democrática organisierten Parteien zerstreiten sich in den kommenden Monaten. Schließlich löst sich das Bündnis auf.

Die Aussicht auf den Sturz des Präsidenten ist in weite Ferne gerückt. Eine Zeitlang sieht es gar so aus, als suche die venezolanische „Zivilgesellschaft" eine Übereinkunft mit ihrem Erzfeind. Angesichts sinkender Einschaltquoten, mit denen die Zuschauer die Dauerberieselung mit regierungsfeindlicher Propaganda bestrafen, bittet der Medienzar Gustavo Cisneros um eine Audienz beim Präsidenten. Über das geheime Treffen zwischen Cisneros und Chávez werden keine Einzelheiten bekannt. Doch es scheint Wirkung zu zeigen. Ende 2004 erlebt ein erstauntes Fernsehpublikum, dass während der beliebten Cisneros-Gala zur Wahl der *Miss Venezuela* ausgerechnet Cristóbal Jiménez und Reina Lucero auftreten: zwei Volksmusiker, die dem ganzen Land als unerschüttliche Barden des Chavismus bekannt sind.

Der Prozess rauft sich zusammen: Chávez
zwischen Basis, Beratern und Bürokraten

Das gewonnene Referendum im August 2004 ist vor allem ein
Sieg der „Missionen". Die Unterstützung, die Hugo Chávez mit
den Jahren im bürgerlichen Lager verspielt hat, hat er mit den
Sozialprogrammen mehr als kompensiert. Die Kampagne des
Comando Maisanta hat aus den hunderttausenden ABC-Schü-
lern der Misión Robinson und den Patienten der Misión Barrio
Adentro Menschen gemacht, die über die bolivarische Revolution berichten wie von einem Erweckungserlebnis. Rentner, die
sich auf der Plaza Bolívar die Gratis-Fibeln der „Basis-Biblio-
thek" holen, die die Regierung millionenfach verteilen lässt.
Studentinnen in übergroßen roten Chávez-T-Shirts, die von ihrer Aufgabe als Alphabetisierungs-Lehrerinnen schwärmen.
Hotdog-Brater an den vierspurigen Ausfallstraßen der Hauptstadt, die davon sprechen, den informellen Sektor zu Kollektiven zu organisieren, damit die Straßenhändler ihre Waren sel-
ber einkaufen können. Arbeitslose Freaks aus den Barrios, die
noch nie einen Fuß in Behörden und öffentliche Institutionen
gesetzt haben, und sich plötzlich als Anführer chavistischer
„Patrouillen" wiederfinden. Die Popularität des *comandante*
verdankt sich keineswegs nur seiner Rhetorik und seinem Charisma. Das Geheimnis ist in dem zu suchen, was in Lateinamerika *dignificación* heißt: eine Sozialpolitik, die nicht nur
Wohltaten verteilt, sondern ihre Klientel in Würde setzt und zu
politischen Subjekten macht.

Die kubanischen Mediziner der Misión Barrio Adentro werden zur Dauereinrichtung. Die Misión Robinson schafft es, innerhalb von zwei Jahren anderthalb Millionen Menschen das
Lesen und Schreiben beizubringen. Am 28. Oktober 2004 erklärt Chávez das Land zum „analphabetismusfreien Territorium". Die von den Kubanern erprobten und angeleiteten Programme bewähren sich. Die hausgemachten „Missionen"
jedoch verlaufen weniger glatt. Die „Zentren für endogene Entwicklung" leiden unter Ineffektivität. Eine von dem Wirt-
schaftsberatungsinstitut *CEATPRO* (Centro de Asesoría Téc-
nica para la Productividad Organizacional*)* erarbeitete Studie
erklärt Mitte 2006, von rund tausend evaluierten Kooperativen
hätten die Hälfte den Betrieb bereits wieder eingestellt. Die

Misión Mercal hat vereinzelt mit Korruptionsfällen und immer wieder mit Vertriebs- und Lieferschwierigkeiten zu kämpfen. Statt lokale Ökonomien einzubinden, verlassen sich die Einkäufer doch häufig auf Großproduzenten, denn die Revolution kann nicht warten, und die Regale müssen gefüllt werden.

Auch die auf dem neuen Landgesetz fußende Agrarreform kämpft mit widrigen Umständen. Im Sommer 2005 macht sich Chávez zum Anführer des Kampfes gegen den Großgrundbesitz. In einer spektakulären Aktion besetzen Soldaten die 8500 Hektar große Hacienda La Marqueseña im Bundesstaat Barinas – dort, wo dreißig Jahre zuvor die erste Einheit des 21-jährigen Chávez stationiert war. Der Präsident kündigt die Überführung des Gutes in Staatsbesitz an, weil ihr Betreiber Carlos Azpúrua sie sich illegal angeeignet habe. In seiner Wochenshow *Aló Presidente*, die ihn am 25. September vor den grünen, bewaldeten Hügeln der beschlagnahmten Hacienda zeigt, erklärt Chávez:

„Wir haben diese Schlacht gegen den Großgrundbesitz begonnen, um eine der fundamentalen, der für den Prozess wichtigsten Grundlagen zurückzuerobern, um ein nationales Entwicklungsprojekt voranzutreiben: das Land."[30]

Doch zur peinlichen Überraschung der Regierung kann Azpúrua Besitztitel für das Landgut nachweisen. Auch kommt die Kampagne gegen La Marqueseña weniger gut an als erwartet: 87 Prozent der Venezolaner sind laut einer Umfrage der Meinung, man solle das Privateigentum respektieren. Die Kompromisslösung tauft der Präsident „Methode CHAZ"– von *Chávez* und *Azpúrua* – und propagiert sie bei jeder Gelegenheit als Königsweg für die Agrarreform: ein Teil verbleibt beim Eigentümer, ein Teil geht an den Staat.

Widerständige Landlose leben derweil gefährlich. Auftragskiller vertreiben die *campesinos* von Ländereien, die sie besetzt halten oder die ihnen das Nationale Agrar-Institut zugewiesen hat. Dutzende von paramilitärischen Morden und Massakern an der Landbevölkerung harren der strafrechtlichen Verfolgung. Der bekannte *campesino*-Führer Braulio Álvarez wird zwei Mal bei Überfällen schwer verletzt. Der Arm der ohnehin wenig effektiven Justiz reicht selten bis in die dünn besiedelten ländlichen Gebiete – hier halten weiterhin lokale Landlords die Macht. Mit dem Fortschreiten der Landreform wächst auch die

Gefahr der Paramilitarisierung. Mitglieder der kolumbianischen *Autodefensas*, paramilitärische Söldnertruppen, deren Mission im Zug des von den USA finanzierten *Plan Colombia* von regulären Truppen übernommen wird, warten im Grenzgebiet zu Venezuela auf neue Auftraggeber.

Auch die *Misión Sucre*, das ehrgeizige Hochschulprogramm der Regierung Chávez, hat mit logistischen Problemen zu kämpfen. Die Absolventen der Misión Ribas drängen auf die „bolivarischen Universitäten", die eigens für diesen Zweck geschaffen worden sind. Im Jahr 2006 muss sich die Regierung auf knapp eine Million Erstsemester einstellen. Die neuen Hochschulinstitute sind auf den Ansturm nicht ausreichend vorbereitet. Es fehlt an kompetentem Lehrpersonal, und die regulären Universitäten weigern sich, der chavistischen Konkurrenz Schützenhilfe zu leisten. Chávez lässt mit Hochdruck Hochschulen in die Landschaft setzen, um das Versprechen zu erfüllen, „allen Venezolanerinnen und Venezolanern, die über die Missionen oder den regulären Bildungsweg die Hochschulreife erlangt haben, eine Ausbildung mit Qualität zu ermöglichen".[31]

Nach einigen Personalwechseln im Ministerium für Hochschulbildung und im Rektorat der Universidad Bolivariana löst man das Problem pragmatisch: Für die „Universitäts-Dörfer", die im Frühjahr 2006 im ganzen Land eröffnet werden, kooperieren die bolivarischen Universitäten mit privaten Lehrinstituten.

Nachdem sie monatelang vergeblich auf ihren Lohn gewartet haben, kehren viele der neuen Dozenten den bolivarischen Universitäten bereits nach dem ersten Semester den Rücken. Ähnlich ergeht es immer wieder Kindergärtnerinnen, Lehrern oder Mitarbeitern von Sozialprojekten. Die Zahlungsmoral der bürokratischen Apparate in den Ministerien ist miserabel. *Hacer seguimiento* – spanisch für „der Sache nachgehen" – wird für viele Sozial- und Infrastrukturprojekte zur Hauptbeschäftigung. Wer will, dass sein Antrag bearbeitet wird und an der richtigen Stelle landet, wer auf Genehmigungen wartet oder die zugesagten Gelder braucht, verbringt viele Stunden auf Behördenfluren und in Vorzimmern. „Wie soll man den Erwartungen der Bevölkerung begegnen", fragt Chávez-Kritiker Teodoro Petkoff, „mit einem verwaltungstechnisch defizitären und schwerfälligen Apparat, mit einem improvisierten und ungeordneten Arbeitsstil und mit vielen Funktionären, deren Integrität zweifelhaft ist?"[32]

Chávez antwortet auf einem Strategie-Wochenende im November 2004: „Eine Revolution schreitet inmitten des Chaos voran."[33] Dass die bolivarische Revolution nicht warten kann, ist eines der Grunddogmen ihres Anführers. Der zweitägige Workshop, bei dem er seinen Bürgermeistern, Ministerpräsidenten und Ministern ins Gewissen redet, gibt ihm Gelegenheit, mit einem Missverständnis aufzuräumen: „Es gibt unter uns immer noch Leute, die weiterhin unkritisch die Dezentralisierung verteidigen", mahnt der Präsident. „Der revolutionäre Prozess muss genau in die Gegenrichtung steuern, er muss die nationale Einheit stärken. Mir hat das Wort Dezentralisierung noch nie behagt, und wisst ihr warum? Weil es nach Enthauptung klingt. Enthaupten heißt, den Kopf entfernen, dezentralisieren bedeutet, das Zentrum entfernen, aber alles braucht ein Zentrum."[34]

Bei ihrem Machtantritt 1999 hatte die Regierung Chávez die 17 übernommenen Ministerien auf 14 Behörden reduziert. Nach dem Krisenwinter 2002/2003 kommt die Wende. Die bolivarische Revolution beschließt, die Institutionen des Zentralstaats nicht ab- sondern auszubauen. Motor der Zentralisierung sind nicht zuletzt die „Missionen". Statt die Verantwortung in die Regionen zu verlagern, wo die alteingesessenen, lokalen *caudillos* nach Gutsherrenart wirken, bringt Caracas den Aufbau des neuen Sozialstaats unter seine Kontrolle. Das Ministerium für Volksbeteiligung und Sozialentwicklung, das Ministerium für die Ökonomie des Volkes – für jede Aufgabe, für jeden Krisenherd entstehen neue Behörden, Stellen und Fonds. 24 Ministerialbehörden mit rund hundert Vizeministern zählt der neue Apparat schließlich – in Lateinamerika kann nur Brasilien mehr vorweisen: Dort sind es 36. Die Aufblähung des Staates zieht die entsprechenden Ausgaben nach sich: Im Jahre 1999 machen die Ausgaben der öffentlichen Hand 18 Prozent des Bruttoinlandsproduktes aus – 2005 sind es 37 Prozent. Die Zahl der im Öffentlichen Sektor Beschäftigten wird auf etwa 2,8 Millionen geschätzt – zu Chávez' Amtsantritt waren es noch rund eine Million.

Die Revolution scheut weder Kosten noch Mühe, doch die

Versprechen des *comandante* bewegen sich zuweilen am Rande der Seriosität. Die Programme und Maßnahmen, mit denen Chávez seine Kader vor sich her treibt, überfordern die Ministerien und Verwaltungen. Mit dem Pensum des Präsidenten kann ohnehin kaum jemand mithalten. Sein Arbeitstag endet selten vor drei Uhr morgens, Journalisten und Delegationen pflegt er gerne nach Mitternacht zu empfangen. Während sich Chávez bisweilen eine Siesta gönnt, arbeiten seine Mitarbeiter durch. Regierungsfunktionäre, die bei *Álo Presidente* geladen sind, tun gut daran, nicht vor laufender Kamera wegzunicken, auch wenn sie vor der Sendung ein paar Nächte durchgearbeitet haben, um dem Präsidenten und dem Volk die Fortschritte ihrer Arbeit präsentieren zu können. Denn das Personalkarussell des Präsidenten dreht sich schnell, und wer die gewünschten Ergebnisse nicht vorlegen kann, ist seinen Posten bald wieder los. Der öffentliche Druck verleitet dazu, die Zahlen zu schönen.

„Man verliert das Vertrauen in das Team", klagt der Präsident. „Wenn sie mir unexakte Berichte vorlegen, falsche Daten, wenn man mir Sachen verschweigt, wenn man mir Halbwahrheiten unterbreitet – und alles das ist geschehen –, was ist dann nicht noch alles falsch?"[35]

2004 nimmt im Präsidentenpalast Miraflores eine Gegenspionageeinheit die Arbeit auf, die direkt dem damaligen Stabschef des Präsidialamtes Rodrigo Cháves untersteht. Offiziell sind sie mit der Aufgabe betraut, Informationen bezüglich möglicher neuer Putsch- oder Attentatspläne zu sammeln. Doch die Neuen im Präsidialamt wollen sich auch um den Fortschritt der Revolution kümmern und beginnen, die Arbeit der Ministerialbehörden zu taxieren. „Wir entwickelten eine Evaluationsmethode, um überprüfen zu können, ob die Ministerien die Zielvorgaben erreicht haben", so einer der Mitarbeiter der Einheit. „Der Stabschef war begeistert, das Kabinett alarmiert."[36] Die drohende Gefahr, dass aus der neuen Einheit ein Kontrollorgan entstehen könnte, dem sie rechenschaftspflichtig sind, raubt manchem Minister den Schlaf. Das Problem wird im Herbst 2005 diskret abgewickelt, von der Öffentlichkeit und von Chávez selbst unbemerkt. Nach Vorwürfen gegen ihn muss Stabschef Rodrigo Cháves seinen Hut nehmen, die Kontrolleinheit wird kaltgestellt.

Die Operation festigt die Hausmacht von Marta Harnecker, die die Position des Stabschefs mit einem Mann ihres Vertrauens besetzen kann. Die chilenische Journalistin geht ohne Audienz im Präsidialamt ein und aus. Sie genießt einen Sonderstatus, nicht zuletzt wegen ihrer Beziehungen zu Kuba. Bis zu seinem Tod bei einem Autounfall im Jahre 1998 war sie verheiratet mit Manuel Pineiro, genannt *Barbaroja*, ein enger Vertrauter Fidel Castros, der in den Sechzigern die Unterstützung der lateinamerikanischen Befreiungsbewegungen organisiert hatte. Harnecker systematisiert und organisiert Reden, Meetings und Konferenzen, und sie wird in den Jahren nach dem Putsch im April 2002 zur Schaltstelle, die den Zugang zum Präsidenten reguliert. Für den Entertainer, den Rhetoriker und Medienmenschen Chávez, der seine politischen Konzepte gerne ad hoc entwickelt, scheint die geordnete, im Stillen operierende Chilenin das passende Gegenstück zu sein.

„Marta hat ziemlichen Einfluss darauf, wer eingeladen wird zu den internationalen Geschichten", kommentiert Anfang 2006 der deutsch-mexikanische Wissenschaftler Heinz Dieterich, der den venezolanischen Präsidenten seit seinem Wahlsieg berät. „Aber Marta handelt im Allgemeinen nicht transparent. Sie zieht die Palastintrige der öffentlichen Debatte vor."[37]

Mitte 2006 fliegt auch Marta Harnecker aus der Umlaufbahn von Hugo Chávez. Über den Korruptionsfall, in den sie angeblich verwickelt ist, bewahrt man im Präsidentenpalast Stillschweigen. Auch dies ist ein Merkmal der bolivarischen Revolution: Statt Kader, die sich Verfehlungen zuschulden haben kommen lassen, öffentlich als Konterrevolutionäre oder Verräter zu brandmarken, lässt man sie einfach dem Vergessen anheim fallen. Marta Harnecker, die zwischenzeitlich die Chefideologin der bolivarischen Revolution zu werden scheint, wird eine peinliche Untersuchung der Vorwürfe erspart, doch sie verliert ihren Einfluss und wird zur Beraterin des neu geschaffenen Ministeriums für Volksbeteiligung und soziale Entwicklung zurückgestuft.

Der Zugang zu Hugo Chávez ist begehrt – denn es ist der Zugang zu einer effektiven Propagandamaschine, die linke Gesellschaftsentwürfe innerhalb weniger Wochen populär machen kann. Seit etwa Chávez den von Heinz Dieterich lancierten Begriff vom „Sozialismus des 21. Jahrhunderts" im Munde führt, ist er zu einem zentralen Schlagwort der neuen Linken in Lateinamerika geworden. Nicht nur die nationalen politischen Fraktionen kämpfen daher um Einfluss auf Chávez, sondern auch internationale linke Strömungen. Realen Einfluss auf das politische Denken von Hugo Chávez haben vor allem zwei Fraktionen: Der französische Globalisierungskritiker Ignacio Ramonet hat Vertrauensleute im Stab des Präsidenten platzieren können, unter anderem den jungen Historiker Maximilian Arvelaíz. Zum anderen lässt sich das Präsidialamt vom Institut CEPS beraten, das der spanischen Linkspartei Izquierda Unida nahesteht. Über den Beratervertrag für die spanischen Soziologen und Juristen, der ein stolzes Monatshonorar von 35.000 Euro vorsieht, wird auf den Fluren von Miraflores hinter vorgehaltener Hand geschimpft. Doch er ist auch Folge eines Personalmangels, an dem die Regierung leidet.

Denn im Unterschied etwa zur brasilianischen Regierungspartei PT, die auf einer langen gewerkschaftlichen Tradition gründet, ist die Chávez-Partei MVR ein bunt zusammengewürfelter Wahlverein, in dem wenige politisch versierte Kader zu finden sind. Dass die Kleinpartei PPT, die bei Wahlen mit 3 bis 5 Prozent weit abgeschlagen liegt, mehrere Ministerposten besetzt, ist direkte Folge dieses Personalmangels. Die Kader der PPT können auf langjährige politische und gewerkschaftliche Arbeit zurückblicken, so etwa der Erziehungsminister Aristóbulo Istúriz oder der Ex-Außenminister Alí Rodríguez Araque. Im Zweifel verlässt sich der Staatschef auch gerne auf die Führungskräfte der Armee, wenn es um die Besetzung von Ministerposten geht. Immerhin ein Viertel des Kabinetts der Regierung wird von Angehörigen oder Ex-Angehörigen der Streitkräfte gestellt. Die Militärs führen nicht nur das Verteidigungsministerium, wie in Venezuela üblich, sondern auch wichtige Ressorts wie Innenpolitik und Justiz, Infrastruktur und Wohnungsbau.

Die círculos bolivarianos, die Missionen, die Patrouillen des *Comando Maisanta*, die Jugendorganisation *Frente Francisco Miranda*: Immer wieder schafft es Chávez, große Teile der Bevölkerung zu mobilisieren und in die Kampagnen und Projekte seiner Regierung einzubinden. Doch die massenhafte Politisierung bleibt flüchtig und anlassbezogen. Die bolivarische Revolution, das zeigen der Putschversuch, der Erdölstreik und das Referendum, braucht die Peitsche der Konterrevolution. Wenn die Gefahr vorüber ist, kehren die meisten Mitglieder der diversen *frentes* und *comandos* in ihren ohnehin schwierigen Alltag zurück. Die revolutionäre Volkspartei unter dem Kommando des Präsidenten bleibt vorerst ein Projekt linker Kleinparteien wie der Liga Socialista. Wer die Basis der bolivarischen Revolution sucht, findet sie in den Hunderten und Tausenden von Komitees und Kooperativen, in denen die Landlosen, die Indigenen, die Frauenbewegung, die informell Beschäftigten, die Fabrikbesetzer, die Obdachlosen, die Macher der über zweihundert alternativen Radio- und TV-Sender, die Bewohner der urbanen *ranchos* und der armen ländlichen Gebiete sich zusammengeschlossen haben. Das „organisierte Volk", Ideal der bolivarischen Revolution, ist vorläufig ein Netzwerk von ein paar hunderttausend organisierten Aktivisten.

Der Aufbau des Gewerkschaftsverbands *Unión Nacional de Trabajadores* (UNT) im Frühjahr 2003 schafft immerhin ein Dach, unter dem sich die vielen kleinen Einzelgewerkschaften organisieren, die in der sozialdemokratischen CTV schon lange keine politische Heimat mehr haben und erst nach deren Niedergang gegründet worden sind. Mit dem alten Gewerkschafts-Establishment verschwinden die oppositionellen Umtriebe der Arbeitervertretungen. Die UNT – solidarisch mit Chávez, aber deutlich klassenkämpferischer als dessen Regierung – verdrängt auch international die CTV, welche auf Gewerkschafts-Kongressen gegen die mutmaßliche Diktatur in Venezuela zu wettern pflegte.

Mehr und mehr setzt sich für das, was in Venezuela vonstatten geht, der Begriff *el proceso* durch: der „Prozess". Die Sprachregelung zügelt die Erwartungen und macht gleichzeitig Hoffnung. Es geht vorwärts, doch der Weg ist gesäumt mit Rückschlägen, Widerständen und Fehlschlägen – ein Prozess eben. In seinen Eingeweiden verbirgt sich eine unübersichtliche Gemengelage. Auf der einen Seite steht das neue politische Establishment, innerhalb dessen Parteifunktionäre und -fraktionen sowie das Militär um Einfluss und Positionen ringen. Ihm gegenüber agiert die Basis der politischen Aktivisten, die auf mehr Einfluss, mehr Mittel und auf die Radikalisierung der Revolution drängen, aber in Hunderte von lokalen Komitees und Interessengruppen fraktioniert sind. Im komplexen Spiel der Kräfte berufen sich alle Beteiligten auf die Ideale der bolivarischen Revolution: Partizipation, Selbstverwaltung, das „organisierte Volk" sind Schlagworte, die Politiker und Parteifunktionäre ebenso im Munde führen wie Basiskomitees. Selbst die vielfältigen Stiftungen und Parteien der zerstrittenen Opposition bedienen sich inzwischen ihrer.

Kaum eine Woche vergeht, ohne dass in Caracas oder anderswo im Land Demonstrationen stattfinden, in denen die Protestanten im Namen des Präsidenten gegen Bürgermeister, Behördenmitarbeiter oder Ministerien auf die Straße gehen und ihnen Korruption, Missbrauch oder Verschleppung der Sozialprojekte vorwerfen. Wenn die Basisorganisationen auf mehr Entscheidungskompetenz drängen, wenn die *campesinos* Landverteilung einklagen oder indigene Organisationen gegen den Kohleabbau in ihren Gebieten demonstrieren, dann treten sie der politischen Klasse als die eigentlichen Vertreter der bolivarischen Revolution gegenüber. Die „populär-moralistische" Kritik nennt Roland Denis eine weitverbreitete Auffassung, derzufolge „Chávez ein ehrenwerter Mann ist, ein echter Revolutionär, ein Mann des Volkes, seinen Idealen verpflichtet, doch umgeben von einer Verräterschar, von falschen Leuten, von Korrupten, die seine Führerposition für sich ausnutzen und die im Wesentlichen in den Regierungsparteien organisiert sind".[38]

Der Verdacht, bei diesem oder jenem Bürokraten oder Parteifunktionär handele es sich um einen Opportunisten oder gar einen *Escuálido*, ist fester Bestandteil des Prozesses. Er bietet eine universelle Erklärung für alles, was schief- oder nicht anläuft. Und mit ihm ist jeder politische Konflikt so interpretierbar, dass die Revolution und ihr Anführer unbeschadet bleiben. Das reinigende Spektakel, das Chávez in seiner Wochenshow zu inszenieren weiß, kanalisiert den Unmut der Basis.

„Okay, Carlos, wie lange hat es gedauert, um diese 38 Wohnungen zu bauen?", fragt der Präsident den Leiter eines regionalen Wohnungsbauinstitutes in *Aló Presidente*. Der Angesprochene stammelt etwas von einem „Selbstbau-Programm" und dass man zwei Jahre dafür gebraucht habe. „Das sind anderthalb Wohnungen in einem Monat!", empört sich Chávez. „Bei dem Tempo müssen wir auf die Wiederauferstehung warten, um das Wohnungsproblem zu lösen. Das ist es, was ich meine! Ihr versteht mich schon, ich sage es ja immer wieder!"[39] Wie immer, wenn der Präsident auf den Tisch haut, bejubelt das Live-Publikum die Suada mit dem dafür vorgesehenen Sprechchor: „So, so, so muss man regieren!"

Das öffentliche Bild vom Wohltäter und Kontrolleur, der Sonntag für Sonntag fast das gesamte Kabinett zu seiner Sendung antreten lässt, seine Mitarbeiter lobt oder ihnen die Leviten liest, verfehlt seine Wirkung nicht. Täglich treffen körbeweise Briefe in Miraflores ein, in denen Bürger beklagen, die Bürokratie beachte ihr Anliegen nicht, und den Präsidenten um Beistand bitten. Wo immer er auftaucht, stecken Anhänger ihm Zettel mit ihren Anliegen zu, und die Zeitungen sind voll von Leserbriefen, deren Adressat immer nur einer ist: Hugo Chávez, der Allgegenwärtige.

Zu der intimen Beziehung zwischen Chávez und seinen Anhängern trägt auch sein phänomenales Gedächtnis bei: Jahre nach seinem letzten Besuch in einem Barrio oder einem Dorf erinnert er sich noch immer an den Namen des Großmütterchens, das ihn mit Blumen begrüßt – an ihr Hüftleiden, an den Namen ihres Sohnes und an den Ort, an dem ihre Hütte steht. Chávez könne nicht der Bürgermeister von Venezuela sein, ermahnt sein Freund Fidel Castro einmal die Venezolaner. Doch die Gewohnheit hält sich hartnäckig: Wer Missstände beheben will, sucht den direkten Draht zum Präsidenten. Nur der *comandante* hält alle Fäden in der Hand, nur er kennt die Nöte des Volkes, nur ihm traut man zu, den Augiasstall auszumisten.

Solange der Präsident diese politische Show glaubwürdig zu inszenieren weiß, brechen die Gegensätze zwischen Basis und politischer Klasse nicht offen aus. Man streitet und verdächtigt sich im Namen des Präsidenten, und zu seinem Wohle rauft man sich auch wieder zusammen. Das Zusammenraufen gelingt immer wieder, denn die bolivarische Revolution ist mit Wahlen gepflastert, die die chavistischen Fraktionen zur Einheit gemahnen. Die Urnengänge in den Monaten nach dem gewonnenen Referendum werden für die Regierung zu Siegen auf ganzer Linie. Nach den Landtagswahlen im Oktober 2004 stellt das Chávez-Bündnis in allen 24 Bundesstaaten bis auf zwei den Ministerpräsidenten. Ähnlich sieht es bei den Bürgermeister- und Gemeinderatswahlen im August 2005 aus. Bei den Wahlen zur Nationalversammlung, in der Chávez bis dato nur eine hauch-dünne Mehrheit hat, gehen mit den Parlamentswahlen im De-zember 2005 gleich sämtliche Sitze an Abgeordnete regie-rungstreuer Parteien. Die wichtigsten Oppositionsparteien zie-hen – mit dem Verweis auf drohenden Wahlbetrug – wenige Tage vor der Wahl ihre Kandidaturen zurück.

Die Wahlsiege verschaffen dem Parteienblock von Chávez ungeahnte Handlungsfreiheit bei der Gesetzgebung und beim Regieren. Unter anderem ist der Weg frei für eine Änderung des Verfassungsartikels, der die Amtszeit eines Präsidenten auf zwei Legislaturperioden beschränkt. Doch die Triumphe haben einen schalen Beigeschmack. Denn das Interesse der Wähler-schaft nimmt mit jeder Wahl ab. Obwohl die staatlichen Sen-der und das Regierungsbündnis aus allen Rohren mobilisie-ren, sinkt die Beteiligung im Dezember 2005 auf alarmierende 25 Prozent. Solange es nicht um das Wohl und Weh des Präsi-denten selbst geht, ziehen es die Venezolaner mehrheitlich vor, die Wahlsonntage nicht in den Schlangen zur Stimmabgabe zu verbringen.

Die geringe Wahlbeteiligung enthüllt auch die Kluft, die sich im verflixten siebten Jahr der bolivarischen Revolution zwi-schen politischem Establishment und den sozialen Bewegungen aufgetan hat. Auf Unmut stößt in den Barrios vor allem, dass die Funktionäre des MVR den Anteil von Basisaktivisten auf den Kandidatenlisten möglichst klein zu halten versuchen. Chávez selbst schreibt seinen Kadern ins Stammbuch, die Kan-didatenlisten durch demokratische Wahlen an der Basis zu er-stellen. Im Sommer 2005 öffnet sich das MVR zunächst ge-genüber nicht-parteigebundenen Kandidaten, doch am Ende werden die Vertreter der Basiskomitees dann doch zugunsten der Parteikader von den Listen gestrichen.

„Das hat die Gegensätze innerhalb der Bewegung entfes-selt", so William Mantilla, unabhängiger Kandidat aus dem Barrio La Vega. „Viele Leute sind gegangen, aber viele sind auch zurückgekommen, weil unsere Einheit eben die einzige Garantie dafür ist, dass es mit dem revolutionären Prozess wei-tergeht."[40]

Während sich die Unterstützer der bolivarischen Revolution leidlich zusammenraufen, grassiert in den Reihen ihrer Gegner der Spaltpilz. Angesichts der greifbaren Errungenschaften, die die Missionen des Präsidenten darstellen, fehlt es den Parteien an glaubwürdigen Alternativen und Programmen. Nach dem Auseinanderbrechen der Coordinadora Democrática ist die Organisation Súmate die einzige Institution, auf die sich die Oppositionsparteien einigen können. Auf der Suche nach einem Einheitskandidaten für die Präsidentschaftswahlen 2006 konsultiert eine Gruppe venezolanischer Unternehmer den US-amerikanischen Berater und Autor Dick Morris. Der weltberühmte PR-Berater soll eine Analyse über das politische Spektrum liefern und einen geeigneten Herausforderer des Präsidenten finden. Morris fliegt im Februar nach Venezuela und lässt in Kooperation mit dem lokalen Umfrageinstitut Hinterlaces eine Umfrage in über 50 Städten des Landes erstellen. Dem 57-jährigen US-Amerikaner eilt ein Ruf wie Donnerhall voraus. Morris hat 30 Jahre lang die Wahlkampfstrategien für Expräsident Bill Clinton erarbeitet und Dutzende von Präsidentschaftskandidaten in Europa, Lateinamerika und Asien beraten. Erst im Frühjahr 2006 war ihm in Mexiko als Berater des Rechtspolitikers Felipe Calderón ein beachtlicher Coup gelungen. Calderón, bis dato profillos und in den Umfragen dem Linkskandidaten López Obrador hoffnungslos unterlegen, hatte in den drei Monaten vor der Wahl rasant aufgeholt und wurde schließlich – wenn auch knapp und von Betrugsvorwürfen begleitet – zum Präsidenten gewählt.

Die Ergebnisse der Umfrage unterstreichen, dass den Kampagnenmacher aus den USA eine Menge Arbeit erwartet: Keiner der drei Politiker, die als Kandidaten der Opposition im Gespräch sind, kommt über die 10-Prozent-Marke. Teodoro Petkoff wollen nur bescheidene drei Prozent wählen. Der im Ausland bekannteste Chávez-Gegner ist den Venezolanern zu alt – Jahrgang 1932 –, und sie verzeihen ihm nicht sein Ministeramt während der neoliberalen Ära des Präsidenten Caldera. Dem Chef der rechtsliberalen Primero Justicia Julio Borges ergeht es mit fünf Prozent nicht viel besser. Das beste Ergebnis erzielt Manuel Rosales, Ex-Sozialdemokrat sowie Gründer und Anführer der Partei *Un Nuevo Tiempo* (Eine neue Zeit). Rosales bekommt in der Umfrage sieben Prozent, womöglich wegen seines Amtsbonus, denn er ist Ministerpräsident des ölreichen Bundesstaates Zulia. Am 8. August 2006 einigen sich die Oppositionsparteien auf Rosales als Einheitskandidaten für die Präsidentschaftswahlen am 3. Dezember 2006. Für Chávez liegen die Umfragewerte bei soliden 55 Prozent.

Dick Morris, ein Mann der Tat, reagiert zügig. Mit den bestehenden Kandidaten werde er nicht an einer Kampagne arbeiten. Keiner von ihnen habe ernsthafte Aussichten, den Präsidenten schlagen zu können. Die einzige Option, Chávez den Sieg streitig zu machen, liegt darin, einen Neuen, einen Outsider auf die politische Bühne zu bringen. Gute 17 Prozent der Befragten hatten angegeben, sie würden für einen neuen Kandidaten stimmen, wenn es einen gäbe.

Im Juli 2006 erklärt der US-Berater der venezolanischen Öffentlichkeit, welche Eigenschaften der ideale Kandidat haben müsste. Gesucht ist ein gerader, einfacher Charakter, mit dem sich die breite Masse identifizieren kann. Er sollte ein Aufsteiger sein. Einer, der von unten kommt, die Nöte des Volkes kennt und eine solidarische und versöhnende Grundausstrahlung mitbringt. Idealerweise ist er zwischen 40 und 50, hat Erfahrung mit Führungsaufgaben und eine einfache Botschaft, die er dem Land vermitteln kann. Morris nennt drei Männer, die er als Kandidaten für aufbaufähig hält: einen Bürgermeister, einen TV-Moderator und einen Anführer einer unbekannten Kleinpartei. Doch dem Politlobbyisten selbst erscheint die Mission als kaum realisierbar.

„Ich bin daran gewöhnt, Wunder zu vollbringen", zitiert ihn *El Nacional*, „aber hier ist einiges mehr nötig."[41] Den Clou seiner Analyse verschweigt er der ratlosen „Zivilgesellschaft" höflich: Seine für den perfekten Kandidaten geforderten Eigenschaften entsprechen – bis auf das Alter – vollständig dem Profil jenes Mannes, den in Venezuela jeder kennt. Er heißt Hugo Rafael Chávez Frías.

Kapitel 8

Störenfried im Hinterhof: Chávez, Lateinamerika und die USA

Patria Grande in kleinen Schritten: Der lateinamerikanische Linksruck

Es ist „der mexikanischste Tag der venezolanischen Geschichte"[1] vermeldet die Zeitung *Universal* aus Mexiko. Hugo Chávez steht auf der Rednertribüne am Kopf der Avenida Urdaneta in Caracas vor einer rotgewandeten Menge von rund 30.000 Anhängern, die sich am 19. November 2005 zum Abschluss des „Marsches gegen den Imperialismus" hier versammelt hat. Er trägt einen riesigen Sombrero auf dem Kopf und erklärt, er werde heute keine Rede halten. Stattdessen beginnt eine Mariachi-Band in seinem Rücken zu spielen, und der Präsident stimmt ein:

„Mit Geld oder ohne Geld, ich mache, was ich will, und mein Wort ist Gesetz / Habe weder Thron noch Königin und niemanden, der mich versteht, doch ich bleibe der König."[2]

Auf die beliebte Melodie von Alejandro Fernández' *El Rey* folgen *Morenita*, *México Lindo* und ein weiteres halbes Dutzend populärer mexikanischer *rancheras*. Chávez hat mit Textunsicherheiten zu kämpfen, aber er singt aus vollem Halse und die Demonstranten mit ihm. Die halbstündige Mariachi-Einlage ist Chávez' Art, eine diplomatische Affäre zu beerdigen, die sich ein paar Tage zuvor mit dem Präsidenten Mexikos entsponnen hat, einer der wichtigsten Handelspartner Venezuelas. Auf dem 4. Interamerikanischen Gipfel im argentinischen Mar de Plata hatte er Vicente Fox einen „Schoßhund des Imperiums" genannt. Fox hatte sich zum Wortführer der US-amerikanischen Forderung gemacht, baldmöglichst die Verhandlungen über eine gesamtamerikanische Freihandelszone aufzunehmen. Die *Free Trade Area of the Americas* (FTAA, im spanischen ALCA) soll den USA den freien Zugang zu den Märkten Südamerikas eröffnen – und umgekehrt. Die Regierung Chávez lehnt das Abkommen ab. Ihre Argumente sind die der Antiglobalisierungsbewegung: Dass sich mit der Liberalisierung nur der Stärkere durchsetze. In einer Freihandelszone würden subventionierte US-Agrarprodukte die lateinamerikanischen Märkte überschwemmen. Der Süden müsse teure Patente auf Medikamente und gentechnisch manipuliertes Saatgut zahlen und sich auf die weitere Privatisierung öffentlicher Dienstleistungen einlassen. Die FTAA, so eine von der Andengemeinschaft in Auftrag gegebene Studie, bedeute allein für Venezuela den jährlichen Verlust von 1,3 Milliarden Dollar an Importzöllen.

Bei dem Gipfel in Quebec im Jahre 2001 war Chávez mit seiner Ablehnung der FTAA noch weitgehend isoliert gewesen. Seither hat sich die Lage verändert: Der Arbeiterführer Luis Inácio Lula in Brasilien und der Peronist Néstor Kirchner in Argentinien haben die beiden größten Nationen des Kontinents auf einen gemäßigten Linkskurs gebracht. Im Oktober 2004 wählt Uruguay den Linken Tabaré Vásquez zum Präsidenten. In Mar de Plata einigen sich Venezuela und die *Mercosur*-Mitglieder Argentinien, Brasilien, Paraguay und Uruguay auf eine gemeinsame Position: Man macht die Wiederaufnahme der Verhandlungen über die Freihandelszone davon abhängig, dass die USA bei den WTO-Unterredungen einen Abbau ihrer Agrarsubventionen vereinbaren. Weil die anderen lateinamerikanischen Nationen dieser Vorgabe nicht folgen, endet der Gipfel ohne ein Abschlussdokument.

„Der große Verlierer heute heißt Mister George W. Bush"[3], erklärt ein fröhlicher Chávez auf der Pressekonferenz in Mar de Plata. Das Projekt der gesamtamerikanischen Freihandelszone sei nunmehr gestorben.

Am Rande des Weltsozialforums im brasilianischen Porto Alegre Ende Januar 2005 hatte Chávez erstmalig erklärt, dass der Sozialismus der einzige Weg sei, den Kapitalismus und die

Hegemonie der USA zu überwinden. Das Patt in Mar de Plata interpretiert er als Zeichen dafür, dass die Zeit für den Umschwung gekommen ist. Herzstück des „Sozialismus des 21. Jahrhunderts" soll ein Projekt sein, das er bei allen seinen Reden und internationalen Auftritten bewirbt: *Alternativa Bolivariana para Las Américas*, die „Bolivarische Alternative für Lateinamerika", kurz ALBA.

Chávez' „Sozialismus des 21. Jahrhunderts" will weder den Markt noch das Privateigentum abschaffen. Sein Erfinder, der deutsch-mexikanische Soziologe Heinz Dieterich, erklärt, dass der neue Sozialismus in Wahrheit protektionistischer Staatskapitalismus ist, „die einzige Entwicklungsstrategie, die in der modernen Geschichte erfolgreich aus der neokolonialen Unterentwicklung geführt" habe. „Heute die Anwendung eines regionalen Sozialismus als Alternative zur Balkanisierung oder zur neoliberalen Annektierung durch die USA vorzusehen, wäre nicht mehr als ein frommer Wunsch"[4], schreibt Dieterich. Die ALBA soll ein strategischer Zusammenschluss der lateinamerikanischen Volkswirtschaften sein, mit dem Ziel, durch Abschottung nach außen einen Entwicklungssprung zu ermöglichen. Sie basiert auf der Idee, die regionalen Nationalismen in der *Gran Patria*, dem „Großen Vaterland", aufgehen zu lassen. „Ohne deutliche Staatsintervention, die darauf zielt, die Unterschiede zwischen den Ländern auszugleichen, kann der freie Wettbewerb zwischen Ungleichen nur zur Stärkung der Starken und zur Schwächung der Schwachen führen"[5], heißt es in einem Papier der venezolanischen Regierung.

Ähnlich wie die Europäische Union nimmt die ALBA Maß an den USA: Erst wenn es gelingt, einen internen Markt zu schaffen, der es in Größe und Entwicklungsgrad mit dem nordamerikanischen aufnehmen kann, kann sich Lateinamerika aus der Rolle des Hinterhofs der USA emanzipieren. Um die Asymmetrien zwischen den Ländern auszugleichen, sieht das Konzept *fondos compensatorios* (kompensatorische Fonds) vor. Eine lateinamerikanische Zentralbank ist ebenso Teil der Vision wie die gemeinsame Währung, die nach Chávez' Willen *Sucre* heißen soll – in Erinnerung an Bolívars Feldherrn Antonio José de Sucre, der durch die Schlacht von Ayacucho 1824 die spanische Kolonialherrschaft beendete. Der wirtschaftlichen Integration soll die militärische folgen: Unter dem Stichwort *Bloque Regional de Poder* (regionaler Macht-block) – ebenfalls ein Terminus von Heinz Dieterich – müsse eine gemeinsame Militärdoktrin geschaffen und die strategische Dominanz des Pentagons auf dem Kontinent beendet werden. Ein tragendes Element der ALBA ist zudem die Integration unterhalb der Regierungsebene. So bemühen sich die brasilianische Bewegung der Landlosen und Landarbeiter-Organisationen in Venezuela darum, durch die Verbreitung von nicht-genmanipuliertem Saatgut die Macht transnationaler Saatgut-Konzerne wie Monsanto einzudämmen.

Wie das Meiste, was Hugo Chávez in die öffentliche Debatte wirft, haben auch die ALBA und der „Sozialismus des 21. Jahrhunderts" Baustellencharakter. Chávez ist kein Theoretiker, der konsistente Konzepte entwirft, sondern ein Promoter unfertiger Gedankengebäude. „Mir gefällt es nicht, mich auf Theorien und großartige Ideen zu beziehen, die bisweilen furchtbar verwickelt sind und die wenige Leute verstehen", antwortet er auf die Frage nach seiner Definition von Sozialismus. „Ich führe lieber konkrete Beispiele an. Das ist Sozialismus – den Leuten Land zu geben, Wasser, Strom, Kredite."[6] Gewöhnt daran, dass seinen Worten Taten folgen, hofft er auch in seinen internationalen Beziehungen darauf, dass steter Tropfen den Stein höhlt und die Regierungen der Bruderländer früher oder später auf seine Visionen einschwenken werden.

Doch allem Optimismus zum Trotz bleiben die USA mit ihrem Drängen auf Freihandel keineswegs erfolglos. In den Monaten nach dem Mar-de-Plata-Gipfel bemüht sich Washington, die abgebrochenen Verhandlungen über die FTAA durch bilaterale Abkommen zu kompensieren. Als Peru und Kolumbien ankündigen, jeweils eigens ausgehandelte Verträge mit den USA abschließen zu wollen, erklärt Chávez kurzerhand den Austritt aus der Andengemeinschaft (*Comunidad Andina*), die die Länder Peru, Kolumbien, Ecuador, Bolivien und Venezuela einschließt. „Ich bin derzeit Präsident der Andengemeinschaft, aber wovon bin ich eigentlich Präsident?", fragt er. „Von einer großen Lüge."[7]

Nach dem Austritt aus der Andengemeinschaft kündigt die Regierung Chávez an, sich auf das zweite große Staatenbündnis in Südamerika zu konzentrieren. Der Beitritt Venezuelas soll den Mercosur grundlegend aufmischen, wenn es nach dem Willen des Anführers der bolivarischen Revolution geht:

„Wir brauchen einen Mercosur, der dem Sozialen Vorrang gibt. Wir brauchen einen Mercosur, der sich jeden Tag aufs Neue den alten Schemata entgegenstellt, bei denen es um die Integration der Eliten und der transnationalen Unternehmen geht. Denn was die suchen, ist der ökonomische Mehrwert, die finanziellen Vorteile, und dabei vergessen sie den Arbeiter, die Arbeiterin, die Kinder und die Würde der Völker."[8]

Brasiliens Inácio Lula und Argentiniens Néstor Kirchner nehmen Chávez' Vision als willkommenes Stichwort für Sonntagsreden. „Eine erfolgreiche Umsetzung der ALBA setzt aber voraus", so der brasilianische Ökonom Emir Sader, „dass die beteiligten Regierungen zu tiefgreifenden Strukturreformen bereit sind, die für die gesamte Wirtschaft ihres Landes verbindlich sein müssen."[9] Während Lula und Kirchner nach innen, ähnlich wie Chávez, anspruchsvolle Sozialprogramme auflegen und der Privatisierung öffentlicher Dienste einen Riegel vorschieben, sehen sie nur bedingt Anlass, sich der bestehenden internationalen Arbeitsteilung zu entziehen, um sich auf ein protektionistisches Einigungsprojekt einzulassen. Denn das hieße für beide Länder, ihre im Vergleich zu den anderen lateinamerikanischen Ländern privilegierte Stellung auf dem Weltmarkt zu opfern. Die beiden größten Volkswirtschaften Südamerikas sind sowohl Rohstofflieferanten als auch Industrienationen. Neben Soja, Eisenerz, Kupfer, Fleisch oder Zucker gibt es hier chemische, Textil- und Autoindustrien, und Brasilien besitzt mit Empresa Brasileira de Aeronáutica S.A. den drittgrößten Flugzeugbauer der Welt.

Der Freihandel, mit dem Washington lockt, bedeutet für die Exportnationen den Zugang zur größten Volkswirtschaft des Kontinents. In einer panamerikanischen Freihandelszone würde die US-amerikanische Volkswirtschaft 70 Prozent des Sozialproduktes ausmachen. Sollten sich die USA und die EU für den Abbau ihrer Agrarsubventionen entscheiden und damit den Weg für die FTAA freimachen, „dann würde der gesamte Diskurs Brasiliens über Nacht wie ein Kartenhaus zusammenbrechen", so der Soziologe Edgardo Lander. „Brasilien würde aufhören, der Repräsentant der Interessen des Südens und der Integration Südamerikas zu sein."[10]

Chávez hat außer seiner Vision vor allem eines zu bieten: Öl und Gas zum Vorzugspreis. So kommt es, dass Brasilien und Argentinien zwar bilaterale Verträge mit Venezuela schließen und den Schulterschluss mit der bolivarischen Republik zelebrieren, jedoch vor einer gemeinsamen Front gegen die USA zurückschrecken.

Im November 2005 beglückt Chávez die Zuschauer von *Álo Presidente* mit einer Zeichnung: Auf eine Karte des südamerikanischen Kontinents malt er mit einem dicken Filzschreiber eine Linie von der Karibik bis nach Feuerland. Der *Gaseoducto del Sur* wäre, würde er gebaut, die längste Pipeline der Welt. Die etwa 8.000 Kilometer lange Trasse soll in fünf bis sieben Jahren Venezuela mit Brasilien, Argentinien und Uruguay verbinden, angedacht sind Verlängerungen in Richtung Bolivien, Paraguay und Chile. Für Kritiker ist das Großprojekt ein typischer Auswuchs dessen, was man in Lateinamerika *desarrollismo* zu nennen pflegt: der ingenieurtechnische Fortschrittsglaube, aus dem heraus die lateinamerikanischen *caudillos* in den Fünfzigern und Sechzigern den Kontinent mit Industrialisierungprojekten überzogen. Chávez' Pipeline ist in mehrfacher Hinsicht problematisch. Sie führt durch indigene Gebiete sowie menschenleeren Urwald und ist daher sowohl umwelttechnisch bedenklich als auch militärisch leicht angreifbar. Des Weiteren ist sie teuer und die mindestens 20 Milliarden Dollar schweren Aufträge würden vor allem ins Ausland gehen. Ihr solidarischer Charakter ist zumindest fraglich. Der Verdacht besteht, dass sich Brasilien mit der langen Leitung aus Venezuela von den erhöhten Gaspreisen Boliviens unabhängig machen wird, die Bolivien nach dem Amtsantritt von Evo Morales verlangt.

Mit dem Aufstieg des Campesino-Führers Morales scheint sich in der Andenrepublik die Erfolgsgeschichte der bolivarischen Revolution zu wiederholen. Wie Venezuela ist auch Bolivien eine Nation, deren Hauptprodukt fossile Brennstoffe sind – das Land verfügt über die zweitgrößten Gasreserven des Kontinents. Wie Chávez kann sich auch Evo Morales auf eine breite linksnationalistische Bewegung stützen, die das Land in den Jahren vor seinem Wahlsieg praktisch unregierbar gemacht hat. Die Proteste gegen eine geplante Gaspipeline zur chilenischen Küste, in deren Verlauf 2003 bis 2005 zwei Präsidenten ihren Hut nehmen mussten, münden in die Forderung nach einer Nationalisierung der bolivianischen Erdöl- und Erdgasindustrie. Auch hier steht die „Re-Nationalisierung" der venezolanischen Ölgesellschaft PdVSA Pate. Im Dezember 2005 zum Präsidenten gewählt, lässt Evo Morales am 1. Mai 2006 die Gas- und Ölfelder von der Armee besetzen und erklärt sie für verstaatlicht – zum Leidwesen unter anderem der brasilianischen Ölgesellschaft Petrobras, die hier zu günstigen Bedingungen Förderanlagen unterhalten hat.

Wiederum sind die Parallelen zu Venezuela nicht zu übersehen: Nach dem Vorbild der Regierung Chávez stellt Morales die Ölmultis vor neue Bedingungen. Dass das venezolanische Beispiel in Bolivien Schule macht, führt international zu einer Welle von Katastrophenmeldungen über den investorenfeindlichen Linksruck in Lateinamerika. Die Investoren selbst sehen die Angelegenheit bisweilen gelassener. „Wir gehörten zu den Ersten in Venezuela, die neu verhandelt haben", bekennt Royal-Dutch-Chef Jeroen van der Veer. „Unter den gegebenen Bedingungen sind wir recht zufrieden damit, dass wir dort eine Zukunft haben. Wir arbeiten harmonisch mit der Regierung zusammen, was sehr wichtig ist. Ich gehe davon aus, dass wir in Bolivien eine Lösung finden werden."[11]

Der US-Soziologe James Petras kommentiert: „Was in den britischen und den US-Medien eine Welle von giftigen Kommentaren provozierte – *Wall Street Journal, Financial Times* etc. –, war keine vergleichende Analyse gegenwärtiger Steuer- und Abgaben-Bedingungen, sondern ein retrospektiver Vergleich mit der nahezu steuerfreien Vergangenheit. In Wahrheit modernisieren und updaten Chávez und Morales lediglich die Verhältnisse in den Ölstaaten gemäß den aktuellen globalen Standards. Sie normalisieren gewissermaßen die Regularien – angesichts von Ausnahmeprofiten, die nur durch korrupte Vereinbarungen mit Komplizen in den staatlichen Gesellschaften möglich waren."[12]

Die Hoffnung der Venezolaner auf einen weiteren Linksruck im Frühjahr 2006 erfüllt sich nicht. Vor der Präsidenten-Stichwahl in Peru droht Chávez, seinen Botschafter zurückzuziehen, falls der von ihm favorisierte Ex-Offizier Ollanta Humala nicht gewinnen sollte. Er nennt den Gegenkandidaten Alan García einen Dieb, Lügner und Korrupten, was bei den peruanischen Wählern offensichtlich nicht gut ankommt: Humala verliert die Wahl. Auch in Mexiko und Costa Rica unterliegen die Linkskandidaten.

Das Angebot Venezuelas, sich durch bilaterale Abkommen vom Weltmarktpreis und von den transnationalen Ölgesellschaften abzunabeln, nehmen vor allem die armen Länder gerne in Anspruch. Außer Trinidad und Tobago sowie Barbados, die selbst Ölvorkommen bzw. Raffinerien haben, treten im Herbst 2005 sämtliche karibischen Länder dem *Petrocaribe*-Bündnis bei, in dessen Rahmen Venezuela Öl weit unterhalb des Marktpreises anbietet.

Chávez Traum von der „bolivarischen Alternative für Lateinamerika" – die Abkürzung ALBA bedeutet auf spanisch „Morgenröte" – wird vorläufig vor allem in Bolivien und Kuba mitgeträumt. Im April 2006 vereinbart Chávez mit Castro und Morales den *Tratado de Comercio de los Pueblos* (Handelsvertrag der Völker). Er sieht die Abschaffung von Zöllen und solidarische Konditionen bei Öl- und Gaslieferungen vor. Immerhin können die Süd-, Mittel- und Nordamerikaner die Zeremonie zur Unterzeichnung neuerdings am Bildschirm mitverfolgen. Denn am 24. Juli 2005 geht der von Venezuela, Brasilien und Argentinien finanzierte panamerikanische TV-Kanal *Telesur* auf Sendung.

Telesur soll eine Art *Al-Djasira* des lateinamerikanischen Kontinents werden, dessen Korrespondenten all das über den Äther bringen, was *CNN* den Zuschauern verschweigt. Ernesto Cardenal, der greise nicaraguanische Befreiungstheologe und Poet, der für den Sendestart nach Caracas gekommen ist, verkündet die Doktrin von *Telesur*:

„Das ist ein Fernsehsender gegen die Lüge. Unsere Feinde pflegen die Bedeutung der Wörter zu verdrehen. Den Eroberungsfeldzug nennen sie Befreiung, den Krieg nennen sie Befriedung, und ihren Terrorismus Antiterrorismus. Also müssen wir den Worten wieder ihre Bedeutung geben und die Dinge so nennen, wie sie sind: Das Brot, Brot; die Demokratie, Demokratie; die Freiheit, Freiheit; und die Vereinigten Staaten: Faschismus."[13]

Das Datum des Sendestarts ist mit Bedacht und auf persönlichen Wunsch von Hugo Chávez gewählt: Es ist der Geburtstag von Simón Bolívar.

Containment auf bolivarisch: Chávez und Kolumbien

Nach seiner Ernennung zum Vizepräsidenten, erzählt José Vicente Rangel, sei ihm ein Mann aufgefallen, der im Kanzleramt seinen eigenen Schreibtisch hatte, dessen Funktion ihm aber nicht ersichtlich war. Sein Stab habe ihm erklärt, es handele sich um einen Herrn, der gegenüber der venezolanischen Regierung als offizieller Repräsentant der kolumbianischen Guerilla FARC (*Fuerzas Armadas Revolucionarias de Colombia*, Revolutionäre Streitkräfte Kolumbiens) auftrete. Die 1964 gegründete FARC ist mit circa 20.000 Kämpfern die größte bestehende Guerilla des Kontinents und operiert unter anderem auch im Grenzgebiet zu Venezuela. Der Arbeitsplatz des kolumbianischen Guerilleros im Kanzleramt hat Tradition. Venezuela hatte und hat ein vitales Interesse daran, im Kontakt mit den Guerilla-Milizen zu stehen und so einen modus vivendi an der Grenze zu Kolumbien zu gewährleisten, die dünn besiedelt und teilweise schwer zugänglich ist. „Wir, das heißt diese, wie auch die Vorgängerregierungen, haben alle möglichen Anstrengungen unternommen, um eine Politik des Dialoges zu ermöglichen"[14], so Rangel.

Nach seinem Amtsantritt erregt Chávez durch anerkennende Bemerkungen für die Sache der kolumbianischen Guerilla Aufsehen. Anstatt, wie seine Vorgänger, die delikate Angelegenheit mit Understatement zu behandeln, habe Chávez „Wasser auf die Mühlen seiner Gegner gegossen"[15], so Teodoro Petkoff. Die Sympathiebekundungen des Präsidenten beruhen auf Gegenseitigkeit: Auch die FARC kann ihre Genugtuung über den Linksruck in Venezuela nicht verhehlen. Chávez und das venezolanische Volk „entfesseln einen bewundersnwerten kollektiven Kampf, um das politische Projekt des Befreiers Simón Bolívar

Wirklichkeit werden zu lassen"[16], heißt es in einer Grußbotschaft der Guerilla vom April 2000.

Während der ersten Regierungsjahre entfesseln die Gegner von Chávez eine Medienkampagne zum Thema. Im Vorfeld des April-Putsches von 2002 treten immer wieder Zeugen auf, die behaupten, die Regierung unterhalte Beziehungen zur FARC, unterstütze diese und gefährde so den Frieden mit Kolumbien. Nach seiner Rückkehr am 13. April 2002 korrigiert Chávez seine Öffentlichkeitsarbeit in Sachen kolumbianischer Bürgerkrieg. Statt das Nachbarland und die oppositionelle Zivilgesellschaft mit Parteinahme für die Guerilla zu provozieren, kehrt man zur althergebrachten Methode zurück: Das Thema wird diskret behandelt.

Stattdessen geht Kolumbien in die Offensive. Mit dem Amtsantritt von Präsident Álvaro Uribe Vélez im Jahre 2002 erlebt der kolumbianische Bürgerkrieg eine dramatische Zuspitzung. Uribe, dem noch im Jahre 1991 ein Bericht des US-Verteidigungsministeriums enge Verbindungen zum Medellín-Drogenkartell nachsagt, macht sich im Namen des Antidrogenkampfes zum engsten Verbündeten der USA und ihres sogenannten Antidrogenkrieges in Lateinamerika. Der neue Präsident bricht die Friedensverhandlungen mit der FARC und der zweiten kolumbianischen Guerilla ELN ab. Mit massiver Militärhilfe durch die USA im Rahmen des „Plan Colombia" rüstet Uribe die Armee auf. Er schafft antiterroristische Bürgermilizen, die den Einfluss der Guerilla bekämpfen sollen. Er verhandelt mit den rechten Paramilitärs, die den Großteil des Drogenanbaus und -handels kontrollieren, über eine straflose Reintegration ins Zivilleben. Während sich auf dem Land und in den Barrios die Menschenrechtsverletzungen durch Armee und Paramilitärs häufen, darf sich das bürgerliche Kolumbien über einen Rückgang von Entführungen und Gewaltverbrechen freuen. Die Militärdoktrin, die die Regierung George W. Bush nach den Anschlägen vom 11. September 2001 ausruft, ist Uribe ein willkommener Anlass, auch jenseits der Landesgrenzen seine Widersacher zu verfolgen. Was das bedeutet, erfährt Venezuela in der Vorweihnachtszeit des Jahres 2004.

Die Verschleppung des „Außenministers" der FARC geschieht am helllichten Tag. Rodrigo Granda ist soeben im Begriff, sich in der Caféteria Roseli eine Erfrischung zu gönnen, als ein Dutzend Männer das Lokal im Zentrum von Caracas stürmt. Die Männer zerren den 55-Jährigen in eines der vier Autos, mit denen sie gekommen sind, und brausen davon. Es ist der 13. Dezember gegen 16 Uhr, ein paar Stunden später wird Granda, der sich für eine Konferenz in der venezolanischen Hauptstadt aufhielt, an der Grenze den kolumbianischen Behörden übergeben. Die venezolanische Regierung, die wenige Wochen zuvor Wirtschaftsabkommen mit Kolumbien unterzeichnet hatte, reagiert zunächst nicht auf den Vorfall. Die Hintergründe kommen nach und nach ans Tageslicht. Die Entführung des FARC-Sprechers ist ein Coup des kolumbianischen Geheimdienstes, der direkt Präsident Uribe untersteht. Die spärlichen Kommentare aus venezolanischen Regierungskreisen lassen zunächst vermuten, dass man den Vorfall herunterspielen will. Granda habe sich illegalerweise im Land aufgehalten und sei kein offizieller Gast der venezolanischen Regierung gewesen, erklären der Innen- und der Verteidigungsminister auf einer Pressekonferenz.

Schließlich nimmt sich Chávez der Sache an. Der venezolanische Botschafter in Bogotá wird abgezogen, die diplomatischen Beziehungen abgebrochen. Chávez setzt sämtliche Abkommen mit dem Nachbarland aus und fordert eine Entschuldigung. Der venezolanische Staatschef weiß, dass der Fall Granda eine Machtprobe ist, die er nicht verlieren sollte. Schließlich geht es um nichts weniger als um die Ausdehnung des *War on Terror* auf dem Kontinent. Mit dem Kidnapping des FARC-Guerilleros testet Uribe, ob er sich zum lateinamerikanischen Stellvertreter der Bush-Doktrin machen kann, die das Recht auf Terrorismusbekämpfung über die Integrität souveräner Staaten stellt. Und die Souveränität Venezuelas ist in jeder Hinsicht verletzt worden. Nicht nur haben die kolumbianischen Militärs eine verdeckte Operation im Nachbarland durchgeführt, sie haben zu diesem Zweck auch noch Mitglieder der venezolanischen Armee und der Polizei angeworben – von 1,5 Millionen Dollar Bestechungsgeldern ist die Rede.

Die späte, aber harsche Reaktion von Chávez zeigt Wirkung. Fidel Castro vermittelt, und nach einigem diplomatischen Hin und Her kommt Uribe am 15. Februar 2004 nach Caracas, um die Wogen zu glätten. Der kolumbianische Präsident entschuldigt sich nicht, lässt aber erklären, seine Regierung werde von weiteren Aktionen dieser Art absehen. Dem Besuch Uribes folgt eine Normalisierung der Beziehungen. Die beiden Länder sind aufeinander angewiesen. Venezuela ist für Kolumbien ein wichtiges Exportland. Gemeinsam plant man den Bau einer 1000 Kilometer langen Gaspipeline, die die Gasfelder von Maracaibo mit der kolumbianischen Pazifikküste verbinden soll, was den Venezolanern unter anderem einen Hafen für den Export nach China sichert.

Die zügige Entspannung verwundert Gegner wie Unterstützer der bolivarischen Revolution. Denn der Ausgang der Affäre ist der Beginn einer regen Beziehung zwischen zwei Männern, die sich allem Augenschein nach sympathisch sind. Auf den Krisengipfel im Februar 2004 folgen zahlreiche Treffen, bei denen beide Seiten ihre enge Verbundenheit betonen und ausgelassen miteinander scherzen. „So ist das eben in der Politik", erklärt Vizepräsident José Vicente Rangel auf die Frage von Journalisten, warum zwei ideologisch und politisch so divergierende Politiker eine so gute Beziehung miteinander pflegen können. „Die existierenden Probleme sind gelöst worden, weil es guten Willen gab und wechselseitigen Respekt."[17]

Der Umgang des venezolanischen Präsidenten mit Uribe, den die meisten seiner Anhänger umstandslos als einen der schlimmsten Staatsterroristen des lateinamerikanischen Kontinents bezeichnen würden, ist ein typisches Beispiel für die *Containment*-Politik, zu der sich Chávez nach einem halben Jahrzehnt als Staatschef vorgearbeitet hat. Der Anführer der bolivarischen Revolution erweist sich als lernfähig. Statt jede sich ihm bietende politische Auseinandersetzung eskalieren zu lassen, agiert er zunehmend als Machtpolitiker, der Allianzen schmiedet, die ihm nützen und seine Hauptgegner schwächen. Der Realpolitiker Chávez dämmt per Charmeoffensive eine Nebenfront ein, die er sich nicht leisten kann. Mit Blick auf sein oberstes Ziel – die lateinamerikanische Integration – versucht er, Uribe für das zu gewinnen, was möglich ist.

Die bizarre Freundschaft zwischen dem Bush-Verbündeten und dem Antiimperialisten trägt bald Früchte. Im Dezember 2005 geben Uribe und Chávez anlässlich eines Treffens im kolumbianischen Santa Marta die erfolgreiche Aufdeckung eines Mordkomplotts gegen den venezolanischen Präsidenten bekannt. Mithilfe dissidenter venezolanischer Offiziere hatten Generäle des kolumbianischen Militärgeheimdienstes einen Anschlag auf Chávez geplant. „Die ganze Welt soll wissen, dass die kolumbianische Regierung nicht gestatten wird, dass irgendjemand hier gegen eine demokratische Regierung konspiriert – und noch weniger gegen ein Bruderland"[18], erklärt Uribe, vor dessen Nase noch ein Jahr zuvor mit der Entführung Grandas eine eben solche Konspiration durchgeführt worden war.

Hugo gegen Mr. Danger: Chávez und die USA

An der Karibikküste setzen bauchige Transportflugzeuge Geländefahrzeuge ab. Muskelbepackte, tätowierte Söldner mit dunklen Sonnenbrillen und Maschinenpistolen besteigen die Fahrzeuge und brettern die Hügel herunter. Auf dem Weg nach Caracas, querfeldein und über Geröllpisten, bahnen sich die gepanzerten Karosserien ihren Weg durch die Hütten der *ranchos*, die krachend auseinanderbrechen. „Ein machthungriger Tyrann missbraucht die Ölversorgung aus Venezuela"[19], steht auf ihrem Einsatzbefehl. Um ihn abzusetzen, ist jedes Mittel recht. Die Söldner erobern Bohrtürme und zerstören Flughäfen, Brücken, Straßen, Tanklaster, Wohngebiete. Hauptangriffsziel ist Caracas. Das Baseballstadion wird zum Schlachtfeld, die Verwaltungsgebäude von PdVSA brennen lichterloh und die Hochhäuser am Parque Central liegen in Trümmern.

Das Inferno in Caracas ist das Setting eines von der weltweiten Playstation-Gemeinde sehnsüchtig erwarteten Spiels. *Mercenaries 2: World in Flames* ist der neueste Coup der in Los Angeles ansässigen Spieleentwickler Pandemic Studios. An der Firma, die unter anderem auch Kriegssimulationen für die US-Army entwirft, ist auch der Rockstar Bono Vox beteiligt. Bono, der Welt gemeinhin als Friedensfreund bekannt, wird von Venezuela-Solidaritätsgruppen öffentlich aufgefordert, „die Veröffentlichung dieser virtuellen Vergewaltigung und Zerstörung eines kleinen Entwicklungslandes zu stoppen".[20]

Die Game-Fantasie von *Mercenaries 2* ist überzeichnet. Doch sie spielt mit einem für die lateinamerikanischen Nationen allgegenwärtigen Szenario. Der Putsch 1954 in Guatemala, die Terroranschläge auf Kuba in den Sechzigern, der Putsch in Chile 1973 und die folgende Militärdiktatur, der Contra-Krieg im Nicaragua der Achtziger, die Invasionen 1965 in der Dominikanischen Republik, 1983 in Grenada und 1989 in Panama: Seit jeher haben die USA missliebige Regimes in ihrem Hinterhof wegputschen lassen, per Invasion beseitigt, mit Paramilitärs, schmutzigen Kriegen oder verdeckten Operationen überzogen. Mit Hugo Chávez und seiner bolivarischen Revolution, das bezweifelt unter seinen Anhängern niemand, will der große Bruder im Norden genauso verfahren. Dass der von den USA logistisch und finanziell begleitete Putsch im April 2002 nur der erste Versuch war, entnehmen sie den Invasions- oder Anschlagsplänen, die nationale und internationale Medien alle paar Monate enthüllen.

Am 29. Januar 2003 etwa meldet das *Wall Street Journal*, dass in den Everglades eine Allianz aus rechtsgerichteten Exilkubanern und venezolanischen Exmilitärs paramilitärische Söldner für Operationen gegen die Regierung Chávez trainiert.[21] Der US-Botschafter in Venezuela räumt ein, dass „Venezolaner Militärtraining in den USA bekommen haben"[22], doch die US-Behörden unternehmen keine rechtlichen Schritte.

Am 9. Mai 2004 werden 88 Männer kolumbianischer Staatsbürgerschaft in Uniformen der venezolanischen Armee auf der Farm El Hatillo in der Nähe von Caracas festgenommen. Die Kolumbianer geben an, sie seien für einen Überfall auf ein Waffenlager der Armee trainiert worden. Andere Quellen sprechen von einem Mordanschlag auf Chávez. Es wird berichtet, dass die Farm dem Exilkubaner Roberto Alonso gehört und dass die Kolumbianer Vorhut einer paramilitärischen Offensive sein sollen.

Ende August 2005 macht Pat Robertson, ein beliebter US-Fernsehprediger, der 1998 im Rennen als Präsidentschaftskandidat der Republikaner war, einen Vorschlag zur kostengünstigen Bereinigung der Angelegenheit. „Wir brauchen nicht noch einen 200-Milliarden-Dollar-Krieg, um einen einzelnen Diktator loszuwerden, es ist viel einfacher, eine dieser verdeckten Operationen den Job machen zu lassen", sagt Robertson im Fernsehen mit Blick auf Chávez. „Wenn er glaubt, dass wir versuchen, ihn zu ermorden, dann sollten wir endlich loslegen und es tun."[23]

In einem Fernsehinterview mit dem *ABC*-Moderator Ted Koppel erklärt Chávez im September 2005, man habe Dokumente, die belegten, dass die USA eine Invasion in Venezuela planten. „Falls die Regierung der Vereinigten Staaten das Himmelfahrtskommando wagen sollte, uns anzugreifen, müssen sie mit einem Hundert-Jahre-Krieg rechnen", so der venezolanische Präsident. „Wir sind darauf vorbereitet. Sie werden Venezuela genauso wenig kontrollieren können wie den Irak."[24] Der mutmaßliche US-Invasionsplan, auf den Chávez verweist, entpuppt sich als strategisches Planspiel der spanischen Luftwaffe aus dem Jahre 2001, das den Titel „Plan Balboa" trägt. In dem Übungsszenario gefährdet eine linksnationalistische Bewegung die Stabilität eines fiktiven „Braunen Landes" mit den Umrissen von Venezuela. Als es zum Bürgerkrieg kommt, ruft die Regierung internationale Truppen zur Hilfe – unter anderem die des „Blauen Landes" – in den Umrissen von Puerto Rico, das zu den USA gehört. Der „Plan Balboa", so versichert das State Department, sei ausschließlich Sache des spanischen Militärs gewesen und habe „ohne jede US-Beteiligung"[25] stattgefunden.

Ein Jahr darauf rasselt die NATO dann mit echten Säbeln. Das Manöver „Caribbean Lion" auf den niederländischen Antillen im Mai 2006 ist die Antwort auf einen Disput Venezuelas mit der holländischen Regierung: Chávez will nicht akzeptieren, dass die Niederlande US-Militärstützpunkte vor der Küste des Landes genehmigen.

Ob die Invasion nun in weiter Ferne oder in greifbarer Nähe liegt – das bolivarische Venezuela bereitet sich vor. Im Jahr 2005 bieten die venezolanischen Streitkräfte in Kasernen, auf Sportplätzen und in Turnhallen militärische Trainingseinheiten an, die dem Aufbau einer Reservearmee dienen soll. Bis zum Ende des Jahres unterziehen sich circa eine Million Bürger dem

Militärtraining. Die Begeisterung für die *reserva* ist riesig, die Nachfrage aus den Barrios sprengt die Kapazitäten der Armee. Es gehe darum, „Volksmilizen" aufzubauen, verkündet Chávez, die womöglich irgendwann die Rolle der Streitkräfte übernehmen könnten. Der Vizepräsident beeilt sich, die um ihre Position fürchtenden Militärs zu beruhigen: „Es geht darum, die Streitkräfte zu verstärken, nicht darum, sie zu degradieren", beteuert José Vicente Rangel im April 2005.[26] Einmal mehr gebärden sich Hugo Chávez und seine Anhänger radikaler als der Apparat der bolivarischen Revolution. Die Forderungen von Basiskomitees, die Volksmilizen auch zu bewaffnen, kommt bei der Militärführung nicht gut an. Die hunderttausend Kalaschnikow-Gewehre, die Venezuela in Russland bestellt hat, so betonen Regierungsstellen immer wieder, dienten ausschließlich der Modernisierung der Armee.

Die seit Jahrzehnten bestehende Militärkooperation mit den USA hat Venezuela für beendet erklärt. Auch das venezolanische Staatsvermögen will man nicht länger in der Hand der *gringos* sehen: Im Sommer 2005 zieht die Nationalbank rund 20 Milliarden Dollar Währungsreserven, die in US-Papieren angelegt waren, aus den USA ab, verschiebt sie auf die europäische Bank für Internationalen Zahlungsausgleich und legt einen Teil in südamerikanischen Staatsanleihen an.

Hugo Chávez hält es mit dem Zitat von Simón Bolívar, das er bei jeder sich bietenden Gelegenheit vorträgt: „Dass die Vereinigten Staaten von der Vorsehung dazu bestimmt scheinen, den amerikanischen Kontinent im Namen der Freiheit mit Hunger und Elend heimzusuchen"[27], hatte der Befreier ein Jahr vor seinem Tod in einem Brief vermerkt. Die Weltordnung, gegen die der venezolanische Präsident kämpft, ist nicht das *Empire* von Toni Negri und Michael Hardt, das nicht von außen bekämpft werden kann, weil es als Markt- und Kontrollmacht durch unser aller Leben verläuft. Auf dem politischen Kompass des Hugo Chávez hat das Imperium eine Himmelsrichtung: Es liegt im Norden. *El imperio* sind die USA, seinen Anführer George W. Bush pflegt er *Mister Danger* zu nennen, nach einer Romanfigur aus Rómulo Gallegos *Doña Barbara* – ein herrischer Gringo, der junge Frauen ausnutzt und quält. Er beschimpft

Bush als „Mörder, Völkermörder und Verrückten"[28], nennt seine Regierung faschistisch und sagt ihm einen Pakt mit dem Teufel nach.

Nur ein einziges Mal, am Rande eines Gipfels in Quebec, zu Beginn der ersten Legislaturperiode Bushs, ist es zu einem persönlichen Treffen der beiden Staatsmänner gekommen. „Ich spreche kein Englisch", erinnert sich Chávez an die Begegnung, „aber ich habe ein paar englische Worte zusammengeklaubt und mit großer Aufrichtigkeit gesagt: ‚Ich möchte Ihr Freund werden.' Er sagte: ‚Ich auch', aber es war nie möglich. Ich glaube, es ist unmöglich. Er leidet unter einer mentalen Störung und großen Komplexen, und er versteht die Menschheit nicht."[29]

Es gibt keinen Anlass zu glauben, dass die Abneigung nicht wechselseitig ist. Doch George W. Bush überlässt es seinen Mitarbeitern, abfällige Bemerkungen über Chávez zu machen. Am 2. Februar 2006 erklärt US-Verteidigungsminister Donald Rumsfeld vor dem *National Press Club*, er sei besorgt über die Rolle von Chávez in Südamerika. „Er ist eine Person, die gewählt worden ist", so Rumsfeld, „genauso wie Adolf Hitler gewählt worden ist und dann seine Macht konsolidiert hat. Jetzt arbeitet Chávez mit Fidel Castro und Mister Morales zusammen und mit anderen. Das besorgt mich."[30]

So abwegig der Vergleich mit Hitler auch ist – die Besorgnis hat ihre Gründe. Und die liegen nur zum Teil darin, dass die USA auf das venezolanische Öl angewiesen sind. Zwar bestreiten die Vereinigten Staaten elf bis dreizehn Prozent ihres Ölbedarfs mit Lieferungen aus Venezuela. Doch die Abhängigkeit liegt hier vor allem auf der Seite der bolivarischen Republik: Von den über drei Millionen Barrel, die täglich von Venezuela in die Welt gehen, werden 55,5 Prozent in die USA geliefert.[31] Was das State Department vor allem besorgt, wird in Washington gemeinhin mit dem Begriff „Destabilisierung" übersetzt. „Wir werden die demokratischen Kräfte in Venezuela unterstützen, damit sie ihren politischen Radius auch weiterhin behaupten können", so Roger Noriega, zweiter Staatssekretär für Western Hemisphere Affairs der USA. „Und wir werden das Bewusstsein der Nachbarn Venezuelas für das destabilisierende Verhalten von Präsident Chávez erhöhen – in der Erwartung, dass sie uns helfen, Stabilität, Sicherheit und Wohlstand in der Region zu verteidigen."[32]

Die Gefahr ist real: Je stabiler und reibungsloser Chávez' bolivarische Revolution ihre nationalen und sozialen Versprechen einlösen kann, desto attraktiver ist das Modell für die umliegenden Länder und desto mehr droht der Einfluss der USA auf den Kontinent zu schwinden. Warum sollten südamerikanische Wähler für neoliberale Reformer stimmen, wenn sie in Venezuela erleben, dass ein linksnationalistischer Wohlfahrtsstaat die Lebensverhältnisse verbessert? Warum sollten südamerikanische Regierungen Privatisierung und Freihandel vorantreiben, wenn ihnen Chávez in Venezuela vorführt, dass Protektionismus und eine härtere Gangart gegenüber internationalen Investoren ihnen mehr Mittel beschert? Und schließlich: Warum sollten die Staaten des lateinamerikanischen Kontinents ihre Entwicklungsstrategie und ihre Militär-Doktrin an den USA orientieren, wenn sich die Möglichkeit eröffnet, durch ein regionales Bündnis zu größeren außen- und innenpolitischen Freiheiten zu kommen?

Im Herbst 2003 erscheint in dem Magazin *US News & World Report* ein Artikel, der dem Vorwurf der Destabilisierung die rechte Schärfe verleiht. Unter der Überschrift „Terror Close to Home" behauptet das Blatt, dass „sich die verdächtigen Verbindungen zwischen Venezuela und dem islamischen Radikalismus multiplizieren."[33] Eine zweimonatige Recherche habe bestätigt, dass von Venezuela aus Al-Qaida-Zellen operierten – mit Unterstützung der Regierung: „Die Redaktion fand heraus, dass Tausende von venezolanischen Ausweisen an Ausländer aus dem mittleren Osten verteilt wurden, darunter Syrien, Pakistan, Ägypten und Libanon"[34], schreibt das Blatt und gibt als Beleg vornehmlich anonyme Geheimdienstquellen an. Der Kommandeur des Südlichen Kommandos der US-Streitkräfte widerspricht der Einschätzung des konservativen Magazins. Er habe keine Erkenntnisse über terroristische Aktivitäten in Venezuela, erklärt er gegenüber dem *Miami Herald*. Tatsächlich ist es für Migranten, von denen schon seit Jahrzehnten viele aus arabischen Ländern kommen, ohnehin kein Problem, die venezolanische Staatsbürgerschaft zu erlangen. Das Gespenst der Chávez-Al-Qaida-Connection geistert einige Wochen durch die Weltöffentlichkeit und verschwindet dann ebenso schnell, wie es aufgetaucht ist.

Die US-Strategie in Venezuela erinnert an das Vorgehen, mit dem die Administration Reagan Ende der Achtziger in Nicaragua einen „Regimewechsel" erwirkte. Da der schmutzige Krieg der *Contras* die Sandinisten militärisch nicht in die Knie zwingen konnte, beschloss die US-Regierung seinerzeit, ihn durch die Förderung der nicaraguanischen Opposition zu ergänzen. Die vom Außenministerium unterhaltene Stiftung National Endowment for Democracy begann, eine Parteienfront gegen die Sandinisten zu organisieren und zu finanzieren. Rund 20 Millionen Dollar verteilte das NED an das Parteienbündnis *Coordinadora Democrática Nicaragüense* und die Organisation *Vía Cívica*. Die Strategie ging auf: 1990 verloren die Sandinisten die Wahlen gegen das Bündnis der US-freundlichen Violeta Chamorro.

Mit der finanziellen und organisatorischen Unterstützung, die das NED und die mit ihr verbundenen Stiftungen den oppositionellen Parteien und der Organisation Súmate geben, versucht man, das nicaraguanische Erfolgsrezept in Venezuela aufzukochen. „Wir haben eine Menge Geld in den demokratischen Prozess investiert", erklärt Roger Noriega im Vorfeld des Referendums gegen Chávez, „denn wir vertrauen der Zivilgesellschaft."[35] Doch die „Zivilgesellschaft" enttäuscht das Vertrauen der US-Regierung. Was im armen Nicaragua funktioniert hatte, muss im ölreichen Venezuela scheitern. Die Opposition ist zerstritten, man hat den Sozialprogrammen der Regierung Chávez keine überzeugenden Konzepte entgegenzusetzen. Der Leidensdruck durch den schmutzigen Krieg, der in Nicaragua die Opposition bei der Bevölkerung mehrheitsfähig gemacht hatte, ist in Venezuela nicht gegeben.

Auch den Behauptungen, die Regierung Chávez richte diktatorische Verhältnisse ein, fehlt es an Glaubwürdigkeit. Während Bush erklärt, er halte Chávez für „eine Bedrohung in Sachen Aushöhlung der Demokratie"[36], erleben die Venezolaner täglich, dass die weiterhin mehrheitlich oppositionellen Medien ungehindert erscheinen und senden. Anlass zur Klage finden die privaten Fernsehkanäle in zwei Punkten: Ein neues Mediengesetz erlaubt es der Regierung – etwa im Falle von Beiträgen, die gegen die Staatssicherheit gerichtet sind –, die Senderechte einzuschränken. Und eine schärfere Fiskalpolitik zwingt sie dazu, ausstehende Steuern zu zahlen. „Mit Verwaltungs- und Steuerverfahren wurde Berichten zufolge versucht, das Recht auf freie Meinungsäußerung zu beschneiden"[37], schreibt Amnesty International in seinem Jahresbericht 2006 über Venezuela. Über den wichtigsten lateinamerikanischen US-Verbündeten Kolumbien heißt es für denselben Zeitraum: „Fortgesetzte Angriffe gegen Journalisten, die bedroht, verschleppt oder getötet wurden, führten zu einer tiefgreifenden Aushöhlung des Rechts auf freie Meinungsäußerung."[38]

Die vorläufige Ratlosigkeit bezüglich einer adäquaten Strategie gegen den Unruheherd im US-amerikanischen Hinterhof nutzt Chávez zum propagandistischen Gegenangriff. „Santa Claus, mach Platz für Santa Chávez"[39] lautet die Überschrift in der *New York Daily News* am 22. November 2005. Der Bürgermeister der South Bronx hat mit der venezolanischen Tankstellenkette Citgo die Lieferung von acht Millionen Gallonen verbilligtem Heizöl vereinbart. Das Abkommen hat zum Ziel, den Bewohnern des armen New Yorker Stadtteils über den Winter zu helfen, die aufgrund der hohen Preise ihre Heizkosten nicht bezahlen können. Ein ähnliches Programm legt Citgo in Massachusetts auf, für 45.000 Familien mit niedrigen Einkommen. Die spektakulären Weihnachtsaktionen gehen durch die Weltpresse. „Sogar im Herzen von New York sind wir willkommen", frohlockt Chávez in *Álo Presidente*, „dort, in der Bronx, bei unseren Freunden in den Barrios von New York."[40]

Multipolare Welt: Chávez international

Zweihundert Jahre, nachdem Simón Bolívar in Rom den „Schwur von Monte Sacro" abgelegt hat, und 23 Jahre, nachdem er als junger Offizier diesen Schwur für seine Widerstandszelle in der Armee adaptiert hat, steht Hugo Chávez im September 2005 vor der UNO-Generalversammlung und nimmt die Worte des Befreiers erneut in den Mund. In Bolívars Schwur ging es gegen „die spanische Macht". Die Kameraden des EBR-200 hatten sich gegen „die Mächtigen" verschworen. Heute hat der Präsident und Revolutionsführer höhere Ziele:

„Simón Bolívar, der Vater unseres Vaterlands und der Führer unserer Revolution, schwor, dass sein Arm nicht ruhen, noch seine Seele Frieden finden werde, bis er Amerika befreit habe. Lasst uns unseren Armen keine Ruhe geben, noch unseren Seelen Frieden, bis die Menschheit gerettet ist."[41]

Nach einem halben Jahrzehnt aufreibenden Kleinkriegs mit den Gegnern seiner Revolution liegt vor Chávez endlich die Weltbühne. Er betritt sie ohne falsche Bescheidenheit, mit dem Gestus des Befreiers, des Warners und Visionärs. Er rühmt die Erfolge seiner sozialen *conquista* – die Alphabetisierung, die Gesundheitsversorgung, die Preisregulierung, die Arbeitsbeschaffung – und all das in nur sieben Jahren. Was dagegen hat die UNO zustande gebracht?

„Wir hatten vor, bis zum Jahre 2015 die Zahl der 842 Millionen Hungernden um die Hälfte zu senken. Bei dem derzeitigen Tempo erreichen wir das Ziel im Jahre 2215. Mal sehen, wer von uns dann noch da sein wird, um es zu feiern, sofern es der Menschheit gelingt die Zerstörung zu überleben, die unsere Umwelt bedroht."

Chávez fordert die grundlegende Reformierung, die Neugründung der UNO und ihre Befreiung aus den Klauen der USA. Die Weltgemeinschaft könne nicht in einem Land residieren, das deren Resolutionen nicht respektiere. „Der neue Sitz der Vereinten Nationen muss im Süden liegen", erklärt er, und dass man eine neue, internationale Stadt erbauen müsse, die „nicht der Souveränität eines bestimmten Staates untersteht."

Nichts weniger als die multipolare Welt, die Vereinigung des Südens gegen die Übermacht des Nordens, ist die Aufgabe, die Hugo Chávez schultern will. Und wie immer wählt er den direktesten, einfachsten Weg, um das Projekt zu bewerben: Er stellt die von den USA ausgerufene Sichtweise, die für die existierende Weltordung gelten soll, einfach auf den Kopf. Das *Land of the Free* wird zum Hort der Unterdrückung, die „Achse des Bösen" zur Quelle des Friedens in der Welt. Es ist der Versuch einer großen antiimperialistischen Umdeutung. Wie Bush sieht Chávez sich in einer historischen Mission. Wie Bush agiert Chávez im Namen von Freiheit und Demokratie. Und der Gottgesandtheit des Texaners setzt der Mestize aus Sabaneta seinen Glauben an den „rebellischen, den revolutionären, den sozialistischen Christus"[42] entgegen. Mit der comichaften Umbenennung von Bush in *Mr. Danger* gibt Chávez die Richtung vor: Die Welt erlebt den Kampf zweier Superhelden.

Es ist nur folgerichtig, dass die Feinde seines Feindes seine Freunde werden müssen. Spiegelbildlich zu seinem Widersacher, der die Welt in Verbündete und Schurkenstaaten aufteilt, erklärt er während seines Treffens mit Russlands Präsident Putin in Moskau, er sei hier, um seine „Achse des Guten"[43] zu errichten. Die erstaunte Weltöffentlichkeit sieht einen Hugo Chávez, der ohne Scheu auch die verfemtesten und zwielichtigsten Staatsmänner an seine breite Brust drückt. „Hier fühlen wir uns unter echten Brüdern und Freunden, die nicht vorhaben, uns zu kolonisieren, zu betrügen oder auszubeuten"[44], erklärt er als Gast des weißrussischen Präsidenten Alexander Lukaschenko, den die *New York Times* den „letzten Ex-Sowjet-Diktator"[45] nennt und der von der EU nach seiner manipulierten Wiederwahl mit Einreiseverbot belegt worden ist. Ein paar Tage später schließt er in Teheran den iranischen Präsidenten und Provokateur Mahmud Ahmadinejad in die Arme. „Wir werden unter allen Umständen der iranischen Nation zur Seite stehen", so Chávez. „Die Geschichte hat gezeigt, dass wir dem Imperialismus entgegenstehen und ihn besiegen können, wenn wir uns einig sind."[46]

Fast sieht es so aus, als bräuchte die Chávez-Show das Kopfschütteln der sogenannten zivilisierten Welt, um ihre Wirkung zu entfalten. Allemal hat die Sorglosigkeit, mit der der venezolanische Präsident Regierungen lobt, die politisch seiner bolivarischen Revolution in keiner Weise nahestehen, eine strategische Ebene. Chávez versucht auf internationaler Ebene das Erfolgsrezept zu wiederholen, mit dem er in den Neunzigern seine nationale Bewegung geschmiedet hat. Der junge Ex-Putschist hatte auf seinen Agitationstouren durch Venezuela von links bis rechts alles um sich geschart, was unter seinem Kommando das System zu stürzen bereit war. Der Staatsmann Chávez zieht durch die Welt, um die Gegner des Imperiums hinter sich zu bringen. Die wahllose Sympathie für die Feinde seiner Feinde mag auch einer Überidentifikation geschuldet sein. Selbst mit einer Desinformations- und Destabilisierungskampagne durch die USA konfrontiert, ist Chávez nur allzu schnell bereit, seinen Amtskollegen zuzugestehen, dass auch sie nur Opfer von Verleumdungen aus Washington sind.

Doch das gute Verhältnis zu den bösen Buben ist nicht nur dem Gegensatz zu den USA geschuldet. „Im Spiel der Geopolitik sucht sich niemand seine Feinde aus und genauso wenig seine Verbündeten und Freunde"[47], gesteht der Chávez-Kritiker Teodoro Petkoff zu und führt aus, dass es seit jeher nationales Interesse Venezuelas gewesen sei, stabile Partnerschaften zu den anderen OPEC-Mitgliedern zu unterhalten.

Die Treueschwüre und Sympathiebekundungen des venezolanischen Revolutionsführers begleiten handfeste Deals, mit denen sich das Land vom Imperium im Norden wirtschaftlich und sicherheitspolitisch abnabeln will. In Russland unterzeichnet die Chávez-Delegation Kaufverträge für ein paar Dutzend Kampfhubschrauber und Jagdflugzeuge. Sie sollen die alten F16-Jäger ersetzen, die nur in den USA zu reparieren sind. Mit der Staatsfirma Rosoborenexport verhandelt man über die Lizenz für eine Waffenfabrik. Kalaschnikows für die venezolanische Armee sollen zukünftig im Land selbst produziert werden. Bereits im Vorjahr hatte Venezuela das freundlichere Klima im seit 2004 sozialdemokratisch regierten Spanien genutzt. Unter lautem Protest aus Washington bestellte Chávez Patrouillenboote und Transportflugzeuge.

Mit Hochdruck diversifiziert die Regierung Chávez die Märkte. Indische Firmen sollen das Eisenbahnnetz ausbauen. China baut Computer in Venezuela, der Iran baut Traktoren. Bei ihrem Besuch im Sommer verlassen die Venezolaner Teheran mit der Zusage, der Iran werde vier Milliarden Dollar im venezolanischen Energiesektor investieren. Ohnehin tummeln sich auf den Öl- und Gasfeldern des Landes längst auch russische, finnische, chinesische, norwegische, französische und brasilianische Firmen. „Unsere Politik ist klar", so der venezolanische Energieminister während des Aufenthalts im Iran, „wenn Washington uns gegenüber eine feindselige Politik betreibt, werden wir aufhören, in dieses Land Öl zu exportieren."[48]

Das Ende der von den USA dominierten Weltordnung ist laut Chávez absehbar:

„Die imperialistische Regierung der Vereinigten Staaten ist in einer verzweifelten Lage. Sie benimmt sich wie Graf Dracula vor Sonnenaufgang: Wenn er nicht genug Blut gesaugt hat, verzweifelt er. Das Öl geht aus, und das kapitalistische Modell des Imperialismus ist in einer Notsituation. Der Konsumismus der Länder des Nordens steht vor einem Problem. Es gibt nicht genug Öl auf dem Planeten Erde, um dieses irrationale Modell von Konsumismus und Verschwendung aufrecht zu erhalten. Das ist der Hauptgrund für den Putsch im Jahre 2002 gegen uns. Sie wollten unser Öl, danach zogen sie gegen den Irak und nun gegen den Iran. Hier haben sie es nicht geschafft, im Irak werden sie es nach meiner Ansicht auch nicht schaffen, jetzt ist der Iran das Ziel. Es ist die Verzweiflung des Öl-Drakulas."[49]

Das optimistische Vampirmärchen hat einen realpolitischen Kern: Wären die USA nicht durch den Krieg im Irak gebunden gewesen, wäre es womöglich nicht bei einem Putschversuch in Venezuela geblieben. Solange die Weltmacht Nummer Eins ihre Kräfte auf die arabische Welt konzentriert, kann sie sich in Lateinamerika keine zweite Front leisten und braucht Venezuela als verlässlichen Versorger. Angesichts des Aufstiegs neuer ökonomischer Weltmächte wie China und Indien, die großen Ölbedarf haben und neue Märkte suchen, eröffnet sich für Lateinamerika ein Spalt in Richtung geopolitischer Kräfteverschiebung. „Unter dem Schutzschirm der Niederlage im Irak und dem Auftauchen des gelben Drachen", schreibt Heinz Dieterich, „kann sich die *Patria Grande* unabhängig machen."[50]

Die Pole der multipolaren Welt des Hugo Chávez liegen nicht allein auf Regierungsebene. Spätestens seit er am Rande des Weltsozialforums 2005 in Porto Alegre den sozialistischen Charakter seiner bolivarischen Revolution verkündet hat, hat ihn die Gemeinde der Globalisierungsgegner überwiegend als mächtigen Mitstreiter in ihr Herz geschlossen. Kaum ein Monat vergeht, in dem nicht ein internationaler Kongress von Fabrikbesetzern oder Landlosen, ein Symposium zu alternativen Medien oder freier Software, ein Treffen indigener Völker oder von Genfood-Gegnern das Teresa-Carreño-Theater und die Kongresssäle des staatseigenen Anauco Hilton in Caracas füllt. Die bolivarische Republik ist wohl das einzige Land der Welt, das sich per Staatsraison solidarisch mit der Antiglobalisierungsbewegung erklärt.

Mit dem gescheiterten Putsch im Jahre 2002 nimmt die internationale Aufmerksamkeit für den bis dato eher misstrauisch beäugten Ex-Fallschirmspringer rapide zu. Die Sozialmissionen und Dokumentarfilme wie *The Revolution will not be Televised*[51] wecken die Neugier der Linken für den „bolivarischen Prozess". Venezuela wird zu einer Pilgerstätte des internationalen Revolutionstourismus wie zuletzt in den Achtzigern das sandinistische Nicaragua. Chávez pflegt die Verbindung zur Bewegung und lässt sich abseits der Gipfel und Staatsvisiten gerne zu Redebeiträgen auf Demonstrationen oder alternativen Foren hinreißen. Die Basis ist ihm wichtiger als das Protokoll: Beim Treffen der lateinamerikanischen Staatschefs mit denen der EU-Länder im Mai 2006 bleibt er dem Abendessen mit Österreichs Kanzler Schüssel fern, um auf dem alternativen Gipfel der Globalisierungskritiker zu sprechen. Wie überall, wo er auftritt, feiert man ihn als Verkünder einer neuen Zeit.

„Ihr seid die Atombombe", ruft er einem frenetischen Publikum zu, „die Bombe der Liebe, die Bombe der Leidenschaft, die Bombe der Ideen, die Bombe der Kraft, der Organisation, die die Welt rettet! Lasst sie uns retten!"[52]

Ein eigenwilliger Performer hat die internationale Bühne betreten. Die Chávez-Show, die in der Dritten Welt vor ausverkauftem Haus läuft, erhält im politischen Feuilleton der ersten Welt amüsierte Verrisse: Rührend ist sie, in kleinen Dosen unterhaltsam – aber insgesamt ein schwülstiges Spektakel. Was soll man von einem halten, der mit seeligen Kinderaugen Journalisten vom *Fondo Humanitario Internacional* erzählt, der den Internationalen Währungsfonds ersetzen müsse? Der, als wäre die Welt eine Tauschbörse, von schwangeren Milchkühen schwärmt, die Venezuela von Uruguay im Austausch für Öl erhält. Ist er Schwätzer oder Visionär? Naiver Spinner oder schlauer Didaktiker mit einem leicht nachvollziehbaren Weltmodell? Ist es edle Anmaßung oder Angeberei? Die globale Zivilgesellschaft schaut mit Befremden und Staunen auf den tropischen Revolutions-Verkünder. „Ein Präsident spielt Che Guevara"[53] lautet die abfällige Überschrift eines Chávez-Portraits im deutschen *GEO*-Magazin. Denn nur ein toter Revolutionär ist ein guter Revolutionär. Und ein Lateinamerikaner, der heute die Menschheit retten will, muss ein Schmierenkomödiant sein. Der Che wird auf ewig eine perfekte Figur machen: Bärtig, langhaarig, mit Baskenmütze und ernsten Blickes nimmt er aus dem Jenseits die bessere Welt ins Visier.

Auch Hugo Chávez hätte den Heldentod sterben können: In der Nacht zum 12. April 2002, als die Militärs den Präsidentenpalast umzingelt hatten. Vielleicht wäre er ein zweiter Che geworden. Vielleicht auch nur ein zweiter Allende. Seine Silhouette – der stolze Mestize mit dem roten Barrett – hätte eine schöne Ikone abgegeben. Er hat es vorgezogen, sich nicht zu opfern und weiter an der besseren Welt zu arbeiten. Ein revolutionärer Clown und lästig für die einen, Hoffnung und Ansporn für die anderen.

Anmerkungen

Vorwort

1 *Die Zeit*, 8.12.2006
2 *Süddeutsche Zeitung*, 21.1.2003
3 *Spiegel special, „Kampf um Rohstoffe"*, Nr. 5/2006
4 *Der Spiegel*, Nr. 39/1999
5 *Der Spiegel*, Nr. 46/2005
6 *Süddeutsche Zeitung*, 13.12.2002
7 *Die Zeit*, 7.10.2002, S. 181
8 *Die Tageszeitung*, 23.12.2002
9 Rede vor der UNO, September 2004
10 DENIS 2005
11 *The Economist*, 12.5.2005
12 SPRENGER 2005, S. 13
13 CHÁVEZ 2001-1
14 *Frankfurter Allgemeine Zeitung*, 9.11.2005
15 *Frankfurter Allgemeine Zeitung*, 20.12.2005

Kapitel 1

1 Abgeleitet von „madrugada", span. für „früher Morgen"
2 *El Nacional*, 4.2.92
3 zitiert nach BLAZER 1990
4 „Dirección de los Servicios de Inteligencia y Prevención" – „Direktion der Geheim- und Präventions-Dienste"
5 ELIZALDE / BAÉZ, S.137
6 BLANCO MUÑOZ 1998, S. 146
7 BLANCO MUÑOZ 1998, S. 255
8 BLANCO MUÑOZ 1998, S. 261
9 MARCANO / BARRERA-TYSKA, S. 112
10 CHÁVEZ 2002-1, S. 32
11 ZAGO 1992, S. 129
12 BLANCO MUÑOZ, S. 550
13 s. ZAGO 1992, S. 114ff
14 Gobierno de Emergencia Nacional. In: GARRIDO, S.157-162
15 BLANCO MUÑOZ 2004, S. 147

16 BLANCO MUÑOZ 2004, S. 107
17 BLANCO MUÑOZ, S. 261
18 GARRIDO 2000-1, S. 90
19 BLANCO MUÑOZ 2004, S. 31
20 Interview mit dem Autor
21 Komitee der Angehörigen von Verschwundenen. Siehe auch
   www.derechos.org.ve/publicaciones/infanual/1998_99/informe_especial.htm
22 IZARRA 2001, S. 35
23 Siehe www.state.gov/r/pa/ho/frus/johnsonlb/xxxi/36337.htm
24 IZARRA 2001, S. 35
25 Interview mit dem Autor
26 TAIBO II 1997, S. 411
27 *El Universal*, 27.6.2004
28 CLERC 1997, S. 265
29 ibidem, S. 268
30 Interview mit dem Autor
31 CLERC 1997, S. 271
32 BRAVO, Interview mit dem Autor
33 GARRIDO 2000, S. 43
34 *El Universal*, 27.6.2004
35 IZARRA 2001, S. 51
36 Interview mit dem Autor
37 Interview mit dem Autor
38 CHÁVEZ 2002-1, S. 15
39 GUEVARA 2005, S. 77
40 ELIZALDE / BAEZ, S. 338
41 BLANCO MUÑOZ 1998, S. 44
42 BLANCO MUÑOZ 1998, S. 39
43 BLANCO MUÑOZ 2004, S. 314
44 ibidem, S. 317
45 der vollständige Vorname von Simón Bolívar
46 BLANCO MUÑOZ 2004, S. 318
47 Alí Primera, „No basta rezar"
48 BLANCO MUÑOZ 2004, S. 317
49 ibidem, S. 52
50 Douglas Bravo, Documentos de la Polémica (1978), S. 28f., zitiert nach
   GARRIDO 2003, S. 27
51 CHÁVEZ 2002-1, S. 23-24
52 MARCANO / BARRERA TYSZKA, S. 79
53 BLANCO MUÑOZ 1998, S. 29
54 1985 wird Chávez Kommandant des Motorradgeschwaders „Francisco Far-
   fán" in Elorza, an der Grenze zu Kolumbien.
55 BLANCO MUÑOZ, S. 65
56 ibidem
57 ibidem, S. 64
58 GARRIDO 2000, S. 50
59 Interview mit dem Autor
60 Interview mit dem Autor

61 Interview mit dem Autor
62 BLANCO MUÑOZ 2004, S. 64
63 ibidem
64 ibidem, S. 65
65 ibidem, S. 66
66 GUEVARA 2005, S. 76
67 Elementos Fundamentales para exponer la Concepción Política del P.R.V., zitiert nach GARRIDO 2000, S. 284
68 ibidem, S. 286-87
69 ibidem, S. 288-89
70 Conferencia del Dr. Kléber Ramírez, St. Cristobal, 4.8.1983, zitiert nach GARRIDO 2002, S. 66
71 Simón Rodríguez, Sobre las luces y sobre las virtudes sociales, zitiert nach GARRIDO, 2002 S. 66
72 www.simon-bolivar.org/bolivar/juramento_en_roma.html
73 ELIZALDE / BAÉZ 2005, S. 351
74 ibidem, S. 352
75 Interview mit dem Autor
76 Interview mit dem Autor
77 Nestor Sánchez in GARRIDO 2000-1, S. 51
78 GARRIDO 2000-2, S. 15
79 Proyecto Nacional „Simón Bolívar" Orientación Filosófico-Política, zitiert nach GARRIDO 2002, S. 96
80 Simón Rodríguez, Sociedades Americanas, Arequipa 1828
81 Interview mit dem Autor
82 „Tierra y hombres libres", „Elección popular" „Horror a la oligarquía"
83 BLANCO MUÑOZ 1998, S. 64
84 ibidem, S. 96
85 ibidem
86 Ray Pérez im Interview mit Roberto Ernesto Gyemant, www.descarga.com/cgi-bin/db/archives/Interview48
87 Alí Primera, „Canción Bolivariana", auf der LP „Abrebrecha", 1980
88 Banco de la Mujer – Bank der Frau
89 Interview mit dem Autor
90 BLANCO MUÑOZ 1998, S. 74-75
91 Interview mit dem Autor
92 IZARRA 2001, S. 91
93 ibidem, S. 93
94 Interview mit dem Autor
95 Interview mit dem Autor
96 „Los Centauros se van / Mi alma se recoge / Con un profundo dolor (...) / Pero no importa / La semilla va a dar sus frutos / y va germinar a todo lo largo y ancho de Venezuela" (zitiert nach: BLANCO MUÑOZ 2004, S. 67)
97 GARRIDO 2000-1, S. 20
98 ELIZALDE / BAÉZ, S. 355
99 ibidem, S. 359
100 GARRIDO 2000-2, S. 18
101 GARRIDO 2002-2, S. 37

102 Interview mit dem Autor
103 BLANCO MUÑOZ 2004, S. 69
104 ELIZALDE / BAEZ, S. 354
105 Interview mit dem Autor
106 BLANCO MUÑOZ 2004, S. 79
107 ibidem, S. 80-81
108 ibidem, S. 74
109 GARRIDO 2000-2, S. 16
110 CHÁVEZ 2002-1, S. 24-25
111 ibidem, S. 25
112 ibidem, S. 26
113 Interview mit dem Autor

Kapitel 2:

1 *SIC*, Zeitschrift des Centro Gumilla, April 1989, S. 122
2 *El Nacional*, 28.2.1989
3 BLAZER 1991
4 Interview mit dem Autor
5 *Diario de Caracas*, 7.3.1989
6 *SIC*, April 1989, S. 113
7 LÓPEZ MAYA 2003, S. 119
8 ibidem
9 CHOSSUDOVSKY, S. 159
10 CHOSSUDOVSKY, S. 12
11 zitiert nach BERROES 1999, Kapitel 9.43 „Las Vacas del Exterminio"
12 *El Nacional*, 2.3.1989
13 *SIC*, April 1989, S. 108
14 *SIC*, April 1989, S. 109
15 *SIC*, April 1989, S. 113
16 *El Nacional*, 4.3.1989
17 *SIC,* April 1989, S. 113
18 *SIC*, April 1989, S. 112
19 *SIC*, April 1989, S. 112
20 Interview mit dem Autor
21 BLAZER 1991
22 *SIC*, April 1989, S. 115
23 *SIC*, April 1989, S. 115
24 *El Nacional*, 5.3.1989
25 OCHOA ANTICH 1992, S. 34
26 OCHOA ANTICH 1992, S. 32
27 zitiert nach ELIZALDE / BAÉZ 2004, S. 281
28 ELIZALDE / BAÉZ, S. 255
29 OCHOA ANTICH 1992, S. 37
30 BLANCO MUÑOZ 1998, S. 183
31 ibidem
32 Interview mit dem Autor

33 Interview mit dem Autor
34 *Diario de Caracas*, 14.2.1989
35 DENIS 2001, S. 11
36 „Comité de Familiares de las Víctimas del Caracazo"
37 „Die Pest"
38 „En La Peste desenterramos la verdad"
39 *SIC*, April 1989, S. 112
40 BLAZER 1991
41 Interview mit dem Autor
42 Interview mit dem Autor
43 *New York Times*, 21.1.1992
44 „No queremos ser gobierno. Queremos gobernar."
45 Interview mit dem Autor
46 *Handelsblatt*, 14.3.1989
47 www.amnestyusa.org/spanish/countries/venezuela/document.do?id=20B1A
   2DDD0195578802569A600604201
48 Interview mit dem Autor
49 www.amnestyusa.org/spanish/countries/venezuela/document.do?id=20B1A
   2DDD0195578802569A600604201
50 Mail an den Autor
51 www.el-nacional.com/entrevistas/lilianaortega.asp
52 OCHOA ANTICH 1992, S. 37
53 Interview mit dem Autor
54 Interview mit dem Autor
55 BLAZER 1994
56 DENIS 2001, S. 31

Kapitel 3

1 BLANCO MUÑOZ 1998, S. 318
2 DENIS 2001, S. 57
3 *El Nacional*, 27.11.1992
4 ibidem
5 BLANCO MUÑOZ 1998, S. 319
6 *El Nacional,* 27.11.1992
7 Interview mit dem Autor
8 Interview mit dem Autor
9 GARRIDO 2002-1, S. 278
10 ibidem
11 ibidem, S. 277
12 BLANCO MUÑOZ 2004, S. 127
13 Alberto Garrido, El otro Chávez. Testimonio de Herma Marksman. Mérida
   2002
14 Agustín Blanco Muñoz, Chávez me utilizó. Caracas 2004
15 Interview mit dem Autor
16 „Evolución de la Bandera de Venezuela". In: CHÁVEZ 1992, S. 85 ff.
17 ibidem, S. 8

18 DENIS 2001, S. 58

19 Interview mit dem Autor

20 GARRIDO 2000-2, S. 44

21 „El candidato del pueblo está en la carcel"

22 zitiert nach MARCANO /TYSKA 2004, S. 169

23 *Süddeutsche Zeitung*, 7.12.1993

24 Cariola / Lacabana / Velasco, Impacto socio-ambiental del ajuste estructural. Mercado de trabajo, pobreza y medio ambiente urbano. Caracas 1999

25 „Buhonerización de lo social", s. DENIS 2001, S. 61

26 DENIS 2001, S. 62

27 „asentamientos irregulares"

28 „Mesas Técnicas de Agua"

29 DENIS 2001, S. 85

30 Interview mit dem Autor

31 Interview mit dem Autor

32 „ordenanza del municipal del gobierno parroquial"

33 Stand Sommer 2005 (s. Nicole Drücker, Strategien für eine nachhaltige Wasserver- und Abwasserentsorgung in illegalen Spontansiedlungen lateinamerikanischer Megacitys. Forschungsbericht 2006, unveröffentlicht)

34 BLANCO MUÑOZ 2003, S. 137

35 CHÁVEZ 2002-1, S. 64

36 CHÁVEZ 2002-1, S. 65

37 DENIS 2001, S. 73

38 Interview mit dem Autor

39 IZARRA, S. 101

40 Interview mit dem Autor

41 DENIS 2001, S. 60

42 Interview mit dem Autor

43 in: Chávez volvió gigante. Tabloide Especial No. 11, Cuba 2004

44 ibidem

45 ibidem

46 ibidem

47 BLANCO MUÑOZ 1998, S. 171

48 BLANCO MUÑOZ 1998, S. 175

49 ibidem, S. 172

50 GARRIDO 2001, S. 36

51 ibidem, S. 33

52 ibidem

53 ibidem, S. 38

54 BLANCO MUÑOZ, S. 383

55 CERESOLE 2000, S. 52

56 GARRIDO 2001, S. 116

57 www.analitica.com/bitblioteca/ceresole/caudillo.asp

58 *El Universal*, 8.8.2000

59 GARRIDO 2001, S. 96

60 Congreso Judío Latinoamericano, Boletín OJI, Nº 668, mayo de 1999, zitiert nach CERESOLE 2000, S. 22

61 GARRIDO 2001, S. 30

62 GARRIDO 2001, S. 86

63 IZARRA, S. 103/104

64 zitiert nach DENIS 2001, S. 81

65 „caudillo igualitario"

66 Interview mit dem Autor

67 *Time Magazine*, 20.2.1995

68 CHÁVEZ 2002-1, S. 36

69 „Por ahora por ninguno. ¡Constituyente Ya!"

70 BLANCO MUÑOZ 1998, S. 164

71 ibidem, S. 167

72 ibidem, S. 287

73 Interview mit dem Autor

74 ELIZALDE / BAÉZ 2004, S. 71

75 „caravana abstencionista"

76 Agenda Alternativa Bolivariana, zitiert nach GARRIDO 2002, S. 197f.

77 ibidem, S. 199

78 IZARRA, S. 105

79 Interview mit dem Autor

80 Antonio Negri, El poder constituyente. Ensayo sobre las alternativas de la modernidad, Madrid 1994

81 DENIS 2001, S. 91

82 BLANCO MUÑOZ 1998

83 MARCANO / BARRERA TYSKA, S. 167

84 Interview mit dem Autor

85 Interview mit dem Autor

86 Interview mit dem Autor

87 „Der Kommandeur Hugo Chávez spricht", BLANCO MUÑOZ 1998

88 Luis Pineda Castellanos, El diablo paga con traición a quien le sirve con lealtad. Anécdotas de mi vida como amigo de Hugo Chávez Frías, 2003

89 DE LA NUEZ 2002, S. 51

90 IZARRA, S. 140

91 *Notitarde*, 15.4.98

92 Interview mit dem Autor

93 DENIS 2001, 124

94 zitiert nach Agustín Blanco Muñoz „¿Fuente de golpismo y revolución?"; http://luisdelion.free.fr/27f.html

95 IZARRA, S. 148

96 ibidem

97 „Gloria al bravo pueblo / que el yugo lanzó, / la ley respetando / la virtud y honor. / Abajo cadenas! / abajo cadenas! / gritaba el Señor / gritaba el Señor / y el pobre en su choza / libertad pidió."

Kapitel 4

1 zitiert nach www.analitica.com/bitblioteca/hchavez/juramento.asp, Hervorhebung vom Autor

2 MURIETA 2003, S. 36f.

3 www.analitica.com/bitblioteca/hchavez/los_proceres.asp

4 www.analitica.com/bitblioteca/hchavez/toma.asp

5 Roberto Hernández Montoya, El imperio de los sentidos. In: *Letra*, 24.12. 1998, zitiert nach: www.analitica.com/bitblioteca/roberto/imperio.asp

6 www.analitica.com/bitblioteca/hchavez/toma.asp

7 MARCANO / BARRERA TYSZKA, S. 224

8 *Der Spiegel*, 27.9.1999

9 CHÁVEZ 2002-1, S. 58

10 *Aló Presidente*, 23.5.1999

11 CHÁVEZ 2002-1, S. 176

12 ibidem

13 Im Juli 2006 sind immerhin noch 56 Prozent der Strafgefangenen von Prozessverzögerungen betroffen, wie der damalige Justizminister Jesse Chacón anlässlich eines Hungerstreiks in venezolanischen Gefängnissen eingesteht.

14 *El Nacional*, 25.8.1999

15 DENIS 2001, S. 122

16 CHÁVEZ 2002-1, S. 52

17 Interview mit dem Autor

18 Verfassung der Bolivarischen Republik Venezuela, dt. Übersetzung, S. 64

19 Interview mit dem Autor

20 Verfassung der Bolivarischen Republik Venezuela, dt. Übersetzung, Artikel 58, S. 45

21 „información veraz"

22 Verfassung der Bolivarischen Republik Venezuela, dt. Übersetzung, Präambel, S. 5

23 Interview mit dem Autor

24 Verfassung der Bolivarischen Republik Venezuela, dt. Übersetzung, Artikel 123, S. 84

25 ibidem, Artikel 120, S. 83

26 www.analitica.com/bitblioteca/hchavez/proyecto_constitucion.asp

27 *El Universal*, 8.8.1999

28 *Süddeutsche Zeitung*, 4.12.1999

29 zitiert nach www.analitica.com/bitblioteca/roberto/problema.asp

30 Njaim, Humberto, Der Umgang mit der partizipativen Demokratie in Venezuela. In: BOEKH / SEVILLA 2005, S. 205-232

31 ibidem, S. 56

32 Artikel 299, Verfassung, S. 211

33 Artikel 115, ibidem, S. 81

34 zitiert nach *El Nacional*, 13.12.1999

35 *El Nacional*, 28.12.1999

36 zitiert nach *Quinto Día*, 30.4.2004

37 nach BLANCO MUÑOZ 2003, S. 122

38 ibidem, S. 121

39 ibidem, S. 121

40 *El Universal*, 9.2.2000

41 *Der Spiegel*, 16.8.1999

42 CHÁVEZ 2002-1, S. 70

43 „Con Chávez manda el pueblo"

44 Declaración de Maracay, zitiert nach
   www.analitica.com/bitblio/arias_cardenas/maracay.asp
45 *Handelsblatt*, 19.5.2000
46 *New York Times*, 4.4.2000
47 *Handelsblatt*, 19.5.2000
48 *FTD*, 17.5.2000
49 *NZZ*, 21.6.2000
50 „Plomo al hampa"
51 zitiert nach *El Nacional*, 8.8.1999
52 *El Universal*, 26.1.2002
53 Socorro, Milagros. *El Universal*. Caracas, 11.12.1999
54 *El Nuevo Herald*, 11.4.2001
55 Cadena am 15.6.2001,
   www.analitica/com.bitBlioteca/hchavez/cadena20010615.asp
56 CHÁVEZ 2002-1, S. 179
57 Cadena am 15.6.2001
58 ibidem
59 POLEO /ZAGO et al 2002, S. 68
60 POLEO /ZAGO et al 2002, S. 79
61 www.analitica.com/bitBlioteca/hchavez/cadena20010808.asp
62 www.nodo50.org/antiescualidos/indexnew.html
63 www.redescualidos.net
64 www.analitica.com/bitblioteca/hchavez/cadena20011029.asp
65 Pressekonferenz in Mar de Plata, 5.11.2005
66 Miguel Bonasso, Anatomía íntima de un golpe contado por Chávez,
   www.analitica.com/bitblioteca/hchavez/anatomia.asp
67 Vgl. GOLINGER 2005
68 „Erziehungs-Versammlung"
69 Teodoro Guevara / Arturo Vega, Ley de tierra y ley de pesca: leyes para
   superar la pobreza y la dependencia, siehe
   www.rebelion.org/noticia.php?id=5
70 Ley Orgánica de Hidrocarburos, Artikel 22
71 CARMONA 2005, S. 59
72 zitiert nach GOLINGER 2005, S. 239
73 zitiert nach CARMONA 2005, S. 68
74 www.analitica.com/bitBlioteca/hchavez/cadena20010808.asp
75 CARMONA 2005, S. 70
76 CHÁVEZ 2002-1, S. 195
77 MURIETA, S. 47
78 *El Nacional*, 8.1.2002
79 *El Nacional*, 6.1.2002
80 MURIETA, S. 61
81 *El Universal*, 9.1.2002
82 Federal District's mayor makes crime controls top issue, Bericht der
   US-Botschaft Caracas an das US-State Department 1. Juli 2001, siehe
   www.venezuelafoia.info/dos.html#alfredo
83 MARCANO /TYSZKA S. 216 f.
84 *El Universal*, 26.1.2002

85 *El Nacional*, 18.2.2002, zitiert nach
  www.analitica.com/va/politica/5379117.asp
86 zitiert nach GOLINGER 2005, S. 242
87 ibidem, S. 247

Kapitel 5

1 www.venezuelafoia.info/carmona.html
2 zit. nach: Andrés Palacios „Puente Llaguno. Cláves de una masacre", Dokumentarfilm, Venezuela 2004
3 ibidem
4 PALACIOS
5 „El paro va!" (*El Universal*, 7.4.2002) „Rebelión civil" (*Tal Cual*, 10.4.2002)
  „Conflicto total!" (*El Universal*, 10.4.2002)
6 PALACIOS
7 ibidem
8 HARNECKER 2005, S. 47
9 *El Nacional*, 11.4.2002
10 zitiert nach www.analitica.com/bitblio/lucas_rincon/20020411.asp
11 PALACIOS
12 ELIZALDE / BAEZ, S. 208
13 zitiert nach BRITTO GARCIA 2005, S. 22
14 ibidem
15 PALACIOS
16 BRITTO GARCÍA 2005, S. 28
17 Sandra La Fuente / Alfredo Meza, El Acertijo de Abril, Caracas 2004
18 Asociacion de Víctimas del Golpe de Estado, siehe FRANCIA 2002-1,
  S. 26 ff.
19 Cadena am 11.4.2002, zitiert nach
  www.analitica.com/bitblioteca/hchavez/cadena20020411.asp
20 ibidem
21 www.analitica.com/bitblioteca/hchavez/cadena20020411.asp
22 LA FUENTE / MEZA, S. 22
23 zitiert nach PALACIOS
24 ibidem
25 *El Universal*, 13.4.2003
26 www.analitica.com/bitblioteca/hchavez/plan_avila.mp3
27 Richard Gott, „Venezuela's Murdoch", *New Left Review* Nr. 39, Mai/Juni
  2006, www.newleftreview.net/NLR27308.shtml
28 zitiert nach PALACIOS
29 zitiert nach La Fuente / Meza, S. 30
30 CARMONA 2005, S. 94
31 ELIZALDE / BAEZ, S. 175
32 Befragung von Capitán Carlos Aguilera am 15.5.2002 durch die Untersuchungskommission der Nationalversammlung, siehe www.asambleanacio-
  nal.gov.ve/ns2/discursos/interpelaciones/Carlos_Aguilera.asp)
33 ELIZALDE / BAEZ 2004, S. 152

34 BONASSO 2003, siehe
   www.analitica.com/bitblioteca/hchavez/anatomia.asp
35 ibidem
36 Pedro el Breve
37 zitiert nach PALACIOS
38 ibidem
39 ibidem
40 zitiert nach HARNECKER 2005, S. 102
41 PALACIOS
42 BONASSO 2003, siehe
   www.analitica.com/bitblioteca/hchavez/anatomia.asp
43 ibidem
44 ibidem
45 Cadena am 12.4.2002, zitiert nach
   www.analitica.com/bitblioteca/lucas_rincon/20020411.asp
46 BONASSO 2003
47 CHÁVEZ 2002-1, S. 220
48 BONASSO 2003
49 Molina Tamayo, zitiert nach: BARTLEY / O'BRIAN 2002
50 ibidem
51 ABREV SOJO / BISBAL / IZARRA et al 2002, S. 84/85
52 BARTLEY / O'BRIAN 2002
53 PALACIOS
54 risal.collectifs.net/article.php3?id_article=742
55 Interview mit dem Autor
56 ABREV SOJO / BISBAL / IZARRA et al 2002, S. 84/85
57 PALACIOS
58 Beitrag von Telesur, siehe www.aporrea.org/dameverbo.php?docid=79022
59 BONASSO 2003
60 *Der Spiegel*, 15.4.2002
61 ABREV SOJO / BISBAL / IZARRA et al 2002, S. 86/87
62 PALACIOS
63 ELIZALDE / BAEZ, S. 215
64 zitiert nach www.analitica.com/bitblioteca/hchavez/vuelta_al_poder.asp
65 ibidem
66 ibidem
67 PALACIOS
68 J. G. Vásquez, Mi paso por un gobierno breve, in:
   www.analitica.com/bitblioteca/varios/goyo_breve.asp
69 Conatel, Comisión Nacional de Telecomunicaciones
70 HARNECKER 2005, S. 103
71 HARNECKER 2005, S. 104
72 zitiert nach Aram Rubén Aharonían „Venezuea: Un golpe con olor a ham-
   burguesa, jamón y petróleo",
   www.analitica.com/va/politica/opinion/1578534.asp
73 FUNDACION DEFENSORIA DEL PUEBLO, S. 71
74 CARMONA, S. 104f.
75 PALACIOS

76 ELIZALDE / BAEZ, S. 184 f.
77 www.analitica.com/bitblioteca/hchavez/anatomia.asp
78 www.analitica.com/bitblioteca/hchavez/vuelta_al_poder.asp
79 ELIZALDE / BAEZ, S. 217
80 www.analitica.com/bitblioteca/hchavez/vuelta_al_poder.asp
81 *Venevision*, zitiert nach PALACIOS
82 *El Universal*, zitiert nach PALACIOS
83 General José Aquiles Vietri Vietri, 9.5.2002, zitiert nach www.asamblea-nacional.gov.ve/ns2/discursos/interpelaciones/vietri_Vietri.asp
84 Bericht der Comisión Parlamentaria Especial para Investigar los Sucesos de Abril 2002, Juli 2002
85 *El Nacional*, 13.4.2003
86 www.analitica.com/bitblioteca/venezuela/neustald_rueda_prensa.asp
87 siehe www.aporrea.org/dameverbo.php?docid=372
88 www.analitica.com/bitblioteca/csj/ponencia_arrieche.asp
89 *Aló Presidente*, 13.11.2005
90 CARMONA, S. 106
91 www.izquierda-unida.es/Actualidad/docu/2002/informegolpevenezuela.htm
92 www.analitica.com/bitblioteca/hchavez/consejo_federal.asp

Kapitel 6

1 www.analitica.com/bitblioteca/hchavez/marcha20021013.asp
2 *El Nacional*, 14.10.2002
3 *El Universal*, 16.3.2003
4 www.analitica.com/bitblioteca/hchavez/marcha20021013.asp
5 Consejo Nacional de Telecomunicaciones
6 MEDINA / LOPEZ MAYA, S. 84
7 Eduardo Galeano, Die offenen Adern Lateinamerikas, 1973, Seite 192
8 ibidem, S. 194
9 ibidem
10 Marx Engels Werke, Band 23, S. 627
11 ibidem, S. 632f.
12 Viceministro de Hidrocarburos
13 zitiert nach LANDER 2003, S. 70
14 Rodríguez Araque, Alí, La reforma petrolera de 2001, in: LANDER 2001, S. 41
15 Mommer, Global Oil and Nation State, S. 207
16 MOMMER 2002, S. 1f.
17 MOMMER 2002, S. 208
18 LANDER 2002, S. 73
19 Interview mit dem Autor
20 MOMMER 2003, S. 32
21 *Frankfurter Allgemeine Zeitung*, 17.6.1996
22 MOMMER 2003, S. 30
23 Ley Orgánica de Hidrocarburos
24 Acuerdo Energético de Caracas

25 MEDINA/LÓPEZ MAYA, S. 91

26 Informática, Negocios, y Tecnología, S.A. (Informatik, Business und Technologie AG)

27 YANES 2004, S. 199

28 Refinación, comercio y suministro

29 YANES 2004, S. 210

30 *El Universal*, 10.12.2002

31 *Últimas Noticias*, 10.12.2002

32 Luis Alfonso Ortega in YANES 2004, S. 190

33 ROSAS 2004, S. 59 f.

34 YANES 2004, S. 171

35 Interview mit dem Autor

36 Interview mit dem Autor

37 Carlos Ortega, Ingenieur in Catia La Mar, Interview mit dem Autor

38 Interview mit dem Autor

39 Interview mit dem Autor

40 Pressekonferenz, *La Campiña*, 12.8.2004

41 *FTD*, 11.8.2004

42 RODRÍGUEZ ARAQUE 2003, S. 47

43 Interview mit dem Autor

44 *Álo Presidente*, 13.11.2005

45 „empresas mixtas"

46 *Frankfurter Allgemeine Zeitung*, 6.4.2006

47 Interview mit dem Autor

48 Interview mit dem Autor

Kapitel 7

1 *El Universal*, 2.6.2002

2 ibidem

3 ibidem

4 *El Universal*, 3.6.2002

5 Sebastián de la Nuez, Marisabel, la historia te absolverá, Caracas 2002

6 www.militaresdemocraticos.com/articulos/sp/20021208.asp

7 *El Universal*, 30.6.2006

8 mci.gov.ve/noticiasnuev.asp?numn=3477

9 *El Universal*, 26.7.2003

10 Hugo Chávez, „El Nuevo Mapa Estratégico"

11 zitiert nach FRANCIA 2005, S. 52

12 Hugo Chávez, „El Nuevo Mapa Estratégico"

13 *El Universal*, 23.7.2003

14 PETKOFF 2005, S. 61

15 Interview mit dem Autor

16 Eröffnungsrede zum IV. Gipfel zur Sozialen Schuld, Caracas 25. Februar 2005

17 Ministerio de Comunicación e Información, La Misión Vuelvan Caras libra su batalla contra la pobreza y la exclusión; Broschüre, 2005

18 Ministerio de Comunicación e Información, Las Misiónes Bolivarianas, Broschüre, 2005
19 *Aló Presidente*, 24.4.2005
20 Interview mit dem Autor
21 www.voltairenet.org/article122978.html
22 Hugo Chávez, 28.8.2004, Rede in Los Próceres
23 Hugo Chávez, „Nos vemos en Santa Inés", 3.6.2004
24 ibidem
25 ibidem
26 www.cue.gov.ve/referendum_presidencial/2004/
27 Interview mit dem Autor
28 Interview mit dem Autor
29 Interview mit dem Autor
30 *Aló Presidente*, 25.9.2005
31 Pressemitteilung *MinCI*, 5.4. 2006
32 PETKOFF 2005, S. 61
33 Hugo Chávez, „El Nuevo Mapa Estratégico"
34 ibidem
35 ibidem
36 Interview mit dem Autor
37 Interview mit dem Autor
38 DENIS 2006
39 ibidem
40 Interview mit dem Autor
41 *El Nacional*, 16.7.2006

Kapitel 8

1 *El Universal*, Mexiko, 20.11.2005
2 Alejandro Fernández, „El Rey"
3 Chávez, Pressekonferenz in Mar de Plata, 5. November 2005
4 DIETERICH 2005, S. 175
5 „Qué es el ALBA", www.alternativabolivariana.org/
6 *Aló Presidente*, 8.1.2006
7 *El Universal*, 20.4.2006
8 Chávez, 7.12.2005 in Uruguay
9 Emir Sader, *Le Monde Diplomatique*, 10.2.2006
10 AZZELLINI 2006, S. 288
11 zitiert nach Alexander's Gas & Oil Connection, 8.6.2006,
   www.gasandoil.com/goc/company/cne62349.htm
12 James Petras, 3./4. Juni 2006, www.counterpunch.org/petras06032006.html
13 Zeremonie zum Sendestart von *Telesur*, Teatro Teresa Carreño, 24.7.2005
14 *El Nacional*, 28.7.2006
15 PETKOFF 2005, S. 56
16 FARC-EP, Saludo al Presidente Chávez y al pueblo de Venezuela, 15.4.2000
17 *El Nacional*, 28.7.2006
18 Pressemitteilung ABN, 18.12.2005

19 www.mercs2.com/game.php
20 Offener Brief an Bono Vox,
   www.venezuelanalysis.com/articles.php?artno=1770
21 „Venezuela's Chávez Becomes a New Foe For Little Havana", *The Wall Street Journal*, 29.1.2003
22 zitiert nach Zurlent, Dozthor, Waiting for a response to U.S.-based terrorist, 13.10.2003, www.venezuelanalysis.com
23 *USA Today*, 22.8.2005
24 Hugo Chávez auf *ABC*, 20.5.2005
25 usinfo.state.gov/media/Archive/2006/Jan/26-757568.html
26 Pressekonferenz, 19.5.2004
27 Carta al Señor Coronel Patricio Campbell, 5.8.1829,
   www.simon-bolivar.org/bolivar/catta_a_campbell.html
28 *El Universal*, 18.11.2005
29 *BBC*-Interview, 18.10.2005
30 www.defenselink.mil/transcripts/2006/tr20060203-12436.html
31 Stand 2003, s. Bericht des Energieministeriums www.menpet.gob.ve/pode
32 Roger F. Noriega, Assistant Secretary for Western Hemisphere Affairs, Statement vor dem Senatskomitee für Auslandsangelegenheiten, 2.3.2005
33 www.usnews.com/usnews/news/articles/031006/6venezuela.htm
34 ibidem
35 Pressekonferenz in Bogotá, 4.8.2004
36 *Reuters*, 31.7.2006
37 Amnesty International, Venezuela, Jahresbericht 2006
38 Amnesty International, Kolumbien, Jahresbericht 2006
39 *New York Daily News*, 22.11.2005
40 *Aló Presidente*, 23. Oktober 2005
41 Rede vor der Generalversammlung der UNO, 15.9.2005
42 Rede am 24.12.2005
43 *El Nacional*, 28.7.2006
44 *El Nacional*, 24.7.2006
45 *New York Times*, 6.2.2006
46 *El Nacional*, 30.7.2006
47 PETKOFF 2005, S. 85f.
48 Rafael Ramírez, *El Nacional*, 31.7.2006
49 Interview mit Greg Palast, *Finding Bolivar's Heir*, Dokumentarfilm, 2005
50 DIETERICH 2005, S. 196
51 BARTLEY/O'BRIAN 2002
52 12.5.2006, Arena Wien
53 *Geo*, Ausgabe 04/2006

Bibliografie

Abreu Sojo / Bisbal / Izarra / Poleo / Rangel / Villegas / Zago, Chávez y los medios de comunicación social, Caracas 2002

Alberto Rangel, Domingo, La oligarquía del dinero, Caracas 1971

Arias Cárdenas, Francisco, Emergencia democrática, Caracas 2003

Azzellini, Dario, Venezuela Bolivariana. Revolution des 21. Jahrhunderts? Köln 2006

Barrera Tyszka, Alberto / Marcano, Cristina, Hugo Chávez sin uniforme. Una historia personal, Caracas 2004

Bartley, Kim / O'Brian, Donnacha, The Revolution will not be Televised, Dokumentarfilm, Venezuela 2002

Beroes, Agustín, Corrupción en el tiempo de Chávez, Caracas 2002

Beroes, Agustín, Recadi. La Gran Estafa, Caracas 1990

Blanco Muñoz, Agustín, Habla el comandante Hugo Chávez Frías, Caracas 1998

Blanco Muñoz, Agustín, Habla Jesús Urdaneta Hernández, el comandante irreductible, Caracas 2003

Blanco Muñoz, Agustín, Chávez me utilizó. Habla Herma Marksman, Caracas 2004

Blazer, Lillian, Venezuela 27 F, Dokumentarfilm, Caracas 1990

Blazer, Lillian, El descubrimiento, Dokumentarfilm, Caracas 1994

Blazer, Lillian, Cronica de un golpe, Dokumentarfilm, Caracas 2002

Boekh, Andreas / Sevilla, Rafael (Hg.), Venezuela. Die Bolivarische Republik, Bad Honnef 2005

Bonilla-Molina, Luis / El Troudi, Haiman, Historia de la Revolución Bolivariana. Pequeña crónica 1948-2004, Caracas 2004

Britto García, Luis, Investigación de unos medios por encima de toda sospecha, Caracas 2003

Cariola, Cecilia/Lacabana, Miguel A./Velasco/ Francisco Javier, Impacto socioambiental del ajuste estructural: Mercado de trabajo, pobreza y medio ambiente urbano, Caracas 1999

Carmona Estanga, Pedro, Mi testimonio ante la historia, Caracas 2005

Castellanos, Iris / Delpretti, Eduardo / Wanloxten, Gustavo, Maisanta en caballo de hierro, Caracas 1992

Ceresole, Norberto, Caudillo, ejército, pueblo. La Venezuela del Comandante Chávez, Madrid 2000

Chalbaud, Román / Santana, Rodolfo, El Caracazo. Spielfilm, 110 Minuten, Venezuela 2005

Chávez Frías, Hugo Rafael, Un brazalete tricolor, Caracas 1992

Chávez Frías, Hugo Rafael, Aló Presidente, Fernsehsendung, Venezolana de Televisión ab 1999, siehe www.alopresidente.gob.ve//transcripciones

Chávez Frías, Hugo Rafael, Cadenas nacionales de radio y televisión, Fernseh- und Radioansprachen ab 1999, siehe www.analitica.com/bitblioteca/hchavez

Chávez Frías, Hugo Rafael / Comisión Presidencial Constituyente, Ideas fundamentales para la Constitución bolivariana de la V República, Caracas 1999

Chávez Frías, Hugo Rafael, Un hombre un pueblo. Interview mit Marta Harnecker, Caracas 2002 (CHÁVEZ 2002-1)

Chávez Frías, Hugo Rafael, Chávez y la Revolución Bolivariana, Gespräche mit Luis Bilbao, Buenos Aires 2002 (CHÁVEZ 2002-2)

Chávez Frías, Hugo Rafael, Para entender el proceso. Rede in der Asamblea Legislativa Rio Grande Do Sul, Caracas 2003

Chávez Frías, Hugo Rafael, Después del golpe y el sabotaje petrolero. Gespräche mit Luis Bilbao II, Puerto la Cruz, 2003

Chávez Frías, Hugo Rafael, Conmemoración de los 200 años del juramento del Monte Sacro. Rede des Präsidenten der Bolivarischen Republik Venezuela, Caracas 2005

Chávez Frías, Hugo Rafael, El destino superior de los pueblos latinoamericanos, Gespräche mit Heinz Dieterich, Caracas 2004

Chávez Frías, Hugo Rafael, Nos vemos en Santa Inés. Botschaft des Präsidenten der Bolivarischen Revolution Venezuela an die Nation vom Palacio Miraflores aus, Caracas 2004

Chávez Frías, Hugo Rafael, Queremos acabar con la pobreza? Demos poder a los pobres. La experiencia venezolana. Rede auf dem Präsidententreffen der UNO, September 2004

Chávez Frías, Hugo Rafael, ‚El nuevo mapa estratégico', Beiträge des Präsidenten der Republik zum Arbeitstreffen auf Regierungsebene, Caracas 2004

Chávez Frías, Hugo Rafael, El sur, norte de nuestros pueblos. Rede im Gimnasio Gigantinho, Porto Alegre, Brasilien, 30.1.2005

Chávez Frías, Hugo Rafael, No demos descanso a nuestros brazos ni reposo a nuestras almas hasta salvar la humanidad. Rede auf der UNO-Generalversammlung, 15.9.2005

Chávez Frías, Hugo Rafael, Encuentro con el Movimiento Manos Fuera de Venezuela y Cuba, Rede im Kulturzentrum Arena, Wien, 12.5.2006

Chossudovsky, Michel, La miseria en venezuela, Caracas 1976

Clerc, Jean-Pierre, Las cuatro estaciones de Fidel Castro. Una biografía políticam, Buenos Aires 1997

De La Nuez, Sebastián, Marisabel, La Historia Te Absolverá: Reportaje Que Mas Bien Parece Un Culebron, Caracas 2002

Denis, Roland, Los fabricantes de la rebelión. Movimiento popular, Chavismo y sociedad en los años noventa, Caracas 2001

Denis, Roland, Rebelión en proceso. Dilemas del movimiento popular luego de la rebelión del 13 de abril, Caracas 2005

Denis, Roland / Proyecto Nuestramérica/ Movimiento 13 de Abril, La revolución desde la izquierda, Caracas 2006

Dieterich, Heinz, Hugo Chávez y el socialismo de siglo XXI, Caracas 2005

335

Drücker, Nicole, Strategien für eine nachhaltige Wasserver- und Abwasserentsorgung in illegalen Spontansiedlungen lateinamerikanischer Megacitys. Forschungbericht, unveröffentlicht, Hamburg 2006

Elizalde, Rosa Miriam /Báez, Luis, Cháved Nuestro, Havanna 2005

Elizalde, Rosa Miriam /Báez, Luis, El encuentro, Havanna 2005

Francia, Néstor, Antichavismo y estupidez ilustrada, Caracas 2001

Francia, Néstor, Qué piensa Chávez. Aproximación a su discurso político, Caracas 2003

Francia, Néstor, Campaña de Santa Inés. Revolución de la publicidad, Caracas 2005

Francia, Néstor, Puente Llaguno. Hablan la víctimas, Caracas 2002

Francia, Néstor, Abril Rojo. El rescate de Chávez. Crónicas, artículos de prensa entrevistas y documentos sobre el 11 de Abril, Caracas 2002

Frente Nacional Pro-Defensa de la Orimulsión, Orimulsión. Nuevo Negocio para Venezuela, Caracas 2003

Fundación Defensoría del Pueblo, Los documentos del golpe, Caracas 2003

Galeano, Eduardo, Die offenen Adern Lateinamerikas. Die Geschichte eines Kontinents, Wuppertal 1986

Garrido, Alberto, Guerrilla y conspiración militar en Venezuela, Caracas 1999

Garrido, Alberto, La historia secreta de la Revolución Bolivariana, Mérida 2000 (GARRIDO 2000-1)

Garrido, Alberto, De la guerrilla al militarismo. Revelaciones del Comandante Arias Cárdenas, Mérida 2000 (GARRIDO 2000-2)

Garrido, Alberto, Mi amigo Chávez. Conversaciones con Norberto Ceresole, Caracas 2001

Garrido, Alberto (Hg.), Documentos de la Revolución Bolivariana, Caracas 2002 (GARRIDO 2002-1)

Garrido, Alberto, El otro Chávez. Testimonio de Herma Marksman, Mérida 2002 (GARRIDO 2002-2)

Garrido, Alberto, Notas sobre la Revolución Bolivariana, Caracas 2003

Guevara, Aleida, Chávez. Un hombre que anda por ahí. Ein Interview mit Hugo Chávez, Melbourne /New York /Havanna 2005

Golinger, Eva, El código Chávez. Descifrando la intervención de los EE.UU. en Venezuela, Caracas 2005

Gott, Richard, In the Shadow of the Liberator. Hugo Chávez and the Transformation of Venezuela, London 2000

Harnecker, Marta, Venezuela: Militares junto al pueblo. Entrevistas a nueve Comandantes venezolanos que protagonizaron la gesta de abril de 2002, Caracas 2005

Holloway, John, Chávez, Lula, Kirchner, in: ders., Keynesianismus. Una peligrosa ilusión. Un aporte al debate de la teoria del cambio social, Caracas 2005

Izarra, William E., En busca de la revolución, Caracas 2001

Izarra, William E., Reforma o revolución, Caracas 2004

La Fuente, Sandra /Mesa, Alfredo, El acertijo de abril. Relato periodistico de la breve caída de Hugo Chávez, Caracas 2004

Lander, Luis E., Poder Y Petróleo en Venezuela, Caracas 2003

López Maya, Margarita (Hg.), Protesta y cultura en Venezuela. Los marcos de la acción colectiva en 1999, Buenos Aires 2002

López Maya, Margarita, Venezuela: Formas de la protesta popular entre 1989 y 1994, in: Revista Venezolana de Economía y Ciencias Sociales, 1999, Vol. 5, S. 11-41

López Maya, Margarita, The Venezuelan Caracazo of 1989: Popular Protest and Institutional Weakness, in: Journal Latin American Studies 35 / 2003, S. 117-137

Medina, Medofilo / López Maya, Margarita, Venezuela: Confrontación social y polarización política, Bogotá 2003

Medina, Pablo, Quién mató a Danilo Anderson? Caracas 2005

Melcher, Dorothea, La industrialización de Venezuela, In: Revista Economía No. 10/1992

Melcher / Tonella / Fargier / Domingo / Mora / Rojas, Venezuela. Renta petrolera, políticas distribucionistas, crisis y posibles salidas, Mérida 1999

Mommer, Bernard / Baptista Asdrúbal, El petroleo en el pensamiento económico venezolano. Un ensayo, Caracas 1987/1992

Mommer, Bernard, Global Oil and the Nation State, Oxford 2002

Mommer, Bernard, Petróleo Subversivo, in: LANDER 2003, S. 19-39

Mommer, Bernard, El mito de la Orimulsión. La valorización del crudo extrapesado de la Faja Petrolifera del Orinoco (I), Caracas 2004

Muñoz, Mercedes, Derechos Sexuales y Reproductivos y Proceso Constituyente: La Experiencia de la Sociedad Civil Organizada, Caracas 2000

Murieta, Joaquín, Lina Ron habla, Caracas 2003

Negri, Antonio, El poder constituyente. Ensayo sobre las alternativas de la modernidad, Madrid 1994

Negri, Antonio / Hardt, Michael, Empire. Die neue Weltordnung, Frankfurt/ New York 2003

Ochoa Antich, Enrique, Los golpes de febrero. De la rebelión de los pobres als alzamiento de lo militares, Caracas 1992

Palacios, Ángel, Puente Llaguno. Claves de una masacre, Dokumentarfilm, Venezuela 2004

Palast, Greg, Finding Bolívars Heir, Dokumentarfilm, Venezuela 2005

Petkoff, Teodoro, La Venezuela de Chávez. Una segunda opinión, Caracas 2000

Petkoff, Teodoro, Las Dos izquierdas, Caracas 2005

Pineda Castellanos, Luis, El diablo paga con traición a quien le sirve con lealtad. Anécdotas de mi vida como amigo de Hugo Chávez Frías, Caracas 2003

Primera, Alí, Volumen 2, LP, Caracas 1979

Primera, Alí, Abrebrecha, LP, Caracas 1980

Ramírez, Rafael, Con las empresas mixtas Venezuela avanza hacia la plena soberanía petrolera. Palabras del Ministro de Energía y Petróleo y Presidente de PDVSA, ante la plenaria de la Asamblea Nacional, Caracas 2006

Rodríguez Araque, Alí, La reforma petrolera de 2001, in: LANDER 2003, S. 41-455

Rodríguez, Isaías, Abril comienza en octubre, Caracas 2005

Rosas, Alexis, El rescate del Pilín León, Caracas 2004

Sanz, Rodolfo, Diccionario para uso de Chavistas, chavólogos y antichavistas, Caracas 2004

Sprenger, Veit, Despoten auf der Bühne. Die Inszenierung von Macht und ihre Abstürze, Bielefeld 2005

Taibo II, Paco Ignacio, Che. Die Biographie des Ernesto Guevara, Hamburg 1997

Verstrynge, Jorge, La guerra periferica y el Islam revolucionario. Orígenes, reglas y ética de la guerra asimétrica. Edición especial, Ejército de la República Bolivariana de Venezuela, Caracas 2005

Verfassung der Bolivarischen Republik Venezuela. Ausgabe in deutscher Sprache, Essen 2005

Wilpert, Gregory (Hg.), Coup Against Chávez in Venezuela. The Best International Reports of What Really Happened in April 2002, Caracas 2003

Yanes, Marianella / Gerencia Cooperativa de Asuntos Públicos PdVSA (Hg.), Testimonios de un rescate, Caracas 2004

Yanes, Marianella / Gerencia Cooperativa de Asuntos Públicos PdVSA (Hg.), El rescate del Cerebro de PdVSA. Una batalla por la soberanía. Caracas 2004

Zago, Angela, La rebelión de los angeles, reportaje. Los documentos del movimiento. Caracas 1992/1998

Zelik, Raul / Bitter, Sabine / Weber, Helmut, Made in Venezuela. Notizen zur bolivarianischen Revolution, Berlin 2004

Glossar

AD – *Acción Democrática*: (Demokratische Aktion), Sozialdemokratische Partei, die zwischen 1958 und 1998 im Wechsel mit der christdemokratischen *COPEI* die Regierung in Venezuela stellte. Heute weitgehend bedeutungslos.

ALBA – *Alternativa Bolivariana para las Américas* (Bolivarische Alternative für den amerikanischen Kontinent): Wirtschaftliches und politisches Integrationsprojekt für die lateinamerikanischen Staaten, Chávez' Gegenvorschlag zur von den USA angestrebten Amerikanischen Freihandelszone (engl. *FTAA*, span. *ALCA*)

ANC – *Asamblea Nacional Constituyente* (Nationale verfassunggebende Versammlung): Die 1999 gewählte *ANC* erarbeitete die Verfassung der Bolivarischen Republik Venezuela, die am 24.3.2000 in Kraft getreten ist.

ARMA – *Alianza Revolucionaria de Militares Activos* (Revolutionäre Allianz aktiver Militärs): Klandestine Umsturz-Zelle des Luftwaffenoffiziers William Izarra, hervorgegangen Ende der Siebziger aus der Gruppe *Revolución 83*

Asamblea de Barrios (Barrio-Versammlung): Delegierten-Netzwerk der Armenviertel von Caracas, entstanden 1989 in Folge des *Caracazo*, bis 1992/1993

Bandera Roja (Rote Fahne): gegründet 1970 in Abspaltung vom *Movimiento de Izquierda Revolucionaria* (*MIR*, Bewegung der Revolutionären Linken), die wiederum eine Abspaltung von *AD* war. *Bandera Roja* war bis 1994 eine marxistisch-leninistische Guerilla, beteiligte sich an den Militärerhebungen am 4.2.1992 und am 27.11.1992. Heute Teil der Opposition gegen Chávez.

Cacerolazo (Topfschlagen): Protestform, bei der die Demonstranten nicht geschlossen auftreten, sondern zerstreut von ihren Wohnungen bzw. jeweiligen Aufenthaltsorten aus mit Pfannen, Töpfen und sonstigem Geschirr Lärm machen.

Cadena (Kette, Kettenschaltung): Bereits die Gesetzgebung vor Chávez gab den venezolanischen Regierungen das Recht, zur Verbreitung von Botschaften von nationaler Wichtigkeit die „Kettenschaltung" aller Radio- und Fernsehkanäle anzuordnen.

Caracazo, auch *27-F*: Aufstand und Plünderungswelle am 27. und 28.2.1989 nach drastischen Preiserhöhungen in Folge von Wirtschaftsmaßnahmen der Regierung Carlos Andrés Pérez. Die Unruhen wurden von der Armee blutig niedergeschlagen, Schätzungen sprechen von 1000 bis 3000 Toten.

Carmona-Dekret: Verfügung der Putschregierung vom 12.4.2002, die die

Auflösung des Parlaments und des Obersten Gerichtshofes erklärte und Pedro Carmona zum Präsidenten einsetzte. Das *Carmona-Dekret* enthielt 425 Unterschriften, darunter diverse Kirchen- und Medienvertreter, aber auch weiterhin aktive Oppositionspolitiker wie die *Súmate*-Chefin María Corina Machado oder Manuel Rosales, Ministerpräsident von Zulia und Oppositionskandidat der Präsidentschaftswahlen 2006.

Carmonazo, auch *11-A*: Gescheiterter Putsch, benannt nach dem Unternehmer Pedro Carmona Estanga, der sich selbst am 12. April 2002 als Präsident vereidigte, nachdem Teile der Militärführung den gewählten Präsidenten Hugo Chávez abgesetzt hatten.

Causa R bzw. *La Causa Radical* (Das radikale Anliegen): 1971 von Gewerkschaftern um das *PCV*-Mitglied Alfredo Maneiro gegründete Linkspartei, heute in der Opposition

Círculos Bolivarianos (Bolivarische Zirkel): 2001 ins Leben gerufene Organisationsform politischer Basiskomitees zur Unterstützung der bolivarischen Revolution.

COFAVIC – Comité de Familiares de las Víctimas del Caracazo (Angehörigenkomitee der Opfer des *Caracazo*): Menschenrechtskommission, die in Folge des von der Armee verübten Massakers während des *Caracazo* gegründet wurde.

Comacates: In den Achtzigern Spitzname für die revolutionäre Zelle um Hugo Chávez, steht für *comandantes, mayores, capitanes, tenientes* (Kommandeure, Majore, Hauptleute, Leutnants).

Comunidad Andina (Andengemeinschaft): 1969 gegründeter politischer und wirtschaftlicher Verbund der Staaten Kolumbien, Peru, Bolivien, Ecuador und Chile (bis 1976). Venezuela, seit 1973 Mitglied, verlässt die Andengemeinschaft Anfang 2006.

Convergencia, eigentlich *Convergencia Nacional* („Nationale Konvergenz"): 1993 verlässt der Christdemokrat und Ex-Präsident (1969-74) Rafael Caldera die Partei *COPEI*, gründet *Convergencia* und wird in Koalition mit kleinen, linksgerichteten Parteien wie *MAS* und *PCV* erneut ins oberste Staatsamt gewählt.

Coordinadora Democrática (Demokratische Koordination): Bündnis der Parteien in Opposition zur Regierung Chávez, nach dem verlorenen Referendum im August 2004 aufgelöst.

COPEI – Comité de Organización Política Electoral Independiente (Komitee zur Organisation Unabhängiger Wahlpolitik): Christdemokratische Partei Venezuelas, stellte 1958 und 1998 im Wechsel mit der *Acción Democrática* die Regierung. Seit dem Amtsantritt von Chávez politisch bedeutungslos.

CTV – Confederación de Trabajadores de Venezuela (Konföderation der Arbeiter Venezuelas): 1947 gegründeter Gewerkschaftsverband, der sozialdemokratischen *AD* nahestehend, 2001-2003 federführend in Opposition gegen Chávez. Mit der Gründung des neuen Verbands *UNT* hat die *CTV* stark an Einfluss verloren.

DIM – Dirección de Inteligencia Militar (Militärischer Geheimdienst): 1974 gegründeter Militärgeheimdienst, heute DGIM

DISIP – Dirección de los Servicios de Inteligencia y Prevención (Direktion der

Geheim- und Präventions-Dienste): Polizei mit geheimdienstlichen Aufgaben, 1969 zur Drogen- und Aufstandsbekämpfung gegründet

EBR-200 – Ejército Bolivariano Revolucionario 200 (Bolivarisches Revolutionsheer): 1982 von Hugo Chávez und anderen gegründete Aufstandsbewegung innerhalb der venezolanischen Armee, 1989 in *MBR-200* umbenannt.

ELN – Ejército de Liberación Nacional (Nationales Befreiungsheer): Kolumbianische Guerilla, 1964 von den Kommunisten Fabio und Manuel Vásquez Castaño sowie dem Befreiungstheologen Camilo Torres aufgebaut

FAN – Fuerza Armada Nacional (Nationale Streitkräfte): Die venezolanischen Streitkräfte gliedern sich in Armee, Marine, Luftwaffe und Nationalgarde.

FARC – Fuerzas Armadas Revolucionarias de Colombia (Revolutionäre Streitkräfte Kolumbiens): Kolumbianische Guerilla, 1964 als bewaffneter Arm der Kommunistischen Partei Kolumbiens gegründet

Fedecámaras – Federación de Cámaras y Asociaciones de Comercio y Producción de Venezuela (Venezolanische Handels- und Produktionskammer): Venezolanischer Unternehmerverband

FLN, auch *FALN*, *Frente [Armada] de Liberación Nacional* ([Bewaffnete] Nationale Befreiungsfront): Von dem Ex-*PCV*-Mitglied Douglas Bravo 1966 gegründete Guerilla, geht circa 1969 in der *PRV* auf.

Fuerte Tiuna: Kasernengelände im Südosten von Caracas, Sitz der Militärakademie und des Verteidigungsministeriums

Guardia Nacional (Nationalgarde): Die Nationalgarde ist Teil der venezolanischen Streitkräfte und soll die innere Sicherheit des Landes garantieren.

INTI – Instituto Nacional de Tierra (Nationales Bodeninstitut): ist laut neuem Bodengesetz von 2001 mit der Durchführung der Agrarreform betraut

Leyes Habilitantes (Ermächtigungsgesetze): Von Chávez im November 2001 dekretierte Gesetze, darunter die kontroversen Neufassungen des Boden-, des Fischerei- und des Erdölgesetzes

Liga Socialista (Sozialistische Liga): Venezolanische Partei marxistisch-leninistischer Ausrichtung

Madrugazo, auch *4-F*: Militärischer Umsturzversuch der im *MBR-200* organisierten Armeeteile unter Führung von Hugo Chávez am 4. Februar 1992

MAS – Movimiento al Socialismo (Bewegung zum Sozialismus): 1971 in Abspaltung von der *PCV* gegründete Partei mit gemäßigter sozialistischer Ausrichtung. Anfangs Teil der Regierungskoalition von Chávez, heute in der Opposition.

MBR-200 – Movimiento Bolivariano Revolucionario 200 (Bolivarisch-revolutionäre Bewegung 200): zunächst militärische Revolutionszelle, ab 1994 zivile Bewegung der Offiziere um Hugo Chávez unter Beteiligung linker Organisationen.

Mercosur: 1985 gegründeter Wirtschaftszusammenschluss von Argentinien, Uruguay, Paraguay, Brasilien, seit Juli 2006 auch Venezuela

Miraflores, kurz für *Palacio de Miraflores*: Präsidentenpalast in Caracas, Synonym für die venezolanische Regierung

MRT – Movimiento Revolucionario Tupamaros (Revolutionäre Bewegung Tupamaros): Ehemalige Stadtguerilla des Viertels 23 de Enero, heute linksradikale Partei und Chávez-Unterstützer. Das *MRT* gründete sich Ende der Siebziger zunächst als „Movimiento Revolutionario de los Trabajadores" aus der Fusion der von Carlos Lanz angeführten „Comandos Revolucionarios" und der Guevaristen des 23 de Enero um José Pino.

NED – National Endowment for Democracy (Nationale Stiftung für Demokratie): 1983 auf Initiative von US-Präsident Ronald Reagan gegründete Stiftung, die US-freundliche Parteien, Institutionen und Organisationen in der Dritten Welt finanziell und logistisch unterstützt. Obwohl laut Eigendarstellung eine Nichtregierungsorganisation, kommen die Mittel des *NED* hauptsächlich aus dem Haushalt des US-Außenministeriums.

OAS – Organisation Amerikanischer Staaten: Verbund der unabhängigen Staaten des amerikanischen Kontinents, gegründet 1948, z.Z. 35 Mitglieder. Kuba wird 1962 als marxistisch-leninistisches Regime auf Betreiben der USA ausgeschlossen.

OPEC – Organization of the Petroleum Exporting Countries (Organisation Öl exportierender Staaten): 1949 von Iran, Irak, Saudi-Arabien und Kuwait gegründetes Kartell, in dem heute außer den Gründungsmitgliedern auch Algerien, Indonesien, Libyen, Nigeria, Katar, die Vereinigten Arabischen Emirate und Venezuela Mitglied sind.

Organisación de Revolucionarios (Organisation der Revolutionäre): Guerilla-Gruppe unter Führung von Jorge Rodríguez, in den Achtzigern in der *Liga Socialista* aufgegangen

PCV – Partido Comunista de Venezuela (Kommunistische Partei Venezuelas): gegründet 1931 während der Diktatur von General Gómez, Keimzelle diverser linker Parteien und Aufstandsbewegungen, z.Zt. Teil der Regierungskoalition

PdVSA – Petróleos de Venezuela S.A. (Venezolanische Erdöl-Aktiengesellschaft): 1976 mit der Verstaatlichung der Ölindustrie gegründet, gilt *PdVSA* (sprich „Pedewesa") heute hinter der saudi-arabischen Saudi Aramco und der US-amerikanischen Exxon Mobile als drittwichtigste Ölgesellschaft der Welt.

Plan Colombia: Titel für die 1999 beschlossene militärische Kooperation zwischen Kolumbien und den USA zur Drogen- und Guerilla-Bekämpfung, seine Ausweitung unter Bush und Uribe seit 2001 führt zur flächendeckenden Militarisierung Kolumbiens.

PM – Policía Metropolitana (Stadtpolizei): Polizeikräfte von Caracas, unterstehen der Führung des Oberbürgermeisters, umstritten wegen der Menschenrechtsverletzungen während des Putsches im April 2002

Polo Patriótico (Patriotischer Pol): Parteienbündnis, gegründet zur Unterstützung von Hugo Chávez bei den Präsidentschaftswahlen 1998, geht nach diversen Umbildungen 2002 im *Bloque de Cambio* (Block für den Umbruch) auf

PPT – Patria Para Todos (Vaterland für Alle): 1997 in Abspaltung von der *Causa R* gegründete Partei, Teil der Regierung Chávez, stellt mehrere Minister

Primero Justicia (Gerechtigkeit zuerst): Im Jahr 2000 aus der gleichnamigen NGO hervorgegangene Partei mit liberaler Ausrichtung. In den Jahren 2001/ 2002 vom NED großzügig unterstützt, wird *Primero Justicia* zur führenden Kraft der Opposition gegen Chávez, weshalb dessen Anhänger sie *Primero Golpista* (Putschisten zuerst) getauft haben.

PRV – Partido de la Revolución Venezolana (Partei der Venezolanischen Revolution): Aus der Guerilla *FLN* hervorgegangene, semiklandestine Revo-
lutionspartei um Douglas Bravo

Puntofijismo: Bezeichnung für die 40-jährige Zweiparteienherrschaft von *AD*
und *COPEI*, die dem „Pakt von Punto Fijo" von 1958 folgte.

Referendum, genauer *Referendum Revocatorio* (Widerrufs-Referendum): Recht
auf Volksabstimmung zur Abberufung von Amtsträgern nach der Hälfte ihrer
Amtszeit. Laut Art. 72 der Verfassung müssen mindestens 20 Prozent der
Wahlbürger ein solches Referendum beantragen, damit es durchgeführt wird.

Ruptura (Bruch): Sozialistische Partei der Siebziger und Achtziger, legaler Arm
der *PRV*, außerdem Titel der Parteizeitschrift.

Súmate (Bring dich ein): Zivile politische Organisation zur Förderung trans-
parenter Wahlen, wichtige Kraft der Opposition, seit 2001 von der US-Stiftung *NED* finanziell unterstützt. *Súmate*-Chefin Maria Corina Machado wurde 2005 von George W. Bush persönlich im Weißen Haus empfangen.

UNT – Unión Nacional de Trabajadores (Nationale Arbeiterunion): Größter
Gewerkschaftsverband Venezuelas, 2003 von Unterstützern der Regierung
Chávez als Alternative zur oppositionellen *CTV* gegründet

URD – Unión Republicana Democrática (Demokratisch-republikanische Union):
eine der Parteien, die 1958 den „Pakt von Punto Fijo" unterzeichnet haben

Chronik

28.7.1954: Hugo Rafael Chávez Frías wird im Dorf Sabaneta im Bundesstaat Barinas geboren.

23.1.1958: Sturz des Diktators General Marcos Pérez Jiménez durch eine Koalition aus Sozialdemokraten, Christdemokraten, Kommunisten und progressiven Militärs.

31.10.1958: Vereinbarung zwischen den Parteien *AD, COPEI* und *URD* in der Stadt Punto Fijo. Der „Pakt von Punto Fijo" ist die Grundlage der 40-jährigen Zweiparteienherrschaft von Sozial- und Christdemokraten.

16.-28.10.1962: Luftaufnahmen von sowjetischen Raketen auf Kuba führen zur sogenannten „Kuba-Krise".

9.10.1967: Ernesto Che Guevara wird im bolivianischen Dorf La Higuera von Militärs exekutiert.

8.8.1971: Hugo Chávez schreibt sich in der Militärakademie ein.

11.9.1973: Chiles sozialistische Regierung unter Salvador Allende wird von rechten Militärs um Augusto Pinochet blutig aus dem Amt geputscht.

7.7.1975: Chávez schließt die Akademie als Leutnant der Artillerie ab.

29.8.1975: Präsident Carlos Andrés Pérez kündigt die Verstaatlichung der Erdölindustrie zum Januar 1976 an.

5.7.1978: Chávez wird zum Oberleutnant befördert.

17.12.1982: Chávez leistet mit drei Offizieren in Maracay den „Schwur von *Samán de Güere*" zur Gründung der Widerstandszelle *EBR-200*.

18.2.1983: Der sogenannte „Schwarze Freitag" markiert den Höhepunkt der Finanzkrise in Venezuela.

1985-1986: Beförderung zum Major, Dienst an der Grenze zu Kolumbien.

1988: Versetzung an den Präsidentenpalast Miraflores in Caracas.

4.12.1988: Der Gewerkschaftsführer Andrés Velásquez wird für die linke *Causa R* zum Ministerpräsidenten des Bundesstaates Bolívar gewählt.

27.-29.2.1989: Der *Caracazo* genannte Volksaufstand wird von der Armee blutig niedergeschlagen.

20.12.1989: Invasion von US-Truppen in Panama. In der *Operation Just Cause* wird Militärdiktator Manuel Noriega festgenommen und abgesetzt.

1990: Beförderung zum Oberstleutnant.

4.2.1992: Gescheiterter Militäraufstand des *EBR-200*. Hugo Chávez fordert seine Kameraden im Fernsehen dazu auf, die Waffen niederzulegen.

27.11.1992: Zweiter gescheiterter Umsturzversuch venezolanischer Militärs.

6.12.1992: Der Gewerkschaftsführer Aristóbulo Istúriz wird für die *Causa R* zum Bürgermeister von Caracas gewählt.

26.3.1994: Chávez wird durch Präsident Rafael Caldera begnadigt und scheidet aus der Armee aus.

14.12.1994: Erster Besuch in Havanna, erstes Zusammentreffen mit Fidel Castro.

22.6.1996: Chávez stellt die „Alternative Bolivarische Agenda" des *MBR-200* vor.

19.4.1997: Das *MBR-200* schwört dem bewaffneten Umsturz ab und beschließt als *MVR* an den Wahlen 1998 teilzunehmen.

6.12.1998: Chávez gewinnt die Präsidentschaftswahlen mit 56,5 Prozent, unterstützt vom Parteienbündnis *Polo Patriótico*.

2.2.1999: Mit dem Amtsantritt setzt Chávez ein Referendum über eine verfassungsgebende Versammlung an. Es wird am 25.4. mit 92 Prozent bestätigt.

23.5.1999: Chávez' sonntägliche Talkshow *Aló Presidente* hat Premiere im staatlichen Rundfunk.

15.12.1999: Die neue Verfassung wird mit 71,7 Prozent in einem Referendum bestätigt.

16.12.1999: Die sogenannte „Tragödie von Vargas": Nach wochenlangen Regenfällen begraben Erdlawinen Dörfer und Städte an der Karibikküste unter sich.

30.7.2000: Bei den „Mega-Wahlen" wird Chávez mit 59,76 Prozent im Amt bestätigt.

28.9.2000: Der in Caracas stattfindende erste Gipfel der OPEC-Staatschefs seit 1975 stärkt den Zusammenhalt des Öl-Kartells.

20.-21.12.2001: In Argentinien begleiten soziale Unruhen eine schwere Finanzkrise und führen zum Rücktritt von Präsident Fernando de la Rúa.

10.12.2001: Die Proteste der bürgerlichen Opposition gegen Chávez kulminieren in einem eintägigen Generalstreik.

5.3.2002: Der Unternehmerverband *Fedecámaras*, die Bischofskonferenz und der Gewerkschaftsverband *CTV* schließen einen Pakt gegen die Regierung Chávez.

11.-14.4.2002: Nach Unruhen und Toten in Caracas putschen Teile der Militärführung in Absprache mit der zivilen Opposition. Der Unternehmer Pedro Carmona Estanga wird für 48 Stunden Präsident, dann verhelfen loyale Armeeteile Chávez zur Rückkehr ins Amt.

27.10.2002: In Brasilien wird der ehemalige Arbeiterführer Luiz Inácio Lula da Silva zum Präsidenten gewählt.

2.12.2002 bis Anfang Februar 2003: Ein vom Management des staatlichen Erdölkonzerns PdVSA ausgehender Streik paralysiert zwei Monate lang die Ölindustrie.

16.4.2003: Beginn des Gesundheitsprogramms *Misión Barrio Adentro* mit Hilfe kubanischer Mediziner.

25.5.2003: In Argentinien tritt der Linksperonist Néstor Kirchner das Präsidentenamt an.

1.7.2003: Beginn des Alphabetisierungsprogramms *Misión Robinson*.

17.10.2003: In Bolivien muss nach Streiks und Protesten gegen den Ausverkauf der nationalen Gasvorkommen Präsident Gonzalo Sánchez de Lozada zurücktreten.

3.7.2004: Das nationale Wahlamt gibt dem Antrag der Opposition auf ein Referendum über die Absetzung des Präsidenten statt.

15.8.2004: Das Referendum gegen Chávez scheitert. 59,1 Prozent der Wähler stimmen für Chávez.

31.10.2004: In Uruguay wird Tabaré Vázquez, Kandidat der linken Sammlungsbewegung *Frente Amplio* zum Präsidenten gewählt.

18.11.2004: Der 38-jährige Staatsanwalt Danilo Anderson, der die Anklagen gegen die Putschisten vom April 2002 führt, wird in Caracas durch eine Autobombe getötet.

13.12.2004: Der Geheimdienst Kolumbiens entführt in Caracas Rodrigo Granda, ein Führungsmitglied der kolumbianischen Guerilla FARC.

30.1.2005: Chávez verkündet in einer Rede am Rande des Weltsozialforums im brasilianischen Porto Alegre den sozialistischen Charakter der Revolution in Venezuela.

28.10.2005: Chávez erklärt Venezuela zum „analphabetismusfreien Territorium".

24.-29.1.2006: Das Weltsozialforum ist zu Gast in Caracas.

19.4.2006: Chávez erklärt den Austritt Venezuelas aus der Andengemeinschaft.

20.7.2006: Venezuela wird Vollmitglied des Mercosur.

31.7.2006: Der kubanische Staatchef Fidel Castro übergibt aus Krankheitsgründen sein Mandat an seinen jüngeren Bruder und Armeechef Raúl Castro.

8.8.2006: Chávez ersetzt den gemäßigten Außenminister Alí Rodríguez Araque aus Gesundheitsgründen durch den radikaleren Nicolás Maduro.

8.8.2006: Die Oppositionsparteien einigen sich auf Manuel Rosales, Ministerpräsident des Bundesstaates Zulia, als Einheitskandidaten gegen Chávez.

3.12.2006: Präsidentschaftswahlen in Venezuela.

Personenregister